工业和信息化普通高等教育
"十三五"规划教材立项项目

会计名校名师
新形态精品教材

国家
配套

会计信息系统

慕课版 第四版

◎ 艾文国 孙洁 张华 关涛 著

Accounting Information System

ACCOUNTING

A

人民邮电出版社

北 京

图书在版编目（CIP）数据

会计信息系统：慕课版 / 艾文国等著. -- 4版. --
北京：人民邮电出版社，2020.8
会计名校名师新形态精品教材
ISBN 978-7-115-53952-6

Ⅰ. ①会… Ⅱ. ①艾… Ⅲ. ①会计信息－财务管理系
统－教材 Ⅳ. ①F232

中国版本图书馆CIP数据核字(2020)第091198号

内 容 提 要

本书是普通高等教育"十五"国家级规划教材《会计电算化》和"十一五"国家级规划教材《会计信息
化（第二版）》及国家级精品资源共享课配套教材《会计信息系统（第三版）》的修订版，是"会计信息系统"
国家精品在线开放课程的配套教材，其MOOC课程于2015年秋在"学堂在线"开课（现已开课9个学期），
于2020年春在"中国大学 MOOC"开课。

本书在阐述会计信息系统基本理论和方法的基础上，论述了会计信息系统的组成、体系结构和数据处理
流程；界定了会计信息系统与业务管理系统之间的边界和联系；论证了会计信息系统与手工处理系统的重大
区别；对会计信息系统的各组成部分进行了详细设计，包括会计信息系统概论、系统管理、凭证管理、出纳
管理、账簿管理、报表管理、系统研发与运行、会计信息化发展 8 个部分，给出了系统研发与实施的关键解
决方案，从技术和管理层面论证了系统研发与实施的要点。全书共 8 章，每章都附有习题。

本书可作为高等院校会计学、财务管理、管理信息系统等专业相关课程的教材，也可供 ERP 系统的研发
人员等参考。

◆ 著　　　　　艾文国　孙　洁　张　华　关　涛
　　责任编辑　刘向荣
　　责任印制　周昇亮

◆ 人民邮电出版社出版发行　　北京市丰台区成寿寺路 11 号
　　邮编　100164　电子邮件　315@ptpress.com.cn
　　网址　https://www.ptpress.com.cn
　　三河市祥达印刷包装有限公司印刷

◆ 开本：787×1092　1/16
　　印张：16.25　　　　　　　　　　2020 年 8 月第 4 版
　　字数：449 千字　　　　　　　　2020 年 8 月河北第 1 次印刷

定价：49.80 元

读者服务热线：(010)81055256　印装质量热线：(010)81055316
反盗版热线：(010)81055315
广告经营许可证：京东市监广登字 20170147 号

（第四版）前言

　　"授人以鱼，不如授人以渔。"本书是作者几十年科研与教学耕耘的结晶，是"会计信息系统"国家级精品资源共享课程和国家精品在线开放课程指定教材，是普通高等教育"十五""十一五"国家级规划教材，是《会计信息系统（第三版）》的修订版。全书共 8 章，教学时数为 40～60 学时。

　　本书第一版自 2003 年出版以来，累计发行 20 余万册，受到了高校老师、学生和社会学习者的广泛好评。2009 年，"会计信息系统"课程被评为国家级精品课程；2016 年，"会计信息系统"课程被确认为国家级精品资源共享课程；2018 年，"会计信息系统"课程入选国家精品在线开放课程。2015 年秋季学期全部课程资源在学堂在线上线，2020 年春在中国大学 MOOC 上线。我们把与本书配套的教学视频、教学课件、习题作业、教学案例、相关阅读资料等系统完整、内容丰富的教与学资源都融入"会计信息系统"MOOC 课程中，供高校师生和社会学习者使用。

　　本书根据会计信息化的最新发展，紧密结合课程建设要求，采用"MOOC + 翻转课堂 + 随堂上机实验"混合式教学模式，实现理论与实践无缝衔接，课上与课下、线上与线下的紧密结合、融会贯通，最大限度地提升课程的教学效果。学生可充分利用网络资源，拓展多样化学习模式，提高学习积极性。本书对《会计信息系统（第三版）》做了改进，主要体现在以下 5 个方面。

　　（1）为适应"MOOC + 翻转课堂 + 随堂上机实验"混合式教学模式，大幅度压缩基本概念篇幅，将"会计信息化发展"独立成第八章，将"系统运行平台与研发工具"纳入第七章"系统研发与运行"中，旨在帮助读者尽快接触会计信息系统的实质内容。

　　（2）打破系统研发思路，不再将全部数据库基表结构集中在数据存储设计中给出，避免出现因许多基表在后续章节中逐步被应用，在用到某些基表时，学生思路脱节，其数据结构已经被忘记的现象。本书没有对数据库的基表结构进行集中设计，而是在用到哪个基表时，即时给出其数据结构，如此，可使学生的思路连贯，对基表的数据结构设计理解更加深入。

　　（3）精心编排章节顺序，进一步将系统研发顺序调整为适应"MOOC + 翻转课堂 + 随堂上机实验"混合式教学模式的教学顺序，从而强化了知识的连续性与系统性。

　　（4）充实了会计信息系统的基本理论。从信息论的基本原理出发，系统地阐述了会计信息系统的概念、组成与功能、处理流程，以及目前的发展状况和将来的发展方向，指出了会计信息系统存在的问题和需要进一步研究的领域。

　　（5）进一步理顺了系统设计思路，强化了系统的逻辑性。调整了某些不合理的基表数据结构。

　　本书内容系统、紧凑、完整，秉承"麻雀虽小，五脏俱全"的理念，在给出会计信息系统完整数据存储设计方案的基础上，剖析其体系结构、系统组成、功能结构、数据流程和内部机理，总结出具有普遍规律和方法的会计信息系统理论体系。学生在掌握会计信息系统基本理论和方法的基础上，可以举一反三，为将来研发其他信息系统奠定坚实基础。实验教学内容侧重主流财务软件实施，注重培养学生的实际动手能力和实现软件的"管理"功能。理论教学与上机实验紧密结合，真正成为相辅相成的有机课程体系。

目前，会计信息化已经普及，社会需要大量既懂财会业务又懂信息系统研发的复合型人才。本书能为培养这方面人才发挥重要作用。我国对"会计信息系统"人才培养存在较大争议，绝大多数学者主张培养软件使用型人员，因此，社会上出现大量类似用友或金蝶软件说明书式的教材，学习者只知其然而不知其所以然，更谈不上实现系统的"管理"功能和构建系统。如果只学习软件使用方法，则教学只能跟随软件的发展而变化，永远不能指导软件的研发，课程建设会一直落后于社会实践，无创新性可言，会使课程教学与理论指导实践的原则相违背。本书摒弃将"会计信息系统"作为"黑匣子"（即只讲述其输入、输出功能，不论述其数据结构、流程和内部机理）的思维，将培养目标定位为对"创新型"和"研发型"人才的培养。

本书由哈尔滨工业大学艾文国、天津财经大学孙洁、哈尔滨工业大学张华和关涛共同编写。第一章～第四章由哈尔滨工业大学艾文国教授编写；第五章、第六章由天津财经大学孙洁教授（博导）编写；第七章由哈尔滨工业大学张华副教授（博士）编写；第八章由哈尔滨工业大学关涛副教授（博士）编写。本书由艾文国统稿。

本书在撰写过程中得到了南开大学李辉教授（博导，青年长江学者）和用友公司李峰涛的帮助，特别是在第六章的内容撰写中，两位给予了大力协助。本书撰写还得到了哈尔滨工业大学李一军教授（博导，长江学者）的热心关怀和指导。本书在撰写过程中参阅了相关的教材和著作，在此对这些教材和著作的作者表示敬意和感谢！

尽管作者为本书的出版倾注了多年的时间和心血，但书中仍难免存在疏漏之处，恳请读者谅解并提出宝贵意见。

作　者
2020 年 6 月

（第一版）前言

　　《会计电算化》教材是普通高等教育"十五"国家级规划教材。本书共 6 章，教学时数为 40～60 学时，本书另配有教学演示软件，该演示软件与教材完全配套，内容覆盖系统管理、凭证管理、出纳管理、账簿管理、报表管理 5 个子系统。

　　本书旨在将随计算机技术进步而不断变化的计算机实验教学内容从教材中脱离出来，从而使课堂教学内容（即教材内容）相对稳定，在吸收国内外各财务软件长处的基础上，完善和丰富课堂教学内容。会计电算化课程是教学内容更新换代最快的课程之一，无论是会计制度发生变化，还是计算机技术进步都会使其发生变革。为了解决这一问题，书中只阐述会计电算化课程的主要内容，包括会计信息系统的基本理论，会计软件的开发方法、开发步骤、系统设计思想、系统结构和应具备的基本功能，以及数据存储设计、主要功能界面设计、输入输出设计等。目前，国内绝大多数企事业单位都实现了会计电算化，社会需要大量既懂会计业务又懂计算机技术的复合型人才。本书必将为培养这方面的人才发挥作用。

　　本书主要由哈尔滨工业大学艾文国编著。第一章～第五章由艾文国编写；第六章由哈尔滨工业大学李辉起草，经艾文国做必要的修改后定稿；哈尔滨工业大学王福胜任主审。

　　本书在撰写过程中得到了王福胜教授的热心关怀和指导，并得到了哈尔滨工业大学王绪斌、陈宝玉、李翠红、赵洪洋、黄福玉、孙洁、李辉、张华、唐华等的协助与支持，在此向他们表示由衷的谢意！

　　本书可作为高等院校管理学各专业的本科教材，也可供计算机应用软件开发人员等参考使用。

　　尽管作者为本书的出版倾注了多年的时间和心血，但书中仍难免存在疏漏之处，恳请读者谅解并提出宝贵意见。

作　者
2002 年 10 月

第六章　报表管理

第七章　系统研发与运行

第八章　会计信息化发展

参考文献

第一章
会计信息系统概论

第一节　会计信息系统的概念

会计信息系统将会计信息作为信息管理资源，全面运用计算机、网络和通信等信息技术对会计数据进行获取、加工、传输、存储、输出等处理，为企业经营管理、控制决策和社会经济运行与管理提供充足与适时的会计信息。

目前，我国对"会计信息系统"还没有严格的定义，其名称也不统一，有人称其为"会计电算化"，有人称其为"会计信息化"，也有人称其为"计算机会计"等。而在欧美地区则统称其为"Accounting Information System"（即"会计信息系统"）。无论如何称呼，就其基本内涵而言，都是将计算机技术、信息技术、网络和通信技术应用到会计业务处理和财务管理工作中，属于管理信息系统的一部分，是企业资源管理（Enterprise Resource Planning，ERP）系统的一个子系统。

会计信息系统绝不仅仅是以计算机为处理工具来取代手工处理过程，而是要实现手工处理无法实现的功能，使会计信息处理产生革命性变化，这不仅会影响会计实务，对会计理论也会产生很大影响。信息管理与信息系统理论、计算机及其网络技术以及会计理论和方法是会计信息系统的理论基础。

一、信息

（一）信息的概念

物质、能量、信息是构成客观世界的基本要素。信息论创始人香农（Claude E.Shannon）在 1948 年发表的《通信的数学理论》中指出：一个系统所接收的信息"是能够用来消除不确定性的东西"。信息是通信的内容。通信的直接目的就是要消除接收端（信宿）对于发出端（信源）可能会发出的信息的不确定性。例如，"天气预报"使人们减少了对次日天气状况的不确定性，即获得了信息。如果事先能够确切地知道某消息的内容，则该消息中所包含的信息量为零。

控制论的创始人诺伯特·温纳（Norbert Winner）在 1948 年发表的《控制论——动物与机器中的通信与控制问题》中提出："信息既不是物质，也不是能量，信息就是信息。"在其后的《控制论与社会》一书中，维纳进一步阐述了他的观点：他把信息看作人与外部世界的中介，没有这种中介，人就将同外部世界隔绝，就无法认识世界。温纳说："信息是生物以及具有自动控制系统的机械系统，通过感觉器官和外界交换的一切内容。"例如，自动门在获得了某种信号后自动关闭（或开启）。

从哲学的角度看，信息是客观事物本质、形态、结构、特征和运动规律的反映。不同的事物有不同的本质、形态、结构、特征和运动规律，人们就是通过事物发出的信息来认识事物、区别其他事物的[1]。

信息

1

信息与数据并无严格区分，信息是经过加工、处理后的用途更大、价值更高的数据。信息与数据因处理环节不同而异，在某一环节是信息，在下一环节就是数据。例如：在制证环节原始凭证是数据，记账凭证是信息；而在记账环节则记账凭证是数据，账簿是信息。信息与数据可以通用。

（二）信息的性质

（1）普遍性。信息是客观物质普遍、本质属性的反映。凡有物质及其运动的存在，就有信息的产生。物质及其运动的普遍性，决定了信息的普遍性，即使是精神（意识、思维），它的活动也会产生信息。信息既存在于无机界（自然界、机器），也存在于有机界（生物界、生物体内、人类社会）。

（2）依附性。信息本身是看不见摸不着的，它必须依附于某种载体才能存在和传递。信息源于物质及其运动，并以运动的物质为其存在的条件。信息必须有物质承担者，即载体。

（3）可度量性。信息能够减少或消除人们对某一事物认识的不确定性。所以，信息是可以度量的。目前，信息学界以消除人们对某一事物认识的不确定性程度来度量信息。消除的不确定性程度越大则信息量越大，如果事先就确切地知道了信息的内容则信息量等于零。信息量用概率加以度量。如某甲到 1 000 名学生的学校去找某乙，起初在某甲的认识中，某乙所处的可能性空间是该学校的 1 000 名学生，当传达室告知某乙是会计系的学生，且会计系有 100 名学生时，则某甲获取的信息量是 100÷1 000=1/10，也就是可能性空间缩小到原来的 1/10，但通常不直接用 1/10 表示信息量，而用 1/10 的负对数表示，即-log1/10=log10[2]。

（4）可识别性。人类可以通过自己的感觉器官（或借助于各种仪器设备）来感知信息、接收信息，进而识别信息。信息的可识别性是人类能够认识客观世界的基础。但人类感知、识别信息的能力（即使是借助仪器设备）总是有限的，这就是信息的不完全性。

（5）可处理性。人类对于客观世界的认识，就是通过对信息的加工处理而获得的。为了更好地处理信息，人类创造了一系列的仪器、技术和方法，对信息进行存储、转换、编码、压缩和有序化。信息的可处理性派生出了信息的可存储性、可累积性和可转换性。

（6）可传递性。信息在信源和信宿之间通过一定的信道（媒介或载体）传递，为信宿（人或仪器设备）所感知和接收。这种传递包括信息在时间上的传递和在空间上的传递。在时间上的传递就是存储，在空间上的传递就是通信和交流。

（7）可共享性。一般的物质、能量资源为所有者拥有，在交换（使用）过程中实现了所有权的转换，转让方失去，受让方获得。而信息却具有可共享性。信息在传递、交换的过程中，受让（接收）方获得信息，而转让（发送）方并没有失去信息[1]。

二、会计信息

会计信息用以描述会计事项，反映会计业务发生和完成情况。作为会计加工处理对象的信息，主要包括生产经营过程中产生的引起会计要素增减变动的信息，进入会计信息系统的各种原始凭证则是会计信息的载体。及时取得合法的原始凭证是收集会计信息的重要手段。随着企业生产自动化和信息技术（条形码技术、射频识别技术、电子数据交换技术、电子单证技术）的发展，原始凭证的获取将会越来越自动化、电子化。

会计处理过程就是按照一定的方法、规则和程序，收集会计数据，并对其进行记录、分类、汇总等加工处理，从而产生所需会计信息的一系列过程。如果说财会部门从外部单位及内部各部门所取得的原始凭证是会计数据的载体，那么经过分类处理而产生的总账、明细账，以及在此基础上编制的会计报表、财务报告等，则是会计信息的表现形式。企业就是利用这些会计信息来实现其管理职能的。

三、会计信息处理的特点

会计信息处理除了具备一般信息处理的特点外，还具备其自身的特点。

（一）信息处理量大

企业 70%～80%的信息与会计信息处理有直接或间接的联系。企业的供、产、销、人、财、物等各个方面的活动无不在财会部门有所反映，财会部门作为企业财务收支的关口，任何可以用货币加以计量的经济活动都会产生会计信息而反映到财会部门。

（二）信息关系复杂

会计信息主要包括资产、负债、所有者权益、成本、损益等五大部分。这些信息既相互联系，又相互区别，既有各自独立的经济意义，又有相互依存、互相制约的紧密关系。如资产、负债与所有者权益之间的平衡关系，成本与损益的消长关系，总括信息与明细信息的核对与统驭关系等。正因为会计信息之间有一套特有的复杂而严格的勾稽关系，使得会计信息结构比企业其他信息结构具有系统性和整体性。

（三）综合性强

会计信息与其他信息不同，它主要以货币形式综合反映经营活动的各个方面，反映的内容涉及供、产、销每个环节，企业的每个部门和每个职工；而其他管理信息则只反映企业生产经营活动的某一个侧面，如生产管理信息侧重反映生产进度与生产组织情况，人事管理信息侧重反映人员流动及职工素质等方面的情况。会计信息由于主要使用价值计量单位，所以可以将劳动量信息、实物量信息、无形量信息等转化为货币量信息加以综合反映。

（四）规范性要求严格

会计信息处理具有一整套系统、完整的程序和方法，必须遵循企业会计准则和企业会计制度的规定。会计科目体系的确定及编码方法、会计凭证的设计、会计账簿的设置、会计报表的填列内容和填列方法等，都必须符合有关会计规范的规定。

（五）准确性要求高

会计信息必须能够真实、准确地反映企业经济活动的客观情况，会计核算必须以元为单位，精确到角、分。每笔会计业务或事项必须有真实合法的原始凭证为依据，信息加工处理必须准确无误。

（六）可追溯性及可验证性强

会计信息处理要经过分类、记录、计算、汇总等多个环节，处理时要环环紧扣，层层复核，保证每个环节的处理结果都具有可追溯性，可向上追溯其来龙去脉，提供清晰的审计线索。实现会计信息化以后，该特点被弱化，其原因在于数据库中并不存储会计信息处理的中间处理结果（包括账簿，甚至报表），只存储记账凭证和有关发生额与余额数据（若计算机的数据处理速度无限快，则只需存储记账凭证数据即可，其他所有会计数据都可由记账凭证计算得出）；另外，对磁盘数据的修改和删除可以不留痕迹，这些都会使会计信息的可追溯性及可验证性相对弱化。

（七）周期性重复、及时性要求高

会计信息处理必须满足按会计期间提供会计信息的要求。在每一个会计期间，会计核算都要经过由凭证到报表的一个会计循环处理过程。因此，必须按会计期间进行会计结算，输出处理结果，并恰当地处理前后会计期间数据结转和衔接。这种结算、结转和衔接必须适时进行，不可提前，也不能滞后。但会计信息化对会计分期有一定影响，会计信息化后可以每天完成一个会计循环，理论上可以做到每天结账，并提供会计报告。

（八）会计信息输出层次多

会计信息输出的层次性是由会计信息使用者的层次性决定的。会计信息的使用者有企业外部的，也有企业内部的，有企业高层管理人员，也有一般管理人员。由于不同的信息使用者使用会计信息的目的、要求不同，决定了会计信息系统的输出信息也需具有一定的层次性。

四、系统的概念

随着科学技术的发展和社会活动的日益复杂化，人类所要处理和解决的问题越来越复杂。这些问题又都表现出系统性的特征，因此，人们普遍运用"系统"的思想来处理问题。在会计信息系统的开发和研究过程中也不例外。所谓系统是由相互作用、相互联系的若干组成部分构成的，具有特定目标的统一体或有机整体。作为一个系统，必须满足以下条件。

（1）由两个或两个以上的组成部分构成。

（2）各组成部分之间相互联系、相互作用。

（3）各组成部分之间的联系和作用能产生整体功能。

任何系统都由若干部分组成，系统的组成部分称为子系统。子系统还可以进一步分解成更细一层的下级子系统。同时，一个系统可以是某个更大系统的子系统，每个系统都存在于一个系统层次上，这就是系统的层次性。任何一个系统都具有以下一些基本特征。

（一）整体性

系统是各组成部分的有机组合，而不是简单相加。系统的性质、功能与运行规律，不同于它的各组成部分在独立时的性质、功能与运行规律，即系统具有其整体属性、整体功能和整体运行规律。这种整体性是系统各要素之间相互联系、相互作用、协同动作的结果。

（二）相关性

系统各子系统之间、系统与环境之间都相互联系、相互作用、相互依存、相互制约，这一特征即为"相关性"。系统中每个子系统都依赖于其他子系统而存在，整个系统则依赖于环境而存在。任何子系统发生变化，都会导致相关子系统发生变化，并引起系统整体属性、功能和运行规律发生变化。系统环境的变化也会对系统功能不断地提出新的要求。

（三）层次性

系统可逐级分解细化，形成多级子系统。层次越低所完成的功能越具体，结构越简单；层次越高所完成的功能越多，结构越复杂。上层系统对下层系统起统驭和控制作用，下层系统服从上层系统的总体目标。

（四）动态性

系统均有其生命周期，有一个从孕育、形成、完善、成熟到改进或消亡的过程，这一过程就是系统的"动态性"。

（五）目的性

任何系统都是为达到一定的目标而建立的。系统的目标是确定系统功能结构的依据。

（六）环境适应性

任何系统都存在于特定的环境之中，为适应不断变化的外部环境，必须不断地调整和改进系统的目标和功能。系统这种适应环境变化的能力，就是系统的环境适应性。

五、信息系统

信息系统是指以信息为处理对象的系统，其主要任务是进行信息的收集、传输、存储、加工，并在需要时向用户提供信息。每个信息系统都有自己的目标，它决定了该系统将接收什么数据，如何加工以便将这些数据转化为信息，哪些信息将被报告，以及这些报告需采取何种方式等。信息系统有多种，主要包括企业资源计划（ERP）系统、客户关系管理（CRM）系统、供应链管理（SCM）系统、办公自动化（OA）系统、决策支持系统（DSS）等。

信息系统基本模型如图1-1所示。其处理基本模型为输入、存储、输出；而其研发基本模型却与之相反，为输出、存储、输入。在信息系统研发时，首先，按管理需求和规范化、全面化要求设计系统输出信息。其次，按系统输出需求设计数据存储，数据存储设计是整个系统设计的核心，必须满足系统化、规范化、科学化需求，需输出的信息必须能够完整提供，不输出的数据不需存储，尽可能减少数据冗余。但为了提高系统处理速度，允许合理的数据冗余，秉承以存储空间换取处理时间的原则设计数据存储，任何信息系统都应尽可能做到响应零等待。最后，设计数据输入，必须确保数据的正确性和唯一性，数据存储可以冗余，但数据入口必须唯一，必须实施数据输入（或转入）的归口管理，即由一个部门一次性录入（或转入），切记不可由多部门重复录入（或转入）。

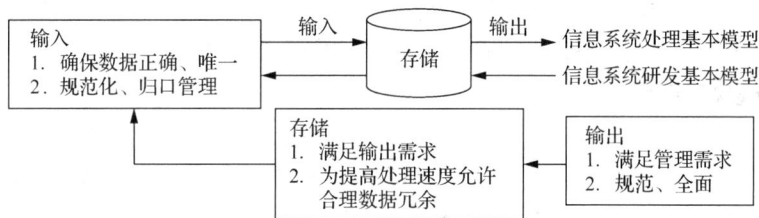

图1-1　信息系统基本模型

六、会计信息系统

会计信息系统是管理信息系统的子系统，在企业中是企业资源计划系统的子系统，是专门用于收集、存储、传输和加工会计数据，并根据需求输出会计信息的系统。会计信息系统的运作过程是将无序的会计数据转变为有序会计信息的过程。它运用本身特有的一套方法，从价值方面对会计主体的生产经营活动和经营成果进行全面、连续、系统的定量描述。会计的各项活动都与信息有关：收集原始凭证是获取会计数据；设置科目是对会计信息进行分类；填制记账凭证和进行记账处理是把无序会计数据转换成有序会计信息，并进行信息传递和存储；账簿和报表的查询则是会计信息输出。会计活动的各个环节相互联系、相互衔接，实现了由无序会计数据到有序会计信息的转化过程。会计活动的每个步骤都有信息处理任务，所有步骤以及在各步骤中所采用的方法和程序加起来就形成了一个会计活动的有机整体，这个有机整体就是会计信息系统。

会计信息系统的目标是为各级管理人员提供管理和决策依据。任何会计主体，为了有效地进行经济管理，都必须及时掌握经济活动的每个细节，以便分析管理活动中的成绩和问题、经验和教训，并采取相应措施改进工作。会计信息系统具有管理经济活动过程的基本职能，它所定量描述的资金运动过程，与生产经营活动有明显的同步性和一致性。因此，会计信息系统的首要目标是正确、及时、完整、全面地记录和反映会计主体经济活动的客观情况，如各种资产的增减变动情况，负债的取得和清偿情况，营业收入和成本费用的发生、利润的形成和分配情况等。充分利用这些会计信息和其他相关信息进行分析和预测，可以为经营管理提供反映经营活动未来趋势的预见性信息，从而为改善经营管理提供充分的依据，为各级管理人员和投资者、债权人等提供决策支持。

七、会计信息系统的运行要素

会计信息系统是一个人机系统，其运行要素由系统人员、计算机硬件、计算机软件以及系统运行制度等构成。

（一）系统人员

系统人员是会计信息系统的主体。系统人员包括财会人员、系统管理人员、系统研发与维护人员等。

（1）财会人员。财会人员包括从事一般业务处理的财会人员，从事财会信息审核、控制、使用、制订财务计划的财务管理人员，从事财务规划和决策的财会主管人员等。

（2）系统管理人员、系统研发与维护人员。应用信息系统的单位一般都设有信息中心，专门从事信息系统的运行、维护和管理工作，有些单位还从事系统研发工作。这些部门的人员为系统运行提供技术支持，是系统正常运行的可靠保证。

没有一支高水平、高素质的系统人员队伍，再好的会计信息系统也难以稳定、正常地运行。因此，构造一个成功的信息系统，人才培训必须放在首位。对于从事财会工作的系统人员，至少要具备熟练的系统应用能力；对于从事系统的运行、维护和管理，以及系统研发工作的技术人员，必须是既通晓财会业务，又精通计算机技术的复合型人才。

（二）计算机硬件

计算机硬件是进行会计数据输入、处理、存储、传输和输出的各种电子与机械设备。输入设备有键盘、光电自动扫描输入装置、条形码扫描装置等；处理设备是计算机，包括服务器和终端机；存储设备有磁盘、磁带等；传输设备有电缆、光缆、调制解调器等；输出设备有打印机、显示器等。另外，可能还需要防火墙、UPS 电源等辅助设备。

信息系统分单机应用和网络应用两种，其中网络应用又分局域网（Intranet）应用和广域网（Internet）应用。一般情况下，在特别小的企业采用单机应用，中小型企业采用局域网应用，而大中型企业采用广域网应用。随着信息技术、网络技术和通信技术的发展，无论单位规模大小都趋向于采用广域网应用。采用网络应用的企业应有服务器和终端机，在采用集中数据管理模式时，企业的数据全部存储在服务器中，有的企业（如金融企业）还需采用双工服务器、多服务器、数据异地存储等，以确保企业的数据安全。采用广域网应用的企业，不仅要有数据服务器，可能还需要有网络服务器（Web 服务器）等多种服务器。

（三）计算机软件

计算机软件包括系统软件和应用软件。系统软件包括操作系统、数据库系统等。

1. 操作系统

操作系统是计算机运行中最基础的系统软件。服务器若是微型机，一般采用 Windows Server 系列操作系统，若是小型机或超微机，一般采用 Unix 系列操作系统，终端机一般采用 Windows 系列操作系统。

2. 数据库系统

目前，应用的数据库系统都是关系型数据库系统，它由众多的二维表构成，这些二维表为数据库的基表，如学生档案基表（学生编号、姓名、性别、出生日期、籍贯、院系、专业、班级等），对于每个基表必须定义其数据结构，相当于定义二维表的列，列项（基表的字段）基本上是固定不变的，而行项（基表的记录）则可随时增减变动。定义数据结构就是定义各列的数据类型（包括字符型、数值型、日期型等）、数据长度（"日期型"固定为 8 位）、小数位数（只对"数值型"定义）、完整性约束（如某列为"非空"，"性别"的值必须是"男"或"女"，某列数必须大于 1 000）等。对于每个基表必须指定主键（如学生档案基表中的"学生编号"），主键可由一个或多个字段构成，作为主键，其数据必须唯一。数据库用于存储企业的所有经营管理数据，一般一个企业只构建一个数据库来存储经营管理中产生的各种数据，但有些企业由于购买（或开发）的信息系统各不相同，所以在企业中形成多个数据库，这最容易造成信息孤岛，给企业的信息集成与共享造成极大困难。目前，比较流行的数据库系统包括 Oracle、SQL Server、Sybase、Unify、Informix 等。中小型企业一般较多采用 SQL Server，而大型企业一般采用 Oracle。

3. 应用软件

应用软件在企业中一般是指 ERP 系统，有些企业，特别是中小型企业也可以单独使用会计软件。会计软件是专门用于会计信息处理的应用软件。在会计信息系统中，会计软件是最主要的组成要素，没有会计软件的信息系统就不能称之为会计信息系统。拥有会计软件是会计信息系统区别于其他管理信息系统的主要原因。

（四）系统运行制度

系统运行制度是指保证会计信息系统正常运行的各种制度和控制程序，如硬件管理制度、数据管理制度、岗位责任制度、保密制度等。

八、会计信息化与手工处理的异同

（一）共同点

1. 系统目标基本相同

会计信息化与手工处理最终目标都是通过会计信息处理实现加强经营管理，参与经营决策，提高经济效益的目的。但会计信息化会使预测和计划更加科学、核算更加精细和准确、控制更加有效、分析更加透彻、考评更具激励性。

2. 遵守相同的会计规范及各项政策制度

会计信息化必须严格遵守所有会计规范和政策制度，不能置会计法规于不顾，会计信息化不能动摇会计信息处理的合法性和合规性。但会计信息化会对会计规范及各项政策制度有所影响，目前的会计规范及各项政策制度中有些就是针对会计信息化而制定的，随着会计信息化的发展，这些规范和制度还会不断完善。

3. 遵守相同的会计理论和会计方法

会计理论是会计学科的结晶，会计方法是会计工作的总结。会计信息化虽然会引起会计理论与方法上的变革，但是这种变革是渐进型的，而不是突变型的，目前建立的会计信息系统应当遵循基本的会计理论和会计方法。

4. 基本功能相同

任何信息系统都有 5 方面的基本功能，即：（1）信息的收集与记录；（2）信息的存储；（3）信息的加工处理；（4）信息的传输；（5）信息的输出。无论是手工还是会计信息系统，要达到系统目标，必须具备上述 5 个功能。会计信息系统的功能由于使用了现代化的工具和科学的管理机制与管理模式，所以其功能是手工处理所无法比拟的。

（二）不同点

1. 运算工具不同

手工处理使用的工具是算盘、计算器等，计算速度慢、出错率高；会计信息化的工具是不断更新换代的计算机，数据处理过程由程序控制计算机自动完成，处理速度快、准确率高、信息存储量大。

2. 信息载体不同

手工处理的信息载体是凭证、账簿和报表等纸介质，这些会计信息不经任何转换即可查阅；在会计信息化中，会计信息被记录在磁性载体中，这些磁性介质中的会计信息是以不可见的形式存在。以磁性载体记录和存储的会计信息具有容量大、查找方便、易于保管、复制迅速等优点，其缺点是信息被删除或被篡改而不留痕迹，且磁性介质的损坏可能导致信息丢失。因此，建立会计信息系统必须解决好如何保留审计线索、如何保证会计信息的安全可靠性等问题。

3. 信息的表示方法不同

手工处理的信息主要用文字和数字表示。在会计信息化中，为了使信息更便于计算机处理，为了提高系统的处理速度和节省存储空间，也为了简化文字输入，大量的信息要加以代码化，几乎企业的所有资源都要代码化，如常见的会计科目、部门、职工、产成品、材料、固定资产、客户、供应商等都需以适当的代码来表示。会计信息代码化便于计算机处理，但不便于人们对会计信息的阅读、理解和使用，这就需要在系统中建立许多数据字典。由于计算机主要依据会计信息代码进行数据处理，因此，科学合理地进行代码设计是会计信息系统设计的重要内容。多年的经验表明，企业的所有信息编码必须遵循以下原则。

第一，科学性。编码一般具有级次（层次）性，前几级普遍采用具有某种意义的规则编码（如"学生编号"中的入学年份等），末级编码采用顺序号。编码的科学性体现在两方面。首先，要确保各级编码位数足够。其次，编码的前几级，若有意义固定不变的规则编码则采用，否则，最好采用毫无意义的自然顺序编码方案。其原因是：若要编码的某级（某几位）代表一定意义，则这种意义一旦发生变化，就要改变信息编码，如"学生编号"中的"院系级编码"、"职员编号"中的"部门级编码"，当学生所在院系或职员发生调动时，编码的意义随即失效。此时，若不修改编码则编码不规范，若修改编码则会造成编码混乱，久而久之会造成数据垃圾或致使系统瘫痪。解决这一问题的方法是作为主键的编码采用意义固定不变的各级规则编码+自然顺序码，如"学生编号"中的"院系级编码"和"职员编号"中的"部门级编码"则不在主键中编码，而是在数据字典中另设"所属院系"和"所属部门"字段，此字段不是主键，可以因变动而更改。

第二，唯一性。在企业中，信息编码必须唯一。有些企业由于应用不同的信息系统致使信息编码不唯一，使信息产生多义性，这不仅会导致信息冗余，还会导致信息无法共享，以及系统无法集成，是产生信息孤岛的主要原因。

第三，稳定性。在企业中，信息一旦编码就永远不要改变，信息编码如果经常变化就会使计算机无法识别，会造成数据混乱，是产生数据垃圾的根本原因，甚至会导致系统瘫痪。

这3条原则是相互联系和相互依存的，科学性是唯一性和稳定性的前提和基础，唯一性和稳定性又是科学性的体现和保证。

4. 信息处理方式不同

会计信息系统改变了手工处理由多人分工协作共同完成记账、算账、编表的工作方式，也改变了通过账证、账账、账表核对保证数据正确性的工作方式。各种凭证一旦进入系统，便由计算机自动完成记账、算账、编表及分析工作，多人分工完成的工作由计算机集中完成，账、证、表间的勾稽关系核对在计算过程中由程序自动保证。各类人员的工作内容也随之发生改变，财会人员的工作由原来的分类、登记、计算等手工操作转变为输入、审核、处理、查询、打印等计算机操作，这使得财会人员有更多的精力从事财务预测、计划、控制、分析、考评等活动。同时，由于计算机的信息处理速度和加工深度比手工处理有较大提高，财会工作也由原来的核算型向管理型转化。

5. 内部控制制度和控制方法不同

会计信息化既有加强内部会计控制的一面，又有削弱内部会计控制的一面。

第一，加强内部控制。控制的基础是计划和核算，手工处理时，由于工作量过大，无论是成本控制、费用控制、资金控制、还是风险控制，都无法做到精细且有效。而在会计信息化中，从预测、计划、核算到控制、分析、考评都可以做到精细且有效，环环紧扣，通过在供应、生产、销售、运营管理等各有关环节按预算（计划）设置控制点，采取控制措施，就能够有效地实现企业的内部控制。除会计信息系统外，在业务管理系统（成本管理系统、生产管理系统等）方面，内部控制的效果也极好。

第二，削弱内部控制。手工处理时，为了提高系统处理会计信息的准确可靠性，为查错防弊，加强财务管理，要采用一系列内部控制方法，建立一整套内部控制制度。其主要措施是通过财会人员之间的职责分离实现相互牵制，由人工完成各种检查、核对和审核。在会计信息系统中，由于会计信息由计算机进行集中化、程序化处理，会使手工处理中的某些职责分离，相互牵制的控制措施失去效用，计算机的磁存储介质也不同于纸张载体，其数据能被不留痕迹地修改和删除。为了系统的安全可靠，为了系统处理和存储会计信息的准确完整，必须结合会计信息系统的特点，建立一整套更为严格的内部控制制度。这些内部控制措施除了包括有关信息化数据处理的制度、规定和审核、检查外，还包括很多建立在应用系统中，由计算机自动执行的一些控制措施，如系统权限控制、角色权限控制、功能权限控制、数据权限控制等。

6. 信息输出的内容和方式不同

会计信息系统所能提供的会计信息无论在数量上还是在质量上都远远优于手工处理。具体表现在：利用计算机对会计数据进行批处理和实时处理，大大地提高了会计信息处理的及时性，缩短了会计结算周期，可以做到日结算或周结算，及时提供日报、月报、季报和年报；会计数据的集中管理可实现一数多用、充分共享，联机快速查询，远程信息交换，网上查询等；账表输出功能大大提高，打破了手工总账按一级科目、明细账按末级科目输出账簿的传统方式，会计信息系统可以按任意科目级次输出总账和明细账，可以按各种定义输出报表；通过建立数学模型辅助进行财务管理，全面开展财务预测、决策、计划、控制、分析、考评工作，突破手工处理的局限性，扩大会计信息的应用领域，为会计信息的深加工和再利用提供更加广阔的前景。

7. 会计档案的保管形式不同

手工处理的会计信息是以纸张作为载体进行保存；在会计信息系统中，会计档案的保存方式变为以磁介质为主、纸介质为辅，不仅要建立纸介质会计档案的管理制度，还要建立健全严格的数据备份、数据恢复等与磁存贮介质相关的数据安全制度，使会计资料保存的环境在温度、湿度等方面符合磁介质的要求。

8. 系统运行环境要求不同

会计信息系统所使用的计算机、打印机、通信设备等精密设备，要求防震、防磁、防尘、防潮，使系统运行环境能保证计算机硬件的正常运行。

纵观上述种种区别，集于一点，就是会计信息处理方式的改变，引起了会计信息处理的革命性变革，这一变革使得系统功能更为强大，系统结构更加合理，系统管理更为完善。

第二节　会计信息系统组成与功能

一、会计信息系统组成

通过阐述会计信息系统的系统划分，可以明确系统中各子系统及其功能模块的合理构成，了解系统的整体结构与功能，同时将复杂的系统分解为各个相对简单且独立的子系统。这样不仅可以降低系统设计的复杂程度，而且还便于系统开发任务的分工，同时也有利于明确各子系统之间的接口与数据传递关系。目前，各会计软件虽总体功能大同小异，但各软件的系统组成都有所区别，特别是专用会计软件，差异更大。由于会计数据涉及企业的方方面面，如果将所涉及的业务全部纳入会计信息系统，就会使会计信息系统成为一个庞大的系统。有些专门从事会计软件开发的软件公司，所开发的不仅是会计软件，而是整个企业的管理信息系统，或者是企业 ERP 系统。其中比较典型的是将系统划分为总账、系统管理、报表管理、应收款管理、应付款管理、人力资源管理、固定资产管理、成本管理、资金管理、存货核算、库存管理、销售管理、采购管理、采购计划等，其中总账、报表管理、系统管理是会计软件必不可少的子系统，而其他子系统都不仅包括会计业务，还有很多其他管理业务包含其中。总账系统还包括凭证管理、出纳管理、账簿管理和期末处理等模块。在所有子系统中，以总账系统为核心，其他系统都直接或间接地与总账系统有数据传递关系，或者向总账系统传递数据，或者从总账系统中读取数据。所有系统中的报表都由报表管理系统生成。这样划分的系统组成虽然明确、细致，但其系统划分过于繁杂、琐碎，使子系统之间的搭配使用和数据传递关系复杂化，其系统划分不尽合理。会计信息系统的系统划分应遵循以下原则。

（一）可拆装性原则

一个好的会计软件应允许用户方便地安装或卸载某些系统或模块，而不影响其他系统或模块的正常运行，也就是说会计软件应具有良好的适应性。其适应性一般包括可移植性、可扩充性、可维护性等。可移植性可以使系统或子系统不需做大的修改就能顺利地从一个企业移植到另一个企业；可扩充性可以使系统能够不断地加挂新的功能，不断地由小到大、由简单到复杂；可维护性可以使系统能够适应各种环境变化。

（二）高内聚低耦合原则

即尽量把联系密切的功能放在一个系统中，在同一系统中的功能联系越密切，其内聚度越高；把联系不密切的功能放在不同的系统中，尽量减少不同系统之间的联系，包括功能调用关系和数据传递关系，各系统之间联系越少，其耦合度越低。系统之间的高内聚低耦合关系，使各系统之间的接口关系简单明了，对提高系统的适应性有重要作用。

（三）通用化原则

系统及模块划分要有助于提高系统的通用性，也就是说要尽量把能通用的系统和功能模块独立出来，把不能通用的系统和功能模块也尽量独立出来。对通用系统和功能模块采用外挂的方式与其他系统联系起来。例如：报表管理系统就是一个通用系统，当其他系统需要对报表进行处理时，就可以通过外挂报表管理系统的方式来实现；而成本管理系统则很难实现通用化，这也是将成本管理系统独立出来的原因之一。

（四）与管理职能相适应原则

各系统和功能模块的划分要以管理职能为基础，适应管理业务流程，以便对企业的管理方法、习惯、组织机构等产生较少的影响。例如：在供应管理中应有"库存管理"和"存货核算"两个功能模块，同样在销售管理中也应有这两个模块，然而在供应管理中的"库存管理"和"存货核算"是对材料的库存管理与核算，在销售管理中的"库存管理"和"存货核算"是对产成品的库存管理与核算，这两种库存管理与存货核算无论在功能上、数据储存结构上，还是在数据输入与信息输出上都存在很大差异。因此，按管理职能划分各系统和功能模块较为合理，即将材料库存管理与存货核算划归在供应管理系统中，而将产成品库存管理与存货核算划归在销售管理系统中。这样既克服了系统划分过于繁杂、琐碎，使子系统之间的搭配使用和数据传递关系复杂化的弊端，又使系统划分与企业的管理职能相适应。

会计信息系统具有狭义和广义之分：狭义会计信息系统是指从凭证、账簿到报表的会计主体业务，是会计信息系统的核心部分，主要包括系统管理、凭证管理、出纳管理、账簿管理、报表管理等子系统，也称为核心系统；而广义会计信息系统则范围覆盖较广，除包括狭义会计信息系统的各系统外，还包括与财务会计有关的其他业务系统，包括工资管理、固定资产管理、成本管理、供应管理、销售管理等业务系统。

本教材主要是为本科教学所撰写，由于受教学学时数和教材篇幅限制，本书只针对狭义会计信息系统（在后续章节中简称"会计信息系统"）进行详细论述。

根据会计信息系统的划分原则，会计信息系统比较合理的划分方法是将其划分为：系统管理、凭证管理、出纳管理、账簿管理、报表管理、工资管理、固定资产管理、成本管理、供应管理、销售管理 10个子系统。如图 1-2 所示。

在图 1-2 中，将系统管理、凭证管理、出纳管理、账簿管理、报表管理 5 个子系统称为会计信息系统，而将工资管理、固定资产管理、成本管理、供应管理、销售管理 5 个子系统称为业务管理系统。之所以如此划分，有以下 3 点理由。

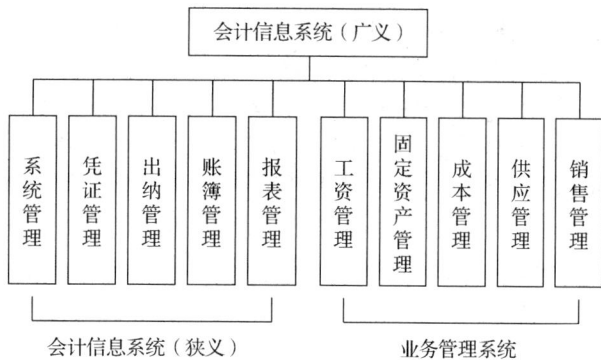

图 1-2 会计信息系统组成

（1）会计信息系统是任何会计软件所必需的，其体现了会计软件的本质特征，是会计软件区别于其他软件的根本标志，而其他业务管理系统是否被需要，则取决于各单位业务特点，如行政事业单位就不需要成本管理、供应管理、销售管理等系统。

（2）会计信息系统是企业中任何其他管理信息系统无法替代的，而各业务管理系统的功能与管理信息系统中的资产管理、人力资源管理、生产管理等系统存在着大量的重复与交叉，对于一个拥有完善管理信息系统的企业，其会计信息系统只是其中的一个子系统，它通过提取其他管理信息系统的数据，即可完成固定资产、工资、材料和销售的核算。如果会计信息系统仍包括固定资产、工资、供应、销售等业务管理系统，就会使会计信息系统显得过于庞大、臃肿，这样不仅完全没有必要，而且会造成数据重复输入、重复加工，影响数据的一致性。应当承认，目前各企业已开发和使用的会计信息系统之所以包括上述业务管理系统，其主要原因是企业还没有其他管理信息系统，或会计信息系统与其他管理系统尚未实现数据共享。不难预计，随着计算机在企业管理中的不断普及、企业信息化的不断完善，各业务管理系统的功能将逐步与其他管理信息系统相融合，会计信息系统与业务管理系统的关系，有可能变成类似会计信息系统与其他管理信息系统之间的关系。

（3）会计信息系统不仅是所有会计软件所必备的，而且具有统一性高、规范性强、容易实现通用化的特点。对会计信息系统的研发方法和技术细节进行深入研究，不仅更具有普遍意义和实用价值，而且便于导出反映会计软件研发一般规律性的理论和方法；相反，会计软件的其他业务管理系统，可谓形形色色、五花八门，其统一性和规范化程度都较差，对这些业务管理系统的研发方法和技术细节进行研究，则难以抽象出具有普遍意义和实用价值的、能体现会计软件研发一般规律性的理论和方法。例如成本管理，若按其业务内容应划归在会计信息系统中，但由于其与生产管理系统关系密切，以及不具备统一性高、规范性强、容易实现通用化的特点，因此，将其划归为业务管理系统，成本管理系统与会计信息系统之间存在数据传递关系。

二、会计信息系统功能

（一）系统管理的主要功能

系统管理的主要功能是对会计信息系统的其他子系统进行统一的运行管理，包括用户与角色管理、功能权限管理、账套管理、基础数据管理和系统数据管理等，其主要作用是将通用会计软件转化为某一单位的专用会计软件。其功能包括以下 5 个。

（1）用户与角色管理。在会计信息系统中，应对用户进行岗位分工，并对每位用户的运行权限进行控制，将系统的所有用户存储在用户字典中，将系统的各种角色存储在角色字典中。角色的作用是使用户授权更加便捷，在多数用户具有相同操作权限的情况下，通过建立角色（如会计、出纳、审核、账套主管等）并设置角色权限，然后将角色指派给用户，对于没有具体业务分工的中小型企业可不设置角色。

（2）功能权限管理。建立系统功能字典，设置各用户和角色的功能权限。

（3）账套管理。"账套"即"套账"之意，一般情况下，要对企业中的每一个独立核算单位建立一个账套。在系统中可以为多个企业或一个企业的多个独立核算单位分别建账。账套管理功能包括账套的建立、修改、删除、引入、输出、账套参数设置等。

（4）基础数据管理。基础数据管理包括各种数据字典的数据维护，如会计科目字典、部门字典、往来字典（客户、供应商、个人）、项目字典（项目分类、项目档案数据结构、项目档案）等。

（5）系统数据管理。系统数据管理包括期初数据管理、账套数据管理、年度数据管理、期末结账、结转上年数据等。

（二）凭证管理的主要功能

凭证管理的主要功能包括凭证的录入、修改、查询、汇总、审核、记账等，另外还包括常用摘要维护、常用凭证管理、期末机制凭证的定义与生成等。凭证管理是会计信息系统的上游系统和数据入口，因此，要确保数据处理的正确性和操作的便利性与高效性。

（三）出纳管理的主要功能

出纳管理的主要功能包括现金与银行存款总账、日记账、资金日报、支票登记簿、期末银行对账等。出纳管理的主要功能是由出纳员完成的工作，出纳管理系统应由出纳员运行。

（四）账簿管理的主要功能

账簿管理的主要功能包括科目账表、部门账表、往来账表、项目账表等。账簿管理应能按各种不同的要求，快速地生成各种格式的总账和明细账，并能按用户定义的各种组合条件生成各种发生额与余额表，以及各种辅助账表等。

（五）报表管理的主要功能

报表管理的主要功能包括标准财务报表模板、报表格式定义、报表公式定义、报表数据管理、报表汇总等。报表管理是通用系统，它不仅可以处理会计信息系统的报表，而且可以处理各业务管理系统的报表，还可以读取不同账套的数据，对不同账套的财务报表进行汇总、合并等。

第三节 会计信息系统处理流程

一、手工核算方式下会计处理流程的缺陷

手工核算方式下有多种会计处理流程，这些处理流程都是围绕如何减少或分散工作量，如何便于人员分工，或为了提供更丰富的信息产生的。由于受会计人员所能完成工作量的限制，对于某一特定单位来说，选择了一种核算形式，就不能同时使用其他核算形式。而会计信息系统完全可以突破会计核算形式的界限，完全可以提供手工会计核算方式下所有会计核算形式所能提供的全部信息。例如：科目汇总完全可以做到既提供科目汇总表，又提供汇总记账凭证；既可以提供定期汇总登记的总账，又可以提供逐笔登记的总账、日记总账和明细账。

手工核算方式下，不论采用哪种会计核算形式，为了满足在会计期末及时编制会计报表的需要，必须将大部分工作量分散到日常工作中完成，因此，需要将从凭证到报表的数据处理过程分解为若干工作步骤，每一步骤都产生一些中间数据（如科目汇总表、汇总记账凭证、日记账、明细账、总账等）。为保证各步骤的连续性，逐步积累编制会计报表所需要的数据，必须将每一步所形成的中间结果存储起来。这样，"逐步加工，步步存储"就成为手工核算的重要

特征。但如果分析一下各步骤存储的内容就不难发现，各步骤所形成并存储的都是由记账凭证派生出来的中间结果，或由凭证分类汇总而形成（如科目汇总表、汇总记账凭证、总账等），或由凭证分类排序而形成（如日记账、明细账、逐笔登记的日记总账等）。由此可见，从信息量来看，记账凭证是账簿、报表的数据源，所有凭证的信息量几乎等于各种明细账、总账、报表所含信息量的总和，各步骤存储的会计信息只不过是对记账凭证的重复存储而已。这种逐步转抄、重复存储，不仅浪费资源，而且极易导致数据不一致。可以说，手工核算中经常出现的账证不符、账账不符、账表不符的现象与这种同一信息的重复再现有密切关系，因而也就产生了账证核对、账账核对、账表核对的需要。

由于手工核算方式本身固有的缺陷，使得会计核算不仅劳动强度大、重复数据多，而且信息输出的及时性和准确性都很差。

二、会计信息系统处理流程

为了设计与会计信息系统特点相适应的会计核算形式，必须在设计思想上有一个质的飞跃，彻底摆脱手工会计核算形式的束缚。其主要指导思想是：第一，利用计算机快速处理数据的特点，将大部分数据存储改为数据流，即以快速的数据加工取代中间数据的大量存储；第二，变分散处理为实时处理，即利用计算机的快速处理能力，将手工核算长时间、分步骤的核算过程视为可瞬间完成的计算机程序运行的过程；第三，变分工协作为集中处理，即不需要考虑采用分工协作方式来分散工作量的问题。

基于上述指导思想所设计的一种典型计算机会计处理流程如图 1-3 所示。

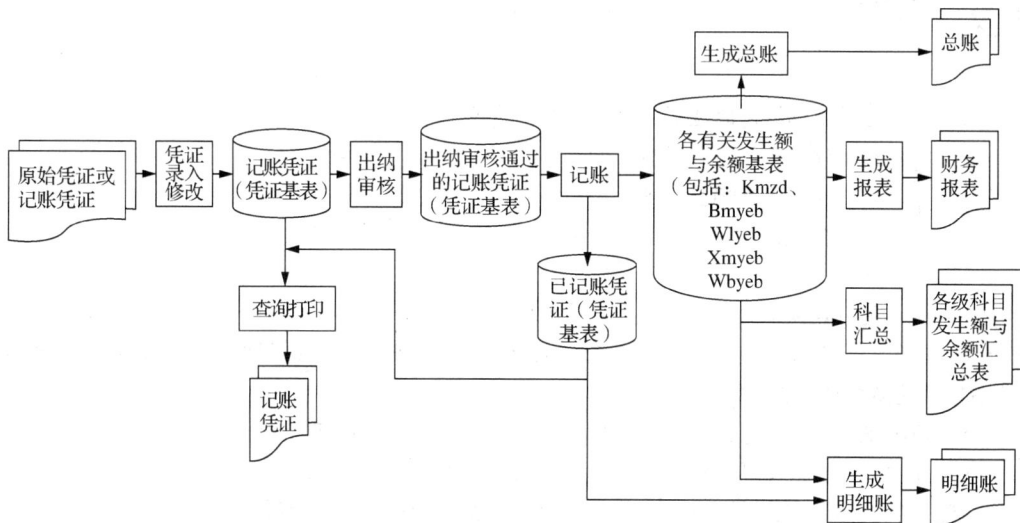

图 1-3 会计信息系统的处理流程

（1）由财会人员输入记账凭证，或直接上机编制记账凭证，或由计算机自动转账生成记账凭证，所输入的记账凭证存储在凭证基表（Pz）中。

（2）对凭证基表（Pz）中的记账凭证进行审核和修改，对于涉及现金和银行存款科目的记账凭证，还要由出纳人员进行出纳审核，以确保记账凭证的准确无误。

（3）随时对审核无误的记账凭证进行记账处理，更新有关科目的发生额与余额数据，包括科目字典（Kmzd）、部门发生额与余额基表（Bmyeb）、往来户发生额与余额基表（Wlyeb）、项目发生额与余额基表（Xmyeb）和外币发生额与余额基表（Wbyeb），并在凭证基表（Pz）中将已记账凭证的记账标志赋值为"√"。

（4）根据有关发生额与余额及记账凭证随时生成并输出日记账及各种明细账。

（5）根据有关发生额与余额随时生成并输出总账和各种发生额与余额表。

（6）根据有关发生额与余额随时生成并输出各种报表。

将手工处理流程与计算机处理流程进行比较，两者的主要区别在于：在手工处理方式下，日记账、明细账、总账及报表等主要表现为会计数据的存储，每编制一张记账凭证，就要将其数据转抄到相应的日记账和明细账上；每隔一定时间，就要对积累起来的记账凭证进行汇总，以便及时登记总账、明细账和科目汇总表，而总账和科目汇总表又是积累会计报表信息的必要步骤，要完成从凭证到报表的数据流程需要历经较长的时间。在计算机处理方式下，日记账、明细账、总账和报表等并不需要形成数据存储，而主要表现为账表生成程序的输出数据流。也就是说，在会计信息系统中并没有账簿和报表，但在需要某种账簿和报表时，可以临时快速生成。这不仅可以避免账、证、表不符的现象，而且可以大大减少存储空间。之所以可以采用这样的处理方式，其根本原因在于会计信息系统具有手工会计处理系统无法比拟的快速处理能力。

随着信息技术的进步，企业信息化越来越普及，将来所有企业和部门必然全部摆脱手工处理，然而，在国内几乎所有高校开设的"会计学基础""财务会计""成本会计"等课程中，所采用的教材全部是基于手工处理流程编写的，其内容明显落后于社会发展，且与实际不符。如今，是否需要对这些教学内容进行全方位修改呢？如果要修改应如何修改？基于计算机处理流程的《会计学》《财务会计》《成本会计》教材应该怎样撰写呢？这些问题都有待探讨。

本章习题

1. 阐述你对信息概念的理解，说明信息具有哪些性质。
2. 简要说明信息系统基本模型。
3. 会计信息处理具有哪些特点？
4. 简要说明会计信息系统的概念和系统目标。
5. 会计信息系统的运行要素包括哪些？
6. 说明关系数据库的构成及其数据结构。
7. 简述会计信息系统与手工处理系统的信息表示有何不同，并说明会计信息系统中的信息编码应遵循哪些基本原则。
8. 简要说明会计信息系统与手工处理系统的信息处理方式有何不同。
9. 简要说明会计信息系统如何加强和削弱企业内部控制。
10. 简述会计信息系统与手工处理系统的信息输出内容和方式有何不同。
11. 简要说明信息系统的划分原则。
12. 说明广义会计信息系统的组成，并说明狭义会计信息系统和业务管理系统各包括哪些子系统。
13. 说明固定资产管理系统需要向会计信息系统传送哪些数据。
14. 说明会计信息系统处理流程。
15. 结合会计信息系统处理流程，说明"财务会计"课程中，哪些环节需要改进。

第二章
系统管理

第一节　账套管理

账套管理包括建立账套基本信息、设置账套参数、设定各种编码规则等。一个单位可以建立多个套账进行核算，如总公司下属多个分公司，而分公司的全部或部分业务需要独立核算，这就需要建立多个账套来分别核算。各账套之间是独立运行的，互不干扰。但报表管理子系统可以读取不同账套的数据，可以对不同账套的财务报表进行汇总、合并等处理。

由于课程教学的课堂演示和上机试验都采用用友 ERP（教学版）软件产品，而本书所阐述的理论、方法、设计思想，特别是数据存储设计都与用友 ERP 软件存在较大的差异，因此，本书所涉及功能界面中的数据项与对应基表字段之间并不完全一致，采用用友 ERP 的功能界面和数据界面，只是为了说明系统的设计思想和数据处理流程与机理，在后续章节中会对不一致之处予以适当说明。另外，由于会计制度的变更，新会计科目编号也不断变化，在后续章节界面中出现的许多科目编号与新会计制度也有所不符，但这并不会影响系统的设计思想和数据处理流程与机理。

一、账套字典（Ztzd）的作用及其数据结构

企业可以为其每个独立核算单位建立一个核算账套，每个核算单位都有一套完整的核算体系，每个独立核算单位的一套完整的核算体系就是账套。账套数据包括账套基本信息、账套参数、各种编码的编码方案、凭证信息、各种处理标志等。这些数据是系统运行的基础，各种处理标志是控制系统有节奏、按步骤运行的可靠保证。账套数据按账套存储，一个账套一条记录。账套字典（Ztzd）的数据结构如表 2-1 所示，其中会计期间应设计 12 个。在数据结构列表中，"列名"为数据基表（字典）的字段名，是创建账套字典时建立的字段名，在对数据基表（字典）进行数据处理时，必须指明字段名，为了便于理解和编程，字段名一般采用"含义"的汉字拼音缩写；"含义"是说明字段的意义，对创建账套字典无用；"数据类型"说明字段存储数据的数据类型，常用的有"字符型""数值型""日期型"；"长度"说明字段存储数据的最大位数，1 个字母和 1 个数字占 1 位，1 个汉字占 2 位；"主键"指数据基表（字典）的主键，是数据查询的关键字，数据基表（字典）必须有主键，且主键必须唯一；"完整性约束"说明对字段存储数据的要求，如"非空"就是指该字段数据不能为"空"。账套字典中的"账套号"主键，也是外键，外键与其他基表构成连接，在会计信息系统中，账套字典除了用户字典和角色字典外，与所有的数据字典都有关联，只要是区分账套的数据基表，都需设计"账套号"主键，以"账套号"区分不同账套的数据，这种关联关系在后续的具有"账套号"主键的数据基表中都存在，后续基表的此关联关系和外键属性将不再赘述。

账套字典

表 2-1　　　　　　　　　　　　　账套字典（Ztzd）的数据结构

列名	含义	数据类型	长度	主键	完整性约束
Zth	账套号	字符型	3	主键 外键	非空，唯一
Ztmc	账套名称	字符型	40		非空
Ztzg	账套主管	字符型	12		非空
Ztlj	账套路径	字符型	30		非空
Ztyy	账套语言	字符型	12		非空
Qyny	启用年月	字符型	10		非空
Kjqj1	会计期间 1	字符型	22		
……	……	……	……		
Kjqj12	会计期间 12	字符型	22		
Dwmc	单位名称	字符型	40		非空
Dwdz	单位地址	字符型	40		非空
Frdb	法人代表	字符型	12		非空
Lxdh	联系电话	字符型	30		
Dzyj	电子邮件	字符型	20		
Yzbm	邮政编码	字符型	20		
Sh	税号	字符型	12		非空
Bbbh	本币编号	字符型	6		非空
Bbmc	本币名称	字符型	12		非空
Qylx	企业类型	字符型	12		
Hyxz	行业性质	字符型	12		
Yzkmbz	预置科目标志	字符型	2		
Yzbbbz	预置报表标志	字符型	2		
Cyzyfs	常用摘要方式	字符型	4		非空
Sjsqbz	数据授权标志	字符型	2		
Bz	备注	字符型	60		
Khflbz	客户分类标志	字符型	2		
Gysflbz	供应商分类标志	字符型	2		
Wbhsbz	外币核算标志	字符型	2		
Kmbmfa	科目编码方案	字符型	9		非空
Bmbmfa	部门编码方案	字符型	5		
Khflbmfa	客户分类编码方案	字符型	5		
Gysflbmfa	供应商分类编码方案	字符型	5		
Xmflbmfa	项目分类编码方案	字符型	9		
Dqnf	当前年份	字符型	4		非空
Dqyf	当前月份	字符型	2		非空
Ypzh	月凭证号	字符型	5		非空
Gzfyflbz	工资费用分配标志	字符型	2		人力资源管理系统设置
Zjfyflbz	折旧费用分配标志	字符型	2		资产管理系统设置
Clfyflbz	材料费用分配标志	字符型	2		材料库存管理系统设置
Fzsccbfpbz	辅助生产成本分配标志	字符型	2		辅助生产管理系统设置
Zzfyfpbz	制造费用分配标志	字符型	2		成本管理系统设置
Zdyzzbz	自定义转账标志	字符型	2		会计信息系统设置
Dyjzbz	对应结转标志	字符型	2		会计信息系统设置
Zyywcbjzbz	主营业务成本结转标志	字符型	2		会计信息系统设置
Hdsyjzbz	汇兑损益结转标志	字符型	2		会计信息系统设置
Qjsyjzbz	期间损益结转标志	字符型	2		会计信息系统设置
Qmjzbz	期末结账标志	字符型	2		会计信息系统设置
Jzsnsjbz	结转上年数据标志	字符型	2		会计信息系统设置

二、账套设置

账套设置包括建立新账套和修改账套两个功能，必须以系统管理员身份登录才可建立新账套，对于已存在的账套可由系统管理员或账套主管进行修改。账套设置包括账套基本信息、单位信息、核算信息、分类信息 4 种信息的定义，这 4 种信息都存储在账套字典中，一个账套一条记录，各种信息都设计了相应的字段加以存储。

（一）建立账套

企业由手工核算向计算机管理转化时，必须首先在计算机中建立自己的账套，并将本企业的基本信息存入计算机，然后才能利用软件系统进行会计业务处理，因此，建立账套是企业实施计算机管理的前提。建立账套就是在会计信息系统中为核算主体建立一套符合自身特点的核算体系，根据核算主体的具体情况设置基础参数，系统按照这些基础参数建立一个账套。

在建立新账套时应该在建立新账套向导下进行，分别按 4 种信息分类输入各种数据，这些数据存储在账套字典中。

1. 账套基本信息设置

账套基本信息设置如图 2-1 所示。

（1）已有账套（界面中为"已存账套"）。采用下拉列表框方式，此栏目数据只能查阅，不能输入和修改，用此列表可查阅系统中已经建立的账套。

（2）账套号。用于区分不同核算主体，是账套字典的主键，必须唯一。账套号由 3 位数字或字母组成，新建账套时必须输入。

（3）账套名称。对应核算单位（主体）的名称，新建账套时必须输入。

图 2-1 账套管理——账套基本信息设置

（4）账套路径。为了便于数据共享与传递，在企业的 ERP 系统中一般只建立并应用一个数据库，企业的所有数据都存储在这个数据库中，系统与数据库的连接是在软件安装时设定的，用户登录（注册）时，系统根据设定自动与数据库连接。这里的账套路径不应是与系统数据库连接的路径，而应是专门存储本账套的一些特有数据的路径。账套路径应建立在服务器硬盘上。账套路径采用下拉列表框方式输入，根据服务器硬盘资源在已建立的磁盘目录中选取，不同账套的账套路径应有所不同。

（5）启用会计期。启用会计期是指新建账套被启用的会计核算期，一般为某年的 1 月份，新账套最好是在年初启用，这样能够保证账套数据从年初到期末的连续性和完整性。否则，若在年内的中间某一月份启用，就会造成计算机中启用年份数据的不连续和不完整，且由于计算机核算与手工核算在核算体系、核算流程、核算精细度、信息提供等方面都有很大差别，因此，建议企业尽管当前会计核算期不是年初，但也要从年初启用新账套，将年初到当前会计核算期的数据逐期按新的体系和流程录入、记账、对账、结账，直到当前会计核算期，使新账套投入正常运行。这是一个相当复杂的过程，有时甚至相当于把从年初到当前会计核算期的所有会计业务全部重做。在会计科目细化的情况下，有时需要对某些科目的期初余额进行生硬拆分，然而这些工作都是必要的，是实现企业精细管理的前提。启用会计期一旦设定不能更改，设定启用会计期的目的主要是明确新账套采用计算机处理的起始点。该数据必须输入，该数据存储在账套字典的"启用年月"字段中，该数据将用于设置当前年份和当前月份两个数据项，作为这两个数据项的初始值。

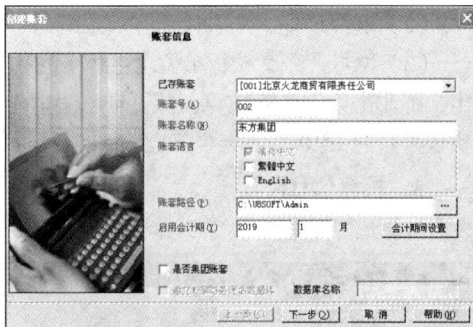

（6）会计期间设置。系统按自然月份自动给出会计期间列表，用户根据启用年月进行设置。启用年月之前的会计期间不可修改，启用年月之后的会计期间可由用户设定，对于不可修改的会计期间应采用不同颜色加以区分。当确认会计期间设置之后，程序先将各期间的起始日期与终止日期转换为字符型数据，然后再将这两个数据中间以"-"串接后存入账套字典对应的"会计期间1-12"字段中，在核算年度内，一个账套的会计期间最多可设置12个。值得指出的是，制度规定会计报表必须按自然月份进行核算、报送，因此，在会计信息系统中，一般都按系统默认的自然月份设置会计期间。若不按自然月份设置会计期间，则到期末输出会计报表时还需进行必要的调整，这会给系统运行带来不必要的麻烦，甚至造成系统数据混乱。之所以系统提供可由用户设置会计期间的功能，是为了满足不按 12 个会计期间划分，或按其他特殊要求来划分会计期间的个别企业需求。

2. 单位信息设置

单位信息设置如图 2-2 所示，其中"机构代码""单位域名""备注二"数据项在会计信息系统中意义不大，故在账套字典中没有设计。

（1）单位名称。账套核算单位（主体）的全称，在打印发票、输出报表等情况下采用此名称，单位名称必须输入。

（2）单位地址、法人代表、邮政编码、联系电话、传真、电子邮件。直接输入。

（3）税号。账套核算单位（主体）的税务登记号。在功能较完善的 ERP 系统（如 SAP 等）中，都非常重视税务核算，都设计了销项税、进项税、增值税、所得税等的自动核算功能，并实现了企业 ERP 系统与税务、工商、银行等相关部门的网络连接，有效地进行数据传递与共享。

3. 核算信息设置

核算信息设置如图 2-3 所示。

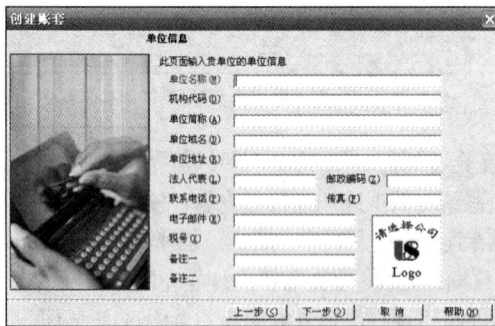

图 2-2　账套管理——单位信息设置　　　图 2-3　账套管理——核算信息设置

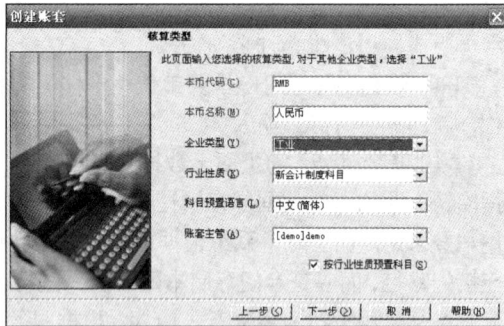

（1）本币编号（界面中为"本币代码"）。新账套所用的记账本币代码，必须输入。

（2）本币名称。新账套所用的记账本币名称，必须输入。

（3）企业类型。可选值，可设定为国有、民营、外资、工业等。

（4）行业性质。可选值，可设定为工业、商业、金融、房地产等。

（5）账套语言（界面中的"科目预置语言"）。比较优秀的软件都支持多种语言，如 SAP 支持十几种语言。有些软件要求预先设置，系统根据设置将所有界面、输入、输出等全部按设定的语言进行处理，这意味着整个账套用户必须使用同一种语言。账套语言应从软件支持的语言列表中选取。

（6）账套主管。指定新建账套的账套主管，由系统管理员设置，且系统管理员应先设置用户与角色之后，才能设置账套主管。因此，账套主管必须用下拉列表框方式从用户字典与角色字典中选取。虽然每个账套可以有多个账套主管，但在此处只能指定一个账套主管，并且该账套主管还需在系统功能授权管理的功能权限设置中进行重新设定。

（7）预置科目、预置报表。若只预置一级科目则没有必要分行业，因为制度规定的一级会计科目是不分行业的。另外还应设计预置报表功能（通过在账套字典中设计"预置报表标志"数据项来实现），这就能够实现为新建账套预先设置好一套一级会计科目和通用标准报表，从而减轻科目字典维护，以及报表格式与公式定义的工作量。当然，要实现"预置科目"和"预置报表"功能，还需设计"科目模板"和"报表模板"基表，这两个基表的存储内容必须事先预置，其中"科目模板"基表的结构和内容详见本章科目字典及其维护功能，"报表模板"基表的结构和内容详见第六章（报表管理）中的相关内容。

（8）常用摘要方式。图 2-3 所示的界面中没有设计此数据项，但应该设计此数据项。在凭证录入时，为了简化摘要输入，需要设计常用摘要字典，该字典有两种形式。一是公用形式，即由指定人员建立并维护统一的、标准的、规范的常用摘要，其他人只能使用而不能建立和维护；二是每个用户建立并维护自己的常用摘要字典，自建自用，与他人无关。这两种形式各有优缺点，因此，在设置账套参数时，需要由系统管理员或账套主管来设定，可用值列表从"公用"和"个人"两个可选值中选取。

（9）数据授权标志。图 2-3 所示的界面中没有设计此数据项，但应该设计此数据项。所谓数据授权就是对会计信息系统中的各数据字典或数据基表实施数据权限控制，如限定哪些用户（或角色）在制单（或查账）时可以用哪些科目，不可以用哪些科目。对于一般企业而言，没有必要设置数据权限控制，只对功能权限实施控制即可，即设置账套主管、审核、会计、出纳等基本岗位（角色），再将角色指派给用户即可。在会计信息系统中，若对数据权限实施控制，由于用户的每一步操作，系统都需核准其是否具有权限而耗费大量的计算机处理时间，这会导致系统运行效率的大幅度降低，因此，在会计信息系统中不主张对数据权限实施控制，但系统应提供数据授权功能，以满足企业的特殊需求。对于某一账套，若需要实施数据权限控制，则将"数据授权标志"设为"√"，否则为空。

4. 分类信息设置

分类信息设置如图 2-4 所示。会计信息系统与业务管理系统之间有着密切的联系。企业规模不同、类型不同、行业不同、ERP系统的应用程度不同，都会导致会计信息系统与业务管理系统之间的连接模式有所不同。一般大中型企业，特别是制造业企业，都采用多级核算与管理模式。如果所应用的ERP系统功能比较完备，这种模式下的会计信息系统则相对简单，而业务管理系统却相对复杂，会计信息系统只需处理有关凭证（包

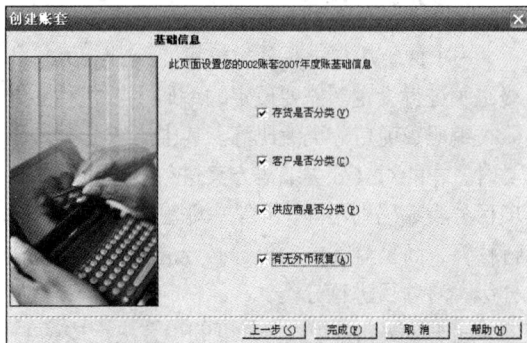

图 2-4　账套管理——分类信息设置

括自身产生的凭证和业务系统上传的凭证）并输出会计信息即可，不需要对应收（客户）、应付（供应商）等进行管理；如果企业是小型企业，或企业的业务相对简单，或所应用的 ERP 系统中没有单独的销售管理和供应管理系统，则会计信息系统就会相对复杂，系统必须对应收（客户）、应付（供应商）等进行管理，就需要对相关的分类信息进行设置。值得指出的是，会计信息系统的内聚和外延，一般只与应收和应付管理有关，也就是说应收和应付管理既可以在会计信息系统中实现，也可以分别在销售和供应管理系统中实现。会计信息系统与生产计划、资产管理、人力资源、成本管理等系统却不存在这种关系，它们都是会计信息系统之外的独立系统。

（1）存货分类。按本教材的设计思想，不主张设计通用的存货管理系统，即使设计此系统也不应该纳入会计信息系统中。因为存货管理分属于企业管理的不同管理范畴，不仅在供应和销售管理中有存货管理，而且在生产管理中一般也有存货管理，在这 3 个管理环节中的存货管理都各有其不同的特点。将存货管理设计为通用系统存在以下弊端：第一，基表结构特别是数

据字典结构必须由用户自行定义，这实质上是将系统设计任务交给了最终用户，而一般用户所定义的基表结构是否能够反映各环节的管理特征和管理需求还有待考证，尽管用户对自己企业的管理特征和管理需求相对了解，但这种了解是否能胜过其对软件系统的理解还值得怀疑。如果按不同的管理环节分别设计存货管理系统，则基表结构基本能够确定，并且能够体现先进的管理思想和理念，从而能够充分发挥系统的管理功效。第二，不便于系统集成。如果分别根据供应、销售、生产的管理特征来设计存货管理系统，则有利于各自的系统集成。第三，系统开发难度大。表面上设计通用的存货管理系统可以避免重复开发，但增加了开发难度，事实上，任何通用的软件系统都对编程能力要求极高，然而利用面向对象的继承性、封装性、可移植性等来分别开发各环节的存货管理系统则相对简单。基于上述原因本教材不涉及存货分类问题。

（2）客户分类。如果企业的客户较多，需要对客户进行分类管理，则可选择客户分类选项；如果企业的客户较少，不需要对客户进行分类管理，则可不选择客户分类选项。注意，如果选择了客户分类，则在进行客户数据管理时，必须先定义客户分类，然后才能设立客户档案。

（3）供应商分类。与客户分类相同。

（4）有无外币核算。如果企业有外币业务，则可选择此项，否则不必选择此项。

（二）修改账套

账套创建完成后，如果发现账套设置有误需要修改，或需要查看账套信息，可用账套修改功能实现。只有系统管理员和账套主管才具有修改账套信息的权限，修改时系统自动依次列示账套基本信息、单位信息、核算信息、分类信息，账套主管可根据实际需要修改允许修改的内容。账套一旦启用，则与核算有关的设置不允许修改，只允许修改不影响核算的信息，如账套名称、单位信息、核算未涉及的部分核算信息和分类信息等，核算已经涉及的信息一律不允许修改。

三、编码方案设置

为了便于用户进行分类核算、统计、汇总和管理，系统必须对各种编码的编码方案（编码级次）进行设定。需要设定的编码主要包括会计科目编码、部门编码、客户分类编码、供应商分类编码、项目分类编码等。其中客户分类编码和供应商分类编码只有在其分类信息设置为分类时，才能对其分类编码方案进行设置，否则不必对其分类编码方案进行设置。而部门编码和项目分类编码则不同，若某一账套实行部门和项目核算，且不是简单地将其设置为会计科目进行核算，而是对其单独设计必要的数据字典来实行管理，则系统要求必须对所管理的部门进行分级，对项目进行分类。

编码级次和各级编码长度的设置决定核算主体如何编制基础数据的编号，编码级次是构成分级核算、统计、汇总和管理层次的基础。编码方案设置如图 2-5 所示。

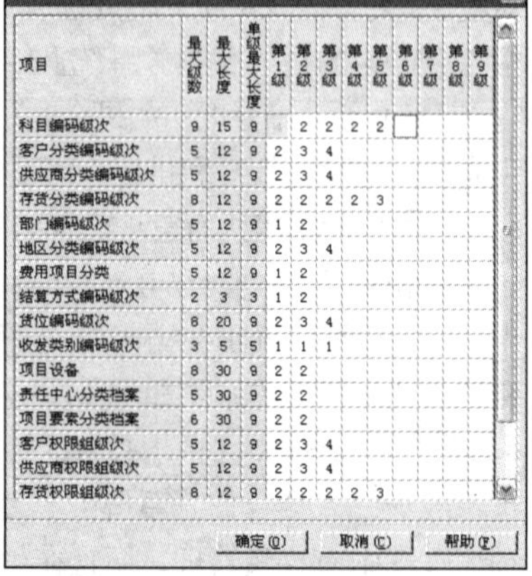

项目	最大级数	最大长度	单级最大长度	第1级	第2级	第3级	第4级	第5级	第6级	第7级	第8级	第9级
科目编码级次	9	15	9		2	2	2	2				
客户分类编码级次	5	12	9	2	3	4						
供应商分类编码级次	5	12	9	2	3	4						
存货分类编码级次	8	12	9	2	2	2	2	3				
部门编码级次	5	12	9	1	2							
地区分类编码级次	5	12	9	2	3	4						
费用项目分类	5	12	9	1	2							
结算方式编码级次	2	3	3	1	2							
货位编码级次	8	20	9	2	3	4						
收发类别编码级次	3	5	5	1	1	1						
项目设备	8	30	9	2	2							
责任中心分类档案	5	30	9	2	2							
项目要素分类档案	6	30	9	2	2							
客户权限组级次	5	12	9	2	3	4						
供应商权限组级次	5	12	9	2	3	4						
存货权限组级次	8	12	9	2	2	2	2	3				

图 2-5 账套管理——编码方案设置

（1）最大级数。最大级数是指编码最多可分几级，此级数由系统预置，科目编码和部门编码此级数包括末级明细，而客户、供应商、项目分类编码，此级数则只包括分类编码，不包括具体明细（如具体客户、供应商和项目）。

（2）最大长度。最大长度是指编码的最大可用位数，此长度应与各字典中该编码的长度一致。

（3）单级最大长度。单级最大长度是指某一级编码的最大可用位数，长度应不大于 9。

（4）第 1 级至第 9 级长度。这是指各级编码的最大可用位数，如科目编码的“42222”编码方案所表示的意义是，科目编码共分 5 级，其中第 1 级编码占 4 位，第 2 级至第 5 级编码各占 2 位。会计科目编码必须分级，系统预置一级科目编码为 4 位（不可更改），2 至 9 级编码方案可由用户自行设置。编码方案数据存储在账套字典的对应字段中。

图 2-5 中涉及的编码方案很多，几乎涵盖 ERP 系统的所有编码方案，而在会计信息系统中，主要涉及会计科目编码、部门编码、客户分类编码、供应商分类编码、项目分类编码等编码方案，这些编码方案的设定详见各自对应的数据字典维护功能设计。事实上，在 ERP 系统中，编码方案可以集中统一设置，也可以分别在各自系统中分别设置，与其他系统共享。两种方案各有所长。

第二节　系统功能权限管理

为了保证系统及数据安全和保密，必须对系统的使用进行限制，对可以使用系统的用户进行分工及权限控制。系统授权分 3 个级别：首先是最高权力者是系统管理员，其次是各账套的账套主管，最后是一般用户。系统管理员负责系统的软硬件管理，在系统安装时设定其登录名和口令，系统安装完成后，系统管理员以指定的登录名和口令登录后，马上要修改口令，以防别人以系统管理员身份登录。通常情况下：首先由系统管理员创建各账套及账套基本信息，并对各用户进行分工和功能授权；然后再由账套主管来设置账套的具体核算信息。系统管理员具有整个系统的高层管理权，一般由计算机系统（操作系统、数据库系统、网络系统等）管理员担任，系统管理员不具有底层的业务功能操作权。各账套主管拥有本账套的全部管理权，一般由会计主管担任。系统授权管理具有用户管理、角色管理、功能权限设置、功能权限验证、运行日志查询等功能。

在会计信息系统中，为了方便系统管理员和会计业务人员使用系统且互不干涉，一般应将系统管理功能和会计业务处理功能分开，分为系统管理平台和会计业务处理平台。系统管理平台包括账套管理、用户管理、角色管理、功能权限设置等功能，其他功能全部设计在会计业务处理平台中。

一、用户管理

（一）用户字典（Yhzd）的作用及其数据结构

在会计信息系统中，应对用户进行岗位分工，并对每位用户的权限进行明确规定，实施系统运行权限控制，以避免无关人员对系统进行错误或恶意操作，同时也可以对系统各项功能模块的使用进行协调，从而确保系统数据的安全性和保密性。用户字典存储可进入系统的所有用户信息，用户字典（Yhzd）的数据结构如表 2-2 所示，该字典与后续的用户角色字典和功能权限字典构成主从表关系，通过"用户编号"外键与这两个基表构成关联。

表2-2　　　　　　　　　　　　　　　　　用户字典（Yhzd）的数据结构

列名	含义	数据类型	长度	主键	完整性约束
Yhbh	用户编号	字符型	6	主键、外键	非空，唯一
Yhxm	用户姓名	字符型	12		非空
Ssbm	所属部门	字符型	80		
Email	Email 地址	字符型	20		
Sjhm	手机号码	字符型	11		
Dlkl	登录口令	字符型	6		
Yhzt	用户状态	字符型	4		启用、停用
Bz	备注	字符型	40		

（二）用户字典（Yhzd）数据管理

系统管理员通过本功能可以对使用系统的用户进行管理，包括增加、修改、删除、注销用户等功能，这些功能的执行结果数据都存储在用户字典（Yhzd）中。用户数据管理与角色数据管理相伴进行，无先后次序，但一般情况下应先建立角色，后建立用户。在某些中小型企业，因用户数不多，为了简化系统应用，不建立角色，直接对用户进行授权即可。

用户数据管理如图 2-6 所示。在增设或修改用户时可直接为用户设置角色，这实质上是对用户进行授权，将标有"√"标记角色的所有功能全部授给该用户，如果对应的角色在权限设置时其功能权限发生变动，则用户的功能权限也随之变动。用户设置角色的结果数据（包括用户编号、用户名称、角色编号、角色名称）存储在用户角色字典（Yhjszd）中。在进行功能权限设置时，系统会自动搜索用户角色字典来确定用户所拥有的角色功能权限。

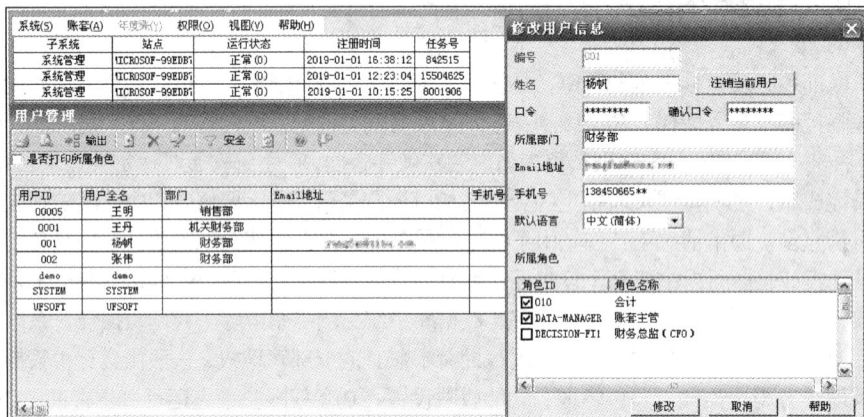

图 2-6　用户数据管理

（1）用户编号（界面中为"编号"）。非空且唯一。其编码最大长度为 6 位，规则随意，一般采用数字或字母进行编码。如果系统中建立职员字典，则该编码应与职员字典中的职员编码采用相同的编码方案，并且该编码应以值列表方式从职员字典中选取，选取后用户姓名直接选入。用户编号应与角色编号加以区分。

（2）用户姓名（界面中为"姓名"）。非空。如果建立职员字典，可采用值列表方式在职员字典中选取，否则可直接输入。

（3）所属部门。可不输入，在采用职员字典选择用户的情况下，其所属部门的默认值为该职员的所属部门，若要输入或修改，可采用值列表方式从部门字典中选取，所属部门应为部门全称。

（4）登录口令。为隐含显示项。口令应由用户自己设置，用户在登录系统时可随时修改自己的口令。无论用户是否设置了口令，在此处都显示"******"符号。但可用"删口令"功能删除用户口令，以防在用户忘记口令时无法进入系统。

（5）用户状态。图 2-6 所示的界面中没有设计此数据项，但应该设计此数据项。可设计"启用"和"停用"两个可选值，当用户不使用系统时可以停用，当确信永远不再使用系统时可以删除该用户。

（6）Email 地址、手机号码等数据项。可根据需要录入。

在图 2-6 中，对于确认以后不再使用系统的用户，可用"删除"功能删除该用户，"删除"功能应谨慎使用，且应提醒二次确认，经确认后系统不仅在用户字典中删除该用户，而且还要在功能权限字典中删除该用户所拥有的所有功能权限。用户的删除与角色无关。

二、角色管理

（一）角色字典（Jszd）的作用及其数据结构

角色的作用是使用户授权更加便捷，角色设置是在多数用户具有相同操作权限的情况下，通过建立角色并设置角色权限,然后将角色指派给用户。对于没有具体业务分工的中小型企业,可不设置角色,而直接对用户进行授权。角色字典(Jszd)的数据结构如表 2-3 所示。该字典与用户角色字典构成主从表关系,通过"角色编号"外键使这两个基表构成关联。

表 2-3 角色字典(Jszd)的数据结构

列名	含义	数据类型	长度	主键	完整性约束
Jsbh	角色编号	字符型	6	主键、外键	非空,唯一
Jsmc	角色名称	字符型	20		非空
Jszt	角色状态	字符型	4		启用、停用
Bz	备注	字符型	40		

(二)角色字典(Jszd)数据管理

角色的作用是将具有相同操作权限的用户进行归类,以简化用户授权过程,并与财务分工有机结合。一个角色可以拥有多个用户,一个用户可以分属于不同的角色,或不属于任何角色而独立存在。系统管理员通过本功能可以对某一类用户所共同拥有的操作权限(角色)进行管理,包括增加、修改、删除、注销角色等功能,这些功能的执行结果数据都存储在角色字典(Jszd)中。角色数据管理如图 2-7 所示。

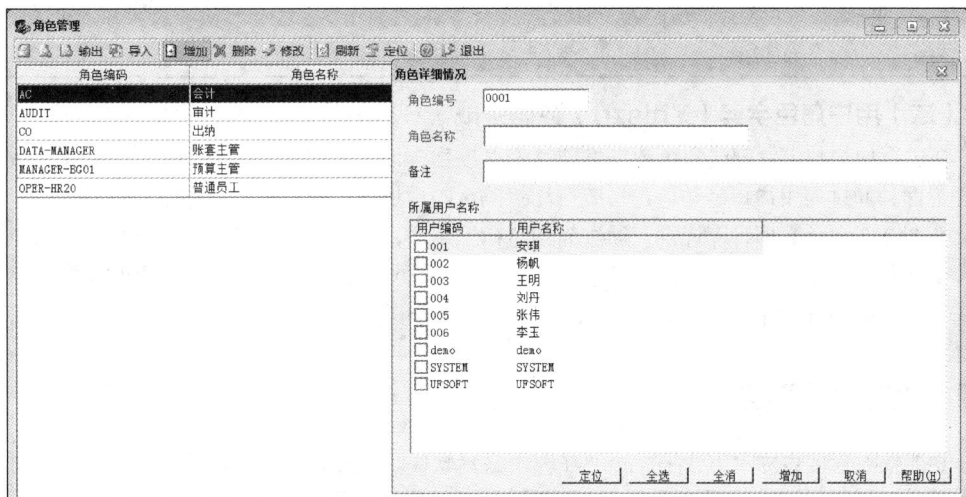

图 2-7 角色数据管理

在增设或修改角色时可直接为角色指定用户,这实质上是对用户进行授权,将该角色的权限分派给一些指定的用户(标有"√"标记的用户),如果此角色在权限设置时其功能权限发生变动,则用户的功能权限也随之变动。将角色指定给用户的结果数据(包括角色编号、角色名称、用户编号、用户名称)存储在用户角色字典(Yhjszd)中。在进行功能权限设置时,系统会自动搜索用户角色字典来确定用户所拥有的功能权限。

(1)角色编号(界面中为"角色编号")。非空且唯一。其编码最大长度为 6 位,规则随意,一般采用数字或字母进行编码。角色编号应与用户编号加以区分,可在角色编号的前几位加入特别字符标志以示区分。

(2)角色名称。非空。角色名称一般与财务分工中的岗位有一定关系,如会计、出纳、成本核算、材料核算等。

(3)角色状态。图 2-7 所示的界面中没有设计此数据项,但应设计该数据项,可设计"启用"和"停用"两个可选值,当角色不被任何用户使用时可以停用,当确信角色永远不再被任何用户使用时可以删除。

在图 2-7 中，对于确认以后不再使用的角色，可用"删除"功能删除该角色，这种情况极少发生（如会计、出纳、审核、账套主管等角色不会轻易被废止），因此，删除角色应特别谨慎且应提醒二次确认，经确认后系统需对用户角色字典进行搜索，若发现该角色还有对应的用户时，则系统拒绝删除，只有该角色确认无对应的用户时才可删除。

三、用户角色管理

（一）用户角色字典（Yhjszd）的作用及其数据结构

由于用户和角色是多对多关系，因此，必须建立一个基表来存储两者之间的这种多对多关系（这种关系如同教学管理系统中学生档案、课程字典、学生选课基表的关系）。用户角色字典（Yhjszd）的数据结构如表 2-4 所示。该字典分别与用户字典和角色字典构成主从表关系，通过"用户编号"和"角色编号"两个外键分别与用户字典和角色字典构成关联。

表 2-4　　　　　　　　　　用户角色字典（Yhjszd）的数据结构

列名	含义	数据类型	长度	主键	完整性约束
Yhbh	用户编号	字符型	6	组合主键、外键	非空，唯一
Jsbh	角色编号	字符型	6	组合主键、外键	非空，唯一
Yhmc	用户名称	字符型	12		非空
Jsmc	角色名称	字符型	20		非空

（二）用户角色字典（Yhjszd）数据生成

在进行用户数据管理或角色数据管理时，直接生成该基表数据。在图 2-6 所示的用户数据管理界面，通过为用户指定角色，系统自动将确定的用户角色的对应关系存储在该基表中；同理，在图 2-7 角色数据管理界面，通过为角色指派用户，系统自动将确定的用户角色的对应关系存储在该基表中。但应注意用户角色的对应关系必须唯一，这一点可由该基表的主键予以保证（"用户编号+角色编号"必须唯一）。

四、功能权限管理

功能权限管理也称财务分工。企业在应用会计软件时，应首先对用户进行岗位分工，对每一位用户的操作权限进行明确规定，实行权限控制，从而确保整个系统的安全性、保密性。财务分工就是根据会计信息化的要求，按基本岗位职责分工，由系统管理员设置用户的操作权限。

财务分工一般在财务部门岗位设置的前提下进行，会计信息化环境下的财务分工与手工处理环境下的财务分工有很大区别，会计信息化环境下的财务分工不能过细（如中小型企业一般只设置账套主管、会计、审核、出纳等几种岗位），尤其对证、账、表等会计数据的查询功能，一般不实行控制，只要被允许进入会计信息系统的人员都可以随意查询，这样便于相互监督，增强内部控制的职能，但对于一些确实需要保密，不便公开的会计数据，系统应允许进行必要的控制。财务分工一般在原有岗位设置的前提下，根据会计信息化的具体要求，由财务部门确定，除传统的会计岗位外，如有必要则需设置专门的会计信息化岗位，如系统开发与维护人员、数据管理人员等。这些岗位分工由系统管理员统一设置。

（一）功能字典（Gnzd）的作用及其数据生成

功能字典是会计软件的内置数据字典，其数据自动生成，不需用户维护。该字典存储已安装软件的所有系统、子系统及其功能模块的编号和名称。该字典是为系统授权设计的，在软件安装时，由安装程序根据已安装的系统、子系统及其功能模块自动生成。功能最多可分 9 级，第 1 级是系统，第 2 级是子系统，以下各级是功能模块，每级编码由 2 位组成，下级模块编码的前若干位应为其上级模块的编码。功能字典（Gnzd）的数据结构如表 2-5 所示。该字典与功能权限字典通过"功能编号"外键构成关联。

表 2-5 　　　　　　　　　　　功能字典（Gnzd）的数据结构

列名	含义	数据类型	长度	主键	完整性约束
Gnbh	功能编号	字符型	18	主键、外键	非空，唯一
Gnmc	功能名称	字符型	200		非空

（二）功能权限字典（Gnqxzd）的作用及其数据结构

在企业信息系统中，必须按照内部控制的要求对相关人员进行严格的岗位分工，严禁越权操作行为发生，因此，信息系统要求对用户权限进行限制。系统授权分为两个层次，即系统管理员授权和账套主管授权。系统管理员是系统默认的最高管理权限执行者，拥有执行整个企业信息系统的所有系统管理权限（非业务处理权限），可以指定或取消账套主管的权限，可以对各账套的用户进行授权；而账套主管的权限则局限于他所管理的账套，在该账套内，账套主管被默认为拥有该账套的全部权限，可以对本账套的用户进行数据控制权限设置。

通过用户权限划分可以实现两个层次上的权限管理：第一，功能级权限管理，功能级权限管理由系统管理员在系统管理层面完成；第二，数据权限管理（见第七章），数据权限管理由账套主管在业务管理层面完成。

功能权限字典存储各用户的功能运行权限设置，包括对系统、子系统及其功能模块的运行权限。为了加快系统的运行速度，提高运行效率，在该字典中不存储角色的运行权限，在进行系统功能授权时，虽然表面上具有角色权限设置功能，但一经确认，则系统自动将其转换为用户的功能权限存入功能权限字典中（根据用户角色字典中的对应关系转换）。功能权限字典（Gnqxzd）的数据结构如表 2-6 所示。该字典分别通过"用户编号"和"功能编号"两个外键与用户字典和功能字典构成关联。

表 2-6 　　　　　　　　　　　功能权限字典（Gnqxzd）的数据结构

列名	含义	数据类型	长度	主键	完整性约束
Zth	账套号	字符型	3	组合主键、外键	非空
Yhbh	用户编号	字符型	6	组合主键、外键	非空
Gnbh	功能编号	字符型	18	组合主键、外键	非空
Ztzgbz	账套主管标志	字符型	2		

（三）功能权限设置

功能权限设置是利用系统功能字典分别对用户和角色字典中的每个用户和角色进行功能授权。在系统功能字典中，系统、子系统及其功能模块之间，以及功能模块与功能子模块之间具有层次性，这种层次性通过功能编码来体现。编码方案因系统不同而异，如可以采用 9 级编码方案，每一级编码为 2 位，第 1 级为系统，第 2 级为子系统，第 3 级为子系统中的模块，第 4 级为模块中的子模块等，依此类推。这些子系统和模块是由系统在软件安装时自动生成的，用户只能使用而不能改动。功能权限设置只能对用户或角色进行功能的使用权限设定（包括上级功能、下级功能等各级功能），而不能将角色分派给用户，也不能将用户指定为某一或某些角色的拥有者，用户和角色两者之间的相互授权只能通过用户管理或角色管理来实现。功能权限设置的结果数据存储在功能权限字典（Gnqxzd）中。在进行功能权限设置时，系统将用户字典中的用户和角色字典中的角色全部列出，选择某一用户或角色后即可进行功能权限设置。功能权限设置如图 2-8 所示。

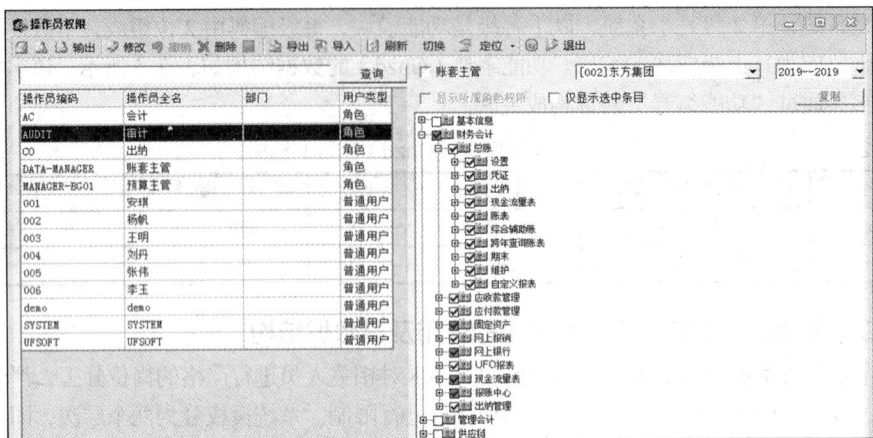

图 2-8　功能权限设置

1. 账套信息设置

在用户字典和角色字典中并没有设计账套信息，用户和角色并不单独属于哪个账套，一个账套可由多个用户使用，一个用户也可以对多个账套的数据进行操作。在权限设置中，用户和角色都与账套有关，即一个用户或角色在不同账套中可能拥有不同的权限。因此，在进行权限设置时，必须进行账套信息设置。

（1）账套选择。首先选用用户或角色，然后再选择账套，系统根据账套字典（见本章第一节）产生可选值，用下拉列表框方式选择账套。

（2）设置账套主管。在选定用户（或角色）和具体账套的前提下，在账套主管选择框内设置账套主管，账套主管拥有所选账套的所有权限，账套主管可以是用户，也可以是角色，每个账套可以有多个账套主管，但为了加强内部控制和职责划分，一般情况下建议每个账套只设置一个账套主管，并将账套主管设置为角色（即设置为"×××账套主管"），并对其进行授权，然后再将其指派到用户。值得说明的是，在建立账套时设置的账套主管（见本章第一节），必须在此处进行重新设定。

以上所设置的账套信息存储在功能权限字典（Gnqxzd）的"账套号"和"账套主管标志"字段中，其中账套主管用户的"账套主管标志"为"√"。

2. 用户与角色权限设置

选定用户或角色，系统自动列示所选用户或角色已经拥有的功能权限，在此基础上进行功能权限设置。系统功能按层次以树型结构列示，即系统下面是子系统、子系统下面是功能模块、而功能模块之下是子功能模块等，依此类推。在对上层功能授权时，其下层功能与子功能随之自动授权。用户与角色功能权限设置的结果数据存储在功能权限字典（Gnqxzd）中。在存储时，系统自动将所有的角色授权全部转换为用户授权加以存储，根据用户角色字典中用户与角色的对应关系实施转换。值得说明的是，在进行功能授权时，不得对用户（包括用户对应的角色）进行重复功能授权，否则存储时会发生错误，这一点由功能权限字典（Gnqxzd）中的主键必须唯一予以保障。

（1）账套号。根据选择的账套自动赋值。

（2）用户编号。根据选择的用户或角色自动赋值（若为角色则根据用户角色字典中用户与角色的对应关系确定）。

（3）功能编号。根据功能权限设置和功能字典中的对应功能编号自动赋值。

（4）账套主管标志。根据账套主管设置自动赋值"√"（若为角色则根据用户角色字典中用户与角色的对应关系确定）。

五、功能权限验证

功能权限验证因 ERP 系统的不同而异，有些 ERP 系统将系统管理员登录与其他用户登录区分开来，有些则不加以区分，但必须对系统管理功能的使用进行控制，一般情况下以分开为宜。由于系统管理员不做具体业务，登录时只需对其身份进行验证即可，而与具体账套无关，所以只对普通用户的权限验证加以讨论。功能权限验证包括登录权限验证、锁定与解锁权限验证和功能权限验证。

（一）登录权限验证

系统登录完成对用户和口令的验证，以杜绝非法使用者进入系统。在进入系统时，系统要求输入正确的用户和口令，并要求选择账套，如图 2-9 所示。

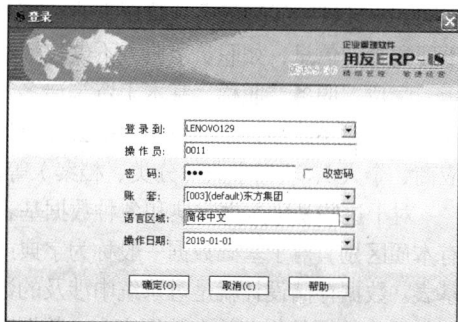

图 2-9 系统登录

（1）服务器（界面中为"登录到"）。选择连接的数据服务器。在该数据服务器中必须事先安装系统运行所需要的数据库管理系统（DBMS），并在数据库管理系统中创建相应的数据库及各种基表。

（2）用户、口令（界面中为"操作员""密码"）。输入用户和口令，用户可采用用户编号，也可采用用户姓名（但必须回避重名）。在输入口令时，无论输入什么信息，系统都将隐藏显示，以防他人窃取用户的登录口令。系统根据输入的用户和口令在用户字典中查找，若找到该用户，并且经核对确认口令正确，则系统认为该用户为合法用户，否则如果用户输入的用户名不存在，或者口令不正确，则系统认为该用户为非法用户，并拒绝登录。

（3）账套选择。从下拉列表框选择正确的账套，账套的可选值是从账套字典中取出的。账套是在系统启用前由系统管理员建立的，在系统登录时只能选择已经存在的账套，不能建立新的账套。用户和账套是多对多关系，一个用户可以对多个账套数据进行操作，同一用户登录不同的账套可能会有不同的权限。

（4）语言区域。采用账套语言（见本章第一节）即可，此数据项不必设计。

（5）操作日期。默认值是服务器系统日期，若登录用户需要处理以前发生的会计业务，则可以输入以前的日期。

（二）锁定与解锁

系统锁定与解锁功能完成用户暂时离开时系统的锁定以及用户回来时系统的解锁，同样，系统锁定功能也起到了加强系统安全性的作用。

任何系统都应具有一定的安全保护措施，保证进入系统的用户一定是系统的合法使用者。登录验证功能是必不可少的，同时，系统锁定功能也是避免非法用户进入系统的必要措施。很难要求用户在整个工作时间内一直操作计算机，因此，在用户短时间离开计算机时，应启用系统锁定功能，用户只有输入正确的解锁密码才能够重新使用系统，其解锁密码应与登录口令相同。系统锁定与解锁功能与 Windows 的屏幕保护功能类似。

（三）功能权限验证

用户登录系统时，系统根据功能权限字典（Gnqxzd）中该用户在所选账套中的功能权限设置来给出不同的用户界面，无论在哪个层次的界面，对于有使用权限的功能选项为可选状态，对于没有使用权限的功能选项为不可选状态。在进行功能权限验证时，系统按登录用户编号和账套号在功能权限字典（Gnqxzd）中查询该用户可以运行的功能，系统按该用户所拥有的全部功能权限给出用户界面。

第三节　基础数据管理功能

　　企业若要实现信息化管理，则必须将企业的所有资源代码化，包括会计科目、部门、职员、客户、供应商、项目、各种资产等。计算机与人不同，人以文字识别事物，而计算机因文字具有多义性和匹配性差，所以以编码识别事物，然而，人却对编码鉴别力较弱，因此，必须在计算机中建立各种数据字典。数据字典的基本作用就是编码与名称的对照表，与"字典"的作用类同，不理解编码时就去查数据字典。然而，数据字典的作用绝不仅仅是对照表，还包括许多重要的管理信息，如职员字典，不仅包括编码、姓名，而且还包括性别、年龄、所属部门、学历、学位、职务、职称、基本工资等诸多管理所需要的信息。这些数据字典统称为基础数据。在会计信息系统中，基础数据包括会计科目字典、部门字典、币种字典、往来字典（客户、供应商、个人）、项目字典（分类、档案）等。

　　对于这些基础数据字典和各种数据基表的设计称为数据存储设计，数据字典与数据基表没有本质区别，对于基础数据一般称为字典或档案，而对于各子系统或模块专用的数据一般称为基表。数据存储设计就是对系统中涉及的数据字典和数据基表进行存储结构设计。各种数据都按定义的数据结构存储在数据库中。数据存储设计在整个系统设计中占重要地位，是系统设计的关键。在某些管理信息系统的书籍中过分强调系统分析的重要性，这对于开发某一企业的专用软件或系统实施无疑是非常必要的，但值得指出的是，无论是开发专用软件，还是开发通用软件，都要求系统设计人员对企业的管理业务必须十分熟悉，否则将意味着系统开发与实施的失败。用通晓计算机技术，而不懂企业管理的技术人员来设计系统，一切从系统调查与分析开始，这绝对是非明智之举。因此，在某些书籍中用大量篇幅所讲述的业务流程分析、业务流程图、数据流程分析、数据流程图、ER 图等，其实用价值都不大。经验表明，系统设计人员必须是既懂管理业务又懂计算机技术的复合型人才。系统设计从数据存储设计开始，直接设计数据字典和基表结构。按原型法首先给出数据存储的逻辑结构和物理结构，然后再在系统分析的基础上对数据结构进行补充和完善，最终满足用户的所有需求。通用软件的做法是将能够确定下来的数据结构设计完备，不能确定下来的数据结构由用户在系统实施时设定，如项目管理数据结构等。某些功能设计也是如此，如报表管理中的报表格式定义、报表公式定义等，这样做虽然能够实现系统的通用化，但把一部分系统设计任务交给了最终用户，这无疑会增加系统使用的难度。因此，系统的通用性和可操作性之间是相互矛盾、此消彼长的关系，系统通用性越强，其可操作性越差，反之亦然。

　　在进行系统数据存储设计时，要避免过分依赖书本上的理论和方法。在一些数据库原理和数据结构的书籍中，追求避免数据冗余，实现三范式数据存储结构，设计了大量的主从表处理功能（在开发工具中也是如此）等。这些理论和方法都是有用的，但不要当作原则去刻意追求。三范式主要解决两个问题：一是节约存储空间，这在目前的计算机硬件发展条件下已不成问题；二是确保数据源的唯一性，如果系统能够保证数据源的唯一性，那么为了加快数据处理速度和减少编程的复杂性，完全可以舍弃三范式，适当地允许数据冗余。如在会计信息系统中，如果追求三范式，避免数据冗余，那么只存储凭证数据即可，其他数据都可以用凭证数据算出，都是冗余数据，然而由于计算机的数据处理速度仍然有限，为了提高系统的运行速度，还必须存储大量的发生额和余额数据，以便快速生成各种账簿和报表。主从表处理功能在实际应用中也用得不多，这一点从各种 ERP 软件的应用中不难看出，在 ERP 系统的各种功能中，真正使用主从表处理功能的并不多见。为了理解一、二、三范式的关系，可用表 2-7～表 2-10 来形象说明。

表 2-7   一范式数据表

日期	产品名称	销售地区	销售量	销售额（万元）
2019-01-01	计算机	东北	1 000	500
2019-01-03	彩电	华北	500	250
2019-01-05	冰箱	西北	600	300
2019-01-08	计算机	西北	500	250
2019-01-10	冰箱	华北	800	400
2019-01-12	彩电	东北	400	200
2019-01-14	计算机	西北	700	350
2019-01-15	计算机	东北	300	150
2019-01-18	冰箱	西北	200	100
2019-01-20	彩电	西北	1 000	500
2019-01-22	彩电	东北	500	250
2019-01-23	冰箱	华北	400	200
2019-01-25	计算机	华北	300	150
2019-01-27	彩电	华北	800	400
2019-01-28	冰箱	东北	600	300
2019-01-30	计算机	华北	800	400

表 2-8   二范式数据表

产品名称	销售地区	销售量	销售额（万元）
彩电	东北	900	450
彩电	华北	1 300	650
彩电	西北	1 000	500
冰箱	东北	600	300
冰箱	华北	1 200	600
冰箱	西北	800	400
计算机	东北	1 300	650
计算机	华北	1 100	550
计算机	西北	1 200	600

表 2-9   三范式数据表（销售量）

产品名称	东北	华北	西北
彩电	900	1 300	1 000
冰箱	600	1 200	800
计算机	1 300	1 100	1 200

表 2-10   三范式数据表   （销售额：万元）

产品名称	东北	华北	西北
彩电	450	650	500
冰箱	300	600	400
计算机	650	550	600

从表 2-7～表 2-10 不难看出：一范式是原始数据（16 条记录），冗余较大；二范式是经过汇总处理的综合数据（9 条记录），虽有一定冗余，但能反映销售量、销售额等多个变量；而三范式虽然无数据冗余（6 条记录），但只能反映销售量或销售额一个变量，若既要查询销售量，又要查询销售额，乃至更多变量时，则三范式会涉及多个数据基表，而计算机进行多基表数据查询时，会大大降低运行效率。由此可见，在查询多个变量时，二范式将优越于三范式，二范

式虽有数据冗余，但可以大大提高计算机的查询速度。

根据上述数据存储设计思想，下面分别阐述基础数据管理涉及的各个数据字典和数据基表的作用和数据存储结构。基础数据管理涉及的基础数据字典如表 2-11 所示。"基表名"是创建基表时确立的名称，在进行数据处理时，必须指明基表名，基表名一般采用基表含义的汉字拼音缩写。

表 2-11　　　　　　　　　　　　　　　基础数据字典

基表名	含义	作用	历史基表	公用
Kmzd	科目字典	存储会计科目及其发生额与余额数据	有	否
Bmzd	部门字典	存储核算单位的下属部门数据	有	是
Bzzd	币种字典	存储本币、外币及其与本币的折算汇率	有	否
Khflzd	客户分类字典	存储客户分类数据	有	是
Khda	客户档案	存储客户档案数据	有	是
Gysflzd	供应商分类字典	存储供应商分类数据	有	是
Gysda	供应商档案	存储供应商档案数据	有	是
Grwlzd	个人往来字典	存储个人往来档案数据	有	否
Xmflzd	项目分类字典	存储专项核算的项目类别数据	有	是
Xmjgzd	项目档案结构字典	存储项目大类对应的项目档案数据结构	有	否
Xmda	项目档案	存储具体项目档案数据	有	是

对于需要存储历史数据的基表在数据库中应各设计两个，其数据结构基本相同，只需在给出的数据结构基础上，加上一个 4 位的年份字段，并将此字段作为组合主键之一，这样就可以保证主键数据的唯一性，不同年份的数据以年份字段加以区分，不同账套的数据以账套号加以区分。用设有年份字段的基表存储历史数据，以年份字段的内容区别各个不同年份的数据。另外基表名也应不同，可采用在基表名前加一个 L（历史）字母以示区别。用首位附加有 L 字母的基表存储历史数据，而用首位不附加 L 字母的基表存储当年数据。在年终结账后结转上年数据时，将已结账年度数据转存到历史数据基表中。由于历史数据查询不经常使用，其速度慢些可以接受，因此，将历年的历史数据存储在同一基表中。而当年数据处理却经常发生，将当年数据单独存储，有利于提高数据处理速度。

在表 2-11 中标识"公用"的数据字典，其数据是同一账套的公用数据，能为各管理系统所公用（如"客户分类字典"和"客户档案"就为会计信息系统和销售管理系统所公用），但不能跨账套公用。不同账套拥有不同的数据，互不干扰，更不可公用。

在 C/S 网络环境下，系统中的所有数据基表都存储在服务器端，服务器必须安装与会计软件配套的数据库管理系统，软件安装程序分服务器安装程序和客户机安装程序两种，服务器安装程序将自动在数据库中创建所需要的数据基表与数据库连接的登录名。

基础数据管理就是对这些字典的数据进行增加、修改、删除、查询、打印等处理，基础数据管理的功能如图 2-10 所示。

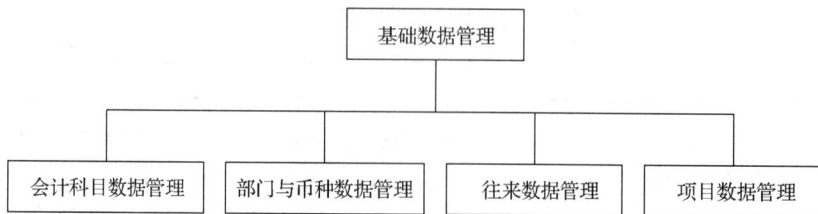

图 2-10　基础数据管理功能

在基础数据管理中，由于某一字典的维护，可能要用到其他字典中的数据，所以对数据字典的维护要有一定的先后次序：一般先维护项目分类字典和币种字典，然后维护科目字典、部门字典、客户分类字典、供应商分类字典，再维护项目档案结构字典、个人往来字典，最后维护客户档案、供应商档案、项目档案。在所有的数据字典维护中，科目字典维护最为重要，是实现精细核算与科学管理的核心。所有的数据字典维护必须由账套主管来完成，也就是说"基础数据管理"功能只能由账套主管来运行，其他人员无权运行。尽管"基础数据管理"功能设计在会计业务处理平台中，而不是在系统管理平台中，但其处理内容应划归为系统管理中，是系统运行的前提和基础。

在对具有"账套号"主键的数据基表进行维护时，"账套号"主键是由系统根据用户登录时所选择的账套自动填入，不需用户输入，这一点在后续的数据基表维护中将不再赘述。科目字典的有关发生额与余额数据，由凭证管理（见第三章）中的记账处理程序根据审核无误的记账凭证自动更新。

第四节　会计科目数据管理

一、科目字典（Kmzd）的作用及其数据结构

科目字典存储所有账套的主要会计科目基本信息、预算数据以及 12 个月的发生额与余额数据，其中除 1 月份外，其他各月都要设计累计发生额字段。该字典体现了会计核算的体系与内容，用于反映企业经济业务预算与核算信息，为生成账簿、编制财务报表奠定基础，使提供各级会计科目信息成为可能，从而为企业的经营管理者提供有用的管理与决策信息。会计科目是有级次的，一级科目应按准则规定设置，二级及以下科目可由企业自行设置，科目级次最多可设 9 级。科目字典（Kmzd）的数据结构如表 2-12 所示。数值型的"15.2"表示该字段最大长度为 15 位数字，小数点后面 2 位，小数点占 1 位，小数点前面可有 12 位数字，即可到千亿。该字典通过"科目编号"外键与后续的部门发生额与余额基表、往来发生额与余额基表、项目发生额与余额基表和外币发生额与余额基表构成关联。

表 2-12　　　　　　　　　　　　科目字典（Kmzd）的数据结构

列名	含义	数据类型	长度	主键	完整性约束
Zth	账套号	字符型	3	组合主键、外键	非空
Kmbh	科目编号	字符型	20	组合主键、外键	非空，唯一
Kmmc	科目名称	字符型	20		非空
Kmqc	科目全称	字符型	160		非空
Zjm	助记码	字符型	9		非空
Kmjc	科目级次	数值型	1		非空
Kmlx	科目类型	字符型	4		非空
Kmyefx	科目余额方向	字符型	2		非空
Zbgs	账簿格式	字符型	10		非空
Bmhs	部门核算	字符型	2		√、空
Wlhs	往来核算	字符型	6		客户、供应商、个人
Xmhs	项目核算	字符型	6		项目档案基表名
Wbhs	外币核算	字符型	3		外币编号
Slhs	数量核算	字符型	6		数量计量单位
Mjkmbz	末级科目标志	字符型	2		√、空
Kmzl	科目账类	字符型	4		为出纳设计
Kmfcbz	科目封存标志	字符型	2		√、空
Ndyse	年度预算额	数值型	15.2		预算系统

列名	含义	数据类型	长度	主键	完整性约束
S0	1月初数量余额	数值型	15.2		1月份记账处理
Y0	1月初金额余额	数值型	15.2		1月份记账处理
Js01	1月借方数量发生额	数值型	15.2		1月份记账处理
Jj01	1月借方金额发生额	数值型	15.2		1月份记账处理
Ds01	1月贷方数量发生额	数值型	15.2		1月份记账处理
Dj01	1月贷方金额发生额	数值型	15.2		1月份记账处理
S01	1月末数量余额	数值型	15.2		1月份记账处理
Y01	1月末金额余额	数值型	15.2		1月份记账处理
……	……	……	……		……
Js12	12月借方数量发生额	数值型	15.2		12月份记账处理
Jj12	12月借方金额发生额	数值型	15.2		12月份记账处理
Ds12	12月贷方数量发生额	数值型	15.2		12月份记账处理
Dj12	12月贷方金额发生额	数值型	15.2		12月份记账处理
Ljs12	12月累计借方数量发生额	数值型	15.2		12月份记账处理
Ljj12	12月累计借方金额发生额	数值型	15.2		12月份记账处理
Lds12	12月累计贷方数量发生额	数值型	15.2		12月份记账处理
Ldj12	12月累计贷方金额发生额	数值型	15.2		12月份记账处理
S12	12月末数量余额	数值型	15.2		12月份记账处理
Y12	12月末金额余额	数值型	15.2		12月份记账处理

科目设置是会计信息系统的核心，它反映整个企业会计核算乃至财务管理的体系结构，科目字典的数据结构设计是会计信息系统设计的关键，其结构设计将影响整个系统的设计思想。有某些会计软件将科目字典设计为以下结构。

账套号　科目编码　助记码　一级科目名称　二级科目名称　三级科目名称……

且将科目发生额与余额另设基表加以存储，这样设计无疑是不合理的，不管采用哪种科目字典设计方案都应将科目发生额与余额数据包括在内。假设将表2-12设计方案称为方案1，而将上述多级科目名称分别列示的设计方案称为方案2，则二者优缺点如下：方案1的优点是各级科目的发生额与余额已全部具备，需要时可直接读取，定位到某一科目后，各会计期间发生额与余额数据俱全，而方案2由于只存储末级科目及其发生额与余额，所以在需要上级科目的发生额与余额时，则需要按其下级科目进行汇总计算；但方案1的缺点是多设计一个"末级科目标志"字段。另外在增改会计科目时，方案1和方案2也具有很大区别。

二、科目字典（Kmzd）数据管理

科目字典存储所有账套的主要会计科目信息，该字典的数据结构如表2-12所示，其中科目基本信息需要维护，而发生额、累计发生额和余额数据由凭证管理的记账功能登记，除初始余额、累计发生额、年度预算额在系统数据管理（见本章第八节）中录入（或由其他系统转入）外，正常运行时，这些数据不允许用户改动。在科目字典中，一级科目必须符合会计制度的规定，而二级及以下明细科目可由用户根据实际需求自行设置。会计科目设置要求如下。

（1）必须满足本单位的核算与管理要求。与手工核算不同的是，会计信息化环境下，会计科目设置要尽可能细致，特别是成本、损益类科目，这样才能满足管理的需要。如主营业务收入、主营业务成本科目必须设置到产品；本年利润科目必须按转入的明细科目分类、按级次设置明细科目，以便于按明细科目进行结转，并分别计算各明细项目产生的利润（如各种产品的营业利润等）。因此，本年利润科目的明细科目至少应涵盖利润表中除利润分配之外的所有项目，甚至还要包括许多更明细的项目。由此可见，会计信息化会使会计核算与财务管理发生变革。

（2）必须满足填列会计报表的要求。即一个会计科目必须明确地对应于会计报表的一个数据项，不允许对应于会计报表的多个数据项；反之，会计报表的一个数据项则可以对应于多个会计科目，该报表数据项可由多个会计科目汇总填列。

（3）会计科目的设置必须保持协调性和体系完整性。不能只有下级科目而无其上级科目。在设置明细科目时，其上级科目必须已经存在。

（4）在会计核算年度内，对于有业务发生的会计科目，不能删除，其编号等有关核算信息也不允许修改，也不能在发生过核算业务的末级会计科目之下再设置下级科目。若要删除、修改以及在末级会计科目之下增设明细科目，可在初始装载数据或年度会计核算已结账，下年会计业务开始之前进行，但要注意余额的结转，只有其余额为零时，才允许处理。

（5）会计科目的设置要考虑到与子系统的衔接。在会计信息系统中，只有末级科目才允许在制单时被引用，才能接收各子系统转入的凭证数据，因此，要将各子系统转入的科目数据设置为末级科目。

科目字典维护功能完成对会计科目的设置和管理，会计科目的设置是会计信息系统的核心内容之一，其体系结构能体现核算主体的财务管理理念。为了实现会计科目的系统化、规范化和标准化，会计科目设置应由账套主管来完成，一般财会人员无权设置会计科目。账套主管可根据会计业务的实际需要来增加、修改、删除、查询、打印会计科目。在比较完善的会计软件中，在创建账套时设置了企业类型和行业性质，并选择了按行业预置科目选项，则系统会自动根据企业类型和行业性质预置一套参考会计科目，用户可在此基础上增改或删除。会计科目数据管理如图 2-11 所示。

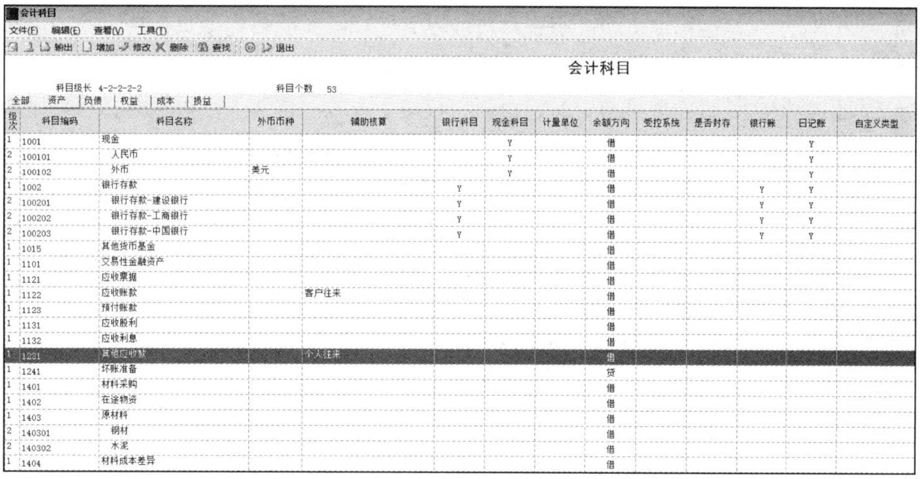

级次	科目编码	科目名称	外币币种	辅助核算	银行科目	现金科目	计量单位	余额方向	受控系统	是否封存	银行账	日记账	自定义类型
1	1001	现金				Y		借				Y	
2	100101	人民币				Y		借				Y	
2	100102	外币	美元			Y		借				Y	
1	1002	银行存款			Y			借			Y	Y	
2	100201	银行存款-建设银行			Y			借			Y	Y	
2	100202	银行存款-工商银行			Y			借			Y	Y	
2	100203	银行存款-中国银行			Y			借			Y	Y	
1	1015	其他货币基金						借					
1	1101	交易性金融资产						借					
1	1121	应收票据						借					
1	1122	应收账款		客户往来				借					
1	1123	预付账款						借					
1	1131	应收股利						借					
1	1132	应收利息						借					
1	1231	其他应收款		个人往来				借					
1	1241	坏账准备						贷					
1	1401	材料采购						借					
1	1402	在途物资						借					
1	1403	原材料						借					
2	140301	钢材						借					
2	140302	水泥						借					
1	1404	材料成本差异						借					

图 2-11 会计科目数据管理

科目字典可按科目类型：全部、资产、负债、权益、成本、损益 6 种分别设置，可采用活页夹形式对各类科目进行设置。设置时系统默认对当前年份会计科目进行维护，以前年度的会计科目不允许改动。

（一）增设会计科目

会计科目的增加可随时进行，其界面如图 2-12 所示。增设的科目信息被存储到科目字典中，界面中“科目英文名称”“自定义类型”“汇总打印”数据项意义不大，可不设计，而“末级科目标志”“科目账类”“科目封存标志”数据项却非常重要，必须设计。各数据项说明如下。

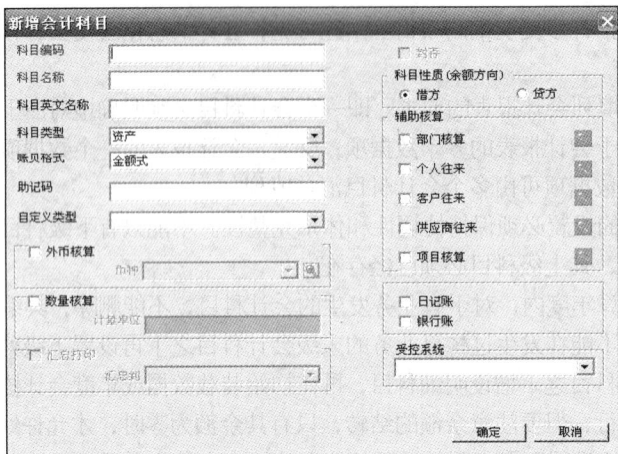

图 2-12　会计科目数据管理——增设会计科目

（1）科目编号（界面中为"科目编码"）。科目编号是科目字典数据基表的主键，非空且唯一。输入科目编号时，一要满足科目编码方案的各级位数要求，二要满足唯一性要求，三要满足新增的会计科目其上级科目必须已经存在。在录入科目编号后，科目级次根据输入的科目编号位数自动生成，科目编号的最大长度为 20 位。

（2）科目名称。最多可输入 10 个汉字，非空。在录入科目编号和科目名称之后，科目全称根据已有的上级科目名称和本级科目名称自动生成。

（3）科目全称。科目全称是将各级科目名称连接起来，各级科目名称之间用连字符"-"连接，系统根据其已有的上级科目名称和本级科目名称自动生成，不需用户输入。科目全称的最大长度为 160 位（80 个汉字）。

（4）科目级次。系统根据设定的会计科目编码方案和输入的科目编号位数自动生成科目级次，不需用户输入，在图 2-12 所示的界面中设计为非显示项。

（5）科目类型。科目类型具有资产、负债、权益、成本、损益 5 个可选值，当采用全部活页夹新增科目时，科目类型需要在上述 5 个可选值中，以值列表方式选择其一，当采用其他活页夹新增科目时，科目类型不需输入，由系统根据活页夹类型自动产生。

（6）助记码。用于帮助记忆会计科目，其主要作用是在填制凭证时，快速选择会计科目。助记码的编码方案有多种，较常用的有两种：其一是用科目名称中各个汉字拼音的第一个字母组成，如"管理费用"科目的助记码为"GLFY"；其二是用各级科目名称的第一个汉字拼音字头连接起来构成，如"管理费用——折旧费"科目的助记码为"GZ"。建议采用第二种方案，这种方案简单，便于记忆，且寻找科目时输入的位数较少。助记码的最大长度为 9 位，对应于 9 级会计科目。

（7）科目性质（余额方向）。借、贷两个值中选择其一，一般情况下，资产、成本类科目的余额在借方，而负债、权益类科目的余额在贷方，系统将根据所选择的科目类型对该项赋初值，但允许用户改动（如累计折旧、坏账准备等科目）。另外，下级科目的余额方向一般应与其上级科目一致，当某一上级科目的余额方向已经设置的情况下，其所有下级科目的余额方向由程序自动设置，但允许改动。当改动上级科目的余额方向时，其所有下级科目的余额方向也自动跟随改变。

（8）账簿格式（界面中为"账页格式"）。定义科目在账簿输出（显示、打印）时的默认格式。系统提供了金额式、外币金额式、数量金额式、外币数量式 4 种账簿格式。一般情况下，有外币核算的科目可设为外币金额式，有数量核算的科目可设为数量金额式，既有外币核算又有数量核算的科目可设为外币数量式；既无外币核算又无数量核算的科目应设为金额式。

（9）外币核算。在某一账套中可能具有多种外币核算业务，该项存储需要进行外币核算科目所对应的币种编号（显示币种名称），从币种字典中以值列表方式选取（不列示本币）。

（10）数量核算。该项存储需要进行数量核算科目所对应的数量计量单位，此项为空时，表示所对应的科目不需要进行数量核算，不为空时，表示所对应的科目需要进行数量核算，且其数据的计量单位即为此项的内容，如千克、件、吨、台、套等。

（11）部门核算。为了进行部门费用的有效管控，有必要在科目字典中设置相应的会计科目，以便对其预算、支出、结余等进行核算。用打标记的方法对需要进行部门核算的科目打上"√"标志。

（12）往来核算。为了对企业的往来款项进行有效管控，有必要在科目字典中设置相应的会计科目（如应收账款、预收账款、应付账款、预付账款、其他应收款、其他应付款等），以便对应收、应付款项进行核算。具有"客户""供应商""个人"3个可选值，对需要进行往来核算的科目，该项可在上述3个可选值中选择其一。

（13）项目核算。在某一账套中可能有多类项目核算与管理业务，如工程项目、科研开发、合同等，都可以作为项目来进行核算与管理。在企业中，将需要进行单独核算与管理的业务都要设为项目，项目必须分类，对于每一大类项目（一级项目），必须在科目字典中专门设置一套科目来核算该大类项目，这套科目不可他用。项目核算字段存储需要进行项目核算所对应的一级项目编号（项目大类编号）或对应的项目档案名，从项目分类字典中以值列表方式选取，选取时需显示项目名称。

按本教材的设计思想，不主张部门核算、往来核算、项目核算3种辅助核算相互交叉重叠，如果允许交叉重叠，则会给账簿数据处理带来困难，使账簿数据生成过于繁杂和混乱，并且这种交叉重叠也没有太大的必要。因此，在科目设置时应该对此交叉重叠予以限制，即对科目字典中同一会计科目最多只能设置部门、往来、项目辅助核算中的一种，且部门不能设为外币核算（对部门进行外币核算无意义），往来不能设为数量核算（对往来户没有必要进行实物数量核算）。

（14）末级科目标志。用打标记的方法在末级科目上打上"√"标志。打此标志时必须慎重，只有有此标志的科目，在制单（编制记账凭证）时才可选取，系统要求将所有末级科目全部打上标志。对于具有末级标志的科目，系统不允许在其下再增设会计科目，因此，对于非末级科目，绝对不允许打末级科目标志。

（15）科目账类。该数据项是为出纳管理设计的，以便在进行出纳数据处理时，系统只列示或处理现金和银行存款科目。标记科目的所属账类，有现金、银行、普通3类，现金科目为"现金"，银行存款科目为"银行"，普通科目为空。

（16）科目封存标志。用打标记的方法对以后不再使用的会计科目打上"√"标志。对于具有封存标志的科目，在制单时系统不予列示。在年终整理会计科目时，可将已封存会计科目删掉，但应将余额结零。

（17）受控系统。用于设置会计科目与其他业务管理系统之间的数据关系。由于本教材讲述的会计信息系统不涉及其他业务管理系统，因此，在科目字典中没有设计此数据项。

（二）修改会计科目

会计科目的修改具有一定限制，不允许随意修改会计科目。对于没有会计业务发生的科目可以进行修改，对于有会计业务发生的科目则只允许修改科目名称、助记码、科目封存标志3项数据，其他数据不能修改。

（三）删除会计科目

会计科目的删除具有一定限制，不允许随意删除会计科目。对于没有会计业务发生的科目可以删除，对于有会计业务发生的科目则不允许删除，具有下级科目的会计科目不允许删除。

由于会计科目的删除应慎重，所以删除程序要对被删除科目进行检查。一要检查被删除科目的余额是否为零，若不为零则不允许删除；二要检查记账凭证中是否有被删除科目的业务发生，若有则不允许删除；三要检查被删除的科目是否有下级科目，若有则不允许删除。并且系统应对会计科目删除设计可挽回的功能，即再给一次"确认"或"放弃"的选择机会。

（四）查询会计科目

在面向过程的软件开发中，对于数据字典的维护一般都要设计查询功能，以便按查询条件来输出相关信息；而在面向对象的软件开发中，由于数据输出界面的可视化程度极高，除一些特殊需求（如凭证查询）外，一般不设计单独的查询功能，特别是数据字典维护，因此，在科目字典维护中只设计按科目类型（活页夹）查询即可。

（五）打印会计科目

由于会计科目的数据项较多，特别是科目全称有 100 位长，若要全部打印，恐怕打印机的宽度不够，况且有时也没必要全部打印。因此，系统应提供对打印的列向（字段）可随意选择的功能，即用户可挑选要打印的列（字段），选中的列（字段）打印，没选中的列（字段）不打印。这种功能用 PB 或 VB 编程都很容易实现。在会计信息系统中，所有的打印功能都与科目字典的打印功能类同，因此，在后续章节中将不再说明打印功能。

第五节　部门与币种数据管理

一、部门字典（Bmzd）的作用及其数据结构

部门字典存储核算主体（本账套）的所有下属部门，其下属部门最多可分 5 级。在会计核算中，往往需要按部门进行分类核算和汇总。有隶属关系的上下级部门之间具有数据汇总关系。值得指出的是，不能将部门字典设计为各账套公用，因为账套是为核算主体而设计的，不同账套一般对应于不同的核算主体，所以不同账套的部门绝大多数是不同的，若各账套公用部门字典可能导致部门杂乱，使各账套核算时选择部门困难。因此，部门字典分账套设置为宜，若不同账套有相同的核算部门时，则在各账套中分别设置这些部门即可。部门字典的数据结构如表 2-13 所示。"日期型"字段固定长度为 8 位，由数据库系统自动设置。部门字典通过"部门编号"外键与后续的部门发生额与余额基表构成关联。

表2-13　部门字典（Bmzd）的数据结构

列名	含义	数据类型	长度	主键	完整性约束
Zth	账套号	字符型	3	组合主键、外键	非空
Bmbh	部门编号	字符型	12	组合主键、外键	非空，唯一
Bmmc	部门名称	字符型	20		非空
Bmqc	部门全称	字符型	80		非空
Zjm	助记码	字符型	6		
Fzr	负责人	字符型	12		非空
Bmsx	部门属性	字符型	12		
dz	地址	字符型	40		
Dh	电话	字符型	15		
Cz	传真	字符型	15		
Yzba	邮政编码	字符型	20		
Clrq	成立日期	日期型			
Cxrq	撤销日期	日期型			
Bz	备注	字符型	60		

二、部门字典（Bmzd）数据管理

部门字典存储核算单位的所有部门信息。该字典的数据结构见表 2-13。在会计核算中，将数据按部门进行分类汇总是常用的数据分类方法之一，核算主体的组织机构对会计科目体系设置十分重要。部门字典是核算主体的组织机构按会计软件系统要求所形成的数据分类方案，是核算主体下辖的具有分别进行会计核算与财务管理需求的单元体，不一定是实质上的部门机构。

部门字典应设计为公用数据，可以为整个单位的 ERP 系统所公用。按分类信息设置，部门可分级也可不分级，若分级则必须按部门编码方案的设置进行分级，部门最多可分 5 级。有隶属关系的上下级部门之间具有数据汇总关系。在部门字典中，没有设计"末级标志"字段，其原因在于，无论是否分级，在部门费用发生时，并不一定是末级部门，有可能是上级部门，因此，没有必要设计"末级标志"字段。

部门数据管理与科目数据管理的基本功能类同，但要比科目数据管理简单。部门数据管理功能包括增加、修改、删除等功能，如图 2-13 所示。

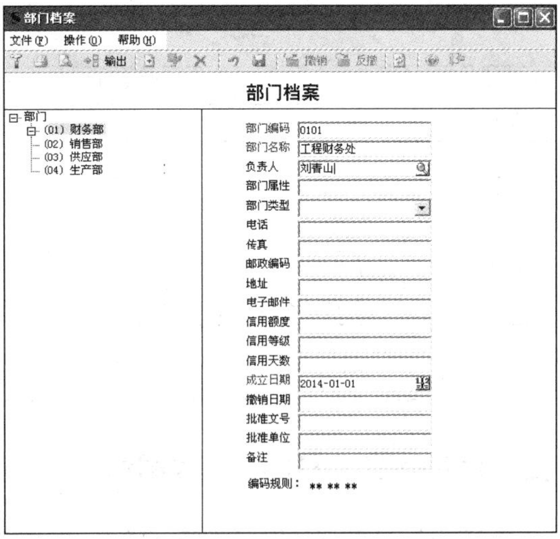

图 2-13　部门数据管理

（一）增设部门

（1）部门编号（界面中为"部门编码"）。非空，既要符合部门编码方案的设置，又要满足唯一性要求。

（2）部门名称。非空，最多可输入 10 个汉字。

（3）部门全称。在图 2-13 中没有设计，但从界面左边的树型结构中可以明确部门之间的层次关系。部门全称与科目全称类似，是将各级部门名称连接起来，各级部门名称之间用连字符"-"连接，系统根据其已有的上级部门名称和本级部门名称自动生成，不需用户输入。部门全称的最大长度为 80 位（40 个汉字）。若部门不分级时，部门全称与部门名称相同。值得指出的是，在许多具有分级层次关系的数据字典维护中，都采用树型层次结构显示在界面中，这种风格更符合软件的潮流和用户的习惯，但这一般并不影响数据的存储结构，只不过是在显示时以树型结构加以显示而已。在采用树型结构显示这种分级层次关系时，可能并不需要全称字段，但在日常数据录入（如凭证填制）时，一般并不采用树型结构选择部门（层次多，选择慢），因此，需要设计全称字段，用全称字段进行选择。这一点在后续章节中不再赘述。

（4）助记码。图 2-13 所示的界面中没有设计，但应该设计。可采用科目字典的助记码编码方案，即用各级部门名称的第一个汉字拼音字头构成助记码。若部门不分级时，可采用部门名称的汉字拼音字头构成助记码，如"办公室"的助记码可编为"BGS"。

（5）部门属性。可直接输入，也可采用值列表方式选取，其值列表的取值可设计为管理部门、职能科室、技术部门、科研机构、生产部门、采购部门、销售部门等。

（6）负责人。可输入部门的主要负责人姓名。若与人力资源管理系统能够共享职员数据，可从职员字典中选取。

（7）图 2-13 所示的界面中"电子邮件""信用额度""信用等级""信用天数""批准文号""批准单位"数据项无多大意义，可不设计。

（8）其他数据项。可输入对应的数据。

（二）修改和删除部门数据

修改和删除功能的使用具有一定限制，具有下级部门的部门不允许删除，若某部门有核算业务发生，则该部门的信息不允许删除，部门编号也不允许修改，除部门编号外其他数据可以修改。

三、币种字典（Bzzd）的作用及其数据结构

币种字典用于存储企业核算使用的本币、外币及其汇率信息。会计准则规定，企业的外币业务必须采用交易汇率进行核算，到期末用期末汇率进行汇兑损益调整。因此，在币种字典中没有必要存储核算汇率，核算汇率直接在制单时录入并存入凭证基表，而在币种字典中只需存储期末调整汇率即可。币种字典的数据结构如表 2-14 所示，其中各期调整汇率设计为 12 个月。

表2-14　　　　　　　　　　　　币种字典（Bzzd）的数据结构

列名	含义	数据类型	长度	主键	完整性约束
Zth	账套号	字符型	3	组合主键、外键	非空
Bzbh	币种编号	字符型	3	组合主键	非空
Bzmc	币种名称	字符型	12		非空
Bzfh	币种符号	字符型	6		
Bbbz	本币标志	字符型	2		
Tzhl1	1月调整汇率	数值型	14.6		
……	……	……	……		
Tzhl12	12月调整汇率	数值型	14.6		

四、币种字典（Bzzd）数据管理

币种字典存储核算单位所使用的本币和所有外币及其汇率信息。该字典的数据结构见表 2-14，必须用一条记录存储本币信息，本币编号应采用特殊编码（如"000"），以示与外币有所区分，且其"本币标志"字段的值应为"√"。对于外币信息，其"本币标志"字段为空。

汇率管理是专为外币核算服务的。会计准则规定，外币汇率必须采用交易汇率，且在期末结账时采用期末汇率进行调整。交易汇率在填制凭证时直接录入，没有必要预先定义固定汇率或浮动汇率，但有必要定义期末调整汇率，以便对各会计期间采用的调整汇率有所记载。期末，调整汇率必须在期末进行汇兑损益调整前录入，且过期不可更改。币种数据管理如图 2-14 所示。币种数据管理具有增加和删除功能。

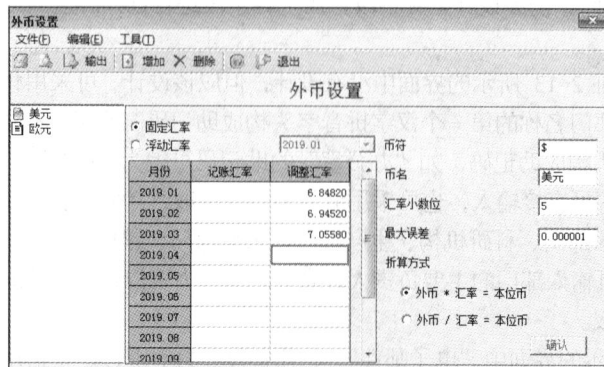

图 2-14　币种数据管理

（1）币种编号。非空，必须唯一。可直接输入，也可由系统自动赋值，如 001 美元、002 欧元等。

（2）币种名称（界面中为"币名"）。非空，直接输入。

（3）币种符号（界面中为"币符"）。直接输入，如对应人民币为"¥"、美元为"$"等。

（4）本币标志。对于本币，设置为"√"，其他币种为空。

（5）折算方式。不必存储，固定为：本币额=外币额×汇率，将其固化在程序中。

（6）各月调整汇率。在各会计期间的期末，进行汇兑损益调整前录入当期期末调整汇率，一般应为会计期末最后一天的当日汇率。

第六节　往来数据管理

往来数据管理包括客户数据管理、供应商数据管理和个人往来数据管理 3 部分，其中，客户数据管理与供应商数据管理完全相同，各数据字典及其数据结构也相同，因此，往来数据管理只阐述客户数据管理和个人往来数据管理。

在科目字典中，应将应收账款和预收账款科目设置为"客户"往来核算科目，将应付账款和预付账款科目设置为"供应商"往来核算科目，将其他应收款和其他应付款科目设置为"个人"往来核算科目。除这 6 个科目外，在科目字典中不另设其他往来核算科目。在进行往来数据核算时，客户对应于科目字典的应收账款和预收账款科目，供应商对应于应付账款和预付账款科目，个人对应于其他应收款和其他应付款科目。客户、供应商、个人往来必须通过各自对应的往来科目进行核算。在设有客户管理的企业，作为客户一般很少发生现销业务，即使发生现销业务也要经应收账款或预收账款科目核算，否则会使客户核算信息失真；而非客户则为现销业务，非客户不得经应收账款和预收账款科目核算。同样，对于供应商的现购业务也是如此，必须经应付账款和预付账款科目进行核算，否则也会使供应商核算信息失真。以客户为例，即使客户携带支票前来购货，也应做分录——借：应收账款，贷：主营业务收入；待支票落入银行户头后，再做分录——借：银行存款，贷：应收账款；而不直接做分录——借：银行存款，贷：主营业务收入。如此设计的主要原因是使应收账款（或预收账款）科目与客户往来建立完全对应的联系，使客户往来的汇总数据与应收账款（或预收账款）科目数据相符。不得将"主营业务收入"科目设置为客户往来核算科目，因"主营业务收入"科目必须按主营业务种类（或产品）设置明细科目，并应具有数量核算，加之非客户可能零星购置商品，所以，若将其设为客户往来核算科目，会大大增加系统的复杂性，给销售业务核算带来不必要的麻烦。

一、客户分类字典（Khflzd）的作用及其数据结构

客户分类字典存储销售业务所涉及的往来客户的分类信息，当有必要时，可对客户进行分类，以便进行分类统计和汇总，分类可按地区、行业等进行划分。在最明细分类之下可设置具体往来客户，具体往来客户存储在客户档案中。客户分类最多可分 5 级。客户分类字典的数据结构如表 2-15 所示。客户分类字典通过"客户分类编码"组合主键与后续的客户档案构成链接。

表 2-15　　　　　　　　　　客户分类字典（Khflzd）的数据结构

列名	含义	数据类型	长度	主键	完整性约束
Zth	账套号	字符型	3	组合主键、外键	非空
Khflbh	客户分类编码	字符型	12	组合主键	非空

列名	含义	数据类型	长度	主键	完整性约束
Khflmc	客户分类名称	字符型	20		非空
Khflqc	客户分类全称	字符型	80		非空
Zjm	助记码	字符型	6		
Qylx	区域类型	字符型	12		
Qygm	区域规模	数值型	10		
Xfsp	消费水平	数值型	15.2		
Syhj	商业环境	字符型	30		
Fzr	负责人	字符型	12		非空
Mjflbz	末级分类标志	字符型	2		非空

二、客户分类字典（Khflzd）数据管理

对于销售往来客户，既可进行分类核算与管理（往来客户较多），也可不进行分类核算与管理（往来客户较少）。客户分类一般按地区、行业等进行划分，客户分类属性应该统一，没有必要将客户分类属性设计为按地区属性分类和按其他属性分类两种。如果在账套设置中已选择了客户分类，那么就要对该字典进行维护。客户分类编号必须按账套字典的客户分类编码方案设置进行分类，客户分类最多可分 5 级。有隶属关系的上下级客户分类之间具有数据汇总关系。客户分类字典数据结构如表 2-15 所示。其数据管理功能与科目数据管理功能基本类同，如图 2-15 所示。

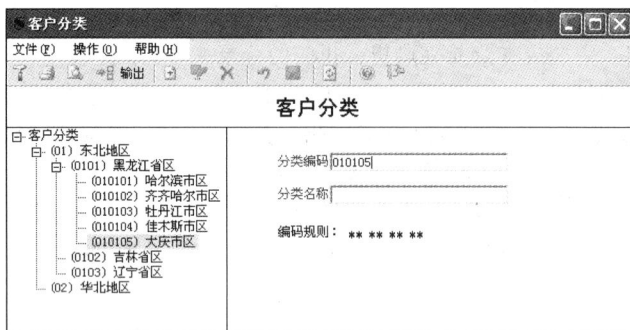

图 2-15　客户分类数据管理

（1）客户分类编号（界面中为"分类编码"）。非空，且客户分类编号既要符合客户分类编码方案的设置，又要满足唯一性要求。

（2）客户分类名称（界面中为"分类名称"）。非空，最多可输入 10 个汉字。

（3）客户分类全称。与科目全称和部门全称类似。在图 2-15 所示的界面中没有设计，但从界面左边的树型结构中可以明确客户分类之间的层次关系。

（4）助记码。各级区域名称第一个汉字拼音字头缩写。

（5）区域类型。根据各级区域划分特征确定区域类型。如可在"国家""省区""地区"3个值之间选取。

（6）区域规模。按区域规模标准确定，一般为该区域的人口数量。

（7）消费水平。该地区的人均消费水平。

（8）商业环境。该地区的主要商业环境信息，如税收优惠政策等。

（9）负责人。区域的负责人姓名，如果建立销售人员字典，应以下拉列表框方式从销售人员字典中选取。

（10）末级分类标志。图 2-15 所示的界面中没有设计，但应该设计。若采用客户分类核算与管理，则对于末级分类必须做标记，为末级客户分类打上"√"标志。在客户档案中，某一客户的所属分类必须为末级客户分类。

客户分类信息的修改和删除具有一定限制，具有下级客户分类的上级客户分类不允许删除，若某客户分类所对应的客户有核算业务发生，则该客户分类信息不允许删除，客户分类编号不允许修改，除客户分类编号外其他数据可以修改。

三、客户档案（Khda）的作用及其数据结构

客户往来的对应科目是科目字典中的应收账款、预收账款。客户档案存储销售业务所涉及的具体往来客户信息，在最明细分类之下可设置具体往来客户，客户分类字典与客户档案之间具有统驭关系。客户档案的数据结构如表 2-16 所示。客户档案通过"客户分类编号"组合主键与客户分类字典构成链接。

表 2-16　　　　　　　　　　　　　客户档案（Khda）的数据结构

列名	含义	数据类型	长度	主键	完整性约束
Zth	账套号	字符型	3	组合主键、外键	非空
Khbh	客户编号	字符型	6	组合主键	非空
Khmc	客户名称	字符型	30		非空
Zjm	助记码	字符型	8		
Khflbh	客户分类编号	字符型	12		非空、末级分类
Fr	法人	字符型	12		非空
Sh	税号	字符型	12		非空
Khyhjzh	开户银行及账号	字符型	40		非空
Wbhs	外币核算	字符型	2		
Fgbm	分管部门	字符型	12		
Fgywy	分管业务员	字符型	12		非空
Xxdz	详细地址	字符型	40		非空
Lxr	联系人	字符型	12		非空
Email	Email 地址	字符型	20		
Dh	电话	字符型	15		
Sj	手机	字符型	15		非空
Cz	传真	字符型	15		
Yzbm	邮政编码	字符型	20		
Fhdz	发货地址	字符型	40		
Fyfs	发运方式	字符型	4		
Yskye	应收款余额	数值型	15.2		由记账处理更新
Zkl	折扣率	数值型	5.2		
Xydj	信用等级	数值型	1		
Xyed	信用额度	数值型	15.2		
Xyqx	信用期限	数值型	4		
Fktj	付款条件	字符型	30		
Ddyxl	当地影响力	字符型	10		
Zczb	注册资本	数值型	15.2		
Zcd	忠诚度	字符型	10		

续表

列名	含义	数据类型	长度	主键	完整性约束
Jycp	经营产品	字符型	40		
Cpjw	产品价位	字符型	10		
Cpzl	产品质量	字符型	10		
Nxsl	年销售量	数值型	15.2		
Nxse	年销售额	数值型	15.2		
Fzrq	发展日期	日期型			
Tyrq	停用日期	日期型			
Bz	备注	字符型	60		

四、客户档案（Khda）数据管理

客户档案存储销售业务所涉及的具体往来客户信息，其数据结构见表 2-16。在不进行分类核算与管理的情况下，客户分类信息不存在，该档案中的客户信息直接与科目字典中的某些科目之间具有统驭关系。例如：客户信息与应收账款、预收账款等总账科目之间就有这种关系；在进行分类核算与管理的情况下，存在客户分类信息与客户档案之间，以及客户档案与科目字典中的某些科目之间都具有统驭关系。客户档案数据管理功能完成对往来客户信息的设置和管理，用户可以根据销售业务的实际需要进行增加、修改、删除、查询、打印等维护。

客户档案数据管理具有基本、联系、信用、其他 4 个活页夹，如图 2-16 所示。

在图 2-16 所示的界面的 4 个活页夹中，有许多数据项在会计信息系统中意义不大，下面仅对比较重要的数据项（表 2-16 客户档案中定义的数据项）加以说明。

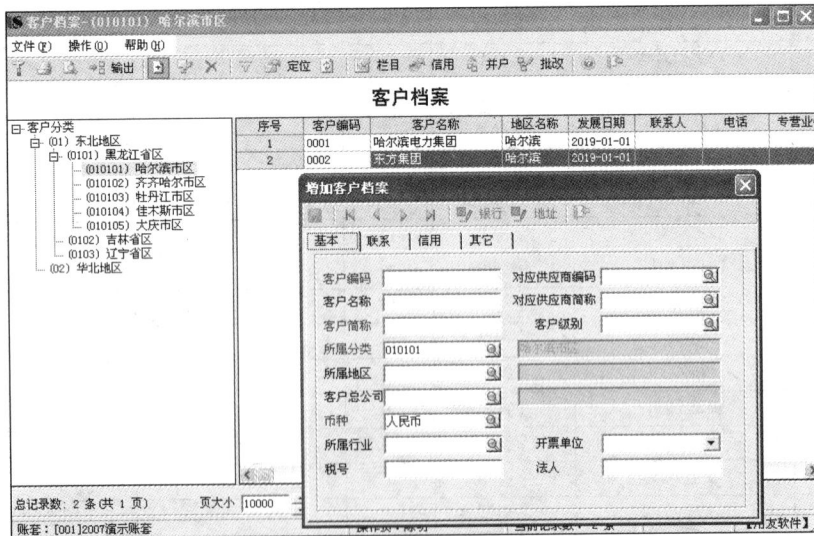

图 2-16 客户档案数据管理

（一）基本信息

（1）客户编号（界面中为"客户编码"）。客户档案的主键，非空且唯一。客户编号的最大长度为 6 位。

（2）客户名称。最多可输入 15 个汉字，非空。

（3）助记码。图 2-16 所示的界面中没有设计，但应该设计。用于帮助记忆客户信息，最大长度为 8 位。其主要作用是在凭证录入时，方便选定往来客户信息。助记码可采用客户名称的汉字拼音字头编码方案。

（4）客户分类编号。通过该字段将客户档案与客户分类字典联系起来，指明某一具体客户属于哪一末级客户分类。有两种情况：第一，若在账套设置时，没有设置客户分类核算与管理，则此数据项为暗色，即为不可输入状态，该数据项为空；第二，若在账套设置时，设置了客户分类核算与管理，则应在客户分类字典中选择末级客户分类。

（5）法人。非空，输入客户单位的法人代表姓名。

（6）税号。非空，输入客户单位的工商登记税号，此数据可能在销售发票中使用。

（7）开户银行及账号。非空，输入客户单位的开户银行及账号，如果客户的开户银行及账号有多个，输入企业与客户之间发生业务往来最常用的开户银行及账号。

（8）外币核算。对以外币结算的往来客户需要输入，采用值列表方式从币种字典中选取，存储币种编号。值得说明的是，当同一往来客户既有本币核算又有外币核算时，应该分设为两个往来客户，即按两个不同的往来客户处理。

（二）联系信息

（1）分管部门。以值列表方式从部门字典中选取，应为销售部门。

（2）分管业务员。非空，即负责该客户销售业务的销售人员姓名。企业的销售人员几乎都与企业有往来关系，因此，在个人往来字典中应存储全部销售人员档案信息。该数据项可用值列表方式从个人往来字典中选取；否则可从人力资源管理系统的职员字典中选取；也可以直接输入。此数据项可用于销售单据中业务员的缺省值。

（3）详细地址、联系人、手机。非空，必须记录并及时更新，以便联系。

（4）Email 地址、电话、传真、邮政编码。根据需要记录。

（5）发货地址。可能与单位地址相同，也可能不同，一般情况下是发货仓库地址。此数据项可用于销售发货单中发货地址栏的缺省值。

（6）发运方式。以值列表方式在公路、铁路、航空、水运、提货等可选值中选择。此数据项可用于销售发货单中发运方式栏的缺省值。

（三）信用信息

（1）应收款余额。此数据项存储当前应收款余额，由系统记账功能自动更新，不允许用户改动。

（2）折扣率。输入客户可以享受的购货折扣率，用于销售单据中折扣的缺省值。

（3）信用等级。按照企业自行设定的信用等级分类方法，根据客户在应收账款方面的表现，由系统计算或用户输入客户的信用等级。

（4）信用额度。输入允许客户发生的最大应收账款余额。

（5）信用期限。可作为客户超期应收款项的计算依据，单位为"天"。

（6）付款条件。付款条件也称现金折扣，是指企业为了鼓励客户及时偿还货款而许诺在一定期限内给予的折扣优待。这种折扣条件通常可表示为：5/10，2/20，n/30。它的意思是客户在 10 天内偿还货款，可得到 5%的折扣；在 20 天内偿还货款，可得到 2%的折扣；在 30 天内偿还货款，则全额支付货款。客户付款条件主要在销售单据和销售结算中使用，可作为销售单据中付款条件的缺省值。付款条件最多可输入 4 个时间段的折扣优待或处罚值，各值之间以"，"分隔。

（7）当地影响力。客户在当地的影响力，如在当地所占的市场份额等。

（8）注册资本。登记客户的注册资本。

（9）忠诚度。按照一定的评价标准对客户的忠诚度进行评价，并加以记录。

（四）其他信息

（1）经营产品。说明该客户经营的主要产品或产品类别。

（2）产品价位。记录该客户经营的主要产品或产品类别的大概价位。

（3）产品质量。记录该客户经营的主要产品或产品类别的质量情况。

（4）年销售量。登记该客户主要产品或产品类别的年销售量（年均或上年销售量）。

（5）年销售额。说明该客户的年销售额（年均或上年销售额）。

（6）发展日期。有些企业的产品销售具有分销特点，如 IT 行业、食品行业，特别是乳品行业等都具有明显的分销特点，企业只针对分销商销售产品。分销商和企业具有紧密的依存关系，分销商具有良好的信誉和忠诚度，企业在一个区域一般只培养一个一级分销商（客户），并且一般长期不变，在该区域的产品销售全部由该分销商负责，企业的销售人员只对其进行必要的监督、开发市场、扶助和服务等事宜。因此，企业的销售人员要在各地培养分销商，甚至有时还需要培养二级分销商，以此来支持分销商开展销售业务或防止分销商发生变故。该数据项记载发展分销商的日期。

（7）停用日期。由于客户经营不善或发生变故而停止往来，因此，需要对停止往来日期进行记录。

（8）备注。输入有关往来客户其他需要说明的信息。

客户信息的修改和删除具有一定限制，不允许随意修改和删除客户信息，对于没有会计业务发生的客户可以进行修改和删除，对于有会计业务发生的客户则不允许删除，客户编号、客户分类编号、外币核算、应收款余额等核算信息也不允许修改。

五、个人往来字典（Grwlzd）的作用及其数据结构

个人往来的对应科目是科目字典中的其他应收款、其他应付款。个人往来是指个人发生的应收款、应付款等往来业务，如果是单位发生的往来业务，一般也以主要经办人的名义进行记录，除客户与供应商之外的往来，都划归为个人往来。个人往来字典存储与核算主体发生往来的个人信息，该字典一般应与职员字典分开。职员字典一般是核算主体（本账套）的公用数据字典，其数据在人力资源管理系统中维护；而个人往来字典则是会计信息系统的专用字典，存储的绝大部分数据是核算主体的内部人员，多以销售人员、采购人员等为主，在数据维护时可从职员字典中选取。个人往来字典的数据结构如表 2-17 所示。

表 2-17　　　　　　　　　　个人往来字典（Grwlzd）的数据结构

列名	含义	数据类型	长度	主键	完整性约束
Zth	账套号	字符型	3	组合主键、外键	非空
Rybh	人员编号	字符型	6	组合主键	非空
Ryxm	人员姓名	字符型	12		非空
Zjm	助记码	字符型	4		
Ssbmbh	所属部门编号	字符型	12		非空
Rysx	人员属性	字符型	10		非空
Wbhs	外币核算	字符型	2		
Csrq	出生日期	日期型			
Yh	银行	字符型	40		非空
Zh	账号	字符型	20		非空
Zjlx	证件类型	字符型	8		非空
Zjhm	证件号码	字符型	20		非空
Xyed	信用额度	数值型	15.2		
Xydj	信用等级	数值型	1		
Xyts	信用天数	数值型	4		
ywy	业务员	字符型	12		

列名	含义	数据类型	长度	主键	完整性约束
Sj	手机	字符型	15		非空
Jtdh	家庭电话	字符型	15		
Bgdh	办公电话	字符型	15		
Email	Email 地址	字符型	30		
Yzbm	邮政编码	字符型	20		
Dz	地址	字符型	50		
Gw	岗位	字符型	10		
Zw	职务	字符型	10		
Zc	职称	字符型	10		
Rzsj	任职时间	日期型			
Lzsj	离职时间	日期型			
Bz	备注	字符型	40		

六、个人往来字典（Grwlzd）数据管理

个人往来字典存储核算单位的个人往来信息，其数据结构如表 2-17 所示。该字典是会计信息系统的专用数据字典，与人力资源管理系统中的职员字典不同，该字典只存储与核算单位发生往来的人员信息，这些人员绝大多数是核算单位的内部人员，但也可能是外部人员。该字典在维护时可从职员字典中选取。该字典中一般应存储核算单位的所有销售人员和采购人员，其原因是这两类人员一般都会与其所属单位发生资金往来。个人往来数据管理如图 2-17 所示。

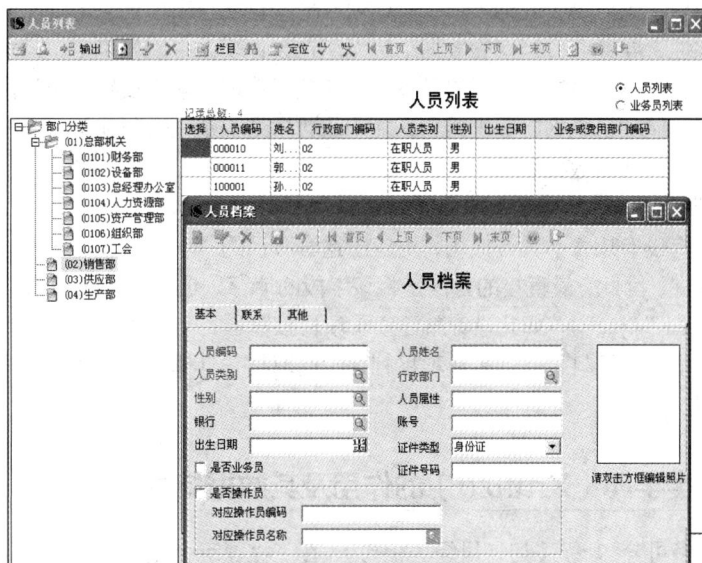

图 2-17　个人往来数据管理

在图 2-17 所示的界面中设计了基本信息、联系信息、其他信息 3 个活页夹。

（1）人员编号（界面中为"人员编码"）。人员编号是个人往来字典的主键，非空且唯一。最大长度为 6 位。

（2）人员姓名。非空。最多可输入 6 个汉字。

（3）助记码。图 2-17 所示的界面中没有设计，但应该设计。用于帮助记忆往来人员信息，最大长度为 4 位。其主要作用是在凭证录入时，方便选定往来人员。助记码可采用往来人员姓

名的汉字拼音字头编码方案。

（4）所属部门（图 2-17 中的"行政部门"）。非空，对于内部往来人员可用值列表方式在部门字典中选取，对于外部往来人员可直接输入。

（5）人员属性。非空，可用值列表方式选取，其取值可为销售员、采购员、管理人员、技术人员、科研人员、生产人员、退休人员、外部人员、其他等可选值，也可直接输入。

（6）外币核算。对以外币结算的个人往来需要输入，用值列表方式从币种字典中选取。值得说明的是，当同一个人往来既有本币核算又有外币核算时，应该分设为两个个人往来，即按两个不同的个人往来处理。

（7）业务员。用值列表方式在"销售""采购"、空值之间选择。该数据项很重要，是客户档案和供应商档案维护时，"分管业务员"可选值的依据。因此，对于销售人员必须选择"销售"，而对于采购人员则必须选择"采购"，其他人员为空值。

（8）其他数据项。可输入对应的数据。

个人往来信息的修改和删除具有一定限制，不允许随意修改和删除，对于没有会计业务发生的个人往来可以进行修改和删除，对于有会计业务发生的个人往来则不允许删除，人员编号、银行、账号等核算信息也不允许修改。

第七节　项目数据管理

企业的项目核算可能多种多样，如在建工程、技术改造、科研课题、对外投资、合同等，凡是应该单独进行独立核算的业务都应设计为项目核算，为此应允许企业自行定义多种项目核算，企业可将具有相同特性的项目定义为一个项目大类，在项目大类之下还可以定义项目子类，在最明细项目类别之下可设置具体项目，具体项目信息存储在项目档案中。然而，由于项目的多样性和不确定性，导致项目档案的数据结构无法在会计软件中事先确定，只能是软件在某一企业具体实施时，由用户根据本企业的具体情况和项目管理需求来设定。因此，需要设计项目档案结构字典来存储项目档案的数据结构，并用此数据结构定义来创建项目档案，再用创建的项目档案来存储具体项目数据。

在项目管理中，针对每一大类项目需要在科目字典中专门设计一套科目来核算这大类项目，这套科目是专设专用，不允许他用，对应于这套科目的"项目核算"字段，必须指明其核算的具体项目所在，因此，最直接的方法是将该字段的值存入项目档案的名称（如"在建工程"项目档案则应存入"Zjgc"）。如此设计就建立了项目核算科目与项目档案之间的直接联系，在制单时，若涉及项目核算科目，则需从项目档案中选取某一具体项目，使项目核算落实到会计科目和明细项目。

一、项目分类字典（Xmflzd）的作用及其数据结构

项目分类最多可分 9 级（与科目级次相同），在工程建筑企业，所有的核算与管理活动都以项目为核心展开。项目分类字典存储企业的所有核算项目类别信息。项目分类字典的数据结构如表 2-18 所示。项目分类字典通过"项目分类编号"组合主键与后续的项目档案构成链接。

表 2-18　　　　　　　　　项目分类字典（Xmflzd）的数据结构

列名	含义	数据类型	长度	主键	完整性约束
Zth	账套号	字符型	3	组合主键、外键	非空
Xmflbh	项目分类编号	字符型	20	组合主键	非空
Xmflmc	项目分类名称	字符型	30		非空

列名	含义	数据类型	长度	主键	完整性约束
Xmflqc	项目分类全称	字符型	100		非空
Zjm	助记码	字符型	9		
Xmjc	项目级次	数值型	1		非空
Xmdam	项目档案名	字符型	10		
Mjflbz	末级分类标志	字符型	2		
Bz	备注	字符型	60		

二、项目分类字典（Xmflzd）数据管理

在实际业务中，企业经常需要对某些项目进行核算与管理，如课题、工程项目、产品开发、合同等，对其成本、费用、收入等进行核算与管理。传统的方法是按具体项目在科目字典中开设账户并设置明细科目进行核算，这种方法对于项目不多的小型企业可行，但对于项目较多的大中型企业则不可行。原因有两个：其一，这样会使科目体系过于庞大，不便于管理；其二，项目信息不仅是核算信息，还有许多管理所必需的信息。因此，在会计信息系统中一般都设计项目辅助核算与管理功能。

企业中的项目种类可能多种多样，如在建工程、对外投资、技术改造等，为了满足项目核算与管理的需要，应将具有相同特征的一类项目定义为一个项目大类，每个项目大类可以具有多个项目。为了便于核算与管理，需要对项目进行分级管理。与客户和供应商管理不同，客户和供应商管理可分类也可不分类，而项目管理则必须分类，项目分类必须按账套字典的项目分类编码方案设置进行分类。考虑到诸如工程建筑企业的特殊需求，项目分类级次应与科目级次相同，最多可分 9 级。有隶属关系的上下级项目分类之间具有数据汇总关系。

项目分类定义如图 2-18 所示。先定义项目大类，然后再定义项目明细分类，项目分类的层次结构以树型结构显示（可用项目全称）。项目分类数据存储在项目分类字典中。

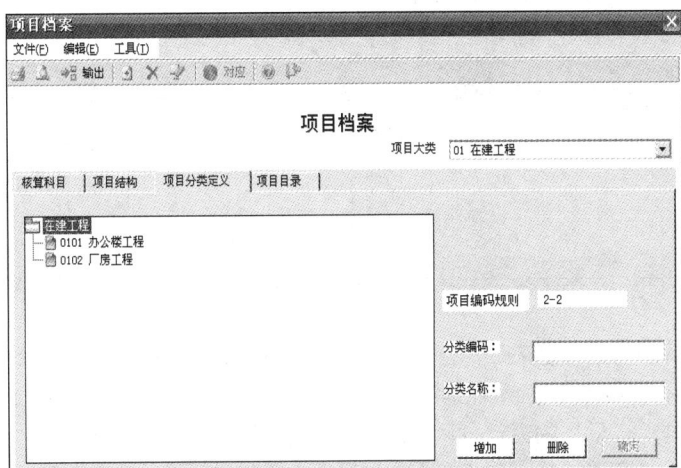

图 2-18　项目分类定义

为便于项目核算与管理，应在图 2-18 所示的界面中设计"项目档案名""项目分类全称""项目级次""末级分类标志"等数据项。而"项目编码规则"意义则不大，因为在建立账套时已经对项目分类编码规则进行了设置，所以对某大类项目（一级项目）所对应的项目档案而言，其具体项目的编码可随意设置，唯一即可。

（1）项目分类编号（界面中为"分类编码"）。这是项目分类字典的主键，非空且唯一，必须满足账套字典中项目分类编码方案的各级位数要求，必须满足新增的项目分类其上级分类已经存在。项目分类编号的最大长度为 20 位。

（2）项目分类名称、项目分类全称、助记码、项目级次、末级分类标志等与会计科目字典维护的对应字段类同。

（3）项目档案名。图 2-18 所示的界面中没有设计，但应该设计。在项目分类字典中，对每个大类项目（一级项目）都必须设计一个项目档案，存储该类项目的具体明细项目信息，这些信息是进行项目管理所必需的，由于这些信息的字段（栏目）个数、类型等因企业不同而异，通用软件无法事先确定，只能在具体应用时，根据企业的实际情况来定义。因此，系统需要对每个大类项目创建一个数据基表，该数据基表名称就是用"项目档案名"栏目来定义，该栏目只对一级项目允许定义，对非一级项目不允许定义，系统根据定义的基表名称和项目档案结构字典中，该基表对应的数据结构来创建项目档案，用项目档案来存储具体项目信息。

三、项目核算科目定义

对每个大类项目都必须在科目字典中设置一套科目来核算该类项目，因此，在科目字典中设计了"项目核算"字段。在进行科目字典维护时，对于需要进行项目核算的科目必须全部首先设置项目核算标志，即将"项目核算"数据项设置为"√"。然后再用项目核算科目定义功能重新设置该数据项的值，设置方法有两种：一是将其设置为项目大类编号，根据项目大类编号，由项目分类字典链接到项目大类对应的项目档案；二是直接将其设置为项目档案名。建议采用第二种方法，使项目核算科目与项目档案建立直接链接。通过科目字典中"项目核算"数据项的两次赋值来实现这种链接。项目核算科目定义如图 2-19 所示。

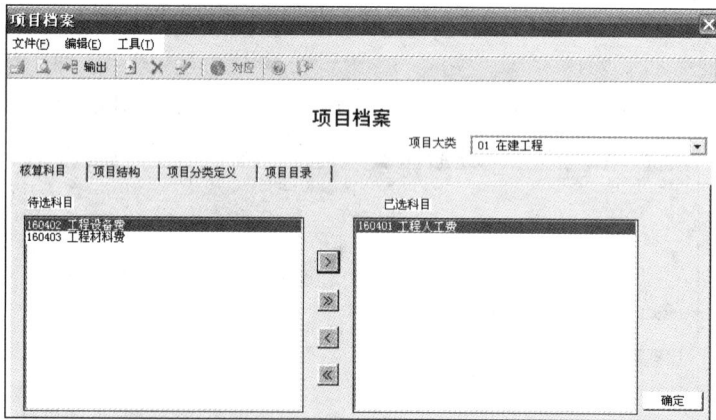

图 2-19　项目核算科目定义

在对项目核算科目进行定义时，首先系统根据项目分类字典产生项目大类值列表，即将级次为 1 的项目列示出来以供选择；在选择项目大类之后，系统将科目字典中设有项目核算标志，并且末级科目标志为"√"的会计科目全部列示在待选科目列表中，用">"">>""<""<<"功能可灵活选取；选取确认后，系统将所选项目大类对应的项目档案名存储到已选科目及其所有上级科目的"项目核算"字段中。

四、项目档案结构字典（Xmdajgzd）的作用及其数据结构

企业的项目核算可能多种多样，项目的类型不同，其项目档案的数据结构也必然有所差异，

如在建工程项目档案数据与科研课题项目档案数据就会有很大差异，对外投资与合同也是如此。因此，应允许企业自行定义项目档案的数据结构，企业可根据实际需要自行定义各大类项目档案的数据结构。每大类项目无论有多少级与多少个子项目，其项目档案的数据结构都相同，也就是说项目档案的数据结构是对应于项目大类（一级项目）的，而项目档案中存储的具体明细项目数据是对应于项目明细类别（末级分类）的。项目档案结构字典的数据结构如表 2-19 所示。

表2-19　　　　　　　　　项目档案结构字典（Xmdajgzd）的数据结构

列名	含义	数据类型	长度	主键	完整性约束
Zth	账套号	字符型	3	组合主键、外键	非空
Yjxmflbh	一级项目分类编号	字符型	9	组合主键	非空
Zdxh	字段序号	数值型	3	组合主键	非空
Zdm	字段名	字符型	8		非空
Zdhy	字段含义	字符型	20		非空
Sjlx	数据类型	字符型	16		非空
Cd	长度	数值型	3		
Xs	小数	数值型	1		
Zj	主键	字符型	4		
Fk	非空	字符型	4		

五、项目档案的数据结构定义

在项目档案结构字典（Xmdajgzd）中，存储各大类项目所对应的项目档案的数据结构。各大类项目档案的数据结构之间以一级项目分类编号加以区分。因为项目档案的数据结构是有顺序的，所以设计"字段序号"来对数据结构中的各字段进行排序。项目档案的数据结构定义包括增加、删除等功能，其中删除有一定限制，对于已输入明细项目数据的项目档案结构数据不允许删除。在对项目档案结构字典进行维护时，首先要选择项目大类，然后才可对所选一级项目的项目档案数据结构进行定义。项目档案数据结构定义如图 2-20 所示。

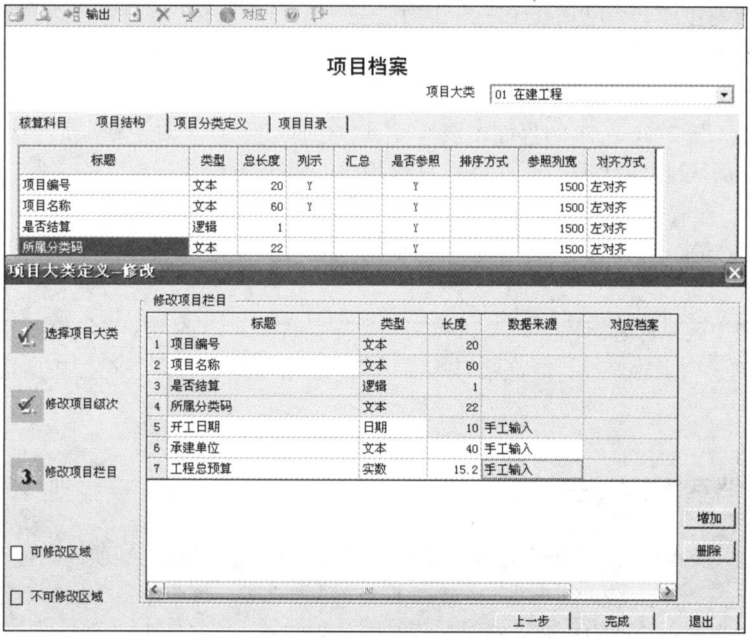

图 2-20　项目档案数据结构定义

选择项目大类后，如果所选项目大类没有定义与之对应的项目档案的数据结构，则系统自动为之预定义前 4 项，即账套号（Zth）、项目编号（Xmbh）、项目名称（Xmmc）、项目分类编号（Xmflbh），且这 4 项定义数据不可改动，也不可在这 4 个数据项之前或中间插入数据项，并指定账套号（Zth）和项目编号（Xmbh）为主键，其他数据项可随意定义。

因为项目档案的数据结构是有顺序的，所以要求该字典中的各行数据之间也要有顺序，因此，在进行项目档案数据结构定义之前，应将其归纳整理完备，然后利用增加和删除功能来逐项定义各项数据。各数据项的内容说明如下。

（1）一级项目分类编号。非显示项，根据所选项目大类编号自动填写，不需输入。

（2）字段序号。非显示项，由系统根据定义时数据所在行号自动生成，不需输入。

（3）字段名。图 2-20 所示的界面中没有设计，但应该设计。在不用汉字作为字段名的情况下必须输入。此数据项非常重要，它是创建项目档案的字段名，此字段名（列名）在所属项目大类中必须唯一，不允许出现重名。字段名不应用汉字，而应用字段汉字意义的拼音缩写作为字段名，如 Xmbh（项目编号）、Xmmc（项目名称）、Xmflbh（项目分类编号）等。

（4）字段含义（图 2-20 所示的界面的"标题"）。说明该字段的意义，使字段名便于理解。建议不直接用该数据项作为字段名，如果用该数据项作为字段名，则该数据项必须定义，且要唯一；在不用该数据项作为字段名的情况下，该数据项对于创建项目档案无任何用处，但该数据项也要定义，否则对字段名将无法理解，并且在输出时也要用到此项数据。

（5）数据类型（图 2-20 界面的"类型"）。必须输入。此数据项非常重要，它决定项目档案中各字段的数据类型。该项数据应采用值列表方式输入，值列表的可选值有字符型、数值型、日期型等。

（6）长度。图 2-20 所示的界面中没有设计，但应该设计。因为在数据库中，日期型数据具有固定的长度（8 位），所以对日期型数据由系统设定，而对字符型和数值型数据则必须输入数据长度，它决定项目档案中各字段的数据长度。

（7）小数。图 2-20 所示的界面中没有设计，但应该设计。只对数值型数据需要定义小数位数。

（8）主键。图 2-20 所示的界面中没有设计，但应该设计。在数据库中创建基表时，每一个基表都要有主键，可以用一个字段作为主键，也可以用多个字段作为组合主键。对于项目档案，系统默认以账套号（Zth）和项目编号（Xmbh）为组合主键，因此，该项数据不需用户定义。

（9）非空。图 2-20 所示的界面中没有设计，但应该设计。对于在项目档案中，在不允许出现空值的字段指定此项，在项目档案维护中，对于指定"非空"的字段，要求必须输入数据。

（10）对应档案。相当于项目分类定义中的"项目档案名"，该数据项设计在项目分类定义中较为合理。

无论是增加还是删除，只要对项目档案的数据结构进行过改动，系统就要按改动后的数据结构重新创建项目档案，并覆盖原来的项目档案。这些基表的创建在程序实现上具有一定难度。

六、项目档案数据管理

每个项目大类都需要一个项目档案来存储该类项目对应的具体明细项目信息，因此，项目档案可能会有多个，有多少个一级项目就有多少个项目档案。每个项目档案的数据结构都需要根据企业对各类项目管理的需要来确定，并将其定义在项目档案结构字典中，系统按定义的数据结构创建项目档案，用创建的项目档案来存储具体明细项目信息。项目档案通过"项目编号"外键与后续的项目发生额与余额基表构成关联，并通过"一级项目分类编号"组合主键与项目分类字典构成链接。

项目档案数据管理是在项目档案结构定义的基础上进行的，只有在项目档案结构定义完成以后，即在已经创建了项目档案之后，才能进行项目档案的数据管理。项目档案存储项目核算所涉及的具体项目的明细信息。项目档案数据管理功能完成对项目明细信息的设置和管理，用户可以根据项目核算与管理的实际需要，在建立项目档案的基础上，完成明细项目信息的维护。项目档案数据管理如图 2-21 所示。项目档案数据管理必须在选择项目大类的基础上进行。

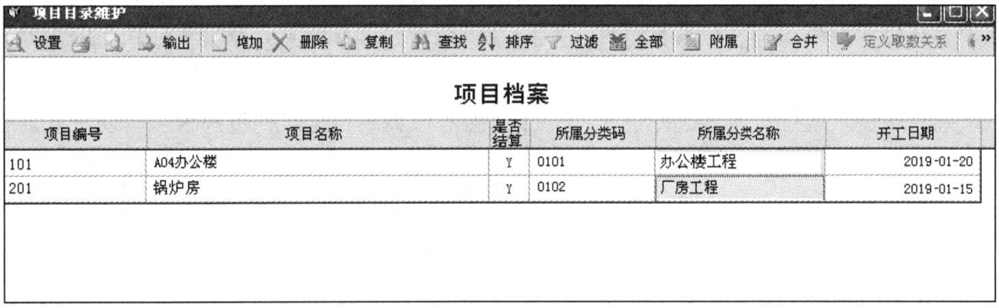

图 2-21 项目档案数据管理

以"在建工程"项目大类为例来说明在建工程类项目档案数据管理功能，根据"在建工程"类项目档案数据结构定义，对该档案中的各数据项说明如下。

（1）项目编号。项目编号是所选项目大类对应项目档案的主键，非空且唯一。

（2）项目名称。最多可输入 30 个汉字，非空。

（3）所属分类码。此数据项必须输入，要以值列表方式从项目分类字典中选取，值列表的取值必须为项目分类字典中的最末级项目分类。

（4）是否结算。用于标示项目是否已经结算，已结算为"Y"，未结算为空。

（5）开工日期。工程的开工日期。

（6）承建单位。承包该工程建设的建筑公司。

（7）工程总预算。根据工程项目大概预算结果来确定，以此来控制工程项目的总投资。

项目档案的数据项不仅仅这么几项，会有很多数据项，特别是出于管理和控制的需要，要求对项目的每一个细节都要进行必要的管理和控制，这些精细的管理和控制都需要设置相应的数据项来实现。对于不同类型的项目（不同的项目大类），其管理和控制的要素都会有所差异，这里给出的在建工程项目只是一个范例而已。关于这方面内容请参阅有关项目管理、技术经济、财务管理的书籍，会计信息系统只给出其实现思想，以及借助信息化手段可以实现的功能。值得指出的是，信息化不仅可以实现最新的管理思想和理念，而且还可以促进管理思想和理念的变革。

第八节　系统数据管理

系统数据管理是对会计信息系统中的相关会计数据进行管理，在会计信息系统中不仅包含各种字典数据，而且还包含凭证数据、各种发生额与余额数据、账簿格式及报表数据、常用摘要数据等。这些数据一旦发生错误，会给系统运行带来灾难性后果。要确保系统安全可靠地运行，就必须对系统中的各种数据进行有效管理。系统数据管理包括初始数据管理、账套数据管理、年度数据管理、期末结账、结转上年数据等。

系统数据管理由系统管理员和账套主管来完成。系统管理员负责整个系统的总体控制和数据管理工作，可以管理所有账套的数据，如进行账套的建立、账套数据的备份与引入、设置用户和角色并对其进行授权、指定账套主管等。账套主管负责本账套的数据管理工作，包括修改账套核算数据、初始数据管理、本账套数据管理、年度数据管理、期末结账、结转上年数据、数据权限设置（见第七章）等。

一、初始数据管理

初始数据管理的主要功能是在系统初始投入运行，或系统数据因某种原因发生错误时，录入并处理科目数据、往来数据、部门数据、项目数据等，这些数据都是各对应账户的结算余额和累计发生额，包括科目初始数据处理、部门初始数据处理、往来初始数据处理、项目初始数据处理等。

系统开始投入运行一般应选择在年初，即使当前核算期不是年初也建议从年初开始。首先录入上年年末余额数据（即核算年度当年年初余额数据）；然后对 1 月份数据进行处理，并进行 1 月份的记账、结账；再对 2 月份数据进行处理，并进行 2 月份的记账、结账，依此类推，直到当前月份为止。这样做有以下好处：第一，可以简化期初数据录入工作。只需录入年初余额，不必录入累计发生额。第二，实现人员培训。通过几个核算期的实际业务操作，能够使有关操作人员在系统正式投入运行前得到实际演练。第三，对软件系统进行实际测试。通过几个核算期的实际业务滚动，可以发现软件系统存在的问题，以便在真正投入运行时避免出现差错。第四，规避数据错误，通过实际运行可以发现会计数据存在的潜在错误，如手工记账错误，数据录入错误等。当然实现手工数据与计算机数据的核对是比较复杂的工作，其原因在于计算机处理的账户远比手工处理的账户更为明细，且总括数据应该严格相符。

（一）科目初始数据处理

在系统初始投入运行时，必须使用此功能录入各科目的余额和累计发生额。在录入科目余额和累计发生额之前，必须先设置会计科目，即必须在会计科目已存在的情况下，才能录入其余额和累计发生额。录入科目初始数据时只输入末级科目余额和累计发生额即可，其上级科目余额和累计发生额由系统自动计算得出。科目初始数据处理如图 2-22 所示。

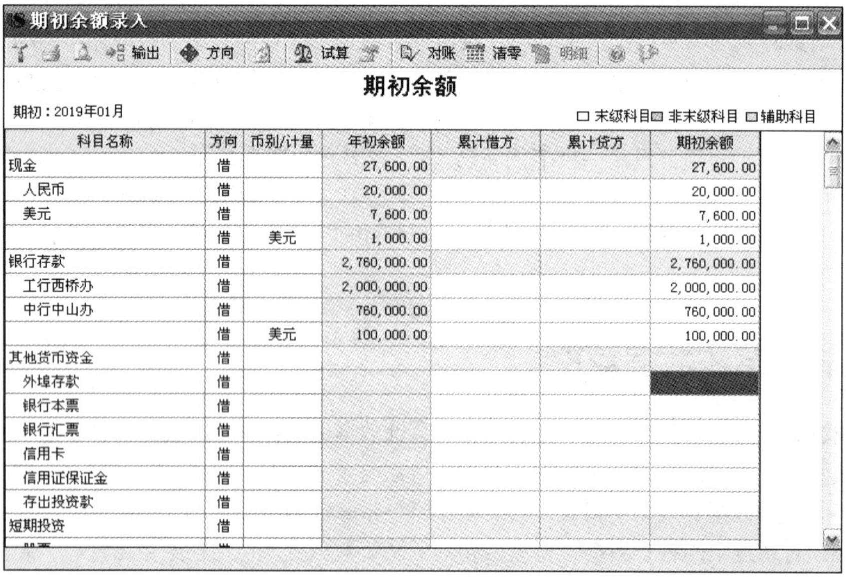

科目名称	方向	币别/计量	年初余额	累计借方	累计贷方	期初余额
现金	借		27,600.00			27,600.00
人民币	借		20,000.00			20,000.00
美元	借		7,600.00			7,600.00
	借	美元	1,000.00			1,000.00
银行存款	借		2,760,000.00			2,760,000.00
工行西桥办	借		2,000,000.00			2,000,000.00
中行中山办	借		760,000.00			760,000.00
	借	美元	100,000.00			100,000.00
其他货币资金	借					
外埠存款	借					
银行本票	借					
银行汇票	借					
信用卡	借					
信用证保证金	借					
存出投资款	借					
短期投资	借					

图 2-22　科目初始数据处理

（1）科目余额与累计发生额录入。如果系统在年初投入运行，则只需录入余额，并将录入余额存入科目字典（Kmzd）的"1月初金额余额"和"1月末金额余额"两个字段中；如果系统在年中投入运行，则需要录入启用期的期初余额、借方累计发生额、贷方累计发生额，并计算期末余额。将这些数据存入科目字典（Kmzd）的对应余额和累计发生额字段（包括当期期初余额、当期借贷方累计发生额和期末余额）。

（2）数量与外币辅助核算数据录入。直接在具有数量或外币辅助核算标志的下一行（或加列）录入，应录入的数据项与"科目余额与累计发生额录入"相同，其中数量存入科目字典（Kmzd）的对应数量余额和数量累计发生额字段；而外币则存入外币发生额与余额基表（Wbyeb）的对应余额和累计发生额字段。

（3）年度预算额。图2-22所示的界面中没有设计，但应该设计。该数据项的作用是存储各科目的年度预算数，以便与实际发生数进行比较，实现预算执行情况分析。该数据项有两种方式进行预置：第一，在软件具有预算（计划）管理系统情况下，应从预算（计划）系统自动转入；第二，在软件不具有预算（计划）管理系统情况下，应在此录入。无论是自动转入还是录入，都存入科目字典的"年度预算额"字段。

在进行以上数据录入时，应注意两点：第一，非末级科目不能录入，非末级科目数据由其下级科目数据自动计算得出；第二，具有部门、往来、项目辅助核算标志的科目数据不能录入，其数据由对应的辅助核算初始数据录入后自动填入。除上述功能外，科目初始数据处理还具有以下功能。

（1）试算平衡。即进行资产与负债及所有者权益科目余额的试算平衡。科目初始数据录入后，应进行试算平衡检查，以确保初始数据的正确无误，如果初始余额不平，则应查找错误所在并予以修改，再次进行试算平衡，直到平衡为止，否则系统将无法运行。这是系统自动控制的一项功能，以保证初始数据的正确。

（2）对账。主要完成上级科目与下级科目，以及会计科目与辅助核算（包括部门、往来、项目）账户之间的数据核对。由于这些数据的计算都是由系统自动完成的，因此，一般不会出现问题。

（二）部门初始数据处理

部门初始数据处理不仅包括部门初始数据处理，而且还包括部门预算数据处理。部门预算数据是进行部门费用分析和部门责任考评的重要依据。在系统初始投入运行时，必须使用此功能输入各部门、各科目的累计发生额（部门数据一般各期无期初和期末余额），如图2-23所示。无论是转入还是录入，在进行部门初始数据处理之前，都必须先建立部门字典，即必须在各部门相关信息已经建立的情况下，才能对其初始数据进行处理。

（1）部门累计发生额数据处理。若系统从年初投入运行，则不需对部门累计发生额数据进行处理，否则应进行处理。应与会计科目初始数据处理一并进行。首先选择具有部门核算的科目，然后逐笔录入部门累计发生额数据，录入完成后将合计数自动转入对应的会计科目，并将录入界面数据（包括科目编号、部门编号、累计发生额等）存入部门发生额与余额基表（Bmyeb）的对应字段。

（2）部门预算数据处理。图2-23所示的界面中没有设计，但应该设计。如果软件具有预算（计划）管理系统，则部门预算数据（包括年度预算指标、1月至12月各月预算指标）可由预算（计划）管理系统自动转入，否则需要手工录入。数据转入功能可由预算（计划）管理系统完成，也可由部门初始数据处理完成。其功能比较简单，将预算（计划）管理系统生成的部门预算数据转存到部门发生额与余额基表（Bmyeb）中的相应字段即可，但各部门科目的体系结构要口径一致。当部门预算数据需要手工录入时，其处理过程与部门累计发生额数据处理类同。

图 2-23　部门初始数据处理

（三）往来初始数据处理

往来初始数据包括客户数据、供应商数据、个人往来数据，这 3 种往来初始数据的处理功能类同。在录入往来初始数据之前，必须先建立往来户档案（包括客户档案、供应商档案、个人往来字典），即必须在各相关往来户信息已经建立的情况下，才能录入其初始数据。往来初始数据处理如图 2-24 所示。

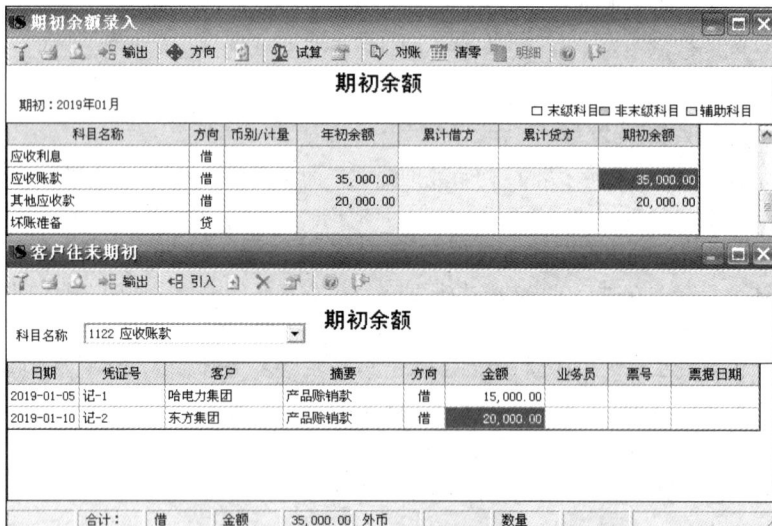

图 2-24　往来初始数据处理

往来初始数据处理一般情况下应与会计科目初始数据处理一并进行。选定某一往来科目（应收、应付科目）后，系统将所选科目对应的所有往来户全部列出，逐个录入期初余额和累计发生额（包括外币余额和累计发生额），并计算期末余额，录入完成后将合计数（不包括外币余额和累计发生额）自动转入所选的往来科目的对应字段。

往来初始数据（包括往来科目编号、往来户编号、往来户分类编号、分管业务员、期初余额、累计发生额、期末余额等）存入往来发生额与余额基表（Wlyeb）的对应字段，如果涉及外币，则需将录入界面的外币数据（包括往来科目编号、往来户编号、往来户分类编号、分管业务员、外币期初余额、外币累计发生额、外币期末余额等）存入外币发生额与余额基表（Wbyeb）的对应字段。

（四）项目初始数据处理

项目初始数据处理不仅包括项目初始数据录入，而且还包括项目科目预算数据的转入或录入。项目科目预算数据是进行项目预算分析和项目收支分析的重要数据。在系统初始投入运行时，必须使用此功能输入各项目、各科目的余额和累计发生额（包括数量、金额、外币），如图2-25所示。无论是转入还是录入，在进行项目初始数据处理之前，都必须先建立项目档案，即必须在项目档案已建立的情况下，才能对其初始数据进行处理。

（1）项目余额和累计发生额数据处理。其数据处理应与会计科目初始数据处理一并进行。首先选择具有项目核算标志的科目，然后根据科目对应的项目档案，逐笔录入各项目的期初余额和累计发生额，并计算期末余额。如果项目核算涉及数量核算，则需录入数量期初余额和累计发生额（计算期末余额）；如果项目核算涉及外币核算，则需录入外币期初余额和累计发生额（计算期末余额）。录入完成后将合计数（不包括外币余额和累计发生额）自动转入所选的项目核算科目，并将录入界面数据（包括科目编号、项目编号、项目分类编号、余额、累计发生额等）存入项目发生额与余额基表（Xmyeb）的对应字段。如果涉及外币，则需将录入界面的外币数据（包括外币科目编号、项目编号、项目分类编号、外币余额、外币累计发生额）存入外币发生额与余额基表（Wbyeb）的对应字段。

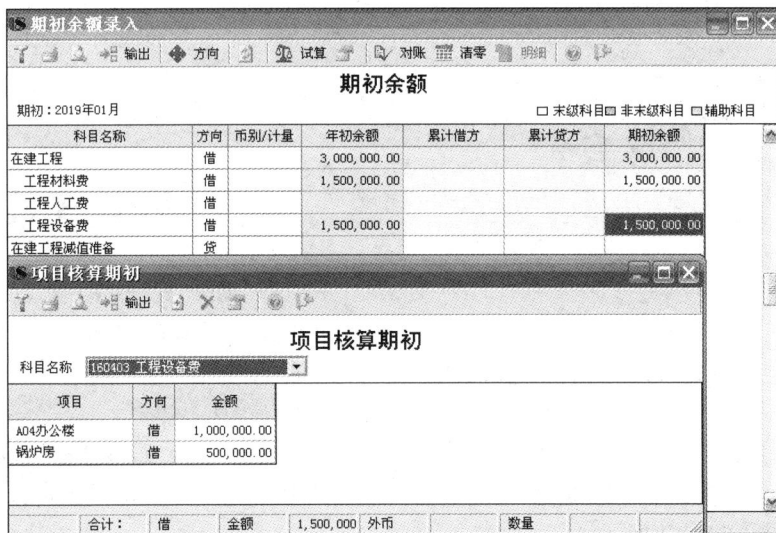

图 2-25　项目初始数据处理

（2）项目科目预算数据处理。图2-25所示的界面中没有设计，但应该设计。如果软件具有预算（计划）管理系统，则项目科目预算数据可由预算（计划）管理系统自动转入，否则需要手工录入。数据转入功能可由预算（计划）管理系统完成，也可由项目初始数据处理完成。其功能比较简单，将预算（计划）管理系统生成的项目科目预算数据转存到项目发生额与余额基表（Xmyeb）的相应字段即可，但各项目科目的体系结构要口径一致。当项目科目预算数据需要手工录入时，其处理过程与项目余额和累计发生额数据处理过程类同。

二、账套数据管理

系统数据分为两个层面，一是账套数据，二是年度数据。账套数据按账套加以区分，是年度数据的上层数据；而年度数据既按账套又按年度加以区分，是账套数据的下层数据。系统管理员负责管理整个系统的所有数据，而账套主管负责管理本账套数据及其年度数据。这两个层面的数据管理包括数据备份、数据清除、数据引入等。

（一）账套数据备份

由于系统在运行时可能会受到各方面因素的影响和干扰，如人为因素、硬件故障、软件因素或计算机病毒等，这些干扰因素可能会造成会计数据的损坏。因此，系统提供了数据备份功能，以便在系统数据发生错误时，能用备份数据恢复系统。数据备份是将系统中的数据备份到硬盘、磁带、光盘或其他介质上保存起来，其目的是长期保存会计数据，从而保证核算与管理业务的正常进行。账套数据备份是保护数据的主要手段，企业必须严格根据会计制度的要求进行会计数据的备份，要做到经常化、制度化，每天必须做数据备份。账套数据备份如图 2-26 所示。

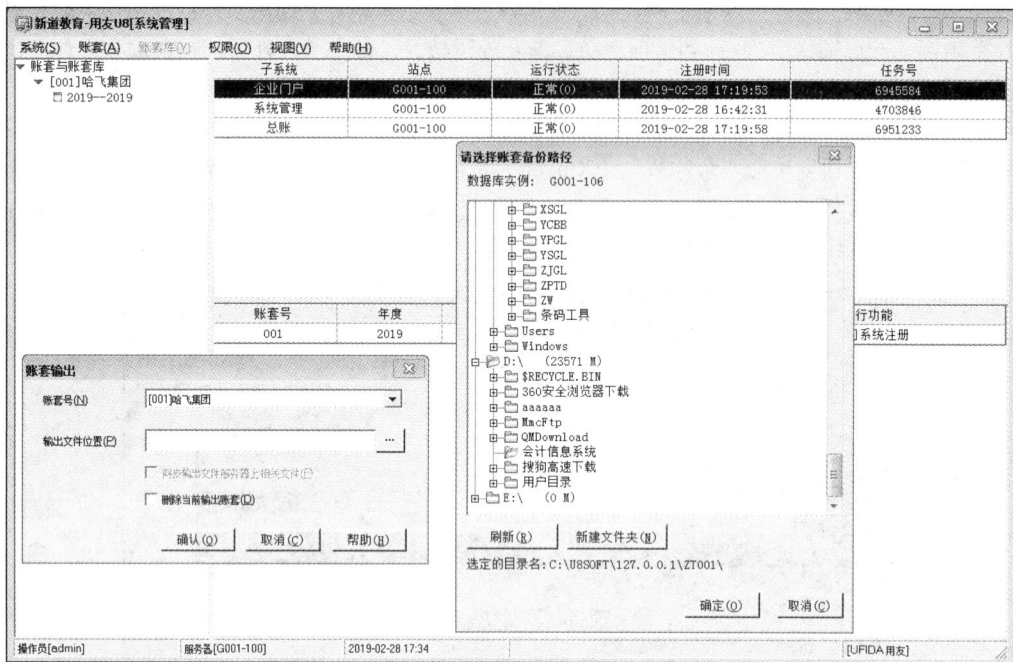

图 2-26　系统数据管理——账套数据备份

首先选择账套，系统备份选择账套的数据和各账套的公用数据，如部门字典、用户字典、账套字典等。账套选择可采用值列表方式，在账套字典中选择。然后选择数据备份目标。确认后系统即可完成账套数据备份。

（二）账套数据清除

在图 2-26 中，如果选中"删除当前输出账套"复选框，则系统在备份所选账套数据之后，将所选账套数据（不包括公用数据）从系统中清除。该功能应谨慎使用。

（三）账套数据引入

账套数据引入是将备份到硬盘或其他介质上的账套数据恢复到系统指定的账套中，或将其他账套数据引入指定的账套中（账套号应相同）。该功能既为系统数据安全提供了保障，又为集团公司的财务管理提供了方便，集团公司可以将下属各子公司的账套数据定期引入总公司系统中，以便进行有关账套数据的分析与合并。一般情况下，集团公司都要在建立账套时预先进行统筹规划，在子公司系统中，让各子公司的账套号有所区别，即账套号要唯一，在集团公司系统中建立与各子公司对应的账套号，以便将各子公司的会计数据引入集团公司系统中。

账套数据引入是账套数据备份的逆过程，其界面与图 2-26 类似，选定数据源，系统将所选数据源的账套数据引入系统，引入数据的原账套号不变，即与备份时所选账套号相同。

三、年度数据管理

有些软件设计了年度账管理功能，并将各年度的会计数据分开，这样做未尝不可。但从数据库设计的角度，建议不要将不同年度的会计数据存储在不同的数据库中，也不要将不同年度的会计数据存储在同一数据库的不同基表中，以此简化系统，避免系统数据关系过于复杂。也就是说，会计数据可以分年度管理，但只需将当年数据与历史数据分开即可，不需要另外设计数据库或增加大量的年度数据基表。

按上述设计思想，年度数据管理包括数据备份、数据引入、数据清除等功能。这些功能与账套数据管理类同，只是操作的对象是年度数据而非整个账套数据，其功能界面也类似，只是将账套选择改为年度选择，其账套默认为账套主管的登录账套。

四、期末结账

一般情况下，期末结账都由账套主管来完成，每个会计核算期末都必须进行结账处理。期末结账实质上就是计算和结转各有关科目的本期发生额和期末余额，终止本期的账务处理工作，并对下期的会计业务处理进行初始化。对期末结账功能的使用必须进行严格控制，因此，应将该功能与一般业务处理功能分开，设计在账套主管的专用界面或菜单中较为合理。对于期末结账有以下要求。

（1）期末结账必须逐期连续进行，上期未结账，则本期不能结账。

（2）上期未结账，则本期不能记账，但可以填制、审核凭证。

（3）本期还有未记账凭证时，则本期不能结账。

（4）已结账的会计期间不能再填制该期间凭证。

（5）期末结账只能由具有权限的人员完成。

（6）结账前必须进行数据核对，若数据不符则不能结账。

在进行期末结账之前必须做以下工作。

（一）银行对账

由出纳完成，其内容参见第四章（出纳管理）中的相关内容。

（二）业务检查

将本期该入账的业务全部入账，即全部业务都要制证并进行记账处理，有未记账的凭证不能结账。另外，还要判断账套字典中的各种对应标志是否正确，如当前会计核算期为 1 月份，月初时的工资费分配标志、折旧费分配标志、材料费分配标志、辅助生产分配标志、制造费用分配标志、自定义转账标志、对应结转标志、主营业务成本结转标志、汇兑损益结转标志、期间损益结转标志、期末结账标志都为"00"，该值由"结转上年数据功能"设置。在月末结账前，除期末结账标志仍为"00"外，其他标志应全部为"01"，其值由各自的处理功能设置。只有在此情况下，期末结账才可进行，期末结账后，期末结账标志也为"01"。

（三）期末转账凭证处理

一般情况下应由账套主管完成，其内容见第三章（凭证管理）中的相关内容，其处理必须按步骤进行，主要包括其他系统转账凭证处理、自定义转账凭证处理、对应结转凭证处理、汇兑损益结转凭证处理、主营业务成本结转凭证处理、期间损益结转凭证处理等。期末转账凭证必须生成并记账，否则不能结账。

（四）系统数据核对

系统数据核对包括对账和试算平衡两项内容。对账是对总括数据与明细数据进行核对，以检查记账是否正确，主要完成上下级科目数据，科目数据与凭证数据，以及科目数据与辅助核算数据之间的核对；试算平衡则对所有一级科目的期末余额按会计平衡公式进行平衡检验，并输出科目余额表及是否平衡信息。一般情况下，只要记账凭证录入正确，记账后各发生额与余额数据都应该正确、平衡，但由于非法操作、计算机病毒或其他原因有时可能会造成某些数据被破坏。因此，应经常使用此功能进行数据核对，系统在每次记账前都自动进行数据核对，期末结账前也必须进行数据核对。对账和试算平衡如图 2-27 所示。

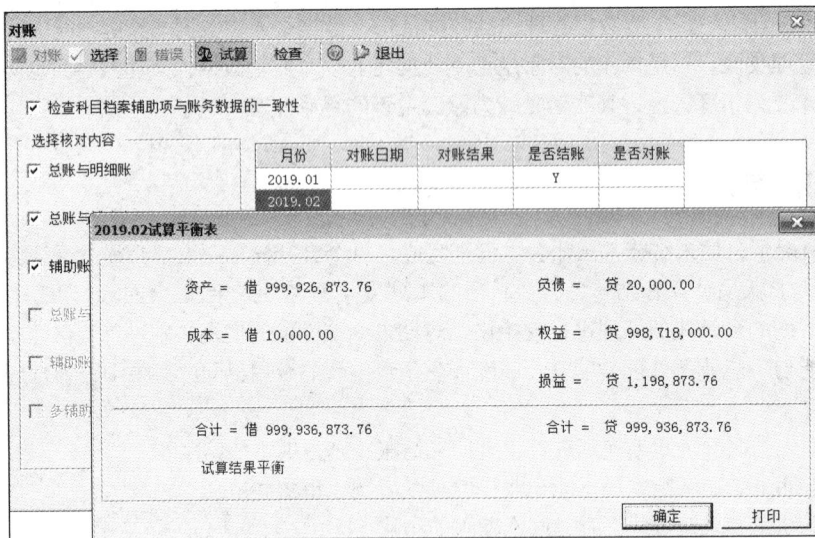

图 2-27　系统数据核对对账和试算平衡

（五）数据备份

在执行期末结账时，系统自动调用数据备份程序，做数据备份后，才能正常结账。

完成上述工作后即可进行期末结账，期末结账只能在每期期末进行一次，且必须进行一次，如图 2-28 所示。

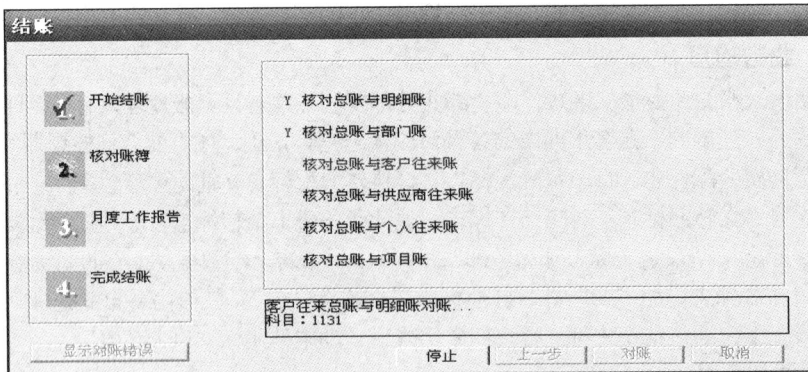

图 2-28　期末结账

结账时需将各账户的期末余额结转到下期期初（由于在科目字典和各相关发生额与余额基表中，除 1 月份外，其他月份都没有设计月初余额字段，因此该结转不需进行，用上月期末余额作为本月期初余额即可），在进行年末（12 月末）结账时，除了将本期的期末结账标志设置为"12"外，还要将结转上年数据标志置为"×"，待下年年初时由结转上年数据功能将其设置为"√"。期末结账还要将系统的当前月份数加 1，如原当前月份为"01"，则期末结账后将变为"02"。由于凭证编号方案为按月连续编号，所以期末结账程序需将月凭证号设置为"00001"。

五、结转上年数据

根据会计的持续经营假设，一般情况下，企业是持续经营的，因此，企业的会计工作也是一个连续性工作。每到年末启用新年度账时，就必须将上年度的数据字典、科目余额、部门余额（一般应全额结转，没有余额）、往来户余额、项目核算数据、外币余额等结转到新年度账中，同时，将本年度的所有数据结转到对应的历史数据基表，结转上年数据必须在本年结账后进行。另外，还要对账套字典中的有关数据进行重置，如当前核算年度要加 1（如原核算年度为 2018，则结转上年数据之后将变为 2019），同时将当前月份设置为"01"。如果继续沿用上年账套数据，则不需重新设置账套数据，否则需以系统管理员或账套主管身份登录账套，进行账套数据的重新设置。无论账套数据如何设置，结转上年数据功能都会将账套字典中的月凭证号设置为初始状态，即将月凭证号设置为"00001"。并同时将各种标志数据设置为初始状态，如工资费分配标志、折旧费分配标志、材料费分配标志、辅助生产分配标志、制造费用分配标志、自定义转账标志、对应结转标志、主营业务成本结转标志、汇兑损益结转标志、期间损益结转标志、期末结账标志都设置为"00"。结转上年数据标志设置为已结转（即"√"）状态。结转上年数据在每年年终结账后，下年会计业务开始之前运行，且只能在每年年初运行一次。结转上年数据时，其处理过程要有一定次序，必须按步骤进行，其处理过程如下。

（1）将已做完年终结账的数据全部追加到历史数据基表中，将所有数据的每一条记录都加上数据所属年份，并将年份数据项作为组合主键之一，在历史数据基表中，以数据所属年份来区分不同年份的数据。

（2）在所有具有发生额和余额的数据基表（包括科目字典、部门发生额与余额、往来户发生额与余额、项目发生额与余额、外币发生额与余额）中，将 12 月末的余额分别结转到 1 月份的月初余额和月末余额中，将除 1 月份的月初余额和月末余额之外的所有数据全部清零。在上年数据结转完毕，本年业务没有发生之前，本年 1 月份的月初余额应与其月末余额保持一致，即在没有发生额的情况下，其月初余额应与月末余额相符。

（3）按上述年度、月凭证号、各种处理标志等参数设置对账套字典中的数据重新赋值。

本章习题

1. 说明账套的概念和账套字典存储的主要信息。
2. 在创建账套时，"启用会计期"应如何设置？为什么？
3. 说明账套字典中"账套语言"的作用。
4. 说明账套字典中"常用摘要方式"的作用和存储内容。
5. 你认为在账套字典中是否需要设计"数据授权标志"字段？该字段的作用是什么？
6. 说明编码方案设置的作用和内容，以科目编码方案为例，说明其方案设置与科目编号的关系。

7. 说明用户字典的作用和主要存储内容。

8. 说明角色字典的作用和主要存储内容。

9. 说明用户角色字典的数据管理功能，以及用户字典、角色字典、用户角色字典之间的关系。

10. 会计信息化环境下的财务分工应秉承什么原则？主要岗位包括哪些？

11. 说明功能字典的作用与数据生成。

12. 说明功能权限字典的作用，并说明角色授权如何实现。

13. 在进行功能权限设置时，需要列示哪些数据？这些数据如何产生？

14. 功能权限设置的结果数据存入功能权限字典，其数据如何生成？

15. 简述用户登录权限验证功能。

16. 说明功能权限验证功能。

17. 计算机以编码识别信息，编码体系的合理性是信息系统成败的关键，编码规则具有唯一性、简明性、层次性、意义性、稳定性、顺序性等，说明哪些规则最重要。例如，客户和供应商按"类别+顺序"编码，职员按"部门+顺序"编码，固定资产按"类别（或使用部门）+顺序"编码是否合理？为什么？

18. 你对信息系统设计追求信息处理速度，必要时以"牺牲存储空间换取处理时间"的理念如何认识？

19. 基础数据字典包括哪些？历史数据与当年数据为什么要分开，如何区分？

20. 说明科目字典的作用和主要存储内容，为什么在科目字典中需存储各级会计科目信息？

21. 会计科目设置如何能满足企业的核算与管理需求？

22. 对会计科目的删改应如何加以控制？

23. 说明科目字典中"助记码"的作用及其编码规则。

24. 说明科目字典中"部门核算""往来核算""项目核算""外币核算""数量核算"字段的作用及其存储内容。

25. 你认为部门、往来、项目3种辅助核算是否应允许交叉？为什么？

26. 说明科目字典中"科目账类"的作用及其存储内容。

27. 在会计信息系统中，各种基础数据及各类账表的"打印"功能应如何设计？

28. 说明部门字典的作用，部门是否分级。若分级，为什么没有设计"末级标志"字段？举例说明部门字典的存储内容。

29. 说明币种字典的作用和主要存储内容，并说明"本币标志"字段的作用。

30. 说明往来户有几种类型，并说明各种类型往来户对应的会计核算科目。

31. 在设有客户往来核算的系统中，若发生现销业务应如何处理？为什么？

32. 举例说明客户分类字典的存储内容。

33. 客户档案信息分哪几类？并分别说明"客户分类编号""外币核算""分管业务员"3个字段的作用和存储内容。说明客户档案与科目字典和客户分类字典之间的关系。

34. 说明个人往来字典与科目字典和职员字典之间的关系，以及为什么个人往来字典与职员字典要分开。并说明"业务员"字段的作用和存储内容。

35. 在企业中，哪些业务需要进行项目核算？项目大类如何定义？说明项目大类与项目档案之间的关系。

36. 说明项目档案的数据结构如何创建，并举例说明项目档案的存储内容。

37. 说明项目大类与项目核算科目，以及项目核算科目与项目档案之间的联系。

38. 举例说明项目分类字典的存储内容，并说明"项目档案名"字段的作用。

39. 简要说明项目核算科目如何定义。

40. 说明项目档案结构字典的作用，其预定义字段包括哪些、如何定义。

41. 说明系统数据管理功能。

42. 说明初始数据管理功能。

43. 由手工处理向计算机处理转化时，应选择什么时间点？为什么？当计算机处理系统需要对会计科目进行细化时，原未细化科目的余额如何结转？

44. 简要说明科目初始数据处理功能。

45. 简要说明部门初始数据处理功能。

46. 简要说明往来初始数据处理功能。

47. 简要说明项目初始数据处理功能。

48. 某些软件的数据存储设计不分账套，也不分年度，致使系统运行速度逐年变慢；而某些软件为了提高系统运行速度，其数据存储设计既分账套，又分年度。你对此如何认识？

49. 简述账套数据备份与数据引入功能。

50. 在期末结账时，需进行业务检查，说明其检查内容。

51. 简要说明期末结账功能。

52. 简要说明结转上年数据功能和处理步骤。

第三章
凭证管理

第一节　凭证管理功能

一、凭证管理的功能模块划分

凭证管理完成凭证的生成、查询、汇总、审核、记账处理、期末转账凭证处理和常用摘要维护等。它是会计信息系统的重要组成部分。由于凭证管理是用户日常工作中使用最为频繁的系统，因此，要求具备友好的用户界面，让用户能够快速、轻松、方便、灵活地完成凭证处理工作。

凭证管理功能设计

从会计业务流程看，凭证管理是会计信息系统的上游子系统，是会计信息处理的起点，是整个会计信息系统的数据源头，所有账簿、报表、财务报告等信息都来源于凭证，都是有关凭证数据加工处理的结果。可以想象，如果计算机的运算速度极快，数据处理能力极强，那么在会计信息系统中只需存储账户信息和凭证数据即可，其他账表信息完全可以由凭证数据派生得出。之所以存储有关账户的发生额与余额数据，就是因为计算机的运算速度和数据处理能力还是有限的。在凭证管理中，采集和加工的数据是否正确、完整、可靠，必将波及下游系统。因此，如何确保数据的正确性、完整性和可靠性，也是凭证管理设计中应考虑的主要问题。凭证管理功能如图 3-1 所示。

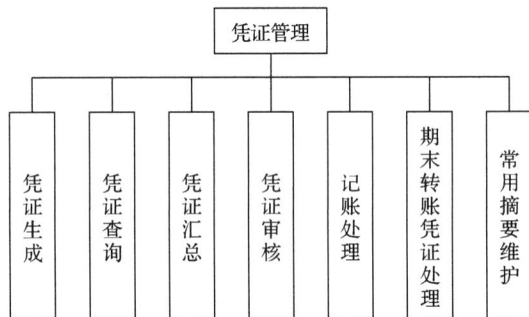

图 3-1　凭证管理功能

二、凭证基表设计

凭证基表的名称为 Pz。在凭证基表中存储核算年度的所有凭证数据，包括已记账凭证和未记账凭证，而以前年度凭证存储在历史数据基表（Lpz）中。凭证基表是整个会计信息系统中数据量最大的基表，特别是历史数据

凭证基表

基表，尽管不追求三范式，但在该基表的数据存储结构设计时，也应尽可能地节省存储空间。凭证基表的数据结构如表 3-1 所示。历史数据基表的数据结构比凭证基表的数据结构多一个年份（Nf）字段，且年份（Nf）字段作为组合主键。

表 3-1　　　　　　　　　凭证基表（Pz）的数据结构

列名	含义	数据类型	长度	主键	完整性约束
Zth	账套号	字符型	3	组合主键、外键	非空
Pzh	凭证号	字符型	7	组合主键	非空

列名	含义	数据类型	长度	主键	完整性约束
Jlh	记录号	数值型	4	组合主键	非空
Rq	日期	日期型			非空
Zy	摘要	字符型	40		非空
Kmbh	科目编号	字符型	20		非空
Jfje	借方金额	数值型	15.2		
Dfje	贷方金额	数值型	15.2		
Wbe	外币额	数值型	15.2		外币核算
Hl	汇率	数值型	14.6		外币核算
Sl	数量	数值型	10.2		数量核算
Dj	单价	数值型	10.2		数量核算
Fzhsbh	辅助核算编号	字符型	12		辅助核算
Fzhsflbh	辅助核算分类编号	字符型	20		辅助核算
Ywy	业务员	字符型	12		往来核算
Jsfs	结算方式	字符型	12		资金核算
Ph	票号	字符型	20		资金核算 往来核算
Fsrq	发生日期	日期型			
Fjzs	附件张数	数值型	3		
Zdr	制单人	字符型	12		
Cny	出纳员	字符型	12		
Shr	审核人	字符型	12		
Jzr	记账人	字符型	12		
Dzbz	对账标志	字符型	6		银行对账 往来清理

　　凭证基表是会计信息系统最大的数据基表，因此，其数据结构应尽可能减少数据冗余。其指导思想是能在基础数据字典中找到的数据项，则在凭证基表中只存储其对应的编号，在相关账表输出时，由编号查询名称等所需的数据项，如科目字典中的科目全称、部门字典中的部门名称、客户档案中的客户名称、项目档案中的项目名称等。

　　在凭证基表中，若用"账套号+凭证号"作为组合主键并不构成唯一，若用"账套号+凭证号+科目编号"作为组合主键也不能确保完全构成唯一（如涉及辅助核算，在同一凭证，科目可能重复），所以设计了"记录号"组合主键，"记录号"字段的值由系统在同一凭证中计数产生。针对外币业务，设计"外币额、汇率"字段，而不设计"币种、借方外币额、贷方外币额"字段，因这些数据可由其他数据项获得（如"币种"可由科目或辅助核算对应的币种编号获取，"借方外币额、贷方外币额"可根据本币确定）；针对部门、往来、项目辅助核算，设计"辅助核算编号、辅助核算分类编号"字段，因为部门、往来（客户、供应商、个人）、项目 3 种辅助核算不交叉，对应某一会计科目最多只能出现一种辅助核算，且由会计科目即可确定是哪种辅助核算，所以没有必要对部门、往来（客户、供应商、个人）、项目分别设计字段来存储各类辅助核算信息。另外，设计了"审核人"和"记账人"字段，审核与否用审核人是否签字标示，有签字则已审核，空则未审核，同理，记账人非空则已记账，空则未记账。"对账标志"字段不仅记录银行对账，还记录往来对账，更重要的是记录往来对账天数，以便于进行账龄分析，因具多种用途，所以设计为字符型 6 位。为了确保明细账等相关账表的快速生成，设计"借方金额、贷方金额"，与三栏账格式对应，可提高账簿数据生成速度，而不将其设计为"方向、金额"，按"方向、金额"设计会降低账簿数据生成效率。

三、常用摘要字典设计

在凭证管理系统中，凭证录入是关键环节，能否快速、轻松、方便地完成凭证录入，并确保录入的数据准确、完整是凭证管理系统设计的瓶颈问题。然而在凭证录入过程中，由于摘要需要输入较多汉字（账套语言设置为"汉字"），而其他数据项录入则相对简单，因此，简化摘要输入就显得尤为重要。简化摘要输入的方法主要是利用常用摘要字典来实现，将常用摘要存储在该字典中，在录入凭证时便可从该字典中选取摘要。其实现方法有两种。第一，由账套主管或指定的人员来建立并维护公用常用摘要。其优点是可以做到摘要的系统化、标准化、规范化，可以利用摘要来进行必要的统计分析；其不足是摘要维护不能及时进行，摘要使用不方便，必须由指定人员录入后方可使用，且摘要太多，查找不便。第二，每个用户建立并维护自己的个人常用摘要。其优点是更加符合个人的习惯，体现个性化，维护及时，随时使用随时维护，且摘要不多，查找方便；其不足是摘要不系统、不标准、不规范、不便于必要的统计分析，在不用摘要进行统计分析的情况下，该方法比较适宜。由此可见，两种方法各有优缺点，比较好的解决方法是在设置账套时，由账套主管根据本单位的实际需要自行选择。

常用摘要字典名称为 Zyzd。在常用摘要字典中可能存储各用户公用的常用摘要，也可能存储各用户专用的常用摘要，这要根据账套设置时"常用摘要方式"的值来确定。若其值为"公用"，则存储各用户公用的常用摘要，若其值为"个人"，则存储各用户专用的常用摘要。然而无论存储公用常用摘要还是专用常用摘要，常用摘要字典的数据结构都无须变化。常用摘要不设计历史数据基表，但需按账套加以区分，不同账套有不同的常用摘要，即使采用专用常用摘要方式，同一用户在不同账套也会有不同的常用摘要。另外，不同账套可能会采用不同的常用摘要方式，同一用户在不同账套也可能会有不同的业务职责，因此，常用摘要无法在各账套之间公用。常用摘要字典的数据结构如表 3-2 所示，该字典与用户字典通过"用户编号"外键构成关联。

表 3-2 常用摘要字典（Zy）的数据结构

列名	含义	数据类型	长度	主键	完整性约束
Zth	账套号	字符型	3	组合主键、外键	非空
Yhbh	用户编号	字符型	6	组合主键、外键	非空
Zybh	摘要编号	字符型	6	组合主键	非空
Zy	摘要	字符型	40		非空
Zyzjm	摘要助记码	字符型	8		非空

当"常用摘要方式"设置为"公用"时，表 3-2 中"用户编号"组合主键失去效用，但为使其为非空，系统应为其赋值（应为常用摘要维护人员编号），此时真正的主键是"账套号+摘要编号"，其中"摘要编号"在同一账套内必须唯一；当"常用摘要方式"设置为"个人"时，主键是"账套号+用户编号+摘要编号"，其中"摘要编号"在同一账套、同一用户内必须唯一，而在不同账套或不同用户范围内允许重复。

四、常用摘要维护的功能设计

常用摘要具有两种设计方案，这两种方案各有优缺点。在绝大多数软件中，都采用公用的常用摘要方案，这样设计的优点固然很多，但也有诸多缺点，主要表现为不能满足每个用户的习惯，不便于记忆，制单时寻找摘要速度较慢，由于摘要数据由统一的一个或少数几个人员来维护，所以常用摘要数据得不到及时的增补或更新，在不用摘要进行查询、汇总、统计等数据处理的情况下，则没有必要采用公用常用摘要。而应该尊重各用户的不同习惯，建立自己的常用摘要，系统中的每个用户都维护和使用自己的常用摘要，这样既符合各人的习惯，又便于记忆。对每个用户而言，其常用摘要相对较少，从而可以提高摘要的寻找速度，但如此设计也存在一定问题，如果某些用户工作不认真，乱建常用摘要，并不及时对其进行整理，那么当系统运行时间较长时，就会使常用摘要变多、变乱，解决这一问题的措施是由用户本人、账套主管（或指定人员）定期对常用摘要进行整理。常用摘要维护具有增加、修改、删除等功能，其界面如图 3-2 所示。

（1）账套号。由系统根据用户登录时所选择的账套自动填入。

（2）用户编号。非显示项，由系统根据用户登录时的登录号自动填入。

（3）摘要编号（界面中为"摘要编码"）。必须输入。在采用公用常用摘要情况下，摘要编号在同一账套内必须唯一，一般采用数字编码，如"0001""0002"等；在采用个人常用摘要情况下，用户可根据自己的习惯编号，但自己所使用的摘要编号必须唯一。

（4）摘要（界面中为"摘要内容"）。必须输入，输入常用摘要的具体内容。应简洁明了，尽可能做到规范化、标准化。

（5）摘要助记码。图 3-2 所示的界面中没有设计，但应该设计。可为空，摘要助记码可采用摘要前 8 个汉字拼音字头构成助记码，如"应付材料款"其助记码可编为"Yfclk"。

（6）相关科目。在制单时，摘要有时与应借或应贷会计科目之间具有一定联系，如"付某单位材料款"可能与银行存款科目有关，在制单选择常用摘要的同时，应借或应贷会计科目会自动产生。该数据项意义不大，有时还会因应借或应贷科目不对而带来麻烦，不应设计此数据项。

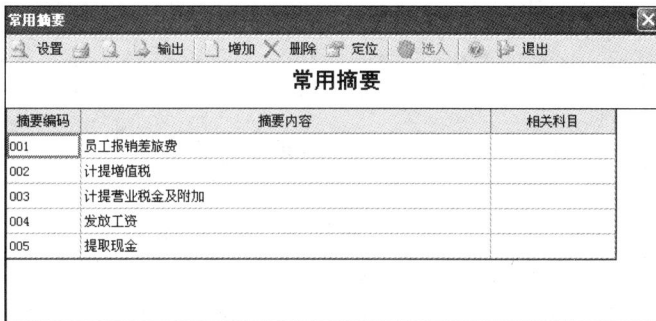

图 3-2　常用摘要维护

第二节　凭证生成

一、业务系统转入凭证

在信息化环境下，财会人员不需要算账、记账、填表，甚至绝大多数凭证也是由 ERP 系统的业务管理系统自动生成传递到财会部门，财务预算、计划和绝大多数财务管理工作都由 ERP 系统完成。因此，财会人员应大量地参与企业的业务管理工作，从财务管理角度参与企业的各项业务管理活动，如各种定额的制定、各种物资价格目录的更新、各种投资或融资活动、企业的各项管理与决策等。

随着企业信息化程度的提高，会计信息系统将逐步与其他业务管理系统实现整合，企业会计数据几乎全部来源于业务管理系统，整个凭证管理系统也将融入其他业务管理系统。企业将摒弃传统的功能驱动会计模式，彻底改变会计信息的收集、处理和输出方式，建立基于财务与业务协同、实时数据处理、个性化信息披露的事件驱动会计模式。

事件驱动会计是指业务事件一经发生，其财务和业务数据便由各业务管理系统加以收集，并实时生成会计记账凭证传递到会计信息系统，这些数据的实时传递是实现物流、信息流、资金流高度同步的基础。例如：固定资产折旧费用可以实现每日计提、单台计提、实时计入产品成本，而不是传统的每月计提引起信息滞后，而且，同类固定资产（如计算机）可根据其使用环境（耗用速度）采用不同的折旧方法和不同折旧年限计提；人工费可根据生产工艺记录和各项事件驱动标准每日或实时摊销计入产品成本，到期末只需根据本期（本月或本周）是否有奖金或其他津贴来进行微调；材料费同样根据生产的真实耗费即时分配计入生产成本。如果绝大部分费用可以在产品生产过程中实时计入产品成本，那么间接费用将会越来越少，逐渐趋近于零，产品的成本核算将更加准确、及时，各项费用将更加清晰明确。同时，由于各项业务数据的即时传递与处理，在会计信息系统的各种明细账中，就能够充分反映各项业务事件，通过查询明细账即可知晓企业的各项业务事件，将业务事件与会计核算、业务管控与财务管理有机整合，充分实现财务与业务一体化管理。

企业的经营目标是企业价值的最大化，实现企业价值最大化的决定性要素是业务而不是财务，财务管理必须服务于业务管理，业务是企业经营的主体，没有业务就没有财务。然而在事件驱动会计模式下，企业方方面面的业务数据必将大量、实时地反映到财会部门。由业务信息系统传送到会计信息系统的数据应该是按相关会计规范处理的记账凭证数据，记账凭证的生成视业务的不同而异，企业的性质不同、行业不同、业务类型不同，都会导致记账凭证的生成有所不同。由业务数据到会计数据（记账凭证）的处理规范详见"财务会计""成本会计"等相关课程，也可参考相关 ERP 软件的业务系统与财务系统的数据接口功能，但应参考基于事件驱动的 ERP 软件（如 SAP），而不应参考基于功能驱动的 ERP 软件。

二、凭证填制

记账凭证是计算科目、部门、往来、项目、外币发生额与余额的依据，是产生会计报表的数据源，各种账表数据的正确与否完全取决于记账凭证是否正确记录，记账凭证是会计信息系统的数据源头，凭证填制是最基础的工作，因此，必须确保凭证数据的准确、完整。填制凭证有两种方式：一种方式是手机填制，企业以租赁方式取得 ERP 系统提供商的软件使用权，企业合法用户便可用手机无线上网登录系统，处理企业的各项管理业务，这种方式仅对小微企业有效，所谓"云财务"，对大中型企业因速度和系统功能等缺欠而不可行；另一种方式是在台式计算机上制证，这种方式适用于企业局域网，采用网络版 ERP 软件在多台计算机上一并运行，这种方式处理速度快、功能齐全、系统效率高，大中型企业应采用这种方式。

凭证填制的功能较多，需要输入的信息也较多，因此，要求界面设计合理，且要方便操作。将所有的功能都设计在菜单中，将常用功能设计为快捷键，如图 3-3 所示。

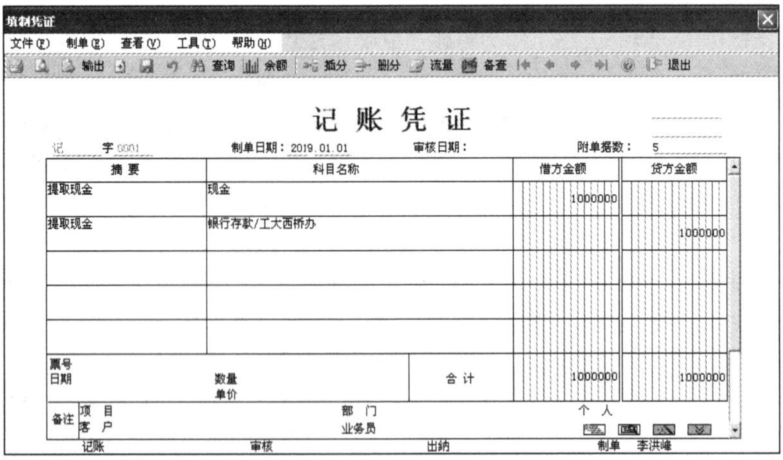

图 3-3　填制凭证界面

其主要功能包括"文件""制单""查看""工具"等，其中"文件"主要是打印输出功能，"制单"主要包括增加凭证、插入分录、删除分录、调用常用凭证、生成常用凭证、冲销凭证等功能，"查看"主要包括查凭证、查科目余额、查科目预算、查明细账、查辅助明细账等功能，"工具"主要包括计算器、会计日历等。

（一）增加凭证

1. 凭证号

有些软件仍然迁就传统的手工处理习惯，设计对凭证进行分类的功能，在建立账套时将凭证类型设置为收款、付款、转账等，并对其分别编号。这在会计信息化环境下已完全失去意义，无论是凭证查询，还是账务处理都没有必要对凭证进行分类。在不分类情况下，建议凭证号采用按月连续编号，凭证号由 7 位编码组成，其编码方案为：月份（2 位）+月份凭证顺序号（5位），并将该编码方案在软件中固定下来，不允许用户选择。如此设计的原因有两个：其一，该凭证编码方案具有明显的优越性，由凭证号的前 2 位即可知凭证的所属月份，由后 5 位便可知凭证在所处月份的顺序号；其二，可以简化系统开发工作，增加诸多凭证分类方法，既无实际意义，又增加系统的复杂性。凭证号由系统根据账套字典中的"当前月份"和"月凭证号"两个数据项自动生成。凭证号在所属月份内必须连续，每月都从"00001"号开始（由期末结账设置），之后每存储一个凭证，凭证号自动加 1。在采用网络版多人同时制单时，系统所显示的凭证号只是参考凭证号，真正的凭证号只有在凭证保存时才给出（系统根据各用户的保存次序给出），如果多个用户同时保存，则系统会自动进行并发控制（并发控制由数据库管理系统完成，不需编程）。

2. 制单日期

由系统根据服务器系统日期自动产生，不需输入。该日期绝不能根据终端机系统日期产生，否则可能会造成凭证制单日期错误。并且在系统投入运行前，必须将服务器系统日期调整正确。制单日期一般情况下不必改动，在因故障产生日期错误时，可进行修改。

3. 附件张数

在附件张数处直接输入即可。

4. 制单人

由程序根据系统登录时的用户登录名自动填入。

5. 插入、删除分录

在图 3-3 所示的凭证填制界面中，无论是新增凭证还是修改已录入的凭证，都可用"插分"功能在光标所在位置之上增加一条分录，并转抄上行或下行摘要，在此新增分录行输入凭证分录信息。制单时可能需要删除某行分录，则可用"删分"功能将光标所在行分录删掉，但凭证应至少有两条分录（一借、一贷）。

6. 摘要

必须输入，在 20 个汉字之内。摘要主要用汉字表述（账套语言设置为"汉字"）。为了减轻输入汉字的负担，应采取一些简化的措施。其做法是提供常用摘要的记忆功能、动态拼接功能和自动转抄功能。如果某一摘要（或摘要的一部分）是经常重复使用的，用户（在采用公用摘要时，为具有摘要维护权限的用户）可以在不退出制单状态下，用"摘要"功能随时为指定的摘要定义编码、助记码和摘要内容，以便以后输入摘要时使用。摘要既可直接输入，也可用"预览"功能从常用摘要中选取，选取时可根据摘要编码或助记码选取。在摘要预览窗口需要设计编码和助记码两个摘要查询条件定义项，在此只需输入摘要编码或助记码的前导子集即可，如摘要内容为"应付材料款"，其助记码为"YFCLK"，输入 Y、YF、YFC、YFCL 或 YFCLK

均可，在预览窗口中就会出现输入助记码所对应的一条或多条摘要内容，输入的助记码越准确，所获得的无用摘要就越少。摘要的动态拼接，就是允许用户多次使用常用摘要功能，将两个或两个以上的常用摘要拼成一个新的摘要，如先通过在预览窗口输入"YFCLK"，获得一个摘要"应付材料款"，在该摘要的任何位置定位光标，如"应付"后定位光标，再用"预览"功能输入"WZZGGS"，其中"WZZGGS"是"五州轧钢公司"摘要的助记码，选定后就形成"应付五州轧钢公司材料款"摘要。由于账簿输出的需要，凭证上的每一行都必须有摘要，但多数情况下同一个凭证中各行的摘要内容都是相同的。因此，凭证录入应具备摘要的自动转抄功能，在输完一行凭证内容转入另一行时，系统自动将上行（或下行）摘要内容转抄到光标所在的行。

7. 科目编号、科目全称

其中"科目编号"为非显示项。为了提高录制速度和确保科目的准确性，几乎所有的会计软件在制单时会计科目都不是输入的，而是从科目字典的末级科目中选取的。由于科目字典中的末级科目较多，所以，应设计快速查询功能，根据查询条件中定义的科目编号、助记码等，从科目字典中将末级科目标志为"√"的科目列出以供选择。在凭证填制界面显示科目全称，而在存储凭证时存储科目编号。采用科目的无记忆输入法，其特点概括如下：在选择会计科目时，可以输入科目编号的前导子集。如"银行存款—人民币户—工行桥南分理处"科目所对应的科目编号为"10020101"，输入该科目时，可输入 1、10、100、1002、100201 或 10020101，制单人能记住几位就输几位，输入的编号越准确，所获得的无用科目就越少，选择就越快，当什么都不输入时，系统会将科目字典中所有的末级科目全部列出以供选择。选择科目后，若账套字典中设置了数据授权，则系统要进行科目使用权限验证，若制单人对所选的会计科目无使用权，则系统提示警告信息后不返回所选科目，否则，系统返回所选科目的编号和全称，并将科目全称赋给凭证填制界面的科目全称数据项，而将科目编号赋给凭证填制界面的科目编号数据项，不过考虑界面空间因素，科目编号为非显示项。真正存储在凭证基表中的是科目编号，而不是科目全称。科目的无记忆输入法，还为用户提供了另一种科目输入方式，即科目助记码输入方式，用助记码来快速寻找科目，如"银行存款—人民币户—工行桥南分理处"科目的助记码就是"YRG"，这种编码有重码的可能，因此，不能用于数据处理，但可方便查询科目，加快制单输入速度。若制单人不习惯输入科目编号，则可以采用科目助记码输入方式来选定会计科目，在输入科目助记码时，也需输入其前导子集，如对上述科目，输入 Y、YR 或 YRG 均可，在科目预览窗口中就会出现与输入助记码对应的一个或多个科目，选择科目过程与输入科目编号选择科目相同。总之，在制单时会计科目是从科目字典的末级科目中选取的，而绝对不可直接输入，所输入的信息只不过是为了在科目字典中查找与之匹配的末级科目而已，这样可以确保所选取的会计科目在科目字典中存在。如果需要使用新会计科目，可先用系统管理中的科目数据管理功能，将新科目增设到科目字典中，然后在制单时才可使用。

8. 辅助信息

当凭证分录中的会计科目涉及部门、往来、项目、外币、数量等辅助核算时，则需录入辅助核算信息。当涉及应收、应付等往来科目时，需录入往来客户、供应商或个人的辅助信息，以便登记往来账；当涉及外币科目时，需录入外币额和汇率，系统据此计算本币额。为了实现这些辅助信息的输入，在科目字典中设计了部门核算、往来核算、项目核算、外币核算、数量核算等字段。在凭证填制界面，如果所选择的会计科目涉及辅助信息，则系统进入辅助信息录入窗口。由于辅助信息比较多，科目所涉及的辅助核算不同，要求输入的辅助信息也不同。当涉及资金结算时，需录入结算方式、票号、发生日期；当涉及部门时，需录入部门信息；当涉及往来客户时，需录入客户信息、业务员、票号、发生日期；当涉及供应商往来时，需录入供应商信息、业务员、票号、发生日期；当涉及个人往来时，需录入个人信息；当涉及项目时，需录入项目信息；无论是科目、客户往来、供应商往来、个人往来、项目核算，都可能涉及外币，此时都需录入外币额和汇率；当科目或项目核算涉及数量时，需录入数量和单价；当科目或项目核算同时涉及数量和外币时，需录入数量、外币单价和汇率。各项辅助核算信息的输入如下。

（1）部门信息。当科目涉及部门核算时，则需录入部门信息，与制单时会计科目录入类同，必须从部门字典中选取，选取时可输入部门编号或助记码，系统根据输入的部门编号和助记码，按前位匹配关系，将满足条件的部门列示在预览窗口，输入的信息越准确，所获得的无用部门就越少，选择就越快，当什么都不输入时，系统将列示部门字典中所有部门以供选择，选择后系统将部门全称赋给辅助信息界面的"部门全称"数据项，而将部门编号赋给"辅助核算编号"数据项，不过"辅助核算编号"数据项为非显示项。真正存储在凭证基表中的是"辅助核算编号"，而不是部门全称。

（2）往来信息。以客户为例，当科目（必须是"应收账款"或"预收账款"，其他科目不可）涉及客户往来核算时，则需录入客户信息。与部门信息录入类同，往来信息录入时，输入客户编号或客户助记码均可，从客户档案中选取正确的客户后，系统将客户名称赋给辅助信息界面的"客户名称"数据项，而将"客户编号"和"客户分类编号"分别赋给"辅助核算编号"和"辅助核算分类编号"两个数据项，不过这两个数据项为非显示项。真正存储在凭证基表中的是"辅助核算编号"和"辅助核算分类编号"，而不是客户名称。供应商信息的输入与客户信息输入相同，从供应商档案中选取供应商信息即可。个人信息的输入相对简单，从个人往来字典中选取个人往来信息即可。

（3）项目信息。当科目涉及项目核算时，则需录入项目信息。系统根据选择的会计科目对应的项目大类或项目档案基表名，根据项目档案中的数据来输入明细项目信息，也就是说项目信息是从项目档案中选取的。项目信息录入与部门、往来等辅助信息录入类同，系统根据输入的项目编号或助记码，将满足条件的项目列示在预览窗口，选择正确的项目后，系统将项目名称赋给辅助信息界面的"项目名称"数据项，而将项目编号赋给"辅助核算编号"数据项，再将项目分类号赋给"辅助核算分类编号"数据项，这两个数据项为非显示项。真正存储在凭证基表中的是这两个非显示项，而不是项目名称。

（4）外币额、汇率。因对应于外币核算的会计科目、往来户（客户、供应商、个人）、项目，其"外币核算"字段存储币种编号，所以币种即可确定，不需录入。若科目、项目核算不仅涉及外币，还涉及数量，则需录入数量、外币单价和汇率（详见（5）数量、单价）。若科目、项目核算只涉及外币、不涉及数量，或往来核算涉及外币时，需录入外币额和汇率，直接在辅助信息界面输入即可。系统根据外币额、汇率算出本币额（本币额=外币额×汇率），并将计算结果自动带入凭证当前行的光标所在栏中（借方金额栏或贷方金额栏，可用空格键调整栏目）。此金额不可改动，若改动则必须通过重新选择科目后，再录入往来、项目等信息，并输入外币额和汇率（或数量、外币单价和汇率，并计算外币额），重新计算本币额。需要说明的是，在往来和项目外币核算中，只需对具体外币往来户和具体外币项目进行核算，而对往来科目（如应收账款）和项目核算科目（如工程材料费）则不必进行外币核算，对往来分类和项目分类也不必进行外币核算。

（5）数量、单价（分两种情况）。第一，若为本币业务，当科目、项目核算涉及数量时，则需录入数量和单价，直接在辅助信息界面录入即可，系统根据录入的数量和单价计算本币额，并将计算结果自动带入凭证当前行的光标所在栏中（借方金额栏或贷方金额栏，可用空格键调整栏目），此金额不可改动，若改动则需重新选择科目、项目等信息，再重新输入数量和单价，并重新计算本币额；第二，若为外币业务，当科目、项目核算同时涉及数量和外币时，则需录入数量、外币单价和汇率，系统根据输入的数量和外币单价计算外币额，再根据外币额、汇率算出本币额（本币额=外币额×汇率），并将本币额自动带入凭证当前行的光标所在栏中（借方金额栏或贷方金额栏，可用空格键调整栏目），将外币额赋给凭证的"外币额"数据项（借贷方向与本币相同）。此金额（包括外币额和本币额）不可改动，若改动则需重新选择科目、项目等信息，再重新输入数量、外币单价和汇率，并重新计算外币额和本币额。

（6）结算方式。当核算涉及资金结算时，需要输入结算方式，可采用下拉列表框方式在现金结算、现金支票、转账支票、电汇、商业汇票、银行本票、银行汇票、信用卡、网络结算、微信转账、支付宝转账、内部转账、其他等可选值之间选取。

（7）票号、业务员、发生日期。当涉及资金结算、客户往来或供应商往来时，需要输入这3个数据项。此时票号可输入支票号或往来业务的单据号，业务员可输入该笔业务的销售或采购人员，可用值列表方式从个人往来字典（一般情况下，在个人往来字典中都应建立核算单位中所有销售人员和采购人员档案）中选取。

辅助信息录入完成之后，刚刚输入的各项辅助信息都被显示在凭证的辅助核算数据区。当输入下一条分录时，其上一条分录的辅助信息将不被显示，也就是说，辅助核算数据区中各辅助信息项只显示当前分录的辅助信息。当改变当前凭证分录时，各辅助信息项所显示的内容是不断变动的，其显示的内容取决于当前所在的分录。制单时对凭证的分录数理论上应没有限制（但"记录号"关键字设为4位，则1个凭证最多可有9 999条分录），当凭证的分录数较多时，可滚动显示凭证分录数据。在某些软件中设计了凭证的分页管理功能，其实如此设计的意义并不大，只要在制单时能够滚动显示，在打印时能够分页打印即可。

9. 借、贷方金额

如果核算科目涉及外币或数量时，借、贷方金额不需输入，由系统自动算出，并且不能直接修改，若要修改，可通过重新选择科目后，再修改外币额和汇率或数量和单价，再由系统算出金额实现。如果核算科目没有涉及外币或数量，则可直接在借方金额栏或贷方金额栏输入金额，可用空格键调整金额的借贷栏目。另外，在输入借贷方金额时，经常需要根据原始凭证进行简单的加减乘除运算，为此在制单过程中系统应提供计算器功能，当计算结束，撤销计算器时，即可将计算结果带回到当前编辑行的借方栏（如不为借方，可用空格键调整到贷方），也可放弃计算结果。

10. 数据查询

在制单时，为了便于了解和控制有关会计业务，用户需要查询相关科目或辅助核算数据，主要包括科目余额、科目预算额、科目明细账、辅助核算明细账等。其实在会计核算环节实施控制的意义已经不大，因为此时会计业务已经发生，也就是说在会计信息系统中实施内部控制的作用有限，真正能够发挥内部控制作用的环节应该是其他业务管理系统，在业务发生前或发生时实施控制，而在业务发生后则为时已晚，只能起到借鉴和考核作用。尽管如此，也有必要实施必要的控制，如预算控制、部门费用控制等。在进行数据查询时，科目余额、科目预算额查询比较简单，根据分录涉及的科目，从科目字典中读出余额或预算额数据即可；科目明细账查询是根据分录涉及的科目，调用明细账生成程序生成并输出明细账；辅助核算明细账查询是根据分录涉及的科目，以及对应的辅助核算账类，调用辅助明细账生成程序生成并输出辅助明细账。科目明细账和辅助明细账的生成详见第五章（账簿管理）中的相关内容。

11. 录入后的处理

按照上述方法，填制完凭证内容之后，并不等于凭证录入已完成，还要用"保存"功能将输入的内容存入凭证基表，并打印输出凭证后，凭证录入才算完成。若选"作废"则本次输入的内容作废，系统会在保持原凭证日期和参考凭证号的前提下，为用户提供一张空白的凭证，用户可以重新开始上述凭证录入工作。在一个凭证录入完成并选"保存"时，系统要进行两项检查：第一，检查借贷是否平衡，若不平衡，则给出错误提示，用户必须更正使之平衡；第二，检查是否有漏填项，在凭证录入时，可以有空行，但不能有漏填项，在填入内容的行中，摘要和科目必须输入，借、贷方金额必须有一项不为零，而另一项为空（或零），若发现有漏填项，则系统会给出提示信息。只有在两项检查都正确时才可保存，并可用"打印"功能打印凭证。

（二）查询凭证

只有在选择了"增加""修改"功能或者在没有选择任何功能的初始状态下，"查询"功能才为可选，根据定义的查询条件，将满足条件的凭证从当年凭证基表或历史凭证基表中查询输出。其具体功能详见"凭证查询"功能设计。

（三）复制凭证

在图 3-3 所示的填制凭证界面，在新增凭证或修改凭证时，可用"制单"菜单中的"复制"功能将以前编制的凭证内容复制到当前编制的凭证中。复制时先用"查询"功能查询出需要的凭证，包括当前年度凭证和以前年度凭证，可利用"复制"功能在查询出来的凭证中，将选定的凭证内容复制到当前填制的凭证中，包括辅助信息，但当前填制凭证的凭证号和日期等不变。利用复制功能时，当前填制凭证的内容应为空，否则当前凭证内容将会被复制内容覆盖。利用复制功能可提高制单速度。

（四）生成常用凭证

与常用摘要类同，将常用凭证保存起来，以便在以后制单时引入常用凭证内容。生成常用凭证是将当前正在填制的凭证保存起来，在以后填制凭证时，如果发现所填制的凭证与保存起来的凭证内容类同，则可将保存起来的凭证内容引入当前所填制的凭证中。生成凭证时，用户要为凭证指定文件名（可用汉字名称），系统以一定的格式（一般以文本格式）将生成的凭证按用户指定路径和文件名保存起来。生成常用凭证时只输出凭证内容，不输出凭证号和日期，将当前凭证的各项数据（包括非显示项）存储到输出文件。利用此功能可以提高凭证填制的效率。当某一常用凭证信息不再需要时，可在操作系统环境下删除。

（五）调用常用凭证

调用常用凭证是生成常用凭证的逆过程。在制单时，如果发现所填制凭证与以前保存起来的凭证内容类同，则可用"调用常用凭证"功能将保存起来的凭证内容引入当前所填制的凭证中，这可以加快填制凭证的速度。调用常用凭证时，用户需选择路径和凭证的文件名，系统按指定的文件名将数据引入当前填制的凭证中。在引入数据时，将常用凭证文件的各项数据赋给当前凭证的各对应数据项（包括非显示项）即可。引入凭证数据时只引入凭证内容，当前凭证的凭证号和日期不变。可对引入的凭证内容进行修改。

（六）冲销凭证

首先选择"查询"功能在本年度凭证基表中找到要冲销的凭证（必须是本年度已记账凭证），然后选择"冲销"功能针对查询输出的凭证自动产生冲销凭证。此时除保存和放弃功能有效外，其他功能全部失效（为暗色）。即进入冲销凭证的生成状态，系统自动根据查询输出的凭证生成冲销凭证，并为其分配凭证号，产生凭证日期。但若查询输出的是以前年度的凭证或是未记账凭证，则系统不允许生成其冲销凭证。冲销凭证的生成比较简单，将查询输出凭证的借、贷方金额全部用负数（红字）表示，将摘要改为"冲销××号凭证"，并为冲销凭证分配凭证号和赋凭证日期即可。对于自动生成的冲销凭证内容，不允许用户改动。用户只能在"保存"和"放弃"中做出选择。与凭证的修改不同，由于凭证的冲销是有迹可寻的，所以凭证冲销有无权限限制均可。

（七）打印凭证

在制单时"打印"功能几乎总处于失效状态，只有在新增或修改凭证完成，并已成功保存之后，"打印"功能才为可选，此时可打印填制完成的凭证。由于凭证的大小是有一定规格的，所以在凭证分录较多时，打印应具有分页功能，且每页的上部都要有标题、凭证号、日期、附件张数等信息，每页的底部都要有记账、审核、出纳、制单等有关签字信息（只有制单有签名，制单签名由系统根据用户登录名自动产生，记账、审核、出纳此时都无签名）。打印凭证时，凭证分录内容必须打印，其辅助信息可设计在一栏内打印，由于部门、往来、项目辅助核算不交叉，三者中只能出现一种，再加上外币核算（币种、外币额、汇率），或数量核算（计量单位、数量、单价），或数量与外币核算（计量单位、数量、外币单价、汇率、外币额），最多不超过6项。将各行科目涉及的辅助信息名称用连字符"-"串接起来打印即可。系统应对凭证的打印进行有效控制，一般在凭证录入或修改完成之后要打印，且只打印一次，其他情况下不允许打印。但为防意外，账套主管在查询凭证时可以打印凭证。

（八）修改凭证

首先选择"查询"功能找到要修改的凭证，然后选择"修改"功能对查询出来的凭证进行修改。凭证修改可以对已录入但尚未审核的凭证进行修改，也可以对审核通过但未记账的凭证进行修改，但必须先修改审核标志，将审核通过改为未审核后才可修改。凭证修改只能修改凭证的具体内容，而不能修改凭证号和日期。制单人应该在录入过程中谨慎细心，最好不要做过多的凭证修改。凭证修改与凭证录入功能相同，利用"删分"功能时，不允许将凭证内容删空，至少要保留两行分录，并使借贷平衡，只有如此才可用"保存"功能将修改后的凭证保存到凭证基表中。在修改前必须先利用"查询"功能查询到要修改的凭证。若找不到要修改的凭证，或凭证已通过审核，或凭证已记账，则系统会给出相应的提示信息。在修改时用户只能修改凭证的摘要、科目、辅助信息和借、贷方金额。对凭证内容的修改实质上是对凭证内容的再次录入，因此，凭证内容的修改和录入完全相同。凭证修改完成的后续处理过程与凭证录入完成的后续处理过程相同。系统将在保证借贷金额相等，且没有漏填项时，对所做的确认做出反映，即可保存和打印被修改的凭证。若放弃则本次修改无效，原凭证不变。凭证的修改是在凭证已经录入的基础上进行的。凭证号是在凭证录入时，由系统自动生成的，录入一经确认，凭证号就不允许变动了。录入和修改的区别是：录入时系统为录入的凭证生成新凭证号，而修改则利用凭证号查询要修改的凭证后进行修改，除此之外，录入和修改的功能完全相同。凭证的修改应具有一定的权限限制，即谁填制的凭证应由谁来修改，在不得已情况下，账套主管可修改凭证。由于凭证修改只能修改未审核记账的凭证，且一般由制单人本人来修改，因此，凭证修改有无痕迹均可，即保存修改前的凭证内容意义不大。有些软件的凭证修改可由其他人进行（在凭证修改留有痕迹的情况下，这样设计也不算过错），并且凭证号也可以重新编排，凭证打印也可随意打印，如此设计则不利于对机内凭证的控制与管理，有时可能会造成机内凭证与打印输出的凭证不符。因此，应该对凭证的修改、凭证号的编排、凭证的打印实行严格控制。

第三节　凭证查询与汇总

一、凭证查询

凭证查询是经常使用的功能，也是关系比较复杂的模块，既要考虑查询对象，又要考虑查询方式，还要考虑查询条件的组合关系，以及查询结果的输出形式等。

（一）查询对象

凭证查询对象应包括未记账凭证、已记账凭证和以前年度凭证3种，由于这3种类型的凭证存储在不同的数据基表中，所以查询对象不同，所涉及的数据基表也不同。当年的未记账凭证和已记账凭证存储在凭证基表（Pz）中，而以前年度凭证存储在历史数据基表（Lpz）中。

（二）查询方式

用户的需求不同，其查询方式也各不相同，一般有按凭证号查询，按日期查询，按科目查询，按科目对应关系查询，按制单人查询，按金额查询，按部门、往来户、项目等辅助信息查询等多种方式。查询方式的复杂性和多样性，决定必须合理设计凭证查询功能，才能满足各种不同的凭证查询需求。

（三）查询条件的组合关系

查询凭证时，首先要定义查询条件，然后查询程序根据定义的查询条件在相应的凭证基表中进行查询，最后输出查询结果。凭证查询条件定义如图 3-4 所示。

在图 3-4 中，凭证类别查询条件项在凭证不分类情况下无意义，反而应该设计按科目对应关系进行查询的功能。科目与科目对应关系两个数据项之间具有互斥关系，若选科目就不能再选科目对应关系，若选科目对应关系就不能再选科目，且在选择科目对应关系时，其借、贷方必须全部输入内容。同样，输入辅助信息时，项目大类和项目也要同时输入。在组成查询条件时，这些具有互斥关系或连带关系的数据项被视为一个查询条件项，输入的各项查询条件之间为逻辑"与"关系，若某项不输入则此项条件被忽略。这样设计的主要原因是使查询出来的凭证具有一定的准确性。在图 3-4 所示的凭证查询条件定义界面中，设计的数据项太多，有些数据项作用不大，可不设计。其中主要查询条件的定义如下。

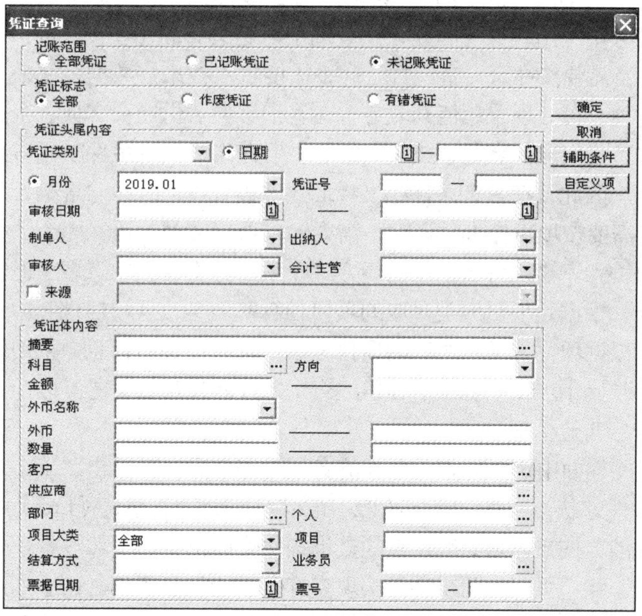

图 3-4　凭证查询条件定义

（1）查询对象。应设计已记账凭证、未记账凭证、以前年度凭证 3 个单选项，其他查询对象选项意义不大。为了缩小查询凭证的范围，尽快找到所要查询的凭证，可将此选择项设计成单选项方式，即在查询对象的 3 个可选项中必须选择其中之一，且只能选择一项。当选择查询以前年度凭证时，日期条件项必须输入，在起止日期中输入要查询凭证的年份。

（2）凭证号。可输入起止凭证号，若输入，则起止凭证号两项必须都输入。若起止凭证号相同，则只查询一张凭证；若起止凭证号不同，则查询输出大于等于起始凭证号，并小于等于终止凭证号的凭证。

（3）日期。可输入起止日期，日期包括年、月、日，但日期区间不可跨年度。若输入，则起止日期两项必须都输入。若起止日期相同，则只查询一天的凭证；若起止日期不同，则查询输出大于等于起始日期，并小于等于终止日期的凭证。当选择查询以前年度凭证时，此项条件必须输入。

（4）科目、科目对应关系。科目与科目对应关系是互斥的，即若输入科目则科目对应关系不允许输入，反之，若输入科目对应关系则科目不允许输入。若输入科目，则查询程序按输入的科目进行查询，其逻辑关系为前位匹配关系；若输入科目对应关系，则查询程序按输入的科目对应关系进行查询，其逻辑关系也为前位匹配关系。科目的输入以及科目对应关系中借、贷方科目的输入，都与制单时会计科目的输入相似，所不同的是，此处输入的科目或借、贷方科目可以是科目字典中的任何科目，不仅仅是末级科目，还包括各末级科目的上级科目。这里显示的是科目全称，但组成查询条件的是科目编号，因此，在查询条件定义界面还要设计科目编号、借方科目号和贷方科目号3个非显示项。

（5）金额。若输入，则查询程序按输入的金额范围进行查询，输入时可用关系运算符（>，≥，<，≤，=）后叠金额值，系统查询输出借方或贷方金额满足条件的凭证。

（6）制单人。若输入，则查询程序按输入的制单人进行查询。输入采用值列表方式在用户字典中选取，其输入与科目输入类同。因为在凭证基表中直接存储制单人姓名，所以在组成查询条件时直接用制单人姓名即可。

（7）部门。若输入，则查询程序按输入的部门进行查询。查询输出具有此部门核算的凭证。输入采用值列表方式在部门字典中选取，其输入与制单的部门输入相同。输入时显示部门全称，但在组成查询条件时用部门编号。因此，在查询条件定义界面还要设计部门编号非显示项。

（8）往来户。当需要按往来户查询凭证时，需要输入往来户数据。往来户包括客户、供应商、个人3个数据项，可分别采用值列表方式在客户字典、供应商字典、个人字典中选取。输入时显示客户名称，或供应商名称，或个人姓名，但在组成查询条件时用客户编号，或供应商编号，或个人编号。因此，在查询条件定义界面还要设计往来户编号非显示项。

（9）项目。当需要按项目查询凭证时，需要输入项目大类、项目两个数据项，并且项目大类必须在项目之前输入。输入可采用值列表方式在项目分类字典中选取，但值列表所列示的项目必须是一级项目，根据此项目大类对应的项目档案基表名，从项目档案中选择明细项目。在输入项目大类后，根据项目大类所对应的项目档案输入具体项目信息，采用值列表方式从项目档案中选取。输入时显示项目名称，但在组成查询条件时用项目编号。因此，在查询条件定义界面需设计项目编号非显示项。

在图3-4所示的界面中定义完查询条件的各项数据之后，若单击"确定"按钮，则查询程序按定义的查询条件，从当年凭证基表（Pz）或以前年度凭证基表（Lpz）中输出满足条件的凭证。若单击"取消"按钮，则此次定义的查询条件作废。某些软件设计了保存凭证查询条件功能，通过"输出"和"引入"两个功能实现查询条件的重复利用。由于用户需求各异，凭证查询条件定义多变，因此，设计这些功能没有多大意义，且增加系统开发和使用的复杂性。

以上说明了凭证查询条件形成过程，在制单时所使用的凭证查询功能就是此功能，其查询输出结果是整个凭证的完整信息。例如，查询条件定义为：在未记账凭证中查询具有"1001-现金"科目的凭证，则其查询结果不是具有现金科目的分录，而是具有现金科目的所有凭证的全部信息。其查询结果如图3-5所示。

在图3-5中，显示满足条件的所有凭证，一条记录对应一个凭证，摘要内容为各凭证的第一条分录的摘要内容。借方金额合计、贷方金额合计分别为各凭证的借、贷方金额合计。在此界面选定一个凭证，即选择一行，用鼠标双击选定的行，或者选择"显示凭证"功能，则该行对应凭证的完整信息就会在凭证信息窗口显示，此凭证信息窗口与凭证填制窗口相同，只不过此窗口为数据显示状态，其数据只能查阅而不能修改。对于用凭证查询功能查询输出的凭证，只有以账套主管身份登录才可打印，否则不允许打印。

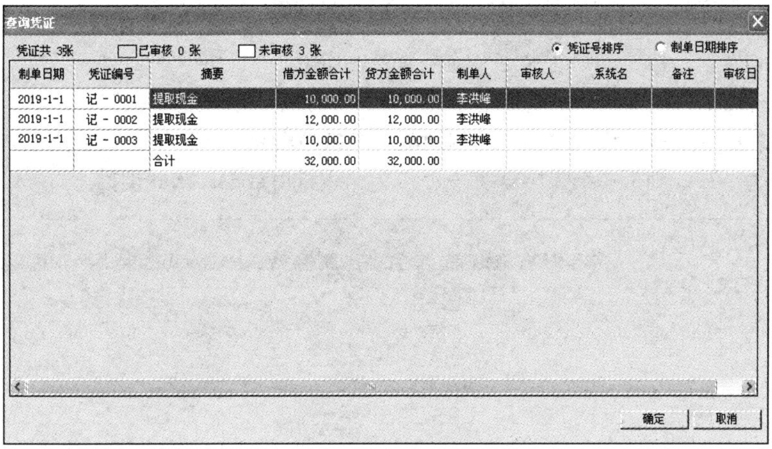

图 3-5　凭证查询结果

二、凭证汇总

（一）汇总对象

汇总对象与凭证查询对象相同。

（二）汇总方式

用户的需求不同，其汇总方式也各不相同，一般有按凭证号汇总、按日期汇总、按制单人汇总等多种方式。其中"按凭证号汇总"和"按制单人汇总"意义不大，"按凭证号汇总"纯粹是手工处理流程的产物，在计算机处理环境下意义不大。

（三）汇总条件的组合关系设计

凭证汇总时，首先要输入汇总条件，然后汇总程序根据输入的汇总条件对凭证基表中相应的凭证进行汇总，最后输出汇总结果。汇总条件定义界面如图 3-6 所示。其中凭证号区间、日期区间、制单人 3 个汇总条件项之间为逻辑"与"关系。

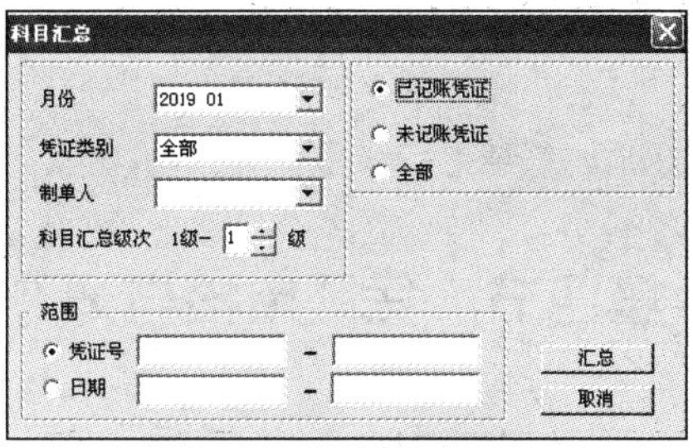

凭证类别条件项在凭证不分类情况下无意义，其他各项汇总条件的输入如下。

（1）汇总对象选择。为单选项，应从"已记账凭证""未记账凭证""以前年度"中选择其一，若选"以前年度"则对以前年度凭证进行汇总，否则对当年凭证进行汇总。

图 3-6　凭证汇总条件定义

（2）凭证号、日期、制单人。这 3 个汇总条件的输入与凭证查询条件定义下的输入相同。应注意凭证号和日期的值应与汇总对象选择相吻合。值得指出的是，按凭证号汇总意义不大，在手工处理时按凭证号区间汇总是为了登记总账和填列报表，因而非常必要，对一定数量的凭证（50 个或 100 个）进行汇总，将其装订成册并将科目汇总表附在首页。而在信息化环境下，所有账表都由计算机自动处理，因此，按凭证号区间汇总只是手工处理习惯的延续，实际上意义不大。按制单人汇总的意义也不大，在所有凭证汇总条件中，按日期区间汇总最具实际意义。

（3）科目汇总级次。凭证汇总可以按任意科目级别进行，最常用的是按一级科目汇总，此条件项为数值项。若输入"1"则汇总程序按一级科目汇总；若输入"2"则汇总程序按二级科目汇总；依此类推。

在图 3-6 所示的界面中定义完汇总条件之后，若单击"汇总"按钮，则汇总程序按定义的汇总条件，在当年凭证基表（Pz）或以前年度凭证基表（Lpz）中，对满足条件的凭证进行汇总，若单击"取消"按钮，则此次定义的汇总条件作废。

凭证汇总结果如图 3-7 所示。汇总结果包括汇总条件中所设科目级次，及其所有上级科目数据。如汇总条件中科目级次设为"2"，则汇总结果中就有一、二级科目数据；如汇总条件中科目级次设为"3"，则汇总结果中就有一、二、三级科目数据；依此类推。

科目编码	科目名称	外币名称	计量单位	金额合计		外币合计		数量合计	
				借方	贷方	借方	贷方	借方	贷方
1001	现金			66,800.00					
1002	银行存款			94,753.76	204,800.00				
1122	应收账款			1,100,000.00	20,000.00				
1141	坏账准备				4,380.00				
1231	其他应收款			30,000.00					
1403	原材料			108,000.00	10,000.00				
1406	库存商品		件	10,000.00	20,000.00			100.00000	200.00000
资产 小计				1,409,553.76	259,180.00				
美元						6.80	6.80		
2211	应付职工薪酬				10,000.00				
负债 小计					10,000.00				
4103	本年利润				40,000.00				
权益 小计					40,000.00				
5001	生产成本		件	20,000.00	10,000.00			100.00000	100.00000
成本 小计				20,000.00	10,000.00				
5301	营业外收入				1,000,000.00				
6001	主营业务收入		件	60,000.00	80,000.00			600.00000	1600.00000
6061	汇兑损益				74,753.76				
6401	主营业务成本		件						
6601	主营业务收入1				20,000.00				
6701	资产减值损失			4,380.00					
损益 小计				64,380.00	1,174,753.76				
合计				1,493,933.76	1,493,933.76				

图 3-7　凭证汇总结果

在汇总时先按一级科目和其他汇总条件进行汇总，并将一级科目汇总结果存入汇总表；然后将一级科目剔除，再按二级科目和其他汇总条件进行汇总，并将二级科目汇总结果存入汇总表；依此类推，直至选定的级次为止；最后将按各级科目汇总的结果整合在一起（汇总表）输出即可。凭证汇总只对借、贷方金额进行汇总即可，对外币和数量汇总意义不大。汇总结果的最后一行为合计数。合计数的借方等于所有一级科目的借方数之和，合计数的贷方等于所有一级科目的贷方数之和，合计数的借方必须等于合计数的贷方，若不相等，则满足汇总条件的凭证必有错误。对于汇总结果数据，只能查阅而不能修改。可以用"打印"功能打印汇总结果。

第四节　凭证审核与记账

一、凭证审核

按照会计制度规定，会计主体应设置凭证审核岗位，大中型企业一般设置专门的审核岗位，而小型企业可由会计主管（账套主管）兼任。凭证审核主要是对制单人填制的记账凭证进行合法性、合规性、正确性等全面检查，对底层各业务管理系统转入的记账凭证也需进行审查，若发现不妥，可与相应的业务管理部门沟通，并加以更正，但不可直接用凭证修改功能修改，否则会导致财务与业务数据不符。审核的目的是防止错弊。会计核算涉及国家、企业、投资者和个人的切身利益，而记账凭证的准确性是进行正确核算的基础。因此，无论是直接在计算机上根据原始凭证编制记账凭证，还是由业务管理系统转入的记账凭证，都必须进行审核，只有审核通过的凭证才能进行记账处理。如此才能确保会计信息系统中每一笔经济业务的准确、可靠。凭证审核的主要内容是检查原始凭证的合法性，其次是审查记账凭证与原始凭证是否相符、会计分录是否正确等。审核认为有错误或有异议的凭证，应交予原制单人进行必要的修改之后，再审核直到通过为止。在计算机上对凭证进行审核，并将审核结果存入计算机，其目的有两个：其一，防止其他人员对审核通过的凭证进行修改，凡是审核通过的凭证，系统将拒绝任何人对其进行修改；其二，只有审核通过的凭证才能进行记账处理，因此，可以防止未经审核的凭证进入账务系统。在系统中需要进行审核的凭证有两种：其一，未审的凭证；其二，审核已通过，但在记账前发现有疑义，利用审核功能将其通过标志取消，使其变为未审核的凭证。另外，审核人与制单人不能同为一人。在进行凭证审核时，首先要定义查询条件，找到审核对象，然后再对查询输出的凭证进行审核。在凭证审核中，凭证查询条件的定义界面如图 3-8 所示。

在图 3-8 中，凭证类别条件项在凭证不分类情况下无意义。而应设计查询对象选项，包括未审核、已审核等单选项。首先从中选择且只选择一项，然后再定义凭证号、日期、制单人等查询条件项，凭证号、日期、制单人 3 个条件项的定义与凭证查询条件项下的定义类同（一般应为当日凭证，以前的凭证都已记

图 3-8　凭证审核——凭证查询条件定义

账，没必要再审核），其他查询条件项意义不大，"出纳人"选项不应该设计，因为在凭证审核时不可能有出纳签字。完成查询条件定义后单击"确定"按钮，则系统按定义的查询条件，在当年凭证基表（Pz）的未记账凭证中，查询输出满足条件的凭证，其结果如图 3-9 所示，若单击"取消"按钮，则此次定义的查询条件作废。

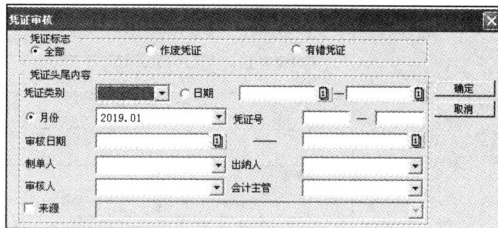

图 3-9　凭证审核——待审核凭证

在图 3-9 中，显示满足条件的待审核凭证，一条记录对应一个凭证，摘要内容为各凭证的第一条分录的摘要内容。借方金额合计、贷方金额合计分别为各凭证的借、贷方金额合计。

凭证审核具有两种方式：其一，在业务量较大的单位，财会人员较多，应设置专门的审核岗位，由专职审核人员随时对未审核的凭证直接在计算机上进行审核，此时应用"审核凭证"功能逐个进行凭证审核签字；其二，在业务量较少的单位，一般由主管领导、财务主管、账套主管等进行审核，特别是在企业中，这些人员的工作都很繁忙，随时在计算机上审核不太现实，因此，往往是先将凭证打印出来，通过对纸质凭证审核签字后，在记账处理之前，再在计算机上用"批审核"功能进行批量审核，此时审核的主要内容是检查机内凭证与纸质凭证是否一致，以防审核签字后对凭证内容有所改动。一般情况下批量审核无多大意义，只是一种形式和步骤，以便于进行下一步的记账处理。

总之，对于未审核的凭证既可以使用"审核凭证"功能逐个进行凭证审核签字，也可以使用"批审核"功能，一次将查询输出的所有未审核凭证全部审核签字，以便加快审核签字速度，但此功能必须谨慎使用。对于已审核签字的凭证，可以用"批取消"功能，取消其审核签字，也可以使用"取消审核"功能逐个取消其审核签字。

（1）审核凭证。在图 3-9 所示的界面中选定一个凭证，即选择一行，双击选定的行，或者选择"审核"，则该行对应凭证的完整信息就会显示在审核凭证界面，如图 3-10 所示。在图 3-10 所示的界面中除审核签字外，其他数据只能查阅而不能修改。

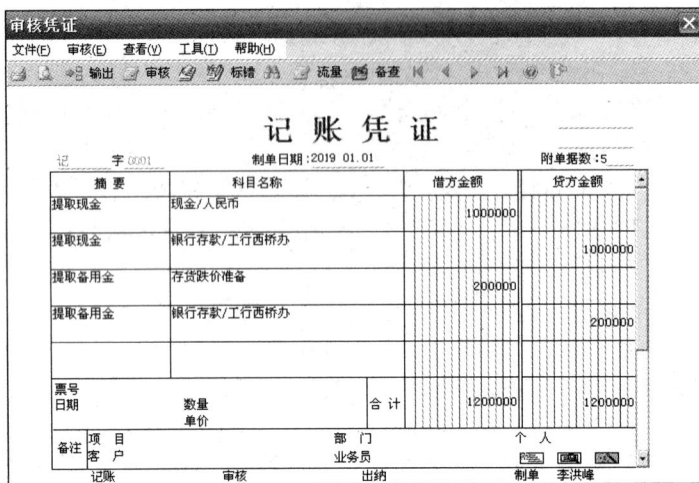

图 3-10　审核凭证

在图 3-10 中，可以查阅凭证的详细内容，查阅后可对当前凭证进行审核。当选择"审核"时，系统将审核人姓名写入凭证基表（Pz），写入时按凭证号找到该凭证，并将该凭证所有记录的审核人字段全部填入审核人姓名。

对已审核签字的凭证选择"取消审核"，系统将审核人姓名从凭证基表（Pz）中删除，删除时按凭证号找到该凭证，并将该凭证所有记录的审核人字段全部清空。在审核过程中，可利用"首张""末张""上张""下张"来寻找要审核的凭证。

（2）成批审核凭证。在图 3-10 中，当选择"审核"菜单中的"成批审核凭证"功能时，系统将审核人姓名写入凭证基表（Pz），写入时按凭证号逐个找到对应的凭证，并将这些凭证所有记录的审核人字段全部填入审核人姓名。

凭证在记账之前，可以用"成批取消审核"功能，对已审核签字的凭证取消其审核签字，使其变为未审核凭证。同样，使用此功能时也必须谨慎，否则，可能会使已做的审核工作作废。在图 3-10 中，对已审核签字的凭证，当选择"审核 1 成批取消审核"时，系统将凭证基表（Pz）中此次审核的所有凭证的审核人姓名全部清空，清除时先按凭证号逐个找到对应的凭证，然后将这些凭证所有记录的审核人姓名字段全部清空。

二、凭证记账的数据存储设计

会计核算的内容是从记账凭证到会计报表；然而手工核算与计算机核算有很大的区别，在手工核算下，账簿是会计数据的主要载体，对每个会计科目都要设置相应的账簿。会计科目因单位不同而异，就某一确定的单位而言，其会计科目少则几百个，多则几千个，并不断发生变化。如果在计算机处理时，按手工核算的方法，以账簿的格式来存储数据，那么在计算机中账簿数据基表就会很多，并且会产生不必要的数据冗余。为了解决账簿数据在计算机中如何存储的问题，在数据存储设计中，设计了只存储会计科目数据、记账凭证数据以及各种发生额与余额数据，不直接按账簿的格式来存储数据，账簿的输出是利用计算机快速处理数据的功能，按不同的需要随时生成。对于这些派生的账簿数据，计算机不加以存储，使用完后立即清除。

凭证经过审核后即可登记入账。记账处理功能是根据选择的记账凭证范围，用凭证基表（Pz）中满足条件的凭证来更新各种发生额与余额数据，包括科目发生额与余额、部门发生额与余额、往来户发生额与余额、项目发生额与余额、外币发生额与余额。与科目字典类同，这些发生额与余额基表都需要设计历史数据基表。科目发生额与余额存储在科目字典中，其他发生额与余额基表的数据结构如下。

（一）部门发生额与余额基表（Bmyeb）的作用及其数据结构

当采用部门核算，并按部门归集各种费用时，系统就要记录各部门、各费用科目的发生额、累计发生额、余额等。要对各部门、各种费用指标进行考核，对各部门、各种费用指标的预算数、结余数也要进行存储。这些数据都存储在该基表中。部门没有必要进行数量核算，因而在该基表中没有设计数量字段，部门也不会有外币核算。该基表的数据结构如表 3-3 所示，其中应设计 12 个月的发生额与余额字段，除 1 月份外，其他各月都要设计累计发生额字段。该基表通过"科目编号"外键与科目字典构成关联，通过"部门编号"外键与部门字典构成关联。

表 3-3 部门发生额与余额基表（Bmyeb）的数据结构

列名	含义	数据类型	长度	主键	完整性约束
Zth	账套号	字符型	3	组合主键、外键	非空
Kmbh	科目编号	字符型	20	组合主键、外键	非空
Bmbh	部门编号	字符型	12	组合主键、外键	非空
Z0	年度预算指标	数值型	15.2		预算系统
Z01	1 月预算指标	数值型	15.2		预算系统
Y0	1 月初余额	数值型	15.2		1 月份记账
J01	1 月借方发生额	数值型	15.2		1 月份记账
D01	1 月贷方发生额	数值型	15.2		1 月份记账
Y01	1 月末余额	数值型	15.2		1 月份记账
Zy01	1 月指标余额	数值型	15.2		1 月份记账
……	……	……	……		……
Z12	12 月预算指标	数值型	15.2		预算系统
J12	12 月借方发生额	数值型	15.2		12 月份记账
D12	12 月贷方发生额	数值型	15.2		12 月份记账
Lj12	12 月累计借方发生额	数值型	15.2		12 月份记账
Ld12	12 月累计贷方发生额	数值型	15.2		12 月份记账
Y12	12 月末余额	数值型	15.2		12 月份记账
Zy12	12 月指标余额	数值型	15.2		12 月份记账
Z00	年度指标余额	数值型	15.2		12 月份记账

（二）往来发生额与余额基表（Wlyeb）的作用及其数据结构

往来分为客户、供应商、个人 3 种，这 3 种往来的档案数据分别存储在各自对应的数据字典中，并且客户和供应商的分类数据也分别存储在各自对应的分类字典中。往来户相当于往来核算的明细会计科目。对这些明细往来科目的发生额与余额，系统必须进行记录。往来发生额与余额基表的数据结构如表 3-4 所示，其中应设计 12 个月的发生额与余额字段，除 1 月份外，其他各月都要设计累计发生额字段。该基表中的"科目编号"为应收账款、预收账款、应付账款、预付账款、其他应收款、其他应付款等往来会计科目编号，"往来户编号"为客户编号、供应商编号、个人编号，"往来分类编号"为客户分类号或供应商分类号，设计该字段和"分管业务员"字段是为了方便生成对应的账簿并进行分类统计分析。该基表通过"科目编号"外键与科目字典构成关联。

表 3-4 往来发生额与余额基表（Wlyeb）的数据结构

列名	含义	数据类型	长度	主键	完整性约束
Zth	账套号	字符型	3	组合主键、外键	非空
Kmbh	科目编号	字符型	20	组合主键、外键	非空
Wlhbh	往来户编号	字符型	12	组合主键	非空
Wlflbh	往来分类编号	字符型	12		分类字典
Fgywy	分管业务员	字符型	12		往来档案
Y0	1 月初余额	数值型	15.2		1 月份记账

列名	含义	数据类型	长度	主键	完整性约束
J01	1月借方发生额	数值型	15.2		1月份记账
D01	1月贷方发生额	数值型	15.2		1月份记账
Y01	1月末余额	数值型	15.2		1月份记账
……	……	……	……		……
J12	12月借方发生额	数值型	15.2		12月份记账
D12	12月贷方发生额	数值型	15.2		12月份记账
Lj12	12月累计借方发生额	数值型	15.2		12月份记账
Ld12	12月累计贷方发生额	数值型	15.2		12月份记账
Y12	12月末余额	数值型	15.2		12月份记账

（三）项目发生额与余额基表（Xmyeb）的作用及其数据结构

在项目核算中，每大类项目都有各自的项目档案字典，项目档案可能有多个，如在建工程项目档案、科研项目档案、合同项目档案等。该基表的数据结构如表3-5所示，其中应设计12个月的发生额与余额字段，除1月份外，其他各月都要设计累计发生额字段。"科目编号"为科目字典中"项目核算"标志为非空的会计科目编号；"项目编号"为项目核算科目所对应的项目档案中具体项目编号；"项目分类编号"为项目分类字典中的最底层明细项目分类号，设计该字段是为了方便生成对应的账簿并进行分类统计分析；"科目项目预算额"字段意义重大，首先对项目投资总额按费用科目进行分解，然后可将其与实际发生额进行比较分析。另外，还需要在科目字典中增设一些项目收益、项目支出等科目，以此进行相关的项目收支分析。在项目核算中，有些科目有可能需要进行数量核算，因而在项目发生额与余额基表中设计了相关数量核算字段。该基表通过"科目编号"外键与科目字典构成关联。

表3-5　　　　　　　　　　项目发生额与余额基表（Xmyeb）的数据结构

列名	含义	数据类型	长度	主键	完整性约束
Zth	账套号	字符型	3	组合主键、外键	非空
Kmbh	科目编号	字符型	20	组合主键、外键	非空
Xmbh	项目编号	字符型	9	组合主键	非空
Xmflbh	项目分类编号	字符型	20		非空
Yse	科目项目预算额	数值型	15.2		预算系统
S0	1月初数量余额	数值型	15.2		1月份记账
Y0	1月初金额余额	数值型	15.2		1月份记账
Js01	1月借方数量发生额	数值型	15.2		1月份记账
Jj01	1月借方金额发生额	数值型	15.2		1月份记账
Ds01	1月贷方数量发生额	数值型	15.2		1月份记账
Dj01	1月贷方金额发生额	数值型	15.2		1月份记账
S01	1月末数量余额	数值型	15.2		1月份记账
Y01	1月末金额余额	数值型	15.2		1月份记账
……	……	……	……		……
Js12	12月借方数量发生额	数值型	15.2		12月份记账
Jj12	12月借方金额发生额	数值型	15.2		12月份记账
Ds12	12月贷方数量发生额	数值型	15.2		12月份记账
Dj12	12月贷方金额发生额	数值型	15.2		12月份记账
Ljs12	12月累计借方数量发生额	数值型	15.2		12月份记账
Ljj12	12月累计借方金额发生额	数值型	15.2		12月份记账
Lds12	12月累计贷方数量发生额	数值型	15.2		12月份记账
Ldj12	12月累计贷方金额发生额	数值型	15.2		12月份记账
S12	12月末数量余额	数值型	15.2		12月份记账
Y12	12月末金额余额	数值型	15.2		12月份记账

（四）外币发生额与余额基表（Wbyeb）的作用及其数据结构

在会计核算中，不仅要对外币科目的发生额与余额进行记录，而且还要对往来户、项目所涉及的外币发生额与余额进行记录。其中往来户编号分为客户编号、供应商编号、个人往来编号 3 种，这 3 种编号可能会发生重复，但这 3 种往来编号对应的科目不同——客户对应"应收账款"和"预收账款"科目，供应商对应"应付账款"和"预付账款"科目，个人往来对应"其他应收款"和"其他应付款"科目。项目的外币核算通过具体明细项目来完成，在科目字典中必须针对每一大类项目设置一套会计科目来核算该类项目，根据科目所对应的项目核算标志能够确定项目档案基表，由项目档案中具体项目的外币核算标志即可实现项目的外币核算。部门不涉及外币核算，因而在该基表中没有设计部门编号字段。外币发生额与余额基表的数据结构如表 3-6 所示，其中应设计 12 个月的发生额与余额字段，除 1 月份外，其他各月都要设计累计发生额字段。"分类编号"字段分别存储对应的往来户分类编号或项目分类编号，"分管业务员"字段存储各往来户的分管业务员，这两个字段是为生成往来和项目的相关账表时提高其数据处理速度而设计的。该基表通过"科目编号"外键与科目字典构成关联。

表 3-6　　　　　　　　　外币发生额与余额基表（Wbyeb）的数据结构

列名	含义	数据类型	长度	主键	完整性约束
Zth	账套号	字符型	3	组合主键、外键	非空
Kmbh	科目编号	字符型	20	组合主键、外键	非空
Jlh	记录号	数值型	4	组合主键	非空
Wlhbh	往来户编号	字符型	6		外键往来户
Xmbh	项目编号	字符型	9		外币项目
Flbh	分类编号	字符型	20		分类字典
Fgywy	分管业务员	字符型	12		往来档案
Y0	1 月初余额	数值型	15.2		1 月份记账
J01	1 月借方发生额	数值型	15.2		1 月份记账
D01	1 月贷方发生额	数值型	15.2		1 月份记账
Y01	1 月末余额	数值型	15.2		1 月份记账
……	……	……	……		……
J12	12 月借方发生额	数值型	15.2		12 月份记账
D12	12 月贷方发生额	数值型	15.2		12 月份记账
Lj12	12 月累计借方发生额	数值型	15.2		12 月份记账
Ld12	12 月累计贷方发生额	数值型	15.2		12 月份记账
Y12	12 月末余额	数值型	15.2		12 月份记账

三、凭证记账

记账处理时，凭证基表（Pz）中的凭证需要满足的条件有 4 个：第一，没有进行记账处理的凭证，即"记账人"为空的凭证；第二，对于涉及现金和银行存款科目的凭证，必须是出纳已签字的凭证，即"出纳员"为非空的凭证；第三，审核通过的凭证，即"审核人"为非空的凭证；第四，要符合选择的记账凭证范围。满足这 4 个条件的凭证，经记账处理后，其所有已记账凭证记录的"记账人"都被填入记账人名称，记账处理程序自动根据系统登录的用户编号，将记账人姓名填入这些凭证的"记账人"字段。

由于在做记账处理时，要对很多基表数据进行更新，并且有时要求以独占方式来存取数据，所以最好是在其他用户退出系统的情况下，再做记账处理。一般内部控制制度要求必须在每天工作结束前 10 分钟左右进行记账处理，以便在账簿查询时能够看到最新数据。记账处理必须谨慎进行，系统应该具有可充分挽回的功能，并要对记账处理权限进行严格控制。一般情况下，记账处理应由账套主管完成，并且为了确保数据安全，记账前系统应根据账套参数中的账套路径自动做数据备份。另外，还要对记账处理过程中可能发生的异常情况给予充分的考虑，如为了防止断电，服务器和记账处理的终端机必须配备不间断电源等。尽管如此，也可能会有意外情况发生而导致记账错误。为了解决这一问题，系统应设计"恢复记账前状态"功能，以便发生意外后将数据恢复到记账前状态，待调整完后再重新记账。在会计信息系统中不主张（也不允许）提供过分的重记账功能。有些软件提供各种重记账功能，这与会计制度相违背，但由于在会计信息系统中的种种不确定因素，所以系统还应设计恢复最近一次记账前状态的功能，以给用户一次弥补错误的余地，但不应设计过多的重记账功能，以防有人利用此功能进行不留痕迹的财务舞弊。

（一）记账功能设计

凭证记账应该在记账向导的引导下进行，记账向导具有记账范围选择、科目汇总报告、试算平衡报告、记账 4 个步骤，记账处理必须按此 4 个步骤逐步进行。其功能如图 3-11 所示。

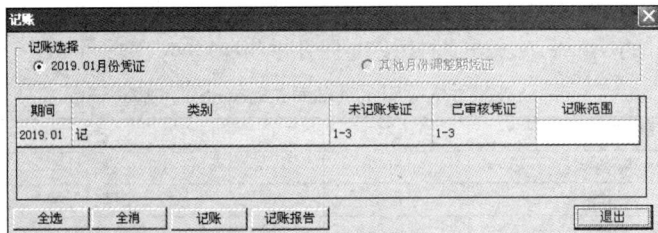

图 3-11 记账

系统将所有未记账，但已审核、出纳已全部签字的凭证列出，供记账处理人员进行范围选择。记账界面列示的内容应与图 3-9 类似，并可查看每个凭证的具体内容，以便于记账人员对凭证做最后检查。还应设计"自动数据备份"和"恢复记账前状态"功能，用"恢复记账前状态"功能可以将数据恢复到最近一次记账前状态。

（1）记账范围选择。这是记账处理的第一步，设有"全选""下一步""取消"等功能。

（2）科目汇总报告。此项功能通过调用凭证汇总程序实现。根据选择的凭证范围生成并输出所选凭证范围的各级科目汇总表，以检查其数据是否正确、借贷方是否平衡等，一般情况下其借贷方肯定平衡（这已在凭证填制时确认），此功能纯为预防意外而设计。科目汇总报告如图 3-12 所示，与图 3-7 所示的凭证汇总结果类同。

科目编码	科目名称	外币名称	计量单位	金额合计		外币合计		数量合计	
				借方	贷方	借方	贷方	借方	贷方
1001	现金				2,000.00				
1002	银行存款			35,000.00	11,900.00				
1122	应收账款			35,000.00	35,000.00				
资产 小计				70,000.00	48,900.00				
6001	主营业务收入		件		35,000.00				100.00000
6602	管理费用			13,900.00					
损益 小计				13,900.00	35,000.00				
合计				83,900.00	83,900.00				

图 3-12 记账处理——科目汇总报告

（3）试算平衡报告。试算平衡是在本次记账前，对科目字典中所有一级科目的期末余额按会计平衡公式"借方余额=贷方余额"和"资产余额=负债余额+所有者权益余额"进行平衡检验。一般情况下理应平衡，但由于非法操作或计算机故障等不确定因素，可能会造成某些数据的损坏。为了确保记账凭证的正确性，应该设计"试算平衡报告"功能，其输出结果如图 3-13 所示。

（4）记账。在图 3-13 所示的界面中记账处理进度条内显示记账处理进度。但当记账处理的凭证较少时，此进度条显示可能会一闪而过。记账时按每个凭证逐条记录进行处理。

第一，根据科目编号更新科目字典（Kmzd）中科目发生额和余额，按凭证分录中的末级科目编号，更新末级科目及其所有上级科目的发生额和余额，包括本期、累计和期末。

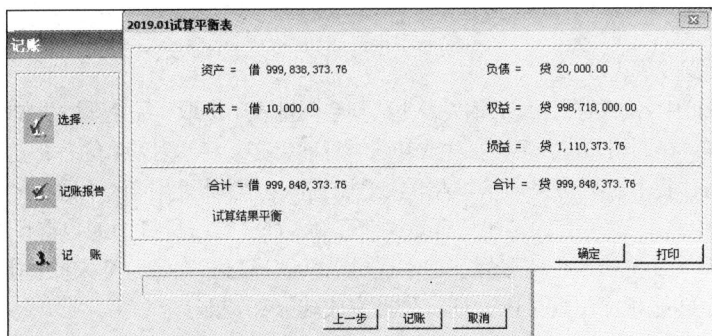

图 3-13　记账处理——试算平衡报告

第二，判断业务是否涉及部门核算，若涉及，则根据科目编号和部门编号更新部门发生额和余额基表（Bmyeb）中对应科目和部门的发生额和余额，包括本期、累计和期末。

第三，判断业务是否涉及往来核算，若涉及，则根据往来科目编号和往来户（客户、供应商、个人）编号更新往来户发生额和余额基表（Wlyeb）中对应科目和往来户的发生额和余额，包括本期、累计和期末，并更新客户档案（或供应商档案）中对应客户（或供应商）的应收款余额（或应付款余额）。

第四，判断业务是否涉及项目核算，若涉及，则根据科目编号和项目编号更新项目发生额和余额基表（Xmyeb）中对应科目和项目的发生额和余额，包括本期、累计和期末。

第五，判断业务是否涉及外币核算，若涉及，则根据科目编号、往来户编号、项目编号更新外币发生额和余额基表（Wbyeb）中对应科目、往来户、项目的发生额和余额，包括本期、累计和期末。

第六，判断业务是否涉及银行存款科目，若涉及，则根据银行存款科目编号和支票号，将系统日期填入支票登记簿的对应报销日期中。

第七，将当前凭证记录的"记账人"字段填入记账处理人员姓名。

（二）恢复记账前状态功能设计

此功能将系统数据恢复到最近一次记账前状态，该功能使记账处理具有可充分挽回的余地，在选择此项功能时，系统应提供"确定"和"放弃"选择，以确保"恢复记账前状态"功能慎重运行。"恢复记账前状态"功能相当于数据引入功能，是数据备份的逆过程。由于在进行记账处理之前，系统已经自动完成数据备份，备份数据存储在账套路径所指定的目录中，所以可以用记账前的备份数据来替换系统的当前数据，这样就可以达到恢复记账前状态的目的。其处理过程与第二章"系统数据管理"中的数据引入功能类同。

第五节　期末转账凭证处理

在会计核算期末结账前，有许多成本、费用等需要进行转账，转账分外部转账和内部转账。外部转账是指将其他业务系统（如固定资产管理系统、工资管理系统、成本管理系统等）生成的凭证转入会计信息系统中，内部转账是指在会计信息系统内部将某个或某几个会计科目的余额或本期发生额结转到一个或多个会计科目中。由于本书所界定的会计信息系统是狭义的会计信息系统，即不包括固定资产管理系统、工资管理系统、成本管理系统等业务管理系统，因此，本节所讨论的期末转账凭证处理是指会计信息系统内部的自动转账凭证处理，主要涉及期末摊、提、结转等业务。

期末摊、提、结转业务处理具有较强的规律性，在凭证管理系统中通过调用转账凭证定义，由计算机根据转账定义自动生成转账凭证来完成。使用自动转账生成功能需要注意以下几个问题。

（1）转账凭证必须事先定义。

（2）转账凭证中各种数据都是从相关发生额与余额基表中提取、经处理后生成的。为了保证数据的完整、正确，在调用转账凭证定义生成转账凭证前，必须将本月发生的各种业务登记入账。

（3）期末摊、提、结转业务具有严格的处理顺序，其具体处理顺序如图 3-14 所示。如果转账顺序发生错误，即使所有的转账凭证定义都正确，那么转账凭证中的数据也可能是错误的。为了避免转账顺序发生错误，转账凭证定义提供了转账序号，在进行期末摊、提、结转业务处理时，通过指定转账顺序号就可以分期、分批完成转账和记账。

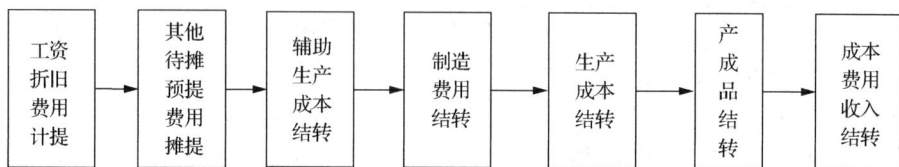

图 3-14 期末摊、提、结转业务处理顺序

（4）系统将转账生成的记账凭证存于凭证基表（Pz）中，这些凭证必须经过审核后才能记账。对这些凭证的审核主要是审核转账是否正确，对于有错误的转账凭证，系统可不提供修改功能，修改这些凭证中的错误只能通过修改转账凭证定义来完成，也可提供修改功能，以便增强机制凭证处理的灵活性，但对于其他业务管理系统传送到会计信息系统中的机制凭证则绝对不允许修改。

（5）期末结转工作是一项比较复杂而重要的工作，应指定专人负责，一般情况应由会计主管来完成[3]。

期末转账业务是所有单位在月底结账之前都要进行的固定业务，并且这类转账业务在单位管理体制或会计核算制度未改变的情况下，每个月都要重复进行。一般情况下，期末转账业务主要有以下特点。

（1）期末转账业务大多数都在各个会计期的期末进行。

（2）不同于一般业务，期末转账业务大多数都只有记账凭证，而没有原始凭证。

（3）期末转账业务大多数需要从相关发生额与余额基表中提取数据，这就要求在处理期末转账业务前必须将其他业务记账。

（4）有些期末转账业务必须依据其他一些期末转账业务产生的数据，这就产生了期末转账业务分批按步骤处理的问题。

（5）期末转账业务都是比较固定的，包括凭证的摘要、借贷方会计科目、会计分录中借贷方金额的数据来源和计算公式等。这些期末转账业务每月反复有规律地重复发生，只有金额每月不等。对于没有规律可循的、变动较大的业务则不适合采用自动转账功能。

由此可见，在凭证管理系统中建立自动转账功能是十分必要的，自动转账功能包括"转账凭证定义"和"转账凭证生成"两个模块，利用"转账凭证定义"设置自动转账凭证模板，利用"转账凭证生成"生成自动转账凭证，这样将编制期末转账凭证工作交给计算机自动完成，从而不仅减轻了期末制证的工作量，而且也能够保证凭证的正确性和及时性。

"转账凭证定义"包括"自定义转账定义""对应转账定义""主营业务成本结转定义""汇兑损益结转定义""期间损益结转定义"5 个功能。转账凭证定义可随时进行，一般在系统投入运行，数据初始化工作完成之后，即可进行定义。用户在完成转账凭证定义之后，所定义的转账凭证模板将被存入对应的数据基表中。在以后的各会计核算期只需调用"转账凭证生成"功能即可，该功能自动根据定义模板生成转账凭证。转账凭证定义完成后可长期使用，只有在所定义的转账内容发生变化时（如某转账凭证的结转科目或计算公式发生变化），才需用"转账凭证定义"功能对转账凭证模板的内容进行修改，然后再用"转账凭证生成"功能生成其转账凭证。

同样，"转账凭证生成"功能也包括"自定义转账凭证生成""对应转账凭证生成""主营业务成本结转凭证生成""汇兑损益结转凭证生成""期间损益结转凭证生成"5个功能。在某些转账凭证定义时可以定义非末级科目，但在转账凭证生成时必须按末级科目进行结转，即在凭证中不允许引用非末级科目。根据自动转账定义，每月月末只需执行转账凭证生成功能，即可快速生成转账凭证。生成的转账凭证追加到凭证基表（Pz）中，对于生成的转账凭证需经审核、记账后才真正完成结转工作。

由于转账是按照已记账的数据进行计算的，所以在进行月末转账工作之前，应先将本月该入账的业务全部入账，将所有未记账的凭证全部记账，否则生成的转账凭证数据可能有误，特别是对一组相关转账凭证，必须按固定的顺序依次进行转账生成、审核、记账，其次序不可颠倒，必须在某些转账凭证已经记账的前提下，另一些转账凭证才能生成。一般情况下应首先生成和处理由外部系统转入会计信息系统的凭证，然后再生成和处理自定义转账凭证和对应转账凭证，第三生成和处理主营业务成本结转凭证，第四生成和处理汇兑损益结转凭证，最后生成和处理期间损益结转凭证。对于各种转账凭证每月只能生成一次，生成后系统自动将账套参数中的自定义转账标志、对应转账标志、主营业务成本结转标志、汇兑损益结转标志、期间损益结转标志分别设置为"√"或"Y"（即已结转），待本月结账后又将其设置为空（即未结转）。

在进行转账凭证定义之前，首先要选择"采用自动转账"还是"不采用自动转账"。若选择"采用自动转账"，则需输入各项结转定义信息，并且在账套字典中，各种转账标志由其对应的自动转账凭证生成程序设置为已结转（本月），即设置为"√"，再由期末结账重新将各种转账标志设置为未结转（下月），即设置为"×"；若选择"不采用自动转账"，则不需定义任何自动转账信息，并且在账套字典中，各种转账标志将被设置为空，期末结账时忽略此标志，以便顺利进行期末结账。

一、自定义转账

（一）自定义转账定义

自定义转账定义就是设置自动转账的规则，即告诉计算机此类凭证的摘要、借贷方科目、金额计算公式等，并将定义的转账信息存入自定义转账基表，该基表结构如表3-7所示。该基表是为自动生成自定义转账机制凭证而设计的，其基表名称为 Zdyzz。自定义转账是系统中最具灵活性的自动转账设置方式，在摘要、科目（包括辅助核算）、转账公式完全明确的前提下，任何期末摊、提、结转业务均可通过此方式结转。但其不足是定义较难，转账公式复杂，因此，在能用其他方式结转的情况下，则不用自定义转账。

表3-7 自定义转账基表（Zdyzz）的数据结构

列名	含义	数据类型	长度	主键	完整性约束
Zth	账套号	字符型	3	组合主键、外键	非空
Zzxh	转账序号	字符型	4	组合主键	非空
Jlh	记录号	数值型	3	组合主键	非空
Zy	摘要	字符型	40		非空
Kmbh	科目编号	字符型	20		非空
Kmxz	科目性质	字符型	4		非空
Fzhsbh	辅助核算编号	字符型	12		
Fzhsflbh	辅助核算分类编号	字符型	20		
Fx	方向	字符型	2		非空
zzgs	转账公式	字符型	200		非空
Sfjz	是否转账	字符型	2		

自定义转账基表（Zdyzz）中的主键不能用"科目编号"，原因是当涉及辅助核算转账时，科目可能重复，因此，设计了"记录号"为组合主键，其值由系统在同一转账序号中计数产生。设计"科目性质"字段，以便区分转入科目与转出科目。与凭证基表（Pz）相同，因同一科目只能涉及一种辅助核算，所以设计了"辅助核算编号"和"辅助核算分类编号"字段。"转账公式"定义较复杂，200 位不足时应扩展。

期末转账凭证分录中的金额（或数量，或外币额），其数据基本来源于有关发生额与余额基表，因而计算公式设置过程中主要运用财务函数从有关发生额与余额基表中获取数据。所有财务函数都需要通过编程来实现。

1. 常用取数函数

在自动转账凭证定义过程中，用到的主要取数函数及其功能如表 3-8 所示[3]。

表 3-8 自动转账定义常用取数函数

函数名	函数名称	函数说明
QM( )/WQM( )/SQM( )	期末余额函数	取某科目的期末余额
QC( )/WQC( )/SQC( )	期初余额函数	取某科目的期初余额
JE( )/WJE( )/SJE( )	年（月）净发生额函数	取某科目的年（月）净发生额，按科目余额方向计算
FS( )/WFS( )/SFS( )	借（贷）方发生额函数	取某科目结转月份的借（贷）方发生额
LFS( )/WLFS( )/SLFS( )	累计借（贷）方发生额函数	取某科目截止到结转月份的累计借（贷）方发生额
JG( )/WJG( )/SJG( )	取对方科目计算结果函数	取对方某个或所有科目发生额合计，一张凭证可以定义多个结果函数，但必须在同一方向
CE( )/WCE( )/SCE( )	借贷平衡差额函数	取凭证的借贷方差额数，一张凭证最多定义一个差额函数
TY( )	通用取数函数	取其他数据库中的数据

注：函数名前加"W"和"S"的函数分别为其相应的外币函数和数量函数。

2. 取数函数的基本格式

函数名前加"W"，则从外币发生额与余额基表中获取数据，不加"W"，则从科目字典中获取数据，若函数定义了辅助项，则根据定义的辅助项从部门发生额与余额基表，或往来发生额与余额基表，或项目发生额与余额基表中获取数据。取数函数的基本格式为：函数名（账套号，科目编号，会计期间，方向，辅助项)，函数各参数项说明如下。

（1）账套号。取指定账套的数据。账套必须是账套字典中已设置的账套。当前账套可省略。在报表管理系统（见第六章）中需跨账套取数，其他系统一般不需要跨账套取数。

（2）科目编号。用于确定取哪个会计科目数据，科目编号必须是系统中已定义的会计科目编号（即在科目字典中已设置的会计科目）。如果转账凭证分录中的科目与公式中的科目相同，则公式中的科目编号可省略。如 QM()表示取当前分录科目的月末余额[3]。

（3）会计期间。会计期间可为"年"或"月"或 1、2……12。"年"表示按当前会计年度取数，"月"表示按结转月份取数，"1""2"等数字表示取此月份的数据。会计期间可以为空，为空时默认为"月"[3]。

例如：QM(660204,月)表示取 660204 科目结转月份的月末本币余额。

LFS(660204,年,借)表示取 660204 科目的借方当前年度本币累计发生额。

QM(660204,3)表示取 660204 科目 3 月份的月末本币余额。

QM(660204)表示取 660204 科目结转月份的月末本币余额。

（4）方向。发生额函数或累计发生额函数的方向用"J"或"j"或"借"表示借方，用"D"或"d"或"贷"表示贷方，其意义为取该科目所选方向的发生额或累计发生额。余额函数的方向表示方式同上，其意义为取该科目所选方向上的余额，即若余额在相同方向，则返回余额，若余额在相反方向，则返回 0，余额函数的方向允许为空，若为空则根据科目性质返回余额。例如，1001 现金为借方余额，若余额在借方，则正常返回其余额，若余额在贷方，则返回负数[3]。

例如：FS(500101,月,J)表示取 500101 科目结转月份的借方金额发生额。

FS(500101,月,D)表示取 500101 科目结转月份的贷方金额发生额。

SFS(140601,月,d)表示取 140601 科目结转月份的贷方数量发生额。

LFS(140601,7,贷)表示取 140601 科目截止到 7 月份的贷方累计发生额。

QM(2211,月,贷)表示取 2211 科目结转月份的贷方余额。

（5）辅助项。当科目为部门、往来、项目等辅助核算科目时，可以按指定的辅助项从相应的部门发生额与余额基表、往来发生额与余额基表、项目发生额与余额基表中取数。但因辅助核算不相互交叉，所以取数函数只定义一个辅助项即可。辅助项应为部门编号、客户编号、供应商编号、人员编号（往来人员）、项目编号，或者为"*"，也可为空。如果定义了辅助项，则按定义科目和辅助项取数，为"*"则取科目总数，如果为空，则按当前分录辅助项取数[3]。

例如：660201 为部门核算科目，总部机关——办公室（编号：0101）为某明细部门。

则：QM(660101,月,,0101)表示取总部机关——办公室 660201 科目的期末余额。

QM(660201,月,,*)表示取 660201 科目各部门期末余额合计，即取 660201 科目余额。

QM(660201,月)表示取当前分录转账部门的期末余额。

例如：1221 为个人往来科目，销售员张三（编号：0099）为往来人员。

则：QM(1221,月,,0099)表示取 1221 科目，张三的期末余额。

QM(1221,月,,*)表示取 1221 科目每个人期末余额合计，即取 1221 科目余额。

QM(1221,月)表示取当前分录转账个人的期末余额。

在第六章"报表管理"中也用到许多数据库取数函数，在实际进行系统开发时，应将这两部分取数函数统一，整合为一套整个系统通用的数据库取数函数。

3. 特殊取数函数

（1）结果函数。JG()。用于取对方科目计算结果，JG（科目）表示取转账中该对方科目发生数合计，JG(zzz)或 JG(ZZZ)或 JG()表示取对方所有发生数合计。一张凭证可以定义多个结果函数，但必须在同一方向[3]。

例如：某转账凭证分录定义如下。

科目	方向	公式
660101	借	QM(660101,月)
660102	借	QM(660102,月)
660103	借	QM(660103,月)
100201	贷	JG()

也可以这样定义。

科目	方向	公式
660101	借	QM(660101,月)
660102	借	QM(660102,月)
660103	借	QM(660103,月)
100201	贷	JG(660101)
100201	贷	JG(660102)
100201	贷	JG(660103)

（2）借贷差额函数。根据凭证的借贷平衡关系，计算并返回借贷差额。如定义转账凭证分

录如下。

科目	方向	公式
660101	借	QM(660101,月)
660102	借	QM(660102,月)
660103	借	QM(660103,月)
100201	贷	CE()

一张凭证中最多只能定义一个差额函数，且必须在最后一条分录上；一张凭证可同时定义结果函数与差额函数，但必须在同一方向。在转账生成时总是最后执行差额函数[3]。

（3）通用取数函数。如果要从 ERP 系统中的其他系统取数，如从工资系统中取应交所得税合计，从固定资产系统中取固定资产清理收入、清理费用等，如果这些数据存储在会计信息系统之外的数据库中（一般不会发生），可以使用通用取数函数，从指定的数据库、数据基表、账套和数据字段获取相应的数据，其基本格式如下。

TY（数据库名，数据基表名，计算表达式，条件表达式）[3]。如定义取数公式为：TY(C:\Ufsoft90\zt001\2019\ufdata.mdb,Kmzd,Jj05,kmbh="1001",zth="001")

则表示从 ufdata.mdb 数据库、科目字典（Kmzd）、账套（001）中取科目编号（kmbh）为"1001"的 5 月份借方金额发生额（Jj05 为字段名）。

4. 取数公式

取数公式可以将取数函数通过"+""-""*""/"运算符及括号组合形成取数公式。例如，600101 为主营业务收入科目，140601 为库存商品科目，则定义以下公式。

SFS(600101,月)*(QM(140601,月)/SQM(140601))

用此公式即可计算当月应结转的主营业务成本。

5. 自定义转账设置

自定义转账是系统中功能最强的自动结转方式，只要是摘要、科目（包括辅助核算）、计算公式能够确定，任何摊、提、结转均可通过自定义转账完成。下面以提取坏账准备金为例来说明自定义转账功能。

某企业按应收账款期末余额的 2‰ 来计算并提取坏账准备金，则坏账准备科目的期末余额应为：应收账款科目期末余额×0.002，本期应提坏账准备金为：应收账款科目期末余额×0.002-坏账准备科目期末余额。其自定义转账设置如图 3-15 所示[3]。

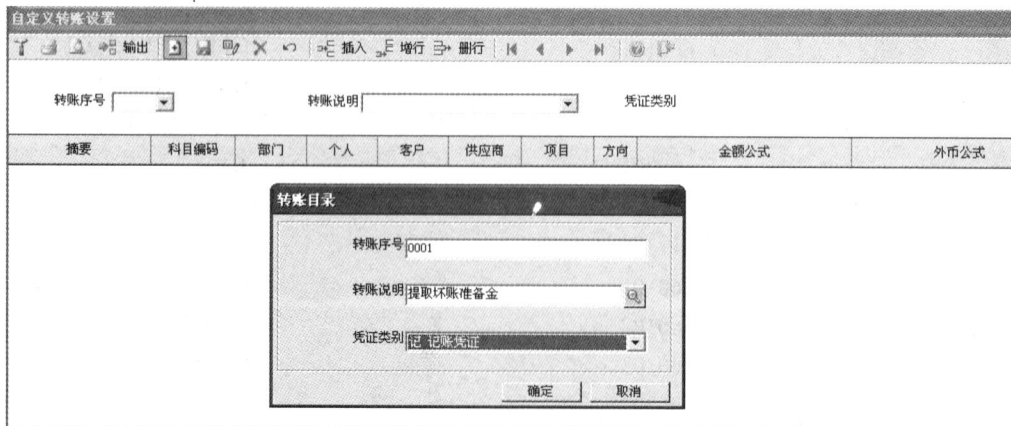

图 3-15 自定义转账设置

图 3-15 中，具有增加、修改、删除等功能，可用"增加"功能对新自定义转账凭证进行定义，可用"修改"和"删除"功能对已定义的自定义转账凭证进行修改和删除。图 3-15 中

一行定义信息对应凭证生成时的一条分录,可用"增行"和"删行"功能增加一行定义信息或删除一行定义信息。定义时"账套号"根据用户登录账套自动生成,"记录号"由系统自动生成,对应每个"转账序号"都从1开始,每增一行加1,其他需要定义的数据项如下。

(1)转账序号。自定义转账凭证可能有多个,以"转账序号"加以区分,"转账序号"是该转账凭证的代号,不是凭证号,凭证号在每月转账凭证生成时自动产生。一张转账凭证对应一个转账序号,转账序号可由系统自动根据已有序号生成(已有最大序号+1),允许修改,但不同凭证之间不能重号。

(2)摘要。说明该转账凭证的业务内容。可从常用摘要字典中选取。

(3)科目编号。定义每笔转账凭证分录的科目,从科目字典的末级科目中选取。

(4)科目性质。标明是转入科目还是转出科目,在转账凭证生成时,系统首先根据"转账公式"计算结转额,然后按结转额从转出科目转到转入科目。对于转入科目,其值为"转入";对于转出科目,其值为"转出"。

(5)辅助核算编号、辅助核算分类编号。在期末自动转账凭证中,对于具有部门、往来或项目的辅助核算科目,则会涉及辅助核算的转账,因此,在自定义转账基表(Zdyzz)设计了"辅助核算编号""辅助核算分类编号"字段,因部门、往来、项目3种辅助核算不能交叉,即对某一科目只能有一种辅助核算,该辅助核算由科目即可确定,所以,在自定义转账基表(Zdyzz)中,只需设计"辅助核算编号"和"辅助核算分类编号"两个字段即可。这两个字段的数据定义分以下5种情况。

第一,部门编号。当定义的科目为部门核算时,则必须按部门进行结转,需要指定具体部门(即定义部门编号)。对于转入科目,必须指定具体部门;对于转出科目,可不指定具体部门,不指定具体部门则按所有部门本期期末余额全额转出(不指定具体转出部门则只能结转本期期末余额),即按转出科目的本期期末余额(科目字典中转出科目本期期末余额)全额转出,与其对应的所有部门本期期末余额(部门发生额与余额基表中所有对应部门本期期末余额)也必须全额转出。注意在"转账公式"定义时,必须按科目本期期末余额全额转出定义。部门核算不涉及"辅助核算分类编号"。部门编号从部门字典中选取。

第二,客户编号、客户分类编号。当定义的科目为客户往来核算时,则必须按客户进行结转(即定义客户编号)。对于转入科目,必须指定某一客户;对于转出科目,可不指定具体客户,不指定具体客户则按所有客户本期期末余额全额转出(不指定具体转出客户则只能结转本期期末余额),即按转出科目的本期期末余额(科目字典中转出科目本期期末余额)全额转出,与其对应的所有客户本期期末余额(往来发生额与余额基表中所有对应客户本期期末余额)也必须全额转出。注意在"转账公式"定义时,必须按科目本期期末余额全额转出定义。对于未指定客户(即未定义客户编号),但却指定了客户分类(即定义客户分类编号)的,则按该客户分类对应的所有客户本期期末余额全额转出,即将转出科目本期期末余额按该客户分类所对应的所有客户本期期末余额(往来发生额与余额基表中该客户分类对应的所有客户本期期末余额)全额转出。注意在"转账公式"定义时,必须按该客户分类本期期末余额全额转出定义。客户编号从客户档案中选取,客户分类编号从客户分类字典中选取,在定义了客户编号情况下,不必再定义客户分类编号。

第三,供应商编号、供应商分类编号。与客户定义相同。

第四,个人往来编号。当定义的科目为个人往来核算时,则必须按个人进行结转(即定义个人往来编号)。对于转入科目,必须指定某一个人;对于转出科目,可不指定具体个人,不指定表示按所有个人本期期末余额全额转出(与客户科目本期期末余额结转类同)。个人往来核算不涉及"辅助核算分类编号"。个人往来编号从个人往来字典中选取。

第五,项目编号、项目分类编号。当定义的科目为项目核算时,则必须按项目进行结转(即定义项目编号）。对于转入科目，必须指定具体项目；对于转出科目，可不指定具体项目，不指定则按所有项目本期期末余额全额转出（与客户科目本期期末余额结转类同，只是项目余额需从项目发生额与余额基表中结转），对于未指定具体项目（即未定义项目编号），但却指定了项目分类（即定义项目分类编号）的，则按该项目分类对应的所有项目本期期末余额全额转出（与客户分类本期期末余额结转类同，只是项目余额需从项目发生额与余额基表中结转）。项目编号从项目档案中选取，项目分类编号从项目分类字典中选取，在定义了项目编号情况下，不必再定义项目分类编号。

在辅助核算结转中，由于会计信息系统的记账处理随时结算各项发生额和余额，所以一般情况下，期末结转余额即可，结转发生额（包括本期发生额和累计发生额）的情况极少发生。例如主营业务成本结转，表面上应按"主营业务收入"科目的"本期贷方数量发生额"结转，但考虑可能会发生销售退货，需用其差值（本期贷方数量发生额-本期借方数量发生额）结转，然而，每期期末必须按"主营业务收入"科目实际销售数量进行全额结转，所以，其实质就是按"主营业务收入"科目的本期数量余额实施结转。

虽然外币核算和数量核算也为辅助核算，但因其汇率或单价变化不定，其结转关系也难以固定，既涉及本币结转又涉及外币结转，既涉及金额结转又涉及数量结转，所以这类业务不适宜采用自动转账。如果将其牵强地纳入自动转账，则会无谓地增加自动转账的复杂性。

（6）方向。定义凭证分录的借贷方向。

（7）转账公式。"QM(1122,月,借)*0.002-QM(1241,月,贷)"（其中：1122 为应收账款科目，1241 为坏账准备科目），可直接输入公式，也可参照定义公式。参照定义公式"QM(1122,月,借)"如图 3-16 和图 3-17 所示，"转账公式"的其他项定义类同[3]。需要说明的是，对于"转账公式"的定义应按照语法结构进行定义，一般情况下需要设计纠错功能，对于不符合语法结构的定义项，系统应提示错误。在自定义转账凭证生成时，需要对"转账公式"进行编译（类似于计算机高级语言的编译程序），编译之后才能执行，因此，该功能在实际系统开发时，其功能实现具有一定难度。

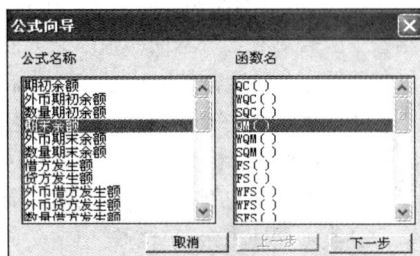

图 3-16　参照定义公式——函数选择　　　　图 3-17　参照定义公式——函数参数定义

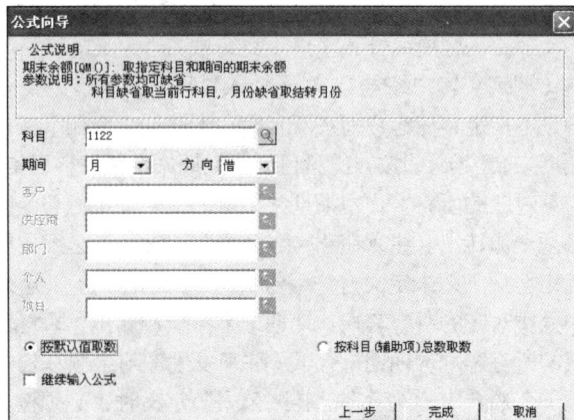

在图 3-17 中，若取数科目有辅助核算，应定义相应的辅助项内容，若不定义，则系统默认按转账分录中定义的辅助项取数。但如果希望能取到该科目的总数，则应选中"按科目（辅助项）总数取数"单选项，此时系统将取数函数的"辅助项"赋值"*"。

（8）是否转账。在自定义转账凭证生成时选择，转账为"√"，否则为空。

提取坏账准备金的自定义转账设置结果如图 3-18 所示（670101 为"资产减值损失——计提坏账准备"科目），其定义结果数据存入自定义转账基表（Zdyzz）。

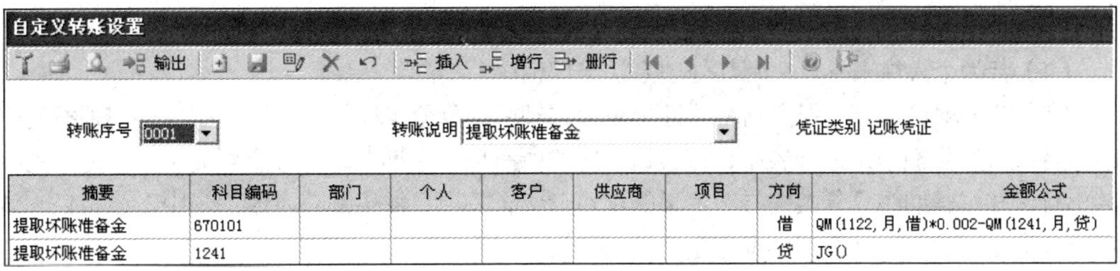

图 3-18　自定义转账设置——提取坏账准备金

（二）自定义转账凭证生成

自定义转账凭证按定义生成，在转账定义基表（Zdyzz）中，凭证生成所需要的摘要、科目、方向、金额计算公式等数据项已全部明确。需要说明的是，辅助核算数据处理：对于转入科目，由于在转账定义中，要求必须对转入科目的具体辅助核算信息进行定义，所以对转入科目的辅助核算不需要进行特殊处理；对于转出科目，当定义了具体辅助核算信息（即定义了"辅助核算编号"）时，其数据处理关系已经明确，也不需要进行特殊处理，而当没有定义具体辅助核算信息，即"辅助核算编号"为空时，需对转出科目进行特殊处理。

在填制凭证时，若某一科目涉及辅助核算，则需录入辅助核算信息（各辅助核算账户的编号），包括部门编号、往来（客户、供应商、个人）编号、项目编号等；在记账处理时，系统根据这些编号更新相应辅助账户的发生额和余额。然而，在期末转账定义中，如果没有定义明确的辅助核算信息（即"辅助核算编号"为空），则难以确定辅助核算账户的具体编号，因此，在期末转账凭证生成时，只能生成转入科目与转出科目的转账凭证，与之对应的辅助核算账户因无明确定义信息而不能实现结转，致使辅助核算账户残留余额。因此，需对这些期末转账凭证的生成实行特殊处理，其具体处理方法如下。

其实，解决此问题并不难，只需设法将转出科目对应辅助核算账户的本期余额全额转出即可，即将其残留余额冲零。由于各辅助核算账户应该转出的余额全额已从其对应的会计科目中转出，因此，此项处理（辅助核算账户转出）没有必要另外生成凭证。为了使会计信息处理规范化，应尽可能不改变其信息处理流程。无论是填制的凭证，还是计算机自动生成的机制凭证，都必须经过审核后进行记账处理，统一由记账处理来更新有关发生额与余额数据，包括科目字典、部门发生额与余额基表、往来发生额与余额基表、项目发生额与余额基表等，因此，对应辅助账户的结转处理也应由记账处理功能完成。

基于上述考虑，一种简单可行的方法是在期末转账凭证生成时进行以下操作：首先，系统根据定义的转出科目确定其是否是辅助核算科目，如果是且其"辅助核算编号"定义为空，则将凭证分录中对应转出科目的"辅助核算编号"填入一个特征值（如"*"）；然后，再将定义的"辅助核算分类编号"值赋给凭证分录中的"辅助核算分类编号"字段（无论定义的"辅助核算分类编号"值是否为空）；最后，按定义逐条生成凭证分录，并将生成的凭证存入凭证基表（Pz）。

在经审核后进行记账处理时，如果"辅助核算编号"为特征值"*"，则系统根据转出科目判断其辅助核算类型，随后的处理分 5 种情况。

（1）若为部门核算，则按转出科目将部门发生额与余额基表中，该科目对应的所有部门本期期末余额全额转出（若为借方，从贷方转出，反之，从借方转出）。

（2）若为客户往来核算，则需判断凭证分录中"辅助核算分类编号"是否为空，为空则按转出科目将往来发生额与余额基表中，该科目对应的所有客户本期期末余额全额转出，不为空则按转出科目和"辅助核算分类编号"定义的客户分类，将往来发生额与余额基表中，该科目、该客户分类对应的所有客户本期期末余额全额转出。

（3）若为供应商往来核算，则其处理方法与客户往来相同。

（4）若为个人往来核算，则其处理方法与部门核算类同。

（5）若为项目核算，则需判断凭证分录中"辅助核算分类编号"是否为空，为空则按转出科目将项目发生额与余额基表中，该科目对应的所有项目本期期末余额全额转出，不为空则按转出科目和"辅助核算分类编号"定义的项目分类，将项目发生额与余额基表中，该科目、该项目分类对应的所有项目本期期末余额全额转出。

自定义转账可能具有多个凭证，在生成时需要按定义的转账序号逐个生成。系统自动列示已定义的全部自定义转账凭证，选定需要进行转账的凭证，在"是否转账"处设置"√"标志。可"全选"或"全消"，选定结果将被存入自定义转账基表的"是否转账"字段，下次生成自定义转账凭证时，作为默认选择结果，用户可直接确认，也可重选后确认。

首先，按"转账序号"读取定义信息；其次，自动生成凭证号和日期（与"凭证填制"相同）；再次，按转账定义和相应的计算公式，计算并生成转账凭证分录，按照定义，一行生成凭证的一条分录，逐行生成即可；最后，将生成的转账凭证存入凭证基表（Pz），待审核后记账。同时，自定义转账凭证生成程序将账套字典（Ztzd）中的自定义转账标志设置为"已结转"。生成的"提取坏账准备金"自定义转账凭证如图3-19所示。

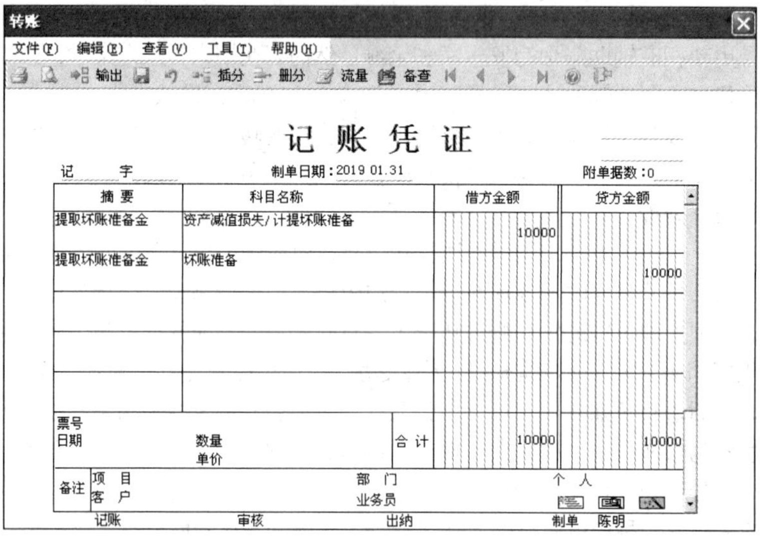

图3-19 自定义转账凭证生成——提取坏账准备金凭证

需要说明的是，在打印自定义转账凭证时，除具有"凭证填制"的打印功能外，对于辅助核算信息列：若"辅助核算编号"为特征值，则需根据转出科目的辅助核算类型输出"所有部门""所有客户""所有供应商""所有个人"或"所有项目"；若"辅助核算分类编号"为非空，则需输出对应的客户分类名称（取自客户分类字典）、供应商分类名称（取自供应商分类字典）或项目分类名称（取自项目分类字典）。

二、对应结转

（一）对应结转定义

对应结转不仅可以进行两个科目一对一结转，还可以进行科目的一对多结转。对应结转的科目可以为非末级科目，但其下级科目的科目结构必须一致，即具有相同的明细科目，如涉及辅助核算，则对结转科目的辅助核算类型（部门、客户往来、供应商往来、个人往来、项目）也必须一一对应。对应结转一般针对资产、成本或费用类科目，且只结转本期期末余额，不能结转发生额，若要结转发生额，则需在自定义转账中设置。结转时转出科目方向根据其在科目字典中的余额方向确定，即若余额方向为"借"则从贷方转出，否则从借方转出，转入科目方向与转出科目方向相反。

对应结转定义基表是为自动生成相应的转账机制凭证而设计的，其基表名称为 Dyjz，对应结转定义基表（Dyjz）的数据结构如表 3-9 所示。该基表的数据结构与自定义转账基表（Zdyzz）的数据结构（表 3-7）类同。

表 3-9   对应结转基表（Dyjz）的数据结构

列名	含义	数据类型	长度	主键	完整性约束
Zth	账套号	字符型	3	组合主键、外键	非空
Zzxh	转账序号	字符型	4	组合主键	非空
Jlh	记录号	数值型	3	组合主键	非空
Zy	摘要	字符型	40		非空
Kmbh	科目编号	字符型	20		非空
Kmxz	科目性质	字符型	4		非空
Fzhsbh	辅助核算编号	字符型	12		
Jzxs	结转系数	数值型	5.2		非空
Sfjz	是否结转	字符型	2		

以应交增值税对应结转为例来说明对应结转定义功能。期末对应交增值税明细科目余额需要进行全额结转。首先，将"进项税额"（贷方）转入"转出多交增值税"（借方），"销项税额"（借方）转入"转出未交增值税"（贷方），然后再将"转出多交增值税"（贷方）转入"未交增值税"（借方），将"转出未交增值税"（借方）转入"未交增值税"（贷方），"未交增值税"的贷方减借方即为应交增值税税额。这些结转都可以定义为对应结转。其定义如图 3-20 所示[3]。

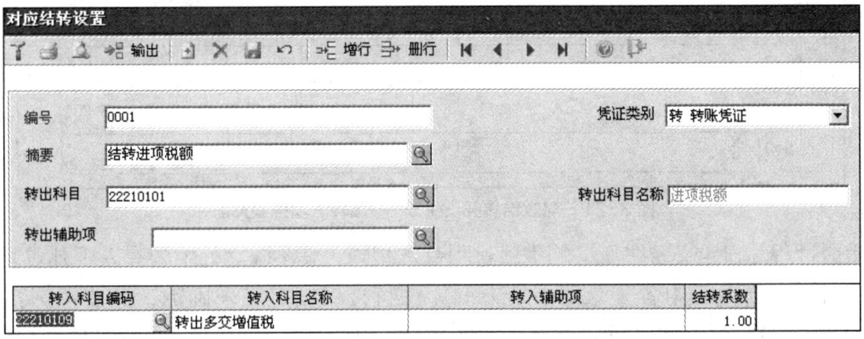

图 3-20   对应结转定义

图 3-20 中，具有增加、修改、删除等功能，可用"增加"功能对新对应转账凭证进行定义，可用"修改"和"删除"功能对已定义的对应转账凭证进行修改和删除。

在定义时转出科目信息只能有一条，而转入科目信息可以有一条或多条。在定义转入科目信息时，可利用"增行"和"删行"功能来增加一行转入科目信息或删除一行转入科目信息，"增行"和"删行"功能对转出科目信息不起作用。

对应结转的各数据项定义与自定义转账基本相同，不同的各数据项定义如下。

（1）科目编号。定义转账凭证分录的科目，从科目字典中选取。如果选取的科目有辅助核算，则必须定义辅助核算信息。对应结转的转出、转入科目可以为非末级科目，但其下级科目必须相同，如涉及辅助核算，则辅助核算类型必须相同。

（2）科目性质。标明是转出科目还是转入科目，对于每个对应结转凭证，其转出科目只有一个，且必须为凭证的第一条分录，其后是转入科目分录，可以有多条。在结转凭证生成时，系统首先根据"结转系数"计算结转额，然后按结转额从转出科目转到转入科目。对于转出科目，其值为"转出"；对于转入科目，其值为"转入"。另外，对于具有辅助核算的转出、转入科目必须定义"辅助核算编号"。

（3）辅助核算编号。无论是转出科目还是转入科目，若涉及辅助核算则必须定义具体的辅助核算信息。某一科目只能有一种辅助核算，若为部门则从部门字典中选取，若为往来（客户、供应商、个人）则从往来（客户档案、供应商档案、个人往来字典）中选取，若为项目则从项目档案中选取。与自定义转账相同，对应结转也不适用于外币和数量结转业务。

（4）结转系数。对转出科目和转入科目都应定义结转系数。转出科目结转额=转出科目本期期末余额×转出科目结转系数（应≤1）；转入科目结转额=转出科目结转额×转入科目结转系数（应≤1），在同一凭证中，各转入科目的结转系数之和必须等于1。

按照上述说明，定义完对应结转内容后，将定义的内容存入对应结转基表（Dyjz）。

（二）对应结转凭证生成

对应结转凭证也可能具有多个凭证，在生成时也需要按定义的"转账序号"顺序逐个生成。应交增值税"进项税额"与"转出多交增值税"科目的对应结转凭证如图3-21所示。

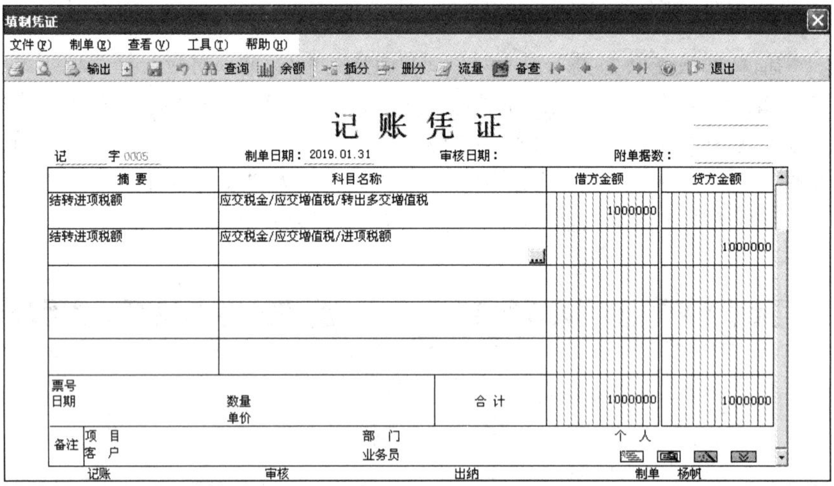

图3-21　对应结转凭证生成——结转进项税额凭证

其生成过程与自定义转账凭证的生成过程基本相同，其不同之处主要有以下几点。

（1）对应结转凭证中各分录的借贷方向无法直接根据定义来确定，需要根据转出科目在科目字典中的余额方向来确定，转出科目的借贷方向确定后，转入科目的借贷方向与其相反。

（2）对应结转的转出、转入科目可以是非末级科目，但其下级科目的科目结构必须一致，在对应结转凭证生成时按其下属末级科目生成凭证分录，如果转出、转入科目具有辅助核算，则系统按定义的具体辅助核算账户生成凭证分录。

（3）各分录的结转金额按对应的"结转系数"计算。

三、主营业务成本结转

（一）主营业务成本结转定义

主营业务成本结转是按本期商品（或产品）的销售数量乘以库存商品（或产成品）的平均单

位成本（或计划价，或售价）计算各类商品的主营业务成本并进行结转，结转时不仅结转成本额，还需结转数量。主营业务成本结转基表是为自动生成相应的转账机制凭证而设计的，其基表名为 Zyywcbjz，其数据结构如表 3-10 所示。其中 Cykmbh 字段需要根据企业类型来确定：对于工业企业，若企业不仅核算材料成本差异（会计准则科目），而且还核算产品成本差异（企业自设科目），则应为"产品成本差异"科目编号（企业自设科目）；对于商业企业应为"商品进销差价"科目编号（会计准则科目）；对于其他类型企业可根据实际情况从上述两种编号中选择。

表 3-10　　　　　　　主营业务成本结转基表（Zyywcbjz）的数据结构

列名	含义	数据类型	长度	主键	完整性约束
Zth	账套号	字符型	3	组合主键、外键	非空
Zyywcbkmbh	主营业务成本科目编号	字符型	20	组合主键	非空
Zyywcbjzgs	主营业务成本结转公式	字符型	200		非空
Kcspkmbh	库存商品科目编号	字符型	20		非空
Kcspjzgs	库存商品结转公式	字符型	200		非空
Cykmbh	差异科目编号	字符型	20		
Cyjzgs	差异结转公式	字符型	200		
Cbjzff	成本结转方法	字符型	14		非空
Jzclfs	结转处理方式	字符型	12		
Sfjz	是否结转	字符型	2		

1. 平均单位成本法结转定义

主营业务成本结转是将本期商品（或产成品）销售数量（根据主营业务收入科目确定）乘以库存商品的平均单位成本，计算各种商品的主营业务成本，然后从库存商品账户的贷方转入主营业务成本账户的借方。对于绝大多数工业企业，因成本差异主要产生于材料成本差异，所以一般只核算材料成本差异，而不核算产品成本差异，这类企业期末也采用平均单位成本法结转主营业务成本。因此，绝大多数企业都采用平均单位成本法结转主营业务成本。

在采用平均单位成本法进行主营业务成本结转时，库存商品、主营业务成本、主营业务收入科目的下级科目必须是数量核算科目，并且其下级科目必须一一对应，这 3 个科目应按主营业务种类设置下级（末级）科目（制造型企业一般应按产品设置明细科目），且不能设置为部门、往来、项目等辅助核算，如果要对带有辅助核算的科目结转成本，需要通过自定义转账方式结转。在会计信息系统中，库存商品和主营业务成本科目按主营业务种类设置末级科目即可，没有必要核算到成本项目（人工费、材料费、制造费用等），成本项目应设计在成本管理系统中。平均单位成本法结转定义如图 3-22 所示。[3]

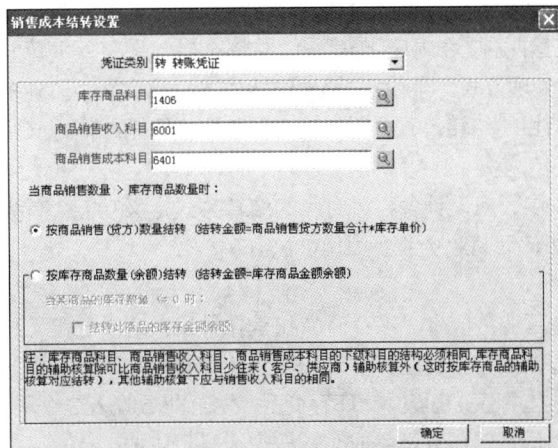

图 3-22　主营业务成本结转定义——平均单位成本法结转定义

在图 3-22 中，应设计"成本结转方法"单选项组，在"平均单位成本法""计划价法"和"售价法"单选项中选择其一，并将选择结果存入主营业务成本结转定义基表（Zyywcbjz）的"成本结转方法"字段。还应设计结转公式定义功能，可利用"自定义转账"中的财务函数进行定义，其定义与"转账公式"定义类同。有关结转公式的定义可采用两种方法：其一，由系统根据定义的科目自动生成其对应的结转公式，其缺点是结转公式被固化在程序中，不可改动；其二，由用户根据需要自行定义，其优点是结转公式可以灵活改动。一般情况下应采用用户自定义方法，如此设计可增强主营业务成本结转的通用性。

与对应转账不同，主营业务成本结转每个账套每期只具有一个结转凭证，且其摘要固定为"结转××月份主营业务成本"。在进行主营业务成本结转定义时，各科目定义与对应结转的转出科目定义类同，即从科目字典中分别选取主营业务成本和库存商品科目即可（不需要定义主营业务收入科目，主营业务收入科目定义在结转公式中）。定义时必须定义总账（一级）科目，然而在转账凭证生成时需按末级科目生成。除定义各结转科目外，还需定义各科目的结转公式。

采用平均单位成本法结转的凭证分录如下。

借：主营业务成本　　实际成本（数量按主营业务收入科目净额结转）
　　贷：库存商品　　实际成本（数量按主营业务收入科目净额结转）

主营业务成本和库存商品科目的结转公式相同。

SJE(主营业务收入科目,月)*(QM(库存商品科目,月)/SQM(库存商品科目,月))

即：SJE(6001,月)*(QM(1406,月)/SQM(1406,月))。

在上述结转公式定义中，主营业务收入科目之所以采用 SJE(6001,月)（数量净额函数），是因为可能会发生销售退货（如果每期都全数结转，则可用数量余额函数）。

主营业务成本结转相关科目定义和结转公式定义信息将被存入主营业务成本结转定义基表（Zyywcbjz）。

2. 计划价（售价）法结转定义

对于核算产品成本差异的工业企业，期末采用计划价法结转成本，这类企业很少；而商业企业，期末采用售价法结转成本。在选择采用计划价（售价）法结转主营业务成本时，同样，库存商品、主营业务成本、主营业务收入科目的下级科目必须是数量核算科目，且其下级科目必须一一对应。差异科目不必进行数量核算，但其明细科目必须与主营业务成本等科目一致，这 4 个科目应按主营业务种类设置下级（末级）科目。如果不采用用户自定义结转公式的方式，则由于计划价（售价）变动，会导致自动生成主营业务成本结转凭证产生困难。

按计划价（售价）结转的处理方式分为"期末结转成本"和"期末调整成本"两种，如图 3-23 所示。首先需在这两种方式中选择其一，并将选择结果存入主营业务成本结转定义基表（Zyywcbjz）的"结转处理方式"字段。"期末结转成本"需定义主营业务成本、库存商品和差异科目，并定义对应科目的结转公式，而"期末调整成本"则只需定义主营业务成本和差异两个科目及调整公式。

同样，在图 3-23 中，应设计各科目对应的结转公式定义功能。首先选择成本结转方法，工业企业多用计划价法，而商业企业多用售价法。

（1）定义相关科目。

结转相关科目为主营业务成本、库存商品和差异科目。定义时定义总账（一级）科目，要求主营业务成本、库存商品、主营业务收入和差异 4 个科目的下级科目必须一一对应，即必须具有相同的明细科目，且主营业务成本、库存商品、主营业务收入 3 个科目需要具有数量核算。尽管按一级科目定义，但在转账凭证生成时需按末级科目生成。

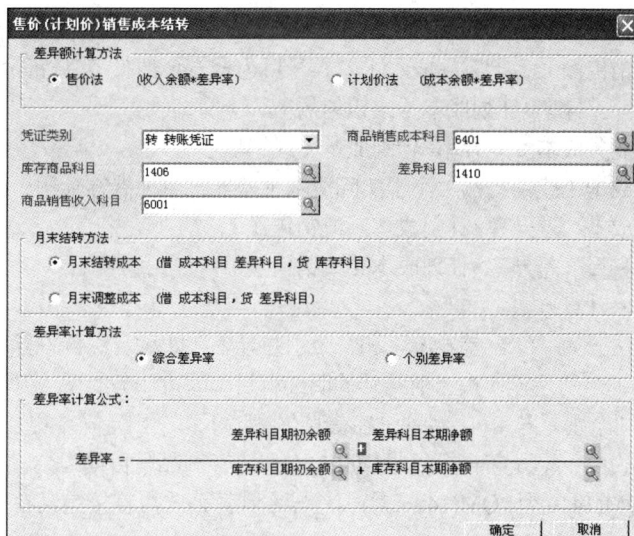

图 3-23　主营业务成本结转定义——计划价（售价）法结转定义

（2）选择结转方式。

结转方式是转账凭证生成时分录的计算方法，分为"期末结转成本"和"期末调整成本"两种。

期末结转成本：有些企业在平时发生销售业务时不结转成本，到期末按当期销售数据（由主营业务收入科目确定）结转成本。期末结转成本的凭证分录分两种情况。

计划成本（或销售额）大于实际成本（差异科目为贷方余额），其凭证分录如下。

借：主营业务成本　实际成本（数量按主营业务收入科目净额结转）

　　差异科目　差异率×计划成本（或销售额）

　　　贷：库存商品　计划成本（或销售额）（数量按主营业务收入科目净额结转）

　　　　　计划成本（或销售额）小于实际成本（差异科目为借方余额），其凭证分录如下。

借：主营业务成本　实际成本（数量按主营业务收入科目净额结转）

　　　贷：库存商品　计划成本（或销售额）（数量按主营业务收入科目净额结转）

　　　　　差异科目　差异率×计划成本（或销售额）

各科目的结转公式如下。

库存商品：SJE（主营业务收入科目,月）*计划单价（或单位售价），即 SJE（6001,月）*计划单价（或单位售价）。

差异科目：差异率*（SJE(6001,月)*计划单价（或单位售价））。

主营业务成本：计划成本（或销售额）大于实际成本（差异科目为贷方余额）

　　　　　　SJE(6001,月)*计划单价（或单位售价）-差异率*（SJE(6001,月)*计划单价（或单位售价））。

　　　　　　计划成本（或销售额）小于实际成本（差异科目为借方余额）

　　　　　SJE(6001,月)*计划单价（或单位售价）+差异率*（SJE(6001,月)*计划单价（或单位售价））。

同理，主营业务收入科目采用 SJE(6001,月)考虑可能会发生销售退货。

期末调整成本：有些企业在平时发生销售业务时，即时结转成本，到期末对成本及差异科目进行调整。当采用期末调整成本结转方法时，由于其成本结转已在平时发生销售业务时制证完成（包括数量结转），因此，到期末只需对成本差异进行调整即可。其自动结转涉及"主营业务成本"和"差异"两个科目，只需定义这两个科目及其调整公式即可（其公式定义与上述差异科目公式定义相同）。凭证分录分两种情况[3]。

计划成本（或销售额）大于实际成本（差异科目为贷方余额），其凭证分录如下。

借：差异科目　　差异率×计划成本（或销售额）
　　贷：主营业务成本　　差异率×计划成本（或销售额）
　　　　计划成本（或销售额）小于实际成本（差异科目为借方余额），其凭证分录如下。

借：主营业务成本　　差异率×计划成本（或销售额）
　　贷：差异科目　　差异率×计划成本（或销售额）

（3）选择差异率计算方法。

差异率计算方法分为"综合差异率"和"个别差异率"两种。综合差异率按当前结转的一级科目计算差异率，个别差异率按当前结转的明细科目（即按业务类型或产品品种）计算差异率[3]。一般应选择"个别差异率"，特别是在信息化环境下，个别差异率更加准确、合理。

差异率计算公式为：差异率=差异科目期末余额÷库存商品科目期末余额。

即：差异率=QM(1410,月)/QM(1406,月)。差异率计算公式可直接定义在用到差异率的科目结转公式中。

完成各项信息定义，系统将其存入主营业务成本结转基表（Zyywcbjz）。同样，有关公式的定义可采用系统自动生成和用户定义两种方式，建议采用用户定义方式。

（二）主营业务成本结转凭证生成

主营业务成本结转期末只生成一张转账凭证，其凭证号和日期的生成与其他凭证生成相同，其摘要固定为"结转××月份主营业务成本"。主营业务成本结转凭证的各个分录、结转科目、计算公式已在定义中明确，按定义信息生成凭证即可。各科目的结转额按各自对应的结转公式计算，结转数量按主营业务收入科目的计算公式结转（即按净额或余额结转）。主营业务成本结转凭证必须按末级科目生成，即按主营业务（产品）种类逐一生成，不仅要对成本额进行结转，还要对数量进行结转。主营业务成本结转无论是手工制还是根据定义自动生成机制凭证，当涉及数量结转时，都需要有单价，凭证中的单价应等于库存商品（或产成品）的平均单位成本（或计划价，或售价）。主营业务成本结转凭证的生成过程与自定义转账凭证的生成过程类同。采用"平均单位成本法"生成的主营业务成本结转凭证如图 3-24 所示。生成的转账凭证中，不仅有成本额结转，还应有数量结转。生成的凭证数据存入凭证基表（Pz），待审核后记账。

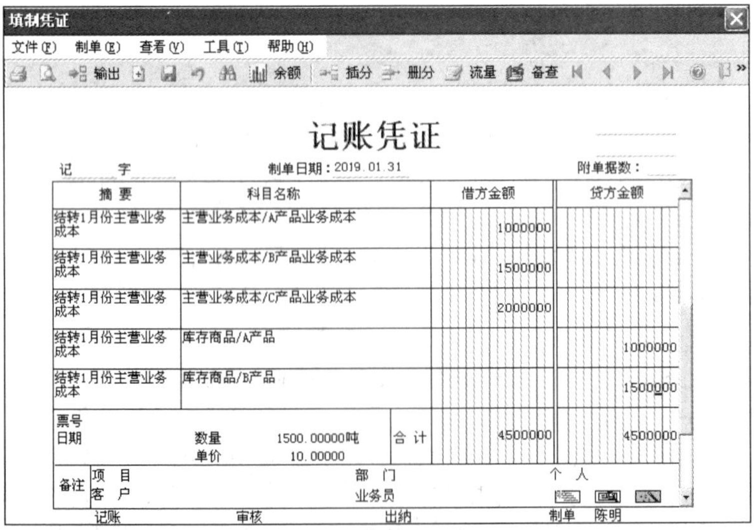

图 3-24　主营业务成本结转凭证（平均单位成本法）

四、汇兑损益结转

（一）汇兑损益结转定义

汇兑损益结转定义存储在汇兑损益结转基表（Hdsyjz）中，该基表用于期末自动计算外币账户的汇兑损益，并自动生成汇兑损益转账凭证，汇兑损益只处理外汇存款户、外币现金户、外币结算的各项债权和债务等账户，不包括所有者权益类账户、外币非货币性项目、成本类账户和损益类账户[3]。汇兑损益的入账科目不能带有任何辅助核算，包括部门、往来、项目、数量、外币等。汇兑损益结转基表（Hdsyjz）的数据结构如表 3-11 所示。

表 3-11　　　　　　　　　　汇兑损益结转基表（Hdsyjz）的数据结构

列名	含义	数据类型	长度	主键	完整性约束
Zth	账套号	字符型	3	组合主键、外键	非空
Jlh	记录号	数值型	6	组合主键	非空
Kmbh	科目编号	字符型	20		非空
Wlhbh	往来户编号	字符型	12		
Hdsy	汇兑损益	字符型	20		非空
Sfjz	是否结转	字符型	2		

在汇兑损益结转基表（Hdsyjz）中，若用各种编号作为主键则不构成唯一，所以设计了"记录号"，其值由系统计数产生。"科目编号"为非空，其值可能是外币核算科目，也可能是非外币核算科目（如应收账款等），由于往来（客户、供应商、个人）外币核算对应的会计科目不同，不可能同时出现，所以设计了"往来户编号"字段，存储具有外币核算标志的客户编号、供应商编号或个人往来编号。

汇兑损益结转每个账套每个会计期间只生成一个结转凭证，但其摘要因转出科目不同而异，为"结转××月份"+转出科目名+"汇兑损益"，其中转出科目名为结转的外币核算科目名称（科目、客户、供应商、个人），以便在相关科目（特别是汇兑损益入账科目）明细账中，能清晰地反映各外币科目转入的汇兑损益额，不同外币账户的汇兑损益入账科目都相同，应为"汇兑损益"科目。汇兑损益结转定义如图 3-25 所示。在图 3-25 所示的界面中，外币科目列表中需要增设"往来户编号"和"往来户名称"两栏，以此列示往来外币核算信息，并对其进行汇兑损益结转。

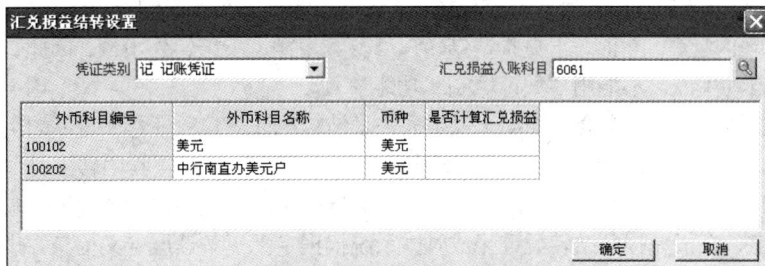

图 3-25　汇兑损益结转定义

1. 外币转出科目

系统从科目字典、客户档案、供应商档案、个人往来字典中将具有外币核算标志的末级科目和往来户全部列出。往来外币核算必须对应某一会计科目，然而所对应的会计科目（如应收账款、应付账款等）一般不能定义为外币核算。当定义的外币核算科目是科目字典中的外币科目时，则只需定义外币科目信息即可；当定义的外币核算科目是往来外币核算时，则不仅需要定义具体的外币核算往来户，而且需要定义与此往来外币核算对应的会计科目信息。系统在列示外币核算往来户的同时，根据其往来户编号，在往来发生额与余额基表中找到与其对应的会计科目编号，并将此科目编号和科目字典中对应的科目名称列示在定义界面。系统所列示的外币核算科目和外币核算往来户都需要进行汇兑损益结转。

2. 汇兑损益入账科目

汇兑损益入账科目与"对应转账"的转出科目定义相同，即从科目字典中选取汇兑损益入账科目，应为"汇兑损益"科目。

3. 是否结转

需要对每个末级外币核算科目（或往来户）定义其是否进行汇兑损益结转，若要进行汇兑损益结转，则将其结转标设置置为"√"，否则为空。

汇兑损益结转定义信息存入汇兑损益结转基表（Hdsyjz）。在汇兑损益结转凭证生成时，系统根据此定义信息，经计算后生成汇兑损益结转凭证，并将其存入凭证基表（Pz）。其计算公式为：汇兑损益额=外币科目当期期末外币余额×期末调整汇率（期末调整汇率存储在币种字典中）-外币科目当期本币余额，即：汇兑损益额=WQM(定义的外币科目编号,月)*期末调整汇率-QM(定义的外币科目编号,月)。

对于资产类外币科目，若汇兑损益额>0，属于汇兑收益，则结转分录如下。

借：定义的外币转出科目　汇兑损益额
　　贷：汇兑损益科目　汇兑损益额
　　　　若汇兑损益额<0，属于汇兑损失，则结转分录如下。

借：汇兑损益科目　汇兑损益额（正数）
　　贷：定义的外币转出科目　汇兑损益额（正数）

而对于负债类外币科目，若汇兑损益额>0，则属于汇兑损失，其结转分录如下。

借：汇兑损益科目　　　汇兑损益额
　　贷：定义的外币转出科目　汇兑损益额
　　　　若汇兑损益额<0，则属于汇兑收益，其结转分录如下。

借：定义的外币转出科目　汇兑损益额（正数）
　　贷：汇兑损益科目　　　汇兑损益额（正数）

（二）汇兑损益结转凭证生成

汇兑损益结转凭证分录的各转出科目为外币核算科目（或外币往来户），而转入科目为"汇兑损益"科目。由于其转出科目涉及外币核算，若手工制证则系统强制要求录入外币额和汇率，本币额=外币额×汇率，然而，汇兑损益结转只结转本币额，不结转外币额，因此，汇兑损益结转凭证只能自动生成，不能用"凭证填制"功能录入。

汇兑损益结转也是每个会计期期末只生成一张结转凭证，其凭证号和日期的生成与其他凭证生成相同，摘要为"结转××月份"+转出科目名+"汇兑损益"，其中转出科目名根据定义的外币转出科目（科目、客户、供应商、个人）编号产生。汇兑损益结转凭证分录中的科目已在定义中设定，在汇兑损益结转凭证生成时，系统根据定义逐条读取定义信息并进行处理，其处理过程如下。

（1）获取外币当期期末余额。如果定义的外币核算科目为科目字典中的外币科目，则系统根据定义的外币科目读取外币发生额与余额基表（Wbyeb）中该科目的当期外币余额；如果定义的外币核算科目为往来外币核算，则系统根据定义的科目编号和往来户编号，读取外币发生额与余额基表（Wbyeb）中该科目、该往来户的当期外币余额。

（2）获取当期期末调整汇率。首先，根据定义的外币核算科目或往来外币核算信息获取币种编号；然后，根据此币种编号读取币种字典（Bzzd）中当期期末调整汇率（需事先录入）。

（3）获取本币当期期末余额。此数据的获取分两种情况：第一，如果定义的外币核算科目为科目字典中的外币科目，则系统读取科目字典（Kmzd）中该科目的当期本币余额；第二，如果定义的外币核算科目为往来外币核算，则系统读取往来发生额与余额基表（Wlyeb）中该往来户的当期本币余额（当同一往来户既有本币核算又有外币核算时，应该分设为两个往来户，即按两个不同的往来户处理）。

（4）按"汇兑损益额=外币转出科目当期期末外币余额×期末调整汇率-外币转出科目当期本币余额"公式进行计算（外币转出科目：外币科目、外币往来户），并根据计算结果生成凭证分录。

汇兑损益结转凭证按定义生成，因摘要不同，没必要将汇兑损益入账科目数据合并，对应于一行定义信息生成两条分录，即外币转出科目一条，转入科目一条。按汇兑损益结转定义逐条生成凭证数据，并将生成的凭证数据存入凭证基表（Pz）。在生成的凭证数据中，"外币额"和"汇率"字段为空。汇兑损益结转凭证如图 3-26 所示。

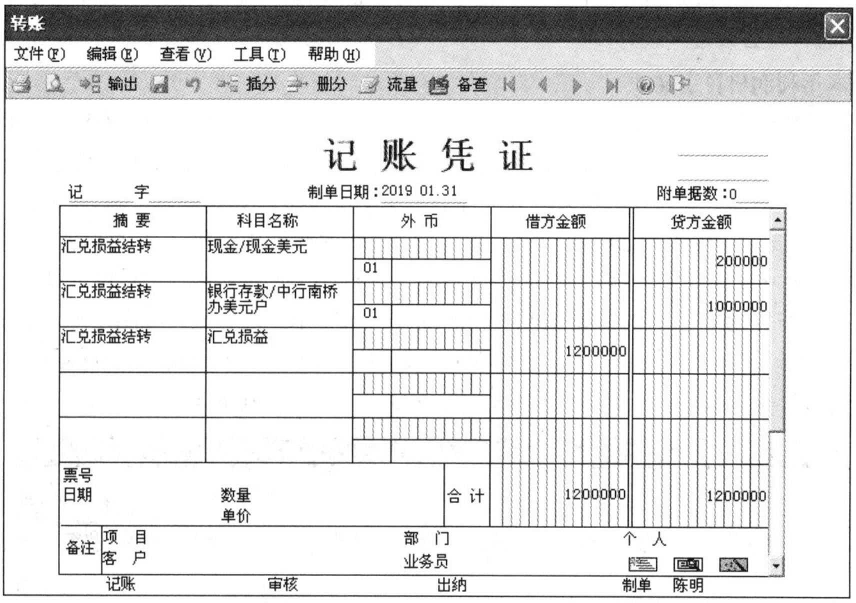

图 3-26 汇兑损益结转凭证

汇兑损益结转凭证生成并存入凭证基表，待审核后进行记账处理。记账时，对于转出科目，首先根据科目编号更新科目字典中的科目发生额与余额，然后根据科目对应的往来（客户、供应商、个人）外币核算信息（往来户编号）更新往来发生额与余额。其记账处理过程与本章第四节中的凭证记账处理相同。值得说明的是，对于往来外币核算账户，不仅要结转各自账户的本币额，还需结转与其对应会计科目（如应收账款、应付账款等）的本币额，以确保各往来辅助核算账户的合计数等于与其对应会计科目总数。

五、期间损益结转

（一）期间损益结转定义

期间损益结转用于在一个会计期间终止时，将损益类科目的余额结转到本年利润科目中，从而及时反映企业利润的盈亏情况。期间损益结转主要是对管理费用、销售费用、财务费用、主营业务收入、主营业务成本、营业外收入、营业外支出等科目的结转[3]。期间损益结转定义基表是为自动生成相应的转账机制凭证设计的，其基表名为 Qjsyjz，其数据结构如表 3-12 所示。

表 3-12　　　　　　　　　　　期间损益结转基表（**Qjsyjz**）的数据结构

列名	含义	数据类型	长度	主键	完整性约束
Zth	账套号	字符型	3	组合主键、外键	非空
Sykmbh	损益科目编号	字符型	20	组合主键	非空
Lrkmbh	利润科目编号	字符型	20		非空
Sfjz	是否结转	字符型	2		

期间损益结转定义如图 3-27 所示。期间损益结转每个账套每个会计期间只生成一个结转凭证，且其摘要固定为"结转××月份期间损益"。在图 3-27 所示的界面中，左边为损益科目定义区，右边为本年利润科目定义区。

1. 损益科目定义

在损益科目定义区内定义转出的损益科目，系统自动列示科目字典中科目类型为"成本"和"损益"的所有末级科目（将这两类科目统称为"损益科目"），这些科目都需要结转，并且转出的损益科目必须是末级科目。

2. 本年利润科目定义

建议在建立会计科目时，对本年利润科目进行细化，凡是收入与支出具有对应关系的科目都应该在本年利润科目下设置明细科目，如主营业务收入和主营业务成本科目下的各种产品（或业务类型）明细、其他业务收入与其他业务成本明细（按业务类型设置明细科目）、营业外收入与营业外支出明细等，都应在本年利润科目下设置对应的明细科目，以便使各项收入、支出和利润情况一目了然。对于收支对应关系不明确的科目，应在本年利润科目下设置一个专门的科目，以便对这类科目（如其他收支科目）的收入和支出进行归集。在图 3-27 中，首先从科目字典中选择"本年利润"一级科目，然后系统自动列示"本年利润"一级科目下的所有末级科目以供选择，用户根据利润科目与损益科目的对应关系实施定义。

图 3-27　期间损益结转定义

3. 结转对应关系定义

在损益科目所在行的本年利润科目栏应定义相应的本年利润末级明细科目，若不定义，则将不结转此损益科目的余额。在定义本年利润科目时，其可选科目必须为科目字典中"本年利润"科目的末级科目。在结转时，定义中每一行损益科目余额都将全额结转到同行的本年利润科目中。转出科目(损益科目)方向根据其在科目字典中的余额方向确定，即若余额方向为"借"则从贷方转出，否则从借方转出，转入科目(本年利润科目)方向与转出科目方向相反。

4. 辅助核算结转处理

在图 3-27 所示的界面中没有必要列示辅助核算信息，也不需要在本年利润科目中设置任何辅助核算，也不必定义任何辅助核算信息，更没有必要将辅助核算信息存入期间损益结转基表，然而，辅助核算账户如何进行结转却是值得讨论的问题。

在期间损益结转中，一般不涉及往来核算，但有可能涉及部门或项目核算。在填制凭证时，若某一科目涉及辅助核算，则需录入辅助核算信息，主要是各辅助核算账户的编号，包括部门编号、往来户编号、项目编号等；在记账处理时，系统根据这些编号登记相应辅助账，即更新相应辅助核算的发生额和余额。然而，在期间损益结转定义中却难以确定辅助核算账户的具体编号，如管理费用下的末级明细科目一般应为部门核算科目，这些科目的余额在期末都应全部转入本年利润科目。在期间损益结转定义时，只能根据科目字典确定这些科目是部门核算科目，但具体涉及哪些部门却不易确定。因此，在期间损益结转凭证生成时，只能生成管理费用末级明细科目与本年利润末级明细科目的结转凭证，而与之对应的辅助核算账户却不能实现结转，致使对应的辅助核算账户留存余额。

解决此问题的方法与自定义转账(未定义具体转出辅助项)下的解决方法类同，只要能够将相应辅助核算账户的留存余额结零即可，由于各辅助核算账户应该转出的余额已从其对应的科目中转出，因此，此项处理没有必要另外生成凭证。同样，为了不改变会计信息的处理流程，凭证都须经审核后记账，统一由记账处理来更新有关发生额与余额数据。因此，对应辅助账户的结转处理也应由记账处理功能完成。

在定义期间损益结转时，只定义转出损益类末级明细科目和转入本年利润末级明细科目，而不定义任何辅助核算信息。在期间损益结转凭证生成时：首先，系统根据定义的转出损益类末级明细科目确定其辅助核算类型，即确定是部门辅助核算还是项目辅助核算；然后，将凭证分录中对应转出科目的"辅助核算编号"填入一个特征值(如"*")，对应于部门辅助核算科目，"辅助核算编号"的特征值"*"代表"部门核算"，而对应于项目辅助核算科目，"辅助核算编号"的特征值"*"代表"项目核算"。在记账处理时，如果"辅助核算编号"的值为特征值"*"，则系统施行特殊处理，根据转出科目将部门发生额与余额基表(Bmyeb)或项目发生额与余额基表(Xmyeb)中，该科目对应的所有部门或项目的余额全部结零，即若余额为借方，则从贷方冲减，反之，则从借方冲减。

5. 定义信息存储

图 3-27 所示界面中的各项定义完成之后，系统将定义信息存入期间损益结转基表(Qjsyjz)，保存时只保存本年利润科目不为空的各行内容。

(二)期间损益结转凭证生成

期间损益结转凭证的生成与汇兑损益结转凭证的生成类同，其凭证如图 3-28 所示。

期间损益结转也是期末只生成一张结转凭证，其凭证号和日期的生成与其他凭证生成相同，其摘要固定为"结转××月份期间损益"。期间损益结转凭证分录中科目已在定义中设定，分录中的借贷方向根据转出科目(损益科目)在科目字典中的余额方向确定，即若余额方向为"借"则从贷方转出，否则从借方转出，转入科目(本年利润科目)方向与转出科目方向相反。在生成期间损益结转凭证时，按定义逐行生成凭证分录即可，定义中的一行对应于凭证中的两笔分录，即：第一笔，借(贷)转出损益科目；第二笔，贷(借)本年利润科目。凭证生成过程中有关辅助核算的处理按定义中的"辅助核算结转处理"说明进行即可。

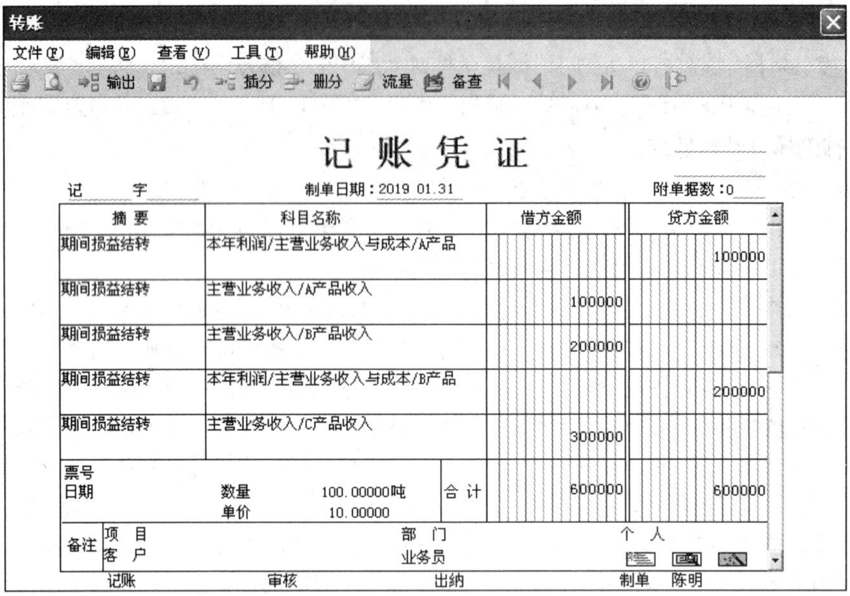

图 3-28　期间损益结转凭证

本章习题

1. 凭证管理包括哪些功能?

2. 凭证数据存储应如何设计? 其指导思想是什么?

3. 在凭证基表（Pz）中, 主键应如何设计? 可以用"账套号+凭证号+科目编号"作为组合主键吗? 为什么?

4. 除会计科目核算外, 还有部门、往来（客户、供应商、个人）、项目辅助核算, 为什么在凭证基表（Pz）中只设计"辅助核算编号"和"辅助核算分类编号"两个字段来反映这些辅助核算?

5. 会计科目、往来（客户、供应商、个人）、项目都有可能涉及外币核算, 然而在凭证基表（Pz）中只设计"外币额"和"汇率"两个字段, 为什么?

6. 说明常用摘要字典的作用, 两种方式的常用摘要如何建立, 各自的优缺点是什么。举例说明两种常用摘要方式的存储内容。

7. 随着会计信息化的不断完善, 企业的会计数据将如何产生? 企业将建立何种会计模式?

8. 你对"事件驱动会计"如何认识?

9. 凭证号应如何产生? 为什么如此设计?

10. 制单日期如何生成?

11. 简要说明在凭证填制时, 摘要数据如何录入。

12. 简要说明在凭证填制时, 会计科目信息如何录入。

13. 简要说明在凭证填制时, 部门信息如何录入。

14. 简要说明在凭证填制时, 客户信息如何录入。

15. 简要说明在凭证填制时, 项目信息如何录入。

16. 简要说明在凭证填制时, 外币信息如何录入, 本币额如何生成。

17. 说明在凭证填制时, 数量和单价信息如何录入, 外币额、本币额如何生成。

18. 凭证填制完成，在"保存"时，系统要进行哪些检查？

19. 简述常用凭证的作用及其如何生成与引用。

20. 简述冲销凭证如何生成。

21. 简要说明凭证打印功能应如何设计。

22. 对凭证的修改应设计哪些管控功能？

23. 说明凭证查询对象包括哪些，并说明其数据来源。

24. 说明凭证的主要查询方式。

25. 简述在定义凭证查询条件时，科目、科目对应关系如何定义。

26. 简述在定义凭证查询条件时，项目信息如何定义。

27. 说明凭证汇总方式应如何设计。你对按凭证号汇总如何认识？

28. 凭证汇总对象包括哪些？是否可以对不同年度的凭证进行汇总？

29. 说明在凭证汇总时，"科目汇总级次"条件定义与汇总结果输出的关系，并说明凭证汇总结果数据如何生成。

30. 在许多欧美的ERP系统中不设计凭证审核功能，而将其提前到会计事项发生前进行审批，你对此如何认识？

31. 简述凭证审核方式及其功能。说明凭证审核时主要审核哪些内容。

32. 在对凭证进行逐个审核签字时，需输出凭证的完整信息，试问这些信息来源于哪些数据基表（包括数据字典）？审核签字结果存入凭证基表的哪个字段？

33. 从理论上讲，所有的会计数据都是由凭证派生的，那么在会计信息系统中是否有必要存储科目、部门、往来、项目、外币等发生额与余额数据？为什么？

34. 简要说明部门发生额与余额基表的作用和存储内容。

35. 在部门发生额与余额基表中，预算指标字段包括哪些？其作用是什么？你认为部门有必要进行数量核算吗？

36. 在往来发生额与余额基表中，如何区分客户、供应商、个人往来数据？"往来户编号"和"往来分类编号"各存储哪些内容？

37. 你认为往来有必要进行外币核算吗？举例说明为什么。若有必要，需在往来户档案（客户、供应商、个人）中设置哪些字段？其本币和外币发生额与余额各存入哪个数据基表？

38. 在项目发生额与余额基表中，"科目编号""项目编号""项目分类编号"各应存储哪些内容？

39. 说明项目发生额与余额基表的"科目项目预算额"字段的作用，其值如何产生？

40. 你认为项目有必要进行数量和外币核算吗？若有必要则需在项目档案中设置哪些字段？这些字段的存储内容是什么？其本币、数量和外币发生额与余额各存入哪个数据基表？

41. 在外币发生额与余额基表中，存储哪些外币核算数据？如何避免往来数据的重复存储？

42. 项目的外币核算如何实现？

43. 你认为部门有必要进行外币核算吗？为什么？

44. 记账处理时，记账凭证需满足哪些条件？"记账人"数据如何产生？

45. 记账处理时，为了确保会计科目数据的正确无误，应设计哪些功能予以保障？这些功能如何实现？

46. 记账处理需更新哪些发生额与余额基表？更新哪个月份的数据如何确定？以科目为例，分别说明凭证的借、贷方金额应更新科目字典的哪些字段数据，如何计算。

47. 说明凭证记账处理的过程和步骤。

48. 期末转账分外部转账和内部转账，说明各包括哪些内容。

49. 说明期末摊、提、结转业务的处理顺序。

50. 说明期末转账业务的主要特点。

51. 说明期末内部转账凭证定义包括哪些功能，并说明"转账凭证定义"与"转账凭证生成"的关系。

52. 在期末转账凭证生成前，应做哪些业务处理？

53. 期末内部转账处理，可由用户选择"采用自动转账"或"不采用自动转账"，如何实现？

54. 简述"自定义转账定义"的功能。

55. 简要说明自定义转账基表的作用和主要存储内容。

56. 说明在自动转账定义中，常用金额取数函数包括哪些，举例说明其功能。

57. 在自定义转账定义中，可能会涉及部门、往来、项目等多种辅助核算，为什么在自定义转账基表中只设计了"辅助核算编号"和"辅助核算分类编号"两个字段？

58. 在自定义转账定义中，如果结转科目涉及部门核算，则部门辅助核算信息如何定义？

59. 在自定义转账定义中，如果结转科目涉及客户往来核算，则客户辅助核算信息如何定义？

60. 在自定义转账定义中，如果结转科目涉及项目核算，则项目辅助核算信息如何定义？

61. 自定义转账是功能最强的自动结转方式，其是否能实现对数量、外币、本币的组合结转？为什么？

62. 在生成自定义转账凭证时，若结转科目涉及辅助核算，且"辅助核算编号"为空，说明与之对应的辅助核算账户的处理思路。

63. 在记账处理时，若某笔业务的"辅助核算编号"为特征值"*"，则系统应如何处理？

64. 简要说明自定义转账凭证的生成过程。

65. 简要说明对应结转的功能。

66. 说明对应结转基表的作用，其数据结构和存储内容与自定义转账基表有何不同。

67. 说明对应结转凭证生成与自定义转账凭证生成有何不同。

68. 主营业务成本结转具有哪些方法？结转定义中各需定义哪些科目？

69. 说明采用平均单位成本法结转的凭证分录和各科目的结转公式。

70. 差异率有几种？哪种更为合理？给出其计算公式。

71. 简要说明主营业务成本结转凭证的生成过程。

72. 说明汇兑损益结转的处理对象，并说明汇兑损益结转基表中，"科目编号"和"往来户编号"字段的存储内容。

73. 说明汇兑损益结转定义中，外币转出科目如何定义。

74. 给出"汇兑损益额"的计算公式和汇兑损益结转分录。

75. 说明"汇兑损益额"的计算过程。

76. 简要说明汇兑损益结转凭证的生成过程，并说明此凭证为什么不能手工填制。

77. 简要说明期间损益结转定义中，损益科目、本年利润科目应如何设置与定义。

78. 简要说明期间损益结转定义中，损益科目和本年利润科目的结转对应关系如何定义。

79. 在期间损益结转中，可能涉及哪些辅助核算，这些辅助核算如何结转？

80. 简要说明期间损益结转凭证的生成过程。

第四章
出纳管理

出纳管理是会计核算与财务管理中非常基本、重要的工作，按照内部控制制度的要求，企业应单独设置出纳岗位，有的企业甚至按现金和银行存款分别设置出纳岗位，进行现金与银行存款的核算与管理工作。

现金和银行存款是企业的重要货币资金，由于它们具有一些特殊的性质，管好、用好这类货币资金是企业管理的一项重要内容。出纳管理功能是出纳员对此类资金进行管理的有效工具。它包括出纳签字、支票管理、现金总账与日记账和银行存款总账与日记账的查询与输出、资金日报表、期末银行对账等功能，并可对现金、银行存款的收入与支出，以及长期未达账项等提供审计报告。出纳管理的功能如图 4-1 所示。

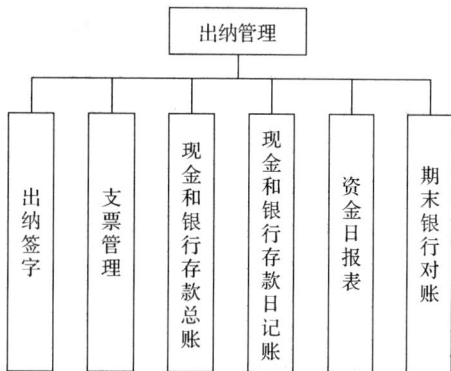

图 4-1　出纳管理的功能

在手工方式下，出纳员不能对现金和银行存款总账实施管理，然而，在信息化环境下，由计算机统一进行数据处理，出纳员完全有必要对现金和银行存款总账进行监管。不仅如此，出纳员还可以对现金和银行存款明细账进行监管，但由于日记账反映的信息更加全面、具体，便于实行日清日结，因此，在出纳管理中没有必要设计"现金与银行存款明细账"功能。现金和银行存款明细账可在账簿管理（见第五章）中查阅（与一般科目明细账类同）。

出纳管理功能设计

第一节　出纳审核与支票管理

一、出纳审核

为加强企业现金收入和支出的管理，出纳员可通过出纳管理功能对制单人员填制的带有现金或银行存款科目的凭证进行检查核对，主要核对收付款凭证的科目金额是否正确，对于审查认为有错误或有异议的凭证，应交予制单人员修改后再核对。收付款凭证只有经出纳员审核签字后才能进行记账处理。这样才能确保每一笔收付款业务的准确无误。

在计算机上对收付款凭证进行出纳签字，并将出纳签字结果存入计算机，其目的有两个：一是防止其他人员对出纳已签字的收付款凭证进行修改，凡是经出纳签字的收付款凭证，系统将拒绝任何人对其进行修改；二是只有经出纳签字的收付款凭证才能进行记账处理，以防止未经出纳签字的收付款凭证进入会计信息系统。在系统中需要进行出纳签字的收付款凭证有两种：一是未进行出纳签字的收付款凭证；二是经出纳签字，但在记账前发现有疑义，利用出纳签字功能将其出纳标志改为未签字，但这种情况一般不会发生，一旦发生可能意味着现金损失，必须及时挽回。

出纳签字具有两种形式：其一，在不能做到每个财会人员都具有一台专用计算机的单位，出纳员一般也不具有专用计算机，此时，整个凭证处理过程都先以手工的方式进行（出纳签字已在纸质凭证上完成），在适宜的情况下，再将手工填制的凭证录入计算机，在记账处理之前，在计算机上用"成批审核凭证"和"成批出纳签字"功能进行批量处理，此时计算机上的出纳签字已无多大意义，只是一种形式和步骤，以便进行下一步的记账处理；其二，在每个财会人员都具有一台专用计算机的单位，出纳员可直接在计算机上用"出纳签字"功能对凭证逐个进行出纳签字。

总之，对于出纳未签字的凭证既可以使用"出纳签字"功能逐个签字，也可以使用"成批出纳签字"功能一次将所有出纳未签字的凭证全部签字。对于出纳已签字的凭证，可用"成批取消签字"功能，取消其出纳签字，也可用"取消签字"功能逐个取消其出纳签字。

出纳签字一般应在审核签字之后进行，在进行出纳签字时，首先要定义查询条件，找到出纳签字对象，然后再对其进行出纳签字。出纳签字的凭证查询条件定义如图 4-2 所示。

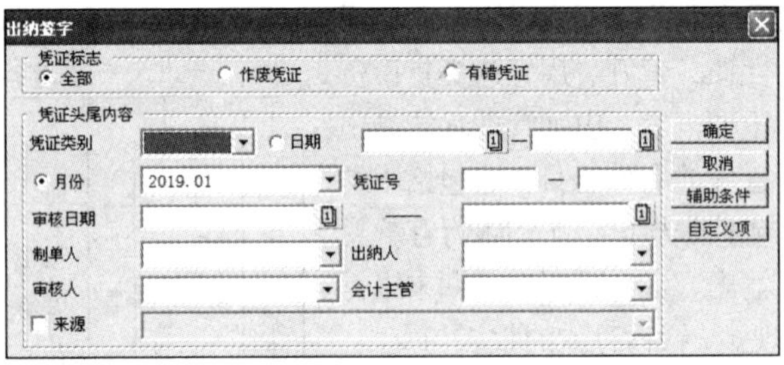

图 4-2　出纳签字——收付款凭证查询条件定义

各查询条件项如下。

（1）查询对象选择。查询对象为一组单选项，包括未出纳签字、已出纳签字、全部 3 项，从中选择且必须选择一项。该单选项不应该是全部、作废凭证、有错凭证 3 项，按照本书的设计思想，在凭证基表（Pz）中不可能也不允许出现作废凭证和有错凭证。

（2）凭证号、日期、制单人。这 3 个查询条件项与凭证审核的对应查询条件项相同（一般应为当日凭证，以前的凭证都已记账，没必要再进行出纳签字）。

（3）其他查询条件项。意义不大，可不设计。

系统按定义的查询条件，在当年凭证基表（Pz）中，输出满足条件的收付款凭证。实现对收付款凭证（即含有现金或银行存款科目的凭证）的查询是通过凭证中借贷科目实现的，如果满足查询条件凭证中的借贷科目，其在科目字典中的科目账类为非空（即为"现金"或"银行"科目），则输出此凭证信息，否则（为空：即非"现金"或"银行"科目），不输出此凭证信息。查询结果如图 4-3 所示。

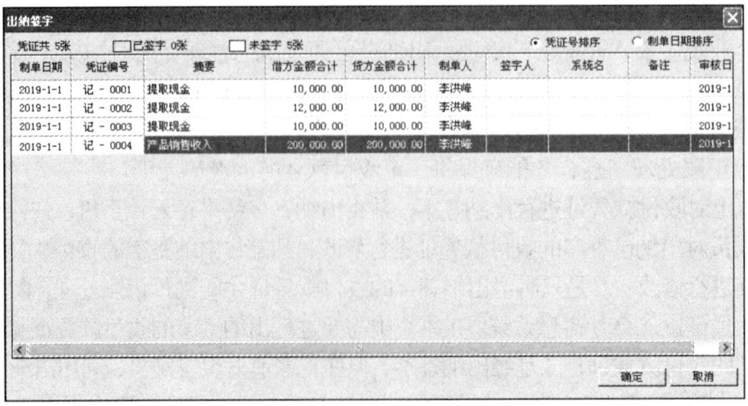

图 4-3　出纳签字——待出纳签字凭证

出纳签字功能与凭证审核功能类同，在图 4-3 中，显示满足条件的待出纳签字凭证。对于出纳未签字的凭证既可以使用"出纳签字"功能逐个对凭证进行签字，也可以使用"成批出纳签字"功能，一次将查询出来的所有出纳未签字凭证全部签字，以便加快出纳签字速度，但此功能必须谨慎使用。在出纳签字过程中可使用"成批取消签字"功能，将已出纳签字但未记账的所有凭证，取消其出纳签字，也可以使用"出纳签字"功能逐个取消其出纳签字。

1. 出纳签字

在图 4-3 中选定一个凭证，即选择一行，双击选定的行，或者选择"出纳签字"，则系统会显示该行所对应凭证的完整信息，如图 4-4 所示。在该界面除出纳签字外，其他数据只能查阅而不能修改。

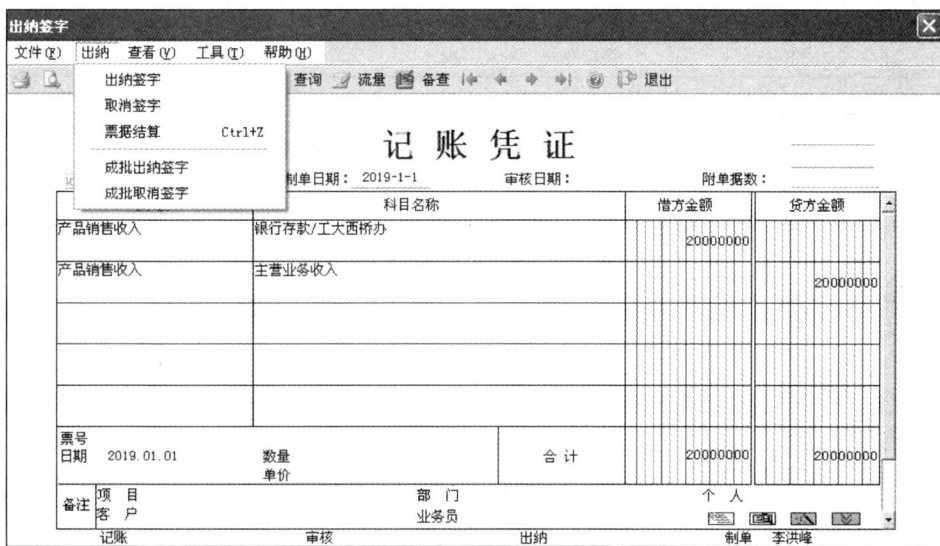

出纳签字

图 4-4　出纳签字

在图 4-4 中，可以查阅凭证的详细内容，查阅后可对当前凭证进行出纳签字。当选"出纳签字"时，系统将出纳员姓名写入凭证基表（Pz）中，写入时按凭证号找到该凭证，并将该凭证所有记录的出纳员字段全部填入出纳员姓名；当选"取消签字"功能时，系统将凭证基表（Pz）中该凭证的出纳员姓名字段清空，清除时先按凭证号找到该凭证，然后将该凭证所有记录的出纳员姓名字段清空。在出纳签字过程中，可用"首张""末张""上张""下张"来寻找要签字的凭证。

2. 成批出纳签字

在图 4-3 中，只有在出纳签字对象全部为未出纳签字凭证时，才可用此功能，否则，若系统发现具有已出纳签字的凭证，此功能失效。当选"成批出纳签字"功能时，系统将所有凭证的出纳员姓名写入凭证基表（Pz）中，写入时按凭证号逐个找到对应的凭证，并将此凭证所有记录的出纳员字段全部填入出纳员姓名。

3. 成批取消签字

凭证在记账之前，可以将出纳签字取消，使其变为未签字。同样，使用此功能时也必须谨慎，否则，可能会使已做的签字作废。在出纳签字对象中包含未出纳签字的凭证时，此项功能可以正常进行。当选"成批取消签字"功能时，系统将图 4-3 中所有凭证的出纳员姓名全部清空，并将凭证基表（Pz）中对应凭证的出纳员姓名字段清空，清除时先按凭证号逐个找到对应的凭证，然后将其出纳员姓名字段全部清空。

二、支票管理

出纳员若要对开具的支票实施管理，则需要设计支票登记簿基表（Zpdjb），用该基表记录开具的支票信息，包括已报销的支票和未报销的支票，支票登记簿不设计历史数据基表，该基表的作用是对开具的支票进行登记和管理。该基表的数据结构如表 4-1 所示。该基表通过“科目编号”外键与科目字典构成关联。

表 4-1　　支票登记簿基表（Zpdjb）的数据结构

列名	含义	数据类型	长度	主键	完整性约束
Zth	账套号	字符型	3	组合主键、外键	非空
Kmbh	科目编号	字符型	20	组合主键、外键	非空
Zph	支票号	字符型	20	组合主键	非空
Lyrq	领用日期	日期型			非空
Lybm	领用部门	字符型	20		
Lyr	领用人	字符型	12		非空
Je	金额	数值型	15.2		非空
Yt	用途	字符型	20		
Dh	电话	字符型	15		
Sj	手机	字符型	15		非空
Skdw	收款单位	字符型	40		
Skr	收款人	字符型	12		
Dfyh	对方银行	字符型	40		
Yhzh	银行账号	字符型	20		
Dfkm	对方科目	字符型	20		
Bxrq	报销日期	日期型			
Bz	备注	字符型	40		

为了加强企业的支票管理，出纳员通常需要建立支票登记簿，以便详细登记支票的领用人、领用日期、支票用途和报销情况等。只有对科目字典中科目账类设置为“银行”的科目，才能启用支票登记簿功能登记支票信息。“支票管理”功能不仅在出纳管理总控菜单下可以调用，而且在出纳签字的界面（图 4-3 和图 4-4）中也可调用。当需要出纳签字的凭证涉及银行存款科目时，系统要求输入支票登记信息。支票登记信息存储在支票登记簿基表（Zpdjb）中。支票管理如图 4-5 所示，在图 4-5 中应设计银行存款科目下拉列表框，由系统根据出纳签字凭证的银行存款科目自动填入，作为默认科目，用户可根据需要选择银行存款科目，选择时系统将科目字典中所有科目账类为“银行”的末级科目全部列出，用户可根据需要选择，系统根据选择的银行存款科目列示支票登记信息。当出纳签字凭证涉及多个银行存款科目时，系统逐一要求输入支票登记信息。这样设计与管理业务相适应，在出纳签字时即时输入支票登记信息，并可查询输出各银行存款科目的支票登记信息。

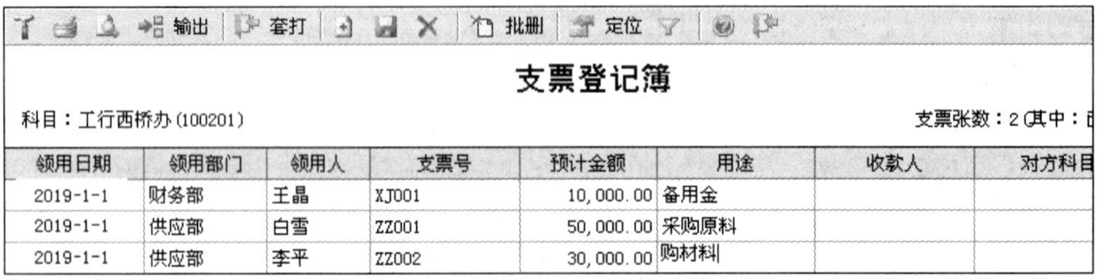

领用日期	领用部门	领用人	支票号	预计金额	用途	收款人	对方科目
2019-1-1	财务部	王晶	XJ001	10,000.00	备用金		
2019-1-1	供应部	白雪	ZZ001	50,000.00	采购原料		
2019-1-1	供应部	李平	ZZ002	30,000.00	购材料		

图 4-5　支票管理

（一）增加支票登记信息

在图 4-5 中选"增加"，则系统在数据区的最后增加一空行，可直接在此空行内输入新增支票登记信息，当数据项较多时，可单独设计增加窗口录入界面，在界面中输入新增支票登记信息。输入的信息存入支票登记簿基表（Zpdjb）。

（1）账套号、科目编号。非显示项，由系统自动赋值，账套号根据登录的账套产生，科目编号根据所选择的银行存款末级科目产生。

（2）支票号。必须输入，输入支票号码。

（3）领用日期。必须输入，可用系统日历输入，也可直接输入。其默认值为系统日期。

（4）领用部门。可为空，可输入支票领用人员所在的部门名称。可采用值列表方式从部门字典中选取。

（5）领用人。必须输入。可用值列表方式从个人往来字典中选取，如果建立了核算单位职员字典，也可用值列表方式从职员字典中选取。

（6）金额（图 4-5 中的"预计金额"）。必须输入，输入支票金额或预计金额。

（7）用途。输入支票的用途，便于对支票进行管理。

（8）电话、手机（非空）。记录并及时更新，以便联系。

（9）收款单位、收款人、对方银行、银行账号。支票登记簿基表参考表 4-1 设计较为合理。这 4 项一般情况下要求输入。

（10）对方科目。可直接输入，也可用下拉列表框从科目字典中选取，该数据项需根据支票对应的凭证分录输入。不需要时可不录入。

（11）报销日期。由系统自动填写，也可由用户手工输入。当领出支票没有报销时，此项为空；当支票已报销时，此项由记账处理根据银行存款科目编号和支票号自动填写，但对于有些已报销而由于其他意外因素造成系统未能自动填写时，用户可手工填入。

（12）备注。输入与该支票有关的说明信息。

（二）修改支票登记信息

在查询状态下，数据不允许修改，只有选择"修改"时才可修改，可直接在图 4-5 所示的界面进行修改。

（三）删除支票登记信息

删除分逐个删除和成批删除两种功能，删除具有一定限制，若某支票登记没有报销，则该支票登记信息不允许删除。可直接在图 4-5 所示的界面进行删除，选择某一（或某些）已报销支票登记信息记录，选"删除"后，被选中的支票登记信息就被删掉。当选"批删"时，系统要求输入被删除已报销支票的起止日期，经确认后即可删除此期间的已报销支票信息。"批删"功能应慎重使用。

第二节　出纳账表

出纳账表包括现金和银行存款总账、现金和银行存款日记账、资金日报表 3 个功能。出纳账表与第五章账簿管理中的各种账表功能类似，其数据生成也大体相同。查询这些账表时，首先需定义查询条件，然后系统按查询条件读取相关发生额与余额基表，以及凭证基表中满足条件的数据，最后按账表格式排列并输出账表。根据当年数据与历史数据分开存储的设计思想，对于这些账表的查询也应区分当年账表查询和历史账表查询，其查询功能相同，只是数据来源不同。历史账表数据来源于相关历史数据基表，且进行历史账表查询时需定义年份，系统按年度账表实施查询。为了便于阐述会计信息系统中的账表生成机理，出纳账表和第五章账簿管理都以当年账表查询来加以论述，且默认起始会计期为年初（1月初）。

一、现金和银行存款总账

在现金和银行存款总账中，不仅可以查询总账科目（一级科目）的年初余额、各月发生额、累计发生额和月末余额，还可以查询各级现金和银行存款科目的年初余额、各月发生额、累计发生额和月末余额。在手工方式下，由出纳负责管理现金和银行存款日记账，而总账由总账会计负责管控。在实现信息化以后，出纳有必要了解现金和银行存款总账，以便于对现金和银行存款进行有效管控。在查询现金和银行存款总账时，需定义查询条件，如图4-6所示。

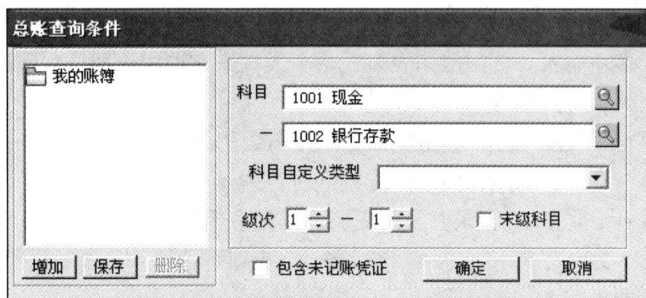

图4-6 现金和银行存款总账查询条件定义

（1）科目选择。确定总账查询的科目范围，系统按定义的级次列示科目字典中科目账类为"现金"和"银行"且满足级次要求的所有科目以供选择。

（2）级次。确定科目级次范围，查询总账时，科目可以是一级科目，也可以是明细科目，还可以是末级科目。

（3）包含未记账凭证。如果希望在总账的当前月份中包含未记账凭证数据，则可选择此选项。

现金和银行存款总账如图4-7所示。在图4-7的功能菜单中，应设计"输出"和"明细"功能，查阅时可随时输出总账数据（打印或存为其他格式文件），也可用"明细"功能查阅所选现金或银行存款科目的日记账。利用科目选择（在定义的科目范围内）可逐一查阅所选科目的现金和银行存款总账，还可用账簿格式选择功能随时改变账簿格式，系统根据科目的外币核算标志列出账簿格式（无外币核算为金额式，有外币核算为金额式和外币式）。当选外币式账簿格式时，在图4-7的借方栏、贷方栏、余额栏中，除本币金额栏外，还需增设外币额栏。

图4-7 现金和银行存款总账

总账程序需一次性创建所有总账列示项，并在填入有关科目发生额与余额数据时，将该填入的数据全部填入，然后根据用户选择的账簿格式输出总账，将与格式要求无关的数据项屏蔽掉（通过改变对应数据项的属性实现），根据用户选择的账簿格式，由程序控制显示哪些数据项和不显示哪些数据项，如此设计可以简化编程，并可提高系统的运行速度。现金和银行存款总账的数据生成流程与普通科目总账（见第五章第一节）的数据生成流程相同，其步骤如下。

（1）创建总账数据窗口（显示对象），其数据项包括日期、摘要、借方外币、借方金额、贷方外币、贷方金额、方向、余额外币、余额金额共 9 项，并定义对应的列标题，年份填入当前年份。

（2）按所选科目的科目编号和科目级次，用一条 SQL 语句，从科目字典（Kmzd）中读取该科目各月份的全部发生额和余额（包括年初余额、各月份借贷方发生额、各月份累计借贷方发生额、期末余额等）。如果此科目为外币科目，则还需用一条 SQL 语句，从外币发生额与余额基表（Wbyeb）中读取该科目各月份的全部外币发生额和余额（数据项与本币相同）。

（3）将读取的数据按月份排序填入总账数据窗口，方向、余额填入总账的方向和余额栏，各月份借、贷方发生额填入对应的借方栏和贷方栏，本币和外币一同填入（栏目不同），填入发生额时先填本期，后填累计，使各期的累计数排在本期数之后。

（4）第 1 行日期栏为空，摘要栏填入"上年结转"，之后各行每 2 行一组，日期栏填入对应的会计期，组内第 1 行摘要填入"本月合计"，第 2 行摘要填入"本年累计"。

（5）若选择了"包含未记账凭证"选项，则还需用一条 SQL 语句，按所选科目编号和当前月份（根据账套字典的"当前月份"确定），对凭证基表（Pz）中"记账人"为空（未记账）各行的借、贷方发生额（包括本币和外币）求和，并将其加入总账最后 2 行的借方栏和贷方栏，将借、贷方发生额之差（借方-贷方）加入总账最后 2 行的余额栏。

需要说明的是，在会计信息系统的数据处理中，SQL 语句的应用必须考究，在程序设计中，应想尽一切办法尽可能地减少 SQL 语句的使用频次，最大限度地减少与数据库的交互次数（与数据库交互很耗时），以此提高系统的运行速度。在会计信息系统的程序设计中，应避免在循环语句（特别是循环次数较多的语句）中内嵌 SQL 语句。总体原则是：在会计信息系统中，无论输出什么信息，时间必须是零等待，即确认查询条件后即刻输出信息。在会计信息系统的最复杂账簿查询中，最多只需要 3~4 条 SQL 语句即可。因凭证基表的数据量最大，所以，在查询凭证基表时，对 SQL 语句的使用应特别考究（如各种明细账的查询等）。一个有效的方法是用一条 SQL 语句将应该读取的数据一次性读出，如果能直接填列需要生成的账表则直接填列，否则，先将读取的数据放入临时数据窗口（数据缓存区），然后再按账表数据输出要求进行处理，逐项填列到待输出的账表中。

二、现金和银行存款日记账

现金和银行存款日记账与普通科目明细账是有区别的，日记账中要有日合计数，而明细账中不要求有日合计数，日记账只能按日期和凭证号排序，而明细账还可以按其他条件排序。值得指出的是，现金和银行存款科目不仅有日记账，还有明细账，现金和银行存款科目明细账与其他科目明细账（见第五章第二节）类同。

现金日记账和银行存款日记账的功能相同，在查询现金和银行存款日记账时，需定义查询条件，如图 4-8 所示。

（1）现金或银行存款科目选择。系统根据菜单中"现金日记账"或"银行日记账"的选择，以及科目字典中的科目账类来列示现金科目或银行存款科目（包括一级科目和明细科目）以供选择。

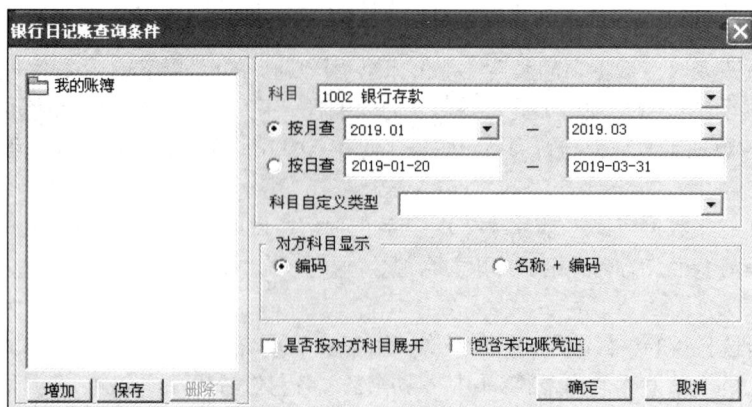

图 4-8　日记账查询条件定义

（2）按月查。与按日查构成单选项组，即只能选择按月或按日一种方式输出日记账，按月查需定义起止月份。

（3）按日查。与按月查构成单选项组，按日查需定义起止日期。

（4）包含未记账凭证。如果希望在日记账中包含未记账凭证数据，则选此项，但应注意，"按月查"定义的终止月份必须为当前月份，"按日查"定义的终止日期必须为当前日期，否则此选项不可选。在日记账中未记账凭证数据应用不同颜色以示区分。

完成查询条件定义并确认后，系统按查询条件输出现金或银行存款日记账，"按月查"和"按日查"结果分别如图 4-9 和图 4-10 所示。

银行日记账

科目　1002 银行存款　　　　　　　　　　　　　　　　金额式　　　　　　　月份：2019.01-2019.03

2019年 月	2019年 日	凭证号数	摘要	结算号	对方科目	借方	贷方	方向	余额
			上年结转					借	2,765,000.00
01	01	记-0001	*提取现金_2019.01.01		1001		2,000.00	借	2,763,000.00
01	01	记-0002	*采购钢铁、水泥原材料_2019.01.01		21710101		2,500.00	借	2,760,500.00
01	01		本日合计				4,500.00	借	2,760,500.00
01	03	记-0003	*销售手机零部件一批_2019.01.03		5101,21710105	10,500.00		借	2,771,000.00
01	03	记-0004	*销售小米手机一批_2019.01.03		21710105	1,650.00		借	2,772,650.00
01	03		本日合计			12,150.00		借	2,772,650.00
01	10	记-0005	*提供加工修理修配劳务_2019.01.10		21710105	3,500.00		借	2,776,150.00
01	10		本日合计			3,500.00		借	2,776,150.00
01	20	记-0006	*收回欠款_2019.01.20		1131	25,000.00		借	2,801,150.00
01	20		本日合计			25,000.00		借	2,801,150.00
01	31	记-0008	*缴纳1月增值税_2019.01.20		21710102		3,150.00	借	2,798,000.00
01	31		本日合计				3,150.00	借	2,798,000.00
01			当前合计			40,650.00	7,650.00	借	2,798,000.00
01			当前累计			40,650.00	7,650.00	借	2,798,000.00
02	10	记-0002	*提取现金_2019.02.10		1001		10,000.00	借	2,788,000.00
02	10	记-0003	*采购原材料_2019.02.10		21710101		3,260.00	借	2,784,740.00
02	10		本日合计				13,260.00	借	2,784,740.00
02	20	记-0004	*代销儿童服装一批_2019.02.20		21710105	4,890.00		借	2,789,630.00
02	20		本日合计			4,890.00		借	2,789,630.00
02	28	记-0005	*缴纳2月增值税_2019.02.28		21710102		1,630.00	借	2,788,000.00
02	28		本日合计				1,630.00	借	2,788,000.00
02			当前合计			4,890.00	14,890.00	借	2,788,000.00
02			当前累计			45,540.00	22,540.00	借	2,788,000.00
03	05	记-0001	*进口原装手机屏幕_2019.03.05		21710101		12,500.00	借	2,775,500.00
03	05		本日合计				12,500.00	借	2,775,500.00
03	15	记-0002	*销售联想电脑_2019.03.15		21710105	25,600.00		借	2,801,100.00
03	15		本日合计			25,600.00		借	2,801,100.00
03	31	记-0003	*缴纳3月增值税_2019.03.31		21710102		13,100.00	借	2,788,000.00

图 4-9　"按月查"日记账

<table>
<tr><th colspan="2">银行日记账</th><th>金额式 ▼</th></tr>
</table>

2019年		凭证号数	摘要	结算号	对方科目	借方	贷方	方向	余额
月	日								
			昨日余额					借	2,776,150.00
01	20	记-0006	*收回欠款_2019.01.20		1131	25,000.00		借	2,801,150.00
01	20		本日合计				25,000.00	借	2,801,150.00
01	31	记-0008	*缴纳1月增值税_2019.01.20	2019.	21710102		3,150.00	借	2,798,000.00
01	31		本日合计				3,150.00	借	2,798,000.00
02	10	记-0002	*提取现金_2019.02.10		1001		10,000.00	借	2,788,000.00
02	10	记-0003	*采购原材料_2019.02.10		21710101		3,260.00	借	2,784,740.00
02	10		本日合计				13,260.00	借	2,784,740.00
02	20	记-0004	*代销儿童服装一批_2019.02.20		21710105	4,890.00		借	2,789,630.00
02	20		本日合计				4,890.00	借	2,789,630.00
02	28	记-0005	*缴纳2月增值税_2019.02.28		21710102		1,630.00	借	2,788,000.00
02	28		本日合计				1,630.00	借	2,788,000.00
03	05	记-0001	*进口原装手机屏幕_2019.03.05		21710101		12,500.00	借	2,775,500.00
03	05		本日合计				12,500.00	借	2,775,500.00
03	15	记-0002	*销售联想电脑_2019.03.15		21710105	25,600.00		借	2,801,100.00
03	15		本日合计				25,600.00	借	2,801,100.00
03	31	记-0003	*缴纳3月增值税_2019.03.31		21710102		13,100.00	借	2,788,000.00
03	31	记-0005	*提现_2019.03.31		1001		1,000.00	借	2,787,000.00
03	31		本日合计				14,100.00	借	2,787,000.00

科目 1002 银行存款　　　日期:2019.01.20-2019.03.31

图 4-10　"按日查"日记账

在图 4-9 和图 4-10 中，"结算号"应为票号，对方科目无意义（因可联查凭证）。图中应该设计输出、摘要锁定、凭证、总账等功能。

（1）科目。可查阅科目字典中科目账类为"现金"和"银行"的所有科目日记账。

（2）账簿格式。具有"金额式"和"外币式"两种（外币科目有两种，非外币科目只有"金额式"一种），其默认值为金额式。当选择"外币式"时，需在借方、贷方、余额栏中增设外币栏，并在借方、贷方、余额栏前增设汇率栏（币种可由科目得知）。

（3）输出。打印日记账或另存为其他格式文件。

（4）摘要锁定。在现金或银行存款日记账中，账簿格式不同，所显示的内容也不同。如果账簿栏目较多，需要设计水平数据滚动条来左右移动查看数据，移动时系统将日期和凭证号两栏锁定不动，当用户需要将摘要栏锁定时，可用"摘要锁定"功能锁定，也可解除锁定。

（5）凭证。在查阅现金或银行存款日记账时，如果需要查看某一凭证信息，双击该凭证所在行或选"凭证"功能，系统根据光标所在行的凭证号，调用凭证查询功能，从凭证基表（Pz）查询输出对应的凭证内容。

（6）总账。当需要了解日记账科目对应的总账信息时，选"总账"功能查阅其总账。

"按月查"日记账的数据生成流程与总账的数据生成流程类似，只是增加了凭证明细数据而已。其数据生成流程如图 4-11 所示，处理步骤如下。

（1）创建日记账数据窗口（显示对象），除在票号栏后增设"汇率"栏外，其他栏目与总账相同。

（2）按定义的科目编号、起止月份、包含未记账凭证等查询条件，用一条 SQL 语句从凭证基表（Pz）中读取满足查询条件的所有凭证分录（内容包括日期、凭证号、摘要、本币借方或贷方、汇率、外币借方或贷方、记账人），并将除"记账人"之外的各数据项填入日记账的对应栏目，将"记账人"为空（未记账）的各行以不同颜色加以显示。

（3）对日记账中的所有数据按日期进行分类汇总，计算各日借、贷方合计数（包括本币和外币），并将计算结果填入日记账的借方栏和贷方栏（包括本币和外币），各日合计数的日期为各自对应的日期，凭证号填入适当值，使其按日期和凭证号排序时能排在各日的最后一行，摘要全部填入"本日合计"，余额栏为空。

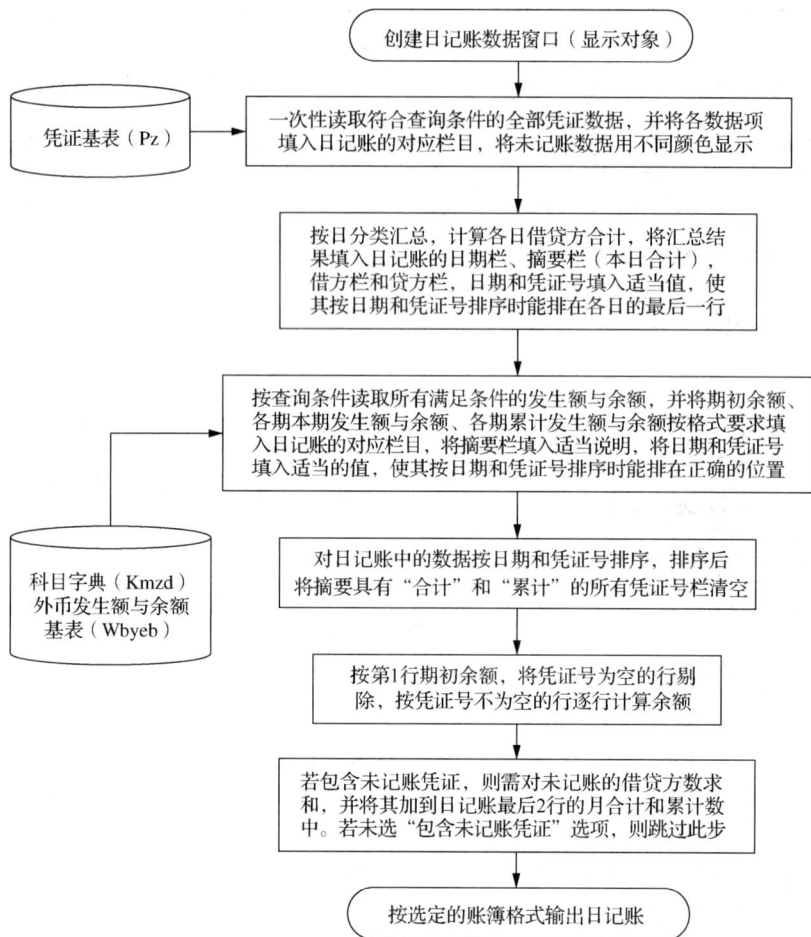

图 4-11 "按月查"日记账数据生成流程

（4）按定义的科目编号、起止月份等查询条件，用一条 SQL 语句从科目字典（Kmzd）中读取该科目各月份的全部发生额和余额（包括期初余额、各月份借贷方发生额、各月份累计借贷方发生额、期末余额等）。如果此科目为外币科目，则还需用一条 SQL 语句，从外币科目发生额与余额基表(Wbyeb)中读取该科目各月份的全部外币发生额和余额(数据项与本币相同)，并将读取的数据填入日记账。填列过程如下。

① 期初余额。摘要栏填入"上期结转"（若为 1 月份则为"上年结转"），方向和余额栏填入对应的方向和期初余额（包括本币和外币），其他栏为空（使其按日期和凭证号排序时能排在第 1 行）。

② 本期发生额与余额。日期栏的月份按对应的月份填入，摘要栏全部填入"本月合计"，各月借、贷方发生额和余额分别填入对应的借方栏、贷方栏、方向栏和余额栏，本币和外币一同填入（栏目不同），将日期和凭证号填入适当值，使其按日期和凭证号排序时能排在各月数据的倒数第 2 行。

③ 累计发生额与余额。日期栏按对应的月份填入，摘要栏全部填入"本年累计"，各月借、贷方累计发生额和余额分别填入对应的借方栏、贷方栏、方向栏和余额栏，本币和外币一同填入（栏目不同），将日期和凭证号填入适当值，使其按日期和凭证号排序时能排在各月数据的最后。

（5）对日记账中的全部数据按日期和凭证号排序，排序后将摘要为"本日合计""本月合计""本年累计"所有行的凭证号栏清空。

（6）根据第 1 行的期初余额，将凭证号为空的行剔除，按凭证号不为空的行逐行计算余额

（包括本币和外币），计算公式为：本行余额=上行余额+本行借方栏数-本行贷方栏数。

（7）若选择了"包含未记账凭证"选项，则需对"记账人"为空（未记账）各行的借、贷方发生额（包括本币和外币）求和，并将其加入日记账最后2行的借方栏和贷方栏。若未选"包含未记账凭证"选项，则跳过此步。

（8）按照选择的账簿格式显示日记账。其中外币式账簿格式只有对外币核算科目才有意义。

与"按月查"日记账不同，"按日查"日记账没有"本月合计"行和"本年累计"行，但应计算当期合计数据，"按日查"日记账可以跨月份。"按日查"日记账的生成流程比"按月查"日记账的生产流程要简单，其生成步骤如下。

（1）与"按月查"日记账第（1）步相同。

（2）按定义的科目编号、起始月份的1日至终止日期、包含未记账凭证等查询条件，用一条SQL语句从凭证基表（Pz）中读取满足查询条件的所有凭证分录（内容包括日期、凭证号、摘要、本币借方或贷方、汇率、外币借方或贷方、记账人），按起始月份的1日至起始日期的前1日，对凭证数据进行汇总，计算此时段的借、贷方合计数（包括本币和外币），并将其赋值给中间变量（Bb1、Bb2、Wb1、Wb2）。按起止日期将除"记账人"之外的各数据项填入日记账的对应栏目，将"记账人"为空（未记账）的各行以不同颜色加以显示。

（3）与"按月查"日记账第（3）步相同。

（4）对日记账中所有摘要为"本日合计"的行求和，计算本期借、贷方合计数（包括本币和外币），并将计算结果填入日记账的借方栏和贷方栏（包括本币和外币），将日期和凭证号填入适当值，使其按日期和凭证号排序时能排在日记账的最后一行，摘要填入"本期合计"，余额栏为空。

（5）按定义的科目编号、起始月份等条件，用一条SQL语句从科目字典（Kmzd）中读取该科目起始月份的期初余额，并将其赋值给中间变量（Bb0）。如果此科目为外币科目，则还需用一条SQL语句，从外币科目发生额与余额基表（Wbyeb）中读取该科目起始月份的外币期初余额，并将其赋值给中间变量（Wb0）。在日记账中填入一行数据，其摘要栏为"昨日余额"，方向栏为"借"，本币余额栏为Bb0+Bb1-Bb2，外币余额栏为Wb0+Wb1-Wb2，其他栏为空（使其按日期和凭证号排序时能排在第1行）。

（6）对日记账中的全部数据按日期和凭证号排序，排序后将摘要为"本日合计"所有行的凭证号栏清空，将摘要为"本期合计"行的日期栏和凭证号栏清空。

（7）根据第1行的昨日余额，将凭证号为空的行剔除，按凭证号不为空的行逐行计算余额（包括本币和外币），计算公式为：本行余额=上行余额+本行借方栏数-本行贷方栏数。

（8）与"按月查"日记账第（8）步相同。

三、资金日报表

该功能用于查询某日现金及银行存款科目的发生额及余额。在查询之前，首先要定义资金日报表的查询条件，然后根据查询条件输出资金日报表，其查询条件定义如图4-12所示。

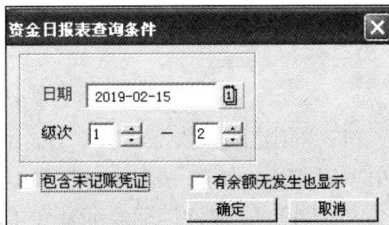

图4-12 资金日报表查询条件定义

在图4-12中，首先确定资金日报表的查询日期，然后确定资金日报表的科目级次，如输入1~3，则输出1~3级现金和银行存款科目的当日资金状况。如果要输出的资金日报表包含未记账凭证，则可选择"包含未记账凭证"，"有余额无发生额也显示"选项意义不大（应该显示）。资金日报表如图4-13所示。

图 4-13　资金日报表

图 4-13 中，币种栏无意义（币种可由科目名称得知，如中行美元户），在昨日余额、今日共借、今日共贷、今日余额栏应分设本币栏和外币栏。资金日报表的数据生成流程如图 4-14 所示。

其生成步骤如下。

（1）创建资金日报表数据窗口（显示对象），包括科目编号、科目名称、昨日余额（本币、外币）、今日共借（本币、外币）、今日共贷（本币、外币）、今日余额（本币、外币）等（方向栏不必要）。资金日报表的日期根据选定的日期自动生成。

（2）按条件定义的科目级次和日期所在月份，用一条 SQL 语句读取科目字典中所有科目账类为 "现金" 和 "银行" 的科目编号、科目名称和月初余额（选定日期所在月份的月初余额），并将科目编号和科目名称全部填列到资金日报表的科目编号栏和科目名称栏。若有外币现金和银行存款科目，则还要用一条 SQL 语句读取外币发生额与余额基表中所有外币现金和银行存款科目的月初外币余额。

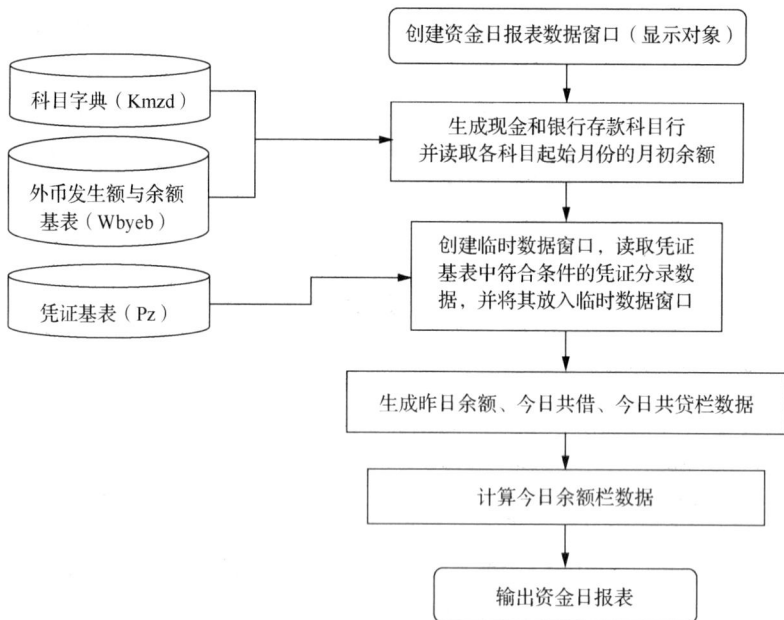

图 4-14　资金日报表的数据生成流程

（3）创建临时数据窗口（不显示），数据项包括科目编号、借方金额、贷方金额、外币额。用一条 SQL 语句，按资金日报表中的所有科目编号和日期范围（选定日期所在月份的 1 日至选定日期），一次性读取凭证基表（Pz）中的对应科目的科目编号、借方金额、贷方金额、外币额，并将其填入临时数据窗口的对应数据项。

（4）对资金日报表中的各行数据进行逐条处理。根据所选日期和资金日报表中的科目编号，对临时数据窗口中对应科目的借方金额和贷方金额进行汇总，其汇总的日期范围为选定日期所在月份的 1 日至选定日期的前一日，根据选定日期所在月份的科目月初余额和汇总得出的借方合计和贷方合计计算昨日余额（昨日余额=月初余额+借方合计-贷方合计），并将其填入资金日报表的昨日余额栏（包括本币和外币）。再按选定日期对临时数据窗口中对应科目的借方金额和贷方金额进行汇总，将汇总得出的借方合计和贷方合计分别填列到资金日报表的今日共借栏和今日共贷栏（包括本币和外币）。

（5）在资金日报表中，根据已填列的昨日余额、今日共借和今日共贷，计算今日余额（包括本币和外币）。

（6）删除临时数据窗口，输出资金日报表。

第三节　银行对账

由于企业的银行存款收付业务比较频繁，而且企业与银行之间的账务处理和入账时间不同，往往会发生双方账面记录不一致的情况，产生"未达账项"。为了防止记账发生差错，准确掌握银行存款的实际余额和企业可以运用的货币资金，企业必须定期（月末）将企业的所有银行存款末级科目明细账与银行对账单进行核对，并编制银行存款余额调节表，这就是银行对账。随着会计信息化的不断发展，企业与银行间信息沟通越来越便捷，出纳对"未达账项"理应了如指掌，银行对账功能将逐渐失去效用。

对账时，企业银行存款明细账由凭证基表（Pz）和科目字典（Kmzd）生成，之所以不用日记账是因为日记账中的日合计数无用且易混淆对账，银行对账单由银行提供，因此，需要设计一个基表来存储银行对账单数据。银行对账单基表名为 Yhdzd，在银行对账单基表（Yhdzd）中存储银行对账前期未达账项和当期银行对账单数据，该基表的作用是期末进行银行对账，编制银行存款余额调节表，对长期未达账项进行审计等，银行对账单不设计历史数据基表。银行对账单基表（Yhdzd）的数据结构如表 4-2 所示，其通过"科目编号"外键与科目字典构成关联。

表 4-2　　　　　　　　　　银行对账单基表（Yhdzd）的数据结构

列名	含义	数据类型	长度	主键	完整性约束
Zth	账套号	字符型	3	组合主键、外键	非空
Kmbh	科目编号	字符型	20	组合主键、外键	非空
Ph	票号	字符型	20	组合主键	非空
Rq	日期	日期型			非空
Jsfs	结算方式	字符型	12		
Jfje	借方金额	数值型	15.2		
Dfje	贷方金额	数值型	15.2		
Ye	余额	数值型	15.2		
Dzbz	对账标志	字符型	2		

为了协助企业出纳员完成银行对账工作，出纳管理提供了银行对账功能，即将系统中的银行存款明细账与银行对账单进行核对。在科目字典中，凡是科目账类设置为"银行"的末级科目均需要进行银行对账。为了保证银行对账的正确性，在使用银行对账功能前，必须在开始对账的月初先将企业银行存款明细账和银行对账单双方的未达账项输入系统中，即在启用系统对账功能前，将手工对账所编制的最后一张银行存款余额调节表数据输入系统中。对账处理流程如图 4-15 所示[3]。

在正常启用银行对账之后：首先，填制凭证并进行记账处理；其次，在期末时转入银行对账单数据；再次，将转入的银行对账单数据与企业银行存款明细账进行勾对，产生银行存款余额调节表，若银行存款余额调节表不平，则需反复核对银行对账单数据并进行勾对，直到平衡为止；最后，可对对账情况进行查询，并核销银行对账单已对账数据。

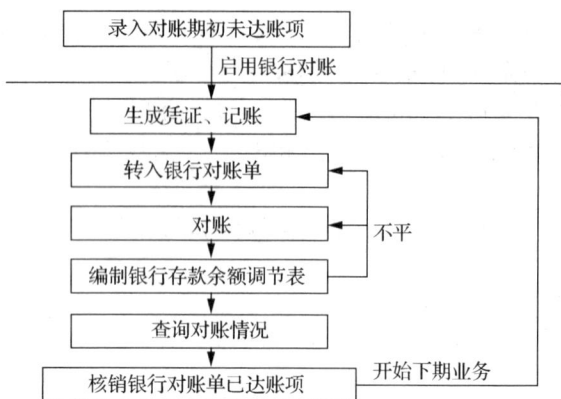

图 4-15　银行对账的处理流程

由银行对账的处理流程可知，如果企业能够实现与银行通过网络来传递对账所需要的数据，并能够将银行对账单数据转换到系统中，那么无疑启用系统对账功能是明智之举，否则，就需要手工录入银行对账单数据，在这种情况下出纳员一般不愿启用系统对账功能，其原因是花费很大精力录入的银行对账单数据，一旦核准后就无任何用处，就要将其删除，因此，在这种情况下使用系统对账，还不如手工对账实用、有效。

一、对账期初未达账项处理

对账期初未达账项是指在启用系统对账功能前，手工方式所编制的最后一张银行存款余额调节表上的未达账项。为了确保银行对账的正确性，顺利完成手工对账向系统对账的转换，在使用"银行对账"功能前，必须首先将银行未达账项和企业未达账项录入系统中，并勾对单位日记账的未达账项。通常企业在使用会计软件时，并不马上启用银行对账功能，待系统正常运行一段时间之后才启用银行对账功能，以确保单位日记账的未达账项在凭证基表（Pz）中已经存在。启用时各银行存款科目可分期启用，但必须在某月的月初启用。

录入对账期初未达账项时，需选择银行存款科目，选择时系统用下拉列表框方式列示科目字典中，科目账类是"银行"的所有末级科目以供选择，选定某一银行账户后，即进入对账期初未达账项录入界面，如图 4-16 所示。

图 4-16　对账期初未达账项录入

在图 4-16 中，应设计科目选择下拉列表框，以便在不退出界面的情况下选择其他银行存款户，同时，还应设计启用月份选项，利用此选项定义银行对账功能的启用月份，其默认值为当前月份，此项可用下拉列表框从 12 个月份值中选取，"单位日记账"应改为"企业方"，而

"银行对账单"应改为"银行方"。

企业方的各项数据不需输入，其调整前余额由系统根据选择的银行存款科目和启用月份从科目字典中读取，其加、减数据项由录入的银行方期初未达账项产生，其调整后余额自动计算得出。银行方的调整前余额需录入，其加、减数据项由录入的企业方期初未达账项产生，其调整后余额自动计算得出。

在图 4-16 所示的界面中还应设计"确认"和"取消"功能，选择银行存款科目和启用月份，并输入银行方的调整前余额后，只能选择"确认"或"取消"功能，其他功能失效。选择"确认"功能，系统显示企业方的调整前余额，并将输入的银行方调整前余额存储到银行对账单基表（Yhdzd），其中"票号"可存入一个特殊值以便区分（如"000"），然后选择银行存款科目和启用月份，将凭证基表中该科目、该日期（启用月份的 1 号）之前所有记录的对账标志全部设置为已勾对（即设置为"√"），同时激活"银行方期初未达账项""企业方期初未达账项"两个功能，利用这两个功能可以输入银行方期初未达账项和企业方期初未达账项。选择"取消"功能则所做的选择和输入的数据作废。

（一）银行方期初未达账项处理

该功能用于录入银行方期初未达账项数据，其录入界面如图 4-17 所示。利用"增加"功能可新增一空行，在此空行内可输入一条银行方期初未达账项信息；利用"删除"功能可删除一行银行方期初未达账项数据。

在图 4-17 所示的界面中录入完成银行方期初未达账项之后，返回到图 4-16 所示的界面，并且系统根据录入的银行方期初未达账项自动计算企业方的加、减数据项，加项（银行已收企业未收）等于银行方期初未达账项的借方合计，而减项（银行已付企业未付）等于银行方期初未达账项的贷方合计，系统根据企业方的调整前余额（银行存款科目余额）、加项、减项自动算出调整后余额。

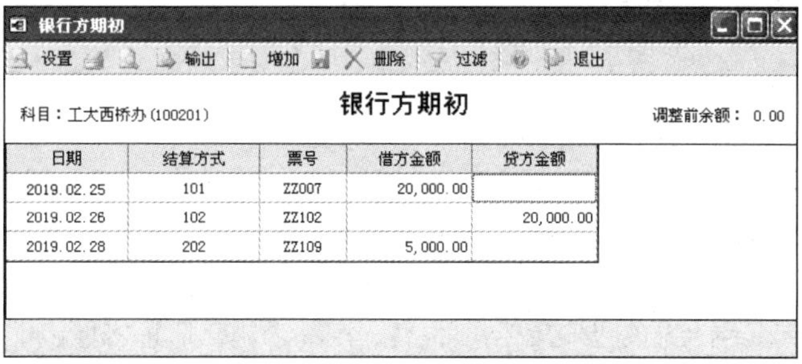

图 4-17　银行方期初未达账项录入

（二）企业方期初未达账项处理

该功能用于录入并确认企业方期初未达账项，其录入界面如图 4-18 所示。其"增加"和"删除"功能与银行方期初未达账项数据录入界面的相关功能相同。图 4-18 中所列示的数据项过多，只需录入凭证日期、凭证号、票号和借方金额、贷方金额即可，其他数据项没有必要录入。

图 4-18　企业方期初未达账项录入

在输入完成并"保存"时，系统并不保存录入的数据，所录入的凭证数据在凭证基表中已经存在，由于在图 4-16 中"确认"时已将凭证基表中启用月份之前的，所选科目的凭证记录全部设置为已勾对，而此时所录入的是企业方期初未达账项，所以要根据此时录入的信息，在凭证基表中查询与之对应的记录，并将其已勾对标志改为未勾对，即将其设置为空。此过程是自动对账的反过程，在核对时科目编号、日期、凭证号、票号和借贷方金额各数据项必须完全相符，对于检查相符的凭证，将其对应记录的"对账标志"清空，即变为未达账项。同时，在图 4-18 中，将其核对标志设置为"〇"，说明该笔业务为未达账项，否则对于检查不相符的凭证应对图 4-18 中的各项数据进行修改，直到与凭证基表中的对应数据相符为止。因为此时录入的全部是未达账项，所以必须在凭证基表中找到与之相符的凭证。也就是说在图 4-18 中所录入的各项数据只是为了在凭证基表中找到与之对应的记录，而系统并不保存企业方期初未达账项数据，其原因很简单——这些数据在凭证基表中已经存在。如此设计则要求必须在系统正式投入运行一段时间（1～2 个会计期间）之后，才可启用系统自动对账功能，以确保凭证基表中的数据能完全涵盖企业方期初未达账项。

完成企业方期初未达账项处理之后，返回图 4-16 所示的界面，并且系统根据录入并核定的企业方期初未达账项自动计算银行方的加、减数据项，加项（企业已收银行未收）等于企业方期初未达账项的借方合计，而减项（企业已付银行未付）等于企业方期初未达账项的贷方合计，系统根据银行方的调整前余额（银行账面余额）、加项、减项自动算出调整后余额。企业方和银行方的调整后余额必须相等，如果不等，则银行账面余额，或银行方期初未达账项，或企业方期初未达账项必有错误，需要对这些数据进行逐项检查改正，直至调整后企业方和银行方余额相等为止。

二、转入银行对账单数据

该功能在银行对账期初数据处理完成，银行对账功能正常投入运行之后才可使用，该功能用于转入期末银行对账单数据。

如果企业与银行实现联网或通过其他数据传输手段，能够将银行对账单数据传输给企业，那么企业就能更加有效地实施银行对账。不过需要对传输的银行对账单数据有一定的规范性要求：第一，对传输数据的格式有一定要求，必须是通用的数据格式，如文本文件（TXT 文件）、Excel 文件等；第二，对传输数据的数据项也有一定要求，在信息化环境下，开户行最好是将对应银行存款科目的明细账数据传输给企业，而不应该是日记账数据或凭证数据，因为日记账中的日合计数对企业对账无用，而凭证中的数据又没有余额，所以明细账数据最为合适，需要传输的银行对账单数据包括表 4-2（银行对账单基表）中除"对账标志"之外的所有数据项。在企业会计软件的银行对账功能中，应该设计银行对账单数据的转入功能，将银行对账单数据自动引入银行对账单基表中，从而有效实施银行对账。需要说明的是，在进行数据转入时，对于转入的银行存款科目，其票号为"000"的记录始终存储该科目的当前账面余额数据，也就是说某账套的某银行存款科目，其票号为"000"的记录始终存储该账套的该银行存款科目的当前账面余额数据。

三、对账

企业的大量经济业务要通过银行结算，银行要为每个企业记录这些经济业务，银行对账是指银行记载的银行存款收付记录和企业记载的银行存款明细账相互核对，目的就是将企业银行存款明细账与银行对账单进行核对，不仅要找出相同的经济业务进行核销，而且还要找出未达账项和造成未达账项的根源。

为了提高银行对账的速度和效率，系统提出了两种对账方式：自动对账和手工对账。银行对账一般采用自动对账与手工对账相结合的方式。自动对账是计算机根据对账依据自动进行核对与勾对，在核对与勾对中，借贷方向相同和金额相等是必要条件，其他可由用户选择的条件包括结算方式相同、票号相同、日期在多少天之内。对于已核对的业务，系统将自动在银行存款明细账和银行对账单双方写上两清标志，并视为已达账项。对于在两清栏未标有两清标志的记录被视为未达账项。由于自动对账是以银行存款明细账和银行对账单双方对账依据完全相同为条件的，所以为了保证自动对账的正确和彻底，企业和银行必须保证对账数据的规范与合理，如银行存款明细账和银行对账单的票号编码必须统一等。手工对账是自动对账的补充，使用自动对账后，可能还有一些特殊的已达账项没有核准，而被视为未达账项，可用手工对账功能来加以补充和更正，以确保对账的正确性。对账界面如图 4-19 所示。

单位日记账

凭证日期	票据日期	结算方式	票号	方向	金额	两清	凭证号数	摘要
2019.03.06				贷	10,000.00	○	记-0001	上缴2月份增值税
2019.03.06				贷	220.00	○	记-0002	上缴12月份城建税
2019.03.11				贷	200.00	○	记-0003	上缴12月份教育费附加
2019.03.11				贷	1,000.00	○	记-0004	付出应付账款
2019.03.11				借	1,000.00	○	记-0005	销售商品A
2014.03.11				借	1,000.00	○	记-0007	销售产品B
2019.03.11				借	3,000.00	○	记-0010	收到利息
2019.03.11				贷	1,170.00	○	记-0012	采购原材料
2019.03.11				借	10,000.00	○	记-0013	收回应收票据

银行对账单

日期	结算方式	票号	方向	金额	两清	对账序号
2019.03.13	101	ZZ001	贷	10,000.00		
2019.03.13			贷	220.00	○	2014031800006
2019.03.13			贷	200.00	○	2014031800005
2019.03.13			借	1,000.00	○	2014031800001
2019.03.13			借	1,000.00	○	2014031800002
2019.03.13			贷	1,000.00	○	2014031800007
2019.03.13	101	XJ101	贷	1,170.00		
2019.03.13			借	3,000.00	○	2014031800003
2019.03.13			借	10,000.00	○	2014031800004

图 4-19 银行对账界面

在图 4-19 中：首先，系统根据选择的银行存款科目，在凭证基表中将该科目的所有对账标志为空（未勾对）的记录全部列出，生成企业银行存款明细账对账数据，以便与银行对账单数据进行勾对；然后，系统再根据选择的银行存款科目，从银行对账单基表中将该科目的所有本期对账单数据和上期未达账项数据全部列出，即对账标志为空（未勾对）的所有记录，生成银行对账单对账数据，以便与企业银行存款明细账数据进行勾对。但在银行对账单列示的数据中不包括票号为"000"的记录，票号为"000"的记录存储所选科目的银行存款账面余额，而此余额数据不需与单位日记账进行勾对。

（一）自动对账

自动对账就是由计算机自动在凭证基表和银行对账单基表中，寻找完全相同的经济业务进行核对与购销。完全相同的经济业务是指经济业务发生的时间、内容、摘要、结算方式、票号、金额等均相同的经济业务。由于同一笔经济业务在银行和企业间分别由不同的人员进行记录，经济业务发生的时间、摘要等不可能完全一样，所以经济业务是否相同，需要由对账人员进行对账条件设置，如图 4-20 所示，除借贷方向相同和金额相等外，还有其他条件需要定义。

（1）定义对账截止日期，系统按截止日期实施对账，不定义则对所有未对账业务进行勾对。

（2）系统默认的对账条件为日期相差一周（7天）之内，结算方式和票号相同，此3项条件为复选项，用户可以根据业务需要确定自动对账条件。日期相差天数可直接修改。

（3）输入对账条件并单击"确定"按钮后，系统按用户设定的对账条件进行对账，并将本次对账结果分别存入凭证基表和银行对账单基表。

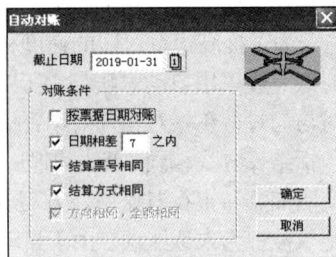

图 4-20　自动对账条件定义

自动对账后，可能还有一些特殊的已达账项没有核销，仍列入未达账项中，这时可以采用手工对账来补充。

（二）手工对账

手工对账的目的是核对自动对账未能核准的已达账项。由于同一项经济业务在企业银行存款明细账和银行对账单上的记录内容有可能不完全相同。自动对账不能核销这些本来相同的业务，从而无法实现彻底对账，需要通过手工对账来核销这些特殊业务。手工对账直接在图4-19所示的界面进行，其对账步骤如下。

步骤（1）在企业银行存款明细账中选择要进行勾对的记录。

步骤（2）选择"对照"功能后系统将在银行对账单区显示票号、金额和方向同企业银行存款明细账中当前记录相同或相似的银行对账单数据，用户可参照进行勾对。

步骤（3）如果对账单中有同当前企业银行存款明细账相对应的记录，但未勾对上，则在当前企业银行存款明细账的"两清"区双击，将当前企业银行存款明细账标上两清标记，同样双击银行对账单中对应的两清区，也标上两清标记。

步骤（4）重复步骤（1）～步骤（3），直到找出所有已达账项为止。

（三）取消对账

在图4-19所示的界面中，系统提供两种取消对账标志的方式，即手工取消某一笔对账标志和自动取消指定时间内的所有对账标志。

（1）手动取消勾对。双击要取消对账标志业务的"两清"区，将其两清标志由"√"（已两清）改为空（未达账项）即可。

（2）自动取消勾对。在系统中设计"取消"功能，系统提示输入反对账的日期期间，系统将自动对此期间内已两清的银行账取消其两清标志，然后可重新进行勾对。

四、编制银行存款余额调节表

完成对账之后，便可调用"余额调节表"功能，以检查对账是否正确。运行此功能时，系统首先将科目字典中科目账类为"银行"的末级科目全部列出，然后根据各银行存款科目的科目编号，分别从科目字典和银行对账单基表中，读取各银行存款科目的账面余额。选定某一银行存款科目后，即可查阅该科目的银行存款余额调节表，如图4-21所示。

在图4-21中，各数据项全部由系统计算得出。企业方："账面余额"根据选择的银行存款科目从科目字典中取出（当前期期末银行存款科目余额）；"加：银行已收企业未收"等于银行方未达账项的借方合计；"减：银行已付企业未付"等于银行方未达账项的贷方合计；"调整后余额"根据企业方账面余额、加项、减项自动算出。银行方："账面余额"根据选择银行存款科目从银行对账单基表中取出（票号为"000"的余额）；"加：企业已收银行未收"等于企业方未达账项的借方合计；"减：企业已付银行未付"等于企业方未达账项的贷方合计；"调整后余额”根据银行方账面余额、加项、减项自动算出。企业方和银行方的调整后余额必须相等。如果不等，则银行方未达账项，或企业方未达账项必有错误，即对账中出错，需要对这些数据进行逐项检查改正，直至调整后余额相等为止。

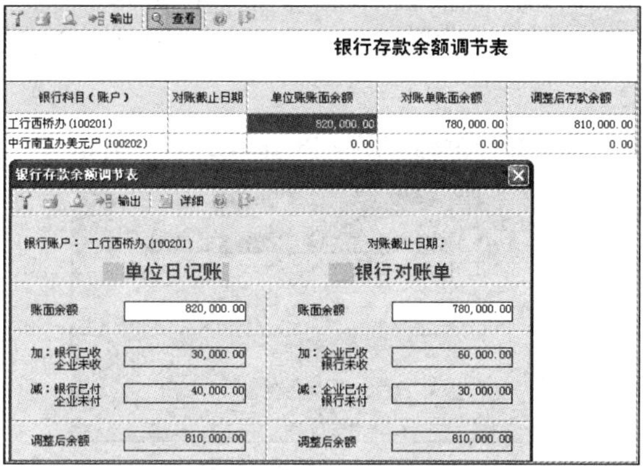

图 4-21　银行存款余额调节表

五、查询对账情况

该功能用于查询企业银行存款明细账和银行对账单的对账结果，其查询界面如图 4-22 所示。在图 4-22 中，设计了银行存款科目下拉列表框，用此列表框可以选择科目字典中所有科目账类为“银行”的末级科目；还设计了“银行对账单”和“单位日记账”两个活页夹，利用这两个活页夹可以查询企业银行存款明细账和银行对账单；还应设计全部、已达账项、未达账项单选项组，以便实现对查询数据的筛选。

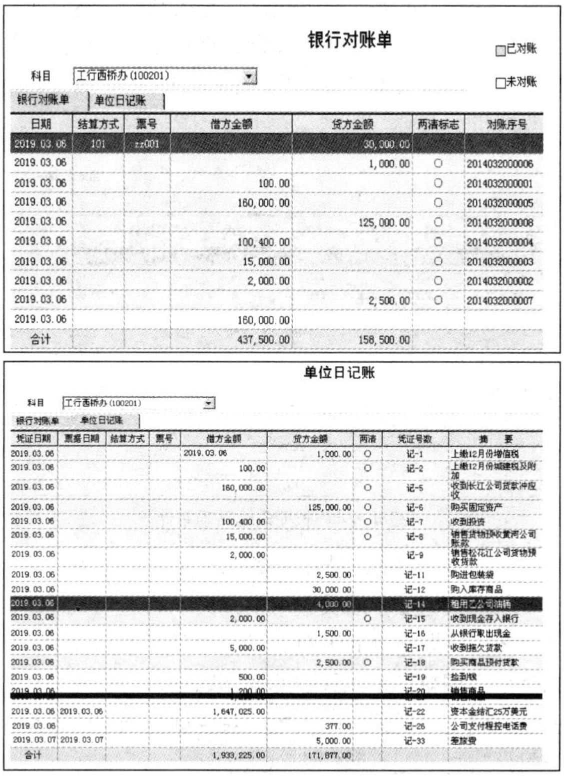

银行对账单

□已对账

□未对账

科目 工行西桥办（100201）

银行对账单 | 单位日记账

日期	结算方式	票号	借方金额	贷方金额	两清标志	对账序号
2019.03.06	101	zz001		30,000.00		
2019.03.06				1,000.00	○	2014032000006
2019.03.06			100.00		○	2014032000001
2019.03.06			160,000.00		○	2014032000005
2019.03.06				125,000.00	○	2014032000008
2019.03.06			100,400.00		○	2014032000004
2019.03.06			15,000.00		○	2014032000003
2019.03.06			2,000.00		○	2014032000002
2019.03.06				2,500.00	○	2014032000007
2019.03.06			160,000.00			
合计			437,500.00	158,500.00		

单位日记账

科目 工行西桥办（100201）

银行对账单 | 单位日记账

凭证日期	票据日期	结算方式	票号	借方金额	贷方金额	两清	凭证号数	摘　要
2019.03.06				2019.03.06	1,000.00	○	记-1	上缴12月份增值税
2019.03.06				100.00		○	记-2	上缴12月份城建税及附加
2019.03.06				160,000.00		○	记-5	收到长江公司货款冲应收
2019.03.06					125,000.00	○	记-6	购买固定资产
2019.03.06				100,400.00		○	记-7	收到投资
2019.03.06				15,000.00		○	记-8	销售货物预收黄河公司账款
2019.03.06				2,000.00			记-9	销售松花江公司货物预收货款
2019.03.06					2,500.00		记-11	购进包装袋
2019.03.06					30,000.00		记-12	购入库存商品
2019.03.06					4,000.00		记-14	租用乙公司油桶
2019.03.06				2,000.00		○	记-15	收到现金存入银行
2019.03.06					1,500.00		记-16	从银行取出现金
2019.03.06				5,000.00			记-17	收到拖欠货款
2019.03.06					2,500.00	○	记-18	购买商品预付货款
2019.03.06				500.00			记-19	捡到钱
2019.03.06				1,200.00			记-20	销售商品
2019.03.06	2019.03.06			1,647,025.00			记-22	资本金结汇25万美元
2019.03.06					377.00		记-26	公司支付程控电话费
2019.03.07	2019.03.07				5,000.00		记-33	差旅费
合计				1,933,225.00	171,877.00			

图 4-22　查询对账结果

六、核销已达账项

该功能用于将核对正确并确认无误的已达账项从银行对账单基表中删除。在银行对账正确后，如果想把已达账项从银行对账单基表中删除而只保留未达账项时，可使用本功能。如果某一银行存款户对账不平衡时，不能使用本功能核销，否则将造成对账错误。核销已达账项的界面如图 4-23 所示。

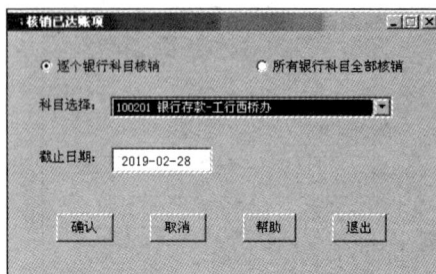

图 4-23 核销已达账项

在图 4-23 中，当选"逐个银行科目核销"时，激活科目选择下拉列表框，可从科目字典中选择末级银行存款科目进行已达账项核销。当选"所有银行科目全部核销"时，科目选择下拉列表框失效，此功能可对所有银行存款科目的已达账项进行核销，此功能应谨慎使用。核销时系统将对截止日期之前的已达账项进行核销。核销已达账项功能对企业银行存款明细账无任何影响，凭证基表中的数据也不发生改变。

七、长期未达账项审计

该功能用于查询至截止日期为止未达天数超过一定天数的未达账项，以便企业分析长期未达原因，避免资金损失。查询长期未达账项时需定义查询条件，确定查询的截止日期和至截止日期超过的天数，系统根据定义的查询条件输出查询结果，如图 4-24 所示。

图 4-24 长期未达账项审计

在图 4-24 中，上半部分为"银行对账单"数据，下半部分为"单位日记账"数据。可以通过"银行对账单"和"单位日记账"活页夹切换查阅。当选"银行对账单"时，系统根据定义的"截止日期"和"至截止日期超过的天数"对银行对账单基表中的日期字段进行计算，查询截止日期之前的，到截止日期超过一定天数的未达账项；当选"单位日记账"时，系统根据定义的"截止日期"和"至截止日期超过的天数"对凭证基表中的日期字段进行计算，查询截止日期之前的，到截止日期超过一定天数的未达账项。

◎ 本章习题

1. 出纳管理包括哪些功能？

2. 出纳签字需按定义的查询条件，找到出纳签字对象。其查询条件包括哪些数据项？如何实现输出满足条件的收付款凭证？

3. "出纳签字"和"取消签字"结果数据如何存储？

4. 说明支票登记簿基表的作用，并举例说明其主要存储内容。

5. 说明现金和银行存款总账的功能，你认为出纳员除现金和银行存款日记账外，有必要了解现金和银行存款总账与明细账吗？

6. 现金和银行存款总账的查询科目如何选择？其总账数据来源于哪些数据基表（或字典）？

7. 在生成现金和银行存款总账数据时，若选择了"包含未记账凭证"选项，说明其数据处理过程。

8. 简要说明在会计信息系统中，数据处理与信息输出的设计思想。

9. 说明现金和银行存款日记账的功能，并说明其与明细账的区别。

10. 说明现金和银行存款日记账中，凭证数据（包含未记账凭证）如何获取。

11. 说明现金和银行存款日记账中，科目的各月发生额、累计发生额和余额如何生成。

12. 现金和银行存款日记账在初始数据生成时，其凭证数据、日合计数、月合计数和累计数据等都是无序数据，如何实现其有序化？为什么如此生成日记账数据？日记账各行余额数如何计算？

13. 说明"按日查"与"按月查"日记账的区别，并说明"按日查"日记账的昨日余额如何生成？

14. 说明资金日报表中，科目编号、科目名称栏数据如何产生。

15. 说明资金日报表中，昨日余额、今日共借、今日共贷、今日余额栏数据如何生成。

16. 由于在账簿管理中，可以生成现金和银行存款的总账、余额表、明细账等账表，所以在会计信息系统中可不单独设计出纳管理系统，将其功能纳入账簿管理系统即可，你对此如何认识？

17. 什么是银行对账？银行对账涉及哪些科目、哪些账簿？为什么不用日记账实行对账？

18. 说明银行对账单基表的作用和数据来源。

19. 说明银行对账的处理流程。

20. 在刚启用银行对账功能前，银行方期初未达账项和企业方期初未达账项如何确定？

21. 简要说明银行方期初未达账项处理时，"企业方"和"银行方"的调整前余额、加项、减项、调整后余额数据如何产生。

22. 在银行对账单基表中，各银行存款科目的当前账面余额数据如何存储？

23. 在启用系统自动对账功能前，在凭证基表中，企业方期初未达账项如何确定？

24. 对于支票管理和期末银行对账功能，采用计算机管理可能比手工管理更费时、费力，对这两个功能是否以手工管理为宜？为什么？

25. 通过实际调研或网上查询，给出企业与银行信息互联的解决方案。

26. 在进行银行对账时，对账数据包括哪些？如何生成？

27. 简要说明银行对账过程。

28. 对账完成后，即可查阅银行存款余额调节表，简要说明银行存款余额调节表数据如何生成。

29. 简要说明核销已达账项功能。

30. 长期未达账项审计数据如何生成？

第五章
账簿管理

企业发生的经济业务，经过制单、审核、记账等处理，就形成了正式的会计账簿。对企业发生的经济业务进行查询、统计、分析等，都可以通过账簿管理实现。账簿管理是会计工作所必需的重要内容。除了前述现金和银行存款总账以及日记账之外，账簿管理还包括基本会计科目的账簿查询和输出，以及各种辅助核算账簿的查询与输出。在账簿管理中，不论是查询还是打印，都必须指定信息输出条件，系统根据定义的条件即时生成账簿，并按用户需求进行显示或打印。为了实现对账簿的快速、高效和实时输出，账簿管理应设计便捷的查询方式，以便可以处处实现对总账、明细账、凭证的联查。此外，账簿查询还应提供未记账凭证的模拟记账功能，使企业能够随时了解各科目的最新情况，从而对科目、部门、往来、项目、外币等信息反映更加及时，费用控制更加有效。自定义多栏账可根据实际管理的需要将同一科目下的不同级次科目有机组合起来，生成多栏账，以满足会计科目的多级次的综合账簿输出。账簿管理功能如图5-1所示。

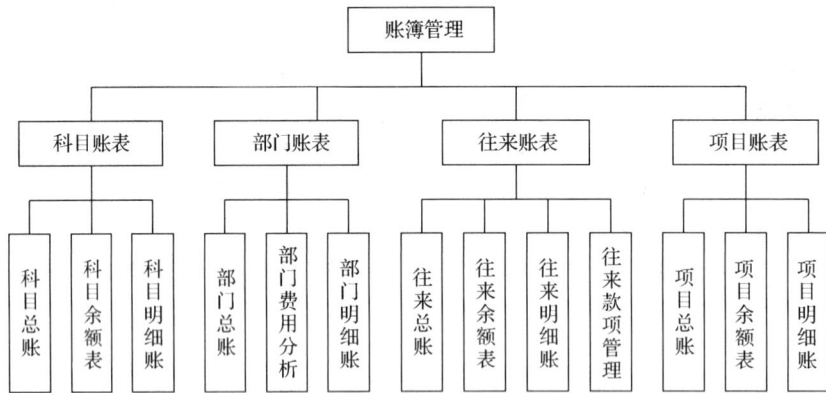

账簿管理功能

图5-1 账簿管理功能

从数据流程角度来看，账簿查询主要是指系统根据用户设置的查询条件，从各类基表中读取相关数据，按规范的格式动态生成各类账簿临时数据，并通过某种界面加以展示，如图5-2所示。在账簿查询条件定义中，除某些单选或复选条件（如"包含未记账凭证"）以及由用户直接输入的条件（如日期）外，绝大多数条件的可选值都是由系统基础数据字典提供的，如会计科目的可选值由科目字典提供，客户的可选值由客户档案提供等。在生成特定账表时，系统根据账表类型以及相应的查询条件，确定具体从哪些基表中读取相关数据。例如：生成总账时需要从科目字典读取所选科目的各月发生额和余额，如果是外币科目还要从外币科目发生额与余额基表中读取外币发生额和余额；生成部门账表时需要从部门发生额与余额基表中读取所选部门的各月发生额与余额等。

由图5-2可见，与手工登记账簿的数据流程相比，会计信息系统中账簿管理的数据流程主要呈现出以下特点。

（1）手工系统中，总账的登记必须以科目发生额与余额表的统计为基础，即科目发生额与余额表是手工账簿系统数据流程的中间节点，而非终结节点。然而，在会计信息系统账簿管理的数据处理流程中，用户可以随时方便地查询发生额与余额表、总账、明细账以及各类辅助账表中的任何一种，这些账表并列地处于数据流程的终结节点状态，它们之间不存在先后顺序上的依赖关系。因此，会计信息系统的账簿生成过程更加直接，具有更高的账簿生成效率。

（2）手工系统中，经济业务的相关信息往往以各类账表的形式加以保存，以备查询、审核之用或据以编制会计报表。也就是说，手工处理得到的中间处理结果是系统后续处理的数据来源，必须加以记录和保存，以便进行查阅和核对。然而，信息化环境下用户查询的各类账表中所呈现的数据，是按照用户特定的输出需要重新组织得到的临时数据，并不在数据库中加以保存，因此，这些账表数据就是流程中的终结点，而不可能成为整个会计信息系统数据流程的中间节点。也正因为如此，会计信息系统中的账表才有可能根据不同用户的特定需要以更加灵活多样的形式加以呈现。

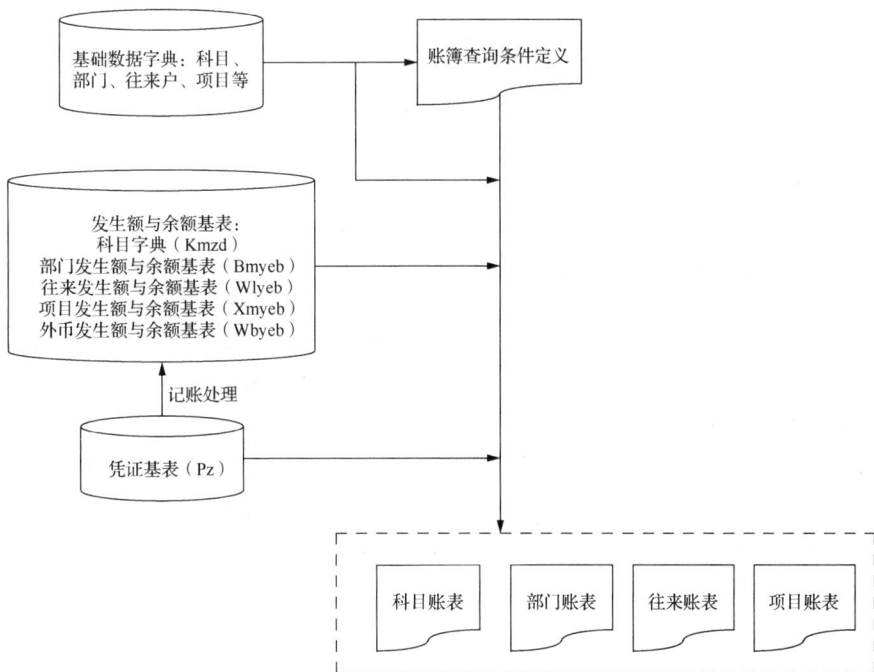

图 5-2　账簿管理的数据流程

（3）手工系统中的初始数据来源主要是记账凭证，更多的中间数据源依赖于会计人员在工作过程中生成。而在会计信息系统中，为实现自动化处理而专门设计的各类基础数据字典、凭证基表、各类发生额与余额基表中存储的信息是账簿管理数据流程中的数据来源。这些基表中的数据已经在基础数据管理和凭证管理中形成。账簿管理的数据流程在很大程度上属于从数据库中查询数据并按一定格式加以组织的过程，因此，排除了会计人员手工记账时中间结果错误的可能性，使最终呈现给用户的各类账表信息具有更高的准确性。

第一节　科目总账与余额表

一、科目总账

（一）科目总账功能

科目总账不但可以输出各总账（一级）科目的年初余额、各月发生额和月末余额，而且还

科目总账

129

可输出各级明细科目的年初余额、各月发生额和月末余额。在输出总账时先要定义查询条件，总账查询条件定义如图 5-3 所示。系统按定义的查询条件输出总账。

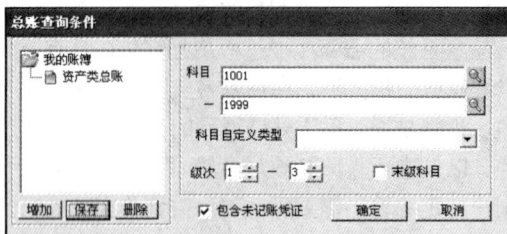

图 5-3　科目总账查询条件定义

（1）科目。可定义起止科目范围，为空时，系统默认科目字典中的所有各级科目。

（2）级次。在确定科目范围后，可进一步在该科目范围内选择按某级科目或同时按多个级次科目进行总账查询。如将科目级次定义为 1—1，则只输出一级科目总账；如将科目级次定义为 1—3，则输出一至三级科目总账。

（3）末级科目。在所选科目范围内，如需查询包含末级科目在内的所有各级科目，则选"末级科目"，若选"末级科目"则"级次"选项失效。

（4）包含未记账凭证。若想使输出的总账中包含未记账凭证数据，则选"包含未记账凭证"，系统在生成总账时，在当前月份中将未记账凭证计算在内。

按科目总账查询条件定义即可输出科目总账，如图 5-4 所示。与出纳管理中现金和银行存款总账相同，但科目总账输出的会计科目不仅有现金和银行存款科目，还有科目字典中的所有会计科目。在查询过程中，可以在科目下拉列表框中选择需要查看的科目（选择范围为总账条件定义的科目范围）。用户可以在账簿格式下拉列表框中选择账簿格式，包括金额式、外币式、数量式、外币数量式 4 种，其默认值为金额式，如果用户选择了金额式以外的其他账簿格式，系统将在借方、贷方、余额栏中增设外币栏或数量栏，以此显示所选科目的外币或数量信息（所对应的科目必须是外币或数量核算科目）。用工具栏中的"明细"功能，可联查所选科目的明细账。如果用户需要打印总账，则可以通过工具栏中的"打印预览""打印设置""打印"功能实现。

银行存款总账

科目	1002 银行存款					金额式	
2019年 月 日	凭证号数	摘要	借方	贷方	方向	余额	
		上年结转			平		
01		当前合计	12,672,372.63	92,221.75	借	12,580,150.88	
01		当前累计	12,672,372.63	92,221.75			
02		当前合计	10,001.13	25,000.45	借	12,565,151.56	
02		当前累计	12,682,373.76	117,222.20			
03		当前合计	45,111.11	1,123.22	借	12,609,139.45	
03		当前累计	12,727,484.87	118,345.42			

图 5-4　科目总账

（二）科目总账数据生成

科目总账的数据源主要是科目字典（Kmzd）和外币发生额与余额基表（Wbyeb），在选中"包含未记账凭证"时，需要对凭证基表（Pz）中的未记账凭证数据进行汇总，并将其汇总结果加到科目总账的当前月份数据中。科目总账的数据生成流程如图 5-5 所示，其与现金和银行存款总账（第四章第二节）的数据生成流程基本相同，其不同是需要在借方、贷方、余额栏增设"数量"栏，在数据生成时，除金额、外币外，还包括数量，科目的数量发生额与余额数据存储在科目字典（Kmzd）中，在生成科目的金额数据时，一并生成数量数据即可。数量数据仅对具有"数量核算"标志的科目有意义。

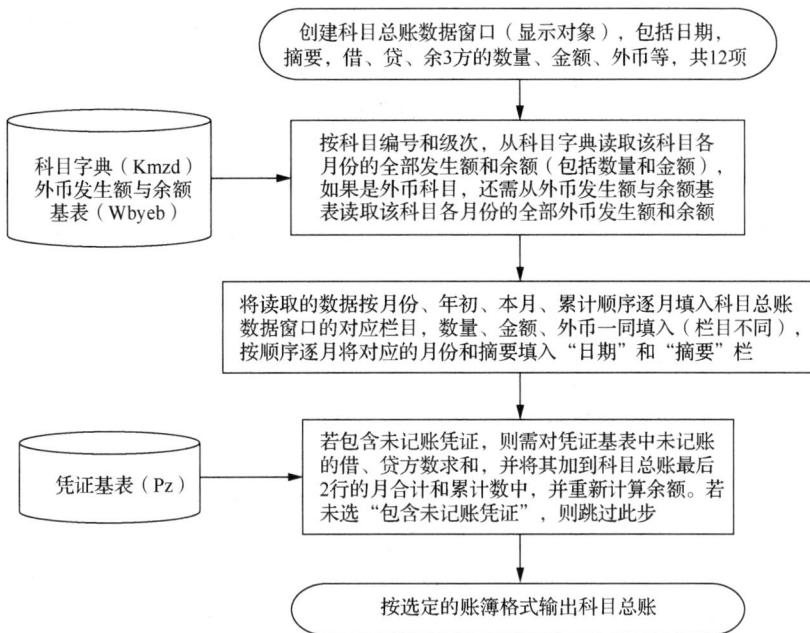

图 5-5 科目总账数据生成流程

二、科目余额表

科目余额表用于查询统计各级科目的本期发生额、累计发生额和余额等。传统的总账，是以总账科目分页设账，而科目余额表则可输出某月或某几个月的所有总账科目或明细科目的期初余额、本期发生额、累计发生额、期末余额。在实行计算机记账后，建议用科目余额表代替科目总账，其原因是在会计信息系统中，只存储科目发生额与余额数据，不存储账簿数据，账簿数据在需要时临时生成，科目余额表信息全面，可以查询多个科目，且可以对几个月的发生额进行求和，可以反映期初余额、本期借贷方发生额、累计借贷方发生额和期末余额，而总账反映的数据比较单一，只能反映一个科目的时间序列数据，尤其是年末打印科目总账时，科目余额表比科目总账更加精练、有效。

（一）科目余额表功能

输出科目余额表也需先定义查询条件，系统按查询条件输出科目余额表。其查询条件定义如图 5-6 所示。

图 5-6 科目余额表查询条件定义

（1）月份。当选择的起止月份不同且起始月份小于终止月份时，可以对多个月份之间的科目发生额与余额进行查询；当只查询某个月份科目发生额与余额时，应将起止月份都定义为同一月份，如查 2019 年 01 月科目余额表，则月份范围应定义为"2019.01—2019.01"。

（2）科目。定义起止科目范围，为空时，系统默认为所有科目。在定义起止科目时，可以使用通配符？和*（详见本节科目数据"过滤"功能）。

（3）级次、末级科目：其定义与总账查询条件定义相同。

（4）余额。用于指定要查找的余额范围。例如：若余额下限定义为 0.01，上限不定义，则查询余额大于零的所有科目；若定义为 20 000～40 000，则查询余额大于等于 20 000 且小于等于 40 000 的所有科目。

（5）科目类型。为空时，系统默认全部类型。可用科目类型下拉列表框选择要查询的科目类型，科目类型包括资产、负债、权益、成本、损益 5 种。

（6）包含未记账凭证。若想查询结果包含未记账凭证，可选"包含未记账凭证"，此选项只对当前月份有效，月份范围不包括当前月份时，此选项为不可选状态。

（7）本期无发生无余额，累计有发生显示。对于本期和累计均无发生且无余额的科目，肯定没有在科目余额表中输出的必要。但对于本期无发生但累计有发生的科目，系统默认在科目余额表中输出，即该选项默认选中，若不想在科目余额表中输出，则取消选中。

科目余额表如图 5-7 所示，其中"期初余额"和"期末余额"的"借方"和"贷方"栏应改为"方向"和"余额"栏，以便在输出外币和数量数据时，减少输出栏目。科目余额表功能如下。

科目编码	科目名称	期初余额		本期发生		期末余额	
		借方	贷方	借方	贷方	借方	贷方
1001	现金	190,000.00		96,800.00	7,000.00	279,800.00	
1002	银行存款	996,800,000.00		299,753.76	383,200.00	996,716,553.76	
1122	应收账款	450,000.00		1,235,000.00	155,000.00	1,530,000.00	
1141	坏账准备		2,000.00		4,380.00		6,380.00
1231	其他应收款			30,000.00	70,000.00	40,000.00	
1403	原材料			198,000.00	10,000.00	188,000.00	
1406	库存商品			10,000.00	20,000.00		10,000.00
1604	在建工程	1,250,000.00		40,000.00		1,290,000.00	
	资产小计	998,690,000.00	2,000.00	1,909,553.76	649,580.00	1,000,004,353.7	56,380.00
2211	应付职工薪酬				10,000.00		10,000.00
2221	应交税费		10,000.00				10,000.00
	负债小计		10,000.00		10,000.00		20,000.00
3101	实收资本（或股本）		998,678,000.00				998,678,000.00
4103	本年利润				40,000.00		40,000.00
	权益小计		998,678,000.00		40,000.00		998,718,000.00
5001	生产成本			20,000.00	10,000.00	10,000.00	
	成本小计			20,000.00	10,000.00	10,000.00	
5301	营业外收入				1,000,000.00		1,000,000.00
6001	主营业务收入			60,000.00	215,000.00		155,000.00
6061	汇兑损益				74,753.76		74,753.76
6601	主营业务收入1				20,000.00		20,000.00
6602	管理费用			25,400.00		25,400.00	
6701	资产减值损失			4,380.00		4,380.00	
	损益小计			89,780.00	1,309,753.76	29,780.00	1,249,753.76
	合计	998,690,000.00	998,690,000.00	2,019,333.76	2,019,333.76	1,000,044,133.7	1,000,044,133.7

图 5-7　科目余额表

（1）累计。用于显示或取消显示借贷方累计发生额。

（2）账簿格式。账簿格式包括金额式、外币式、数量式、外币数量式 4 种，其默认值为金额式。如果选择了金额式以外的其他账簿格式，系统将在借方、贷方、余额中不仅输出金额，而且输出外币或数量信息。例如：当选"外币式"时，系统在所输出的数据（期初、本期、累计、期末）中增加外币列，并在外币列中输出外币核算科目数据；当选"数量式"时，系统在所输出的数据（期初、本期、累计、期末）中增加数量列，并在数量列中输出数量核算科目数据；当选"外币数量式"时，系统在所输出的数据（期初、本期、累计、期末）中同时增加外币列和数量列，并在这两列中输出具有外币或数量核算的科目数据。可用"打印预览""打印设置""打印"功能打印科目余额表。

（3）总账。选定某一科目（即余额表中的某一行科目数据），用"总账"功能可查阅该科目的总账，即在科目余额表中可联查科目总账。

（4）明细账。选定某一科目（即余额表中的某一行科目数据），可用"明细账"功能查阅该科目的明细账，即在科目余额表中。可联查科目三栏式明细账。

（5）查询。用"查询"功能弹出图 5-6 所示的查询条件定义窗口，可重新定义查询条件，系统按新的查询条件输出科目余额表。

（6）过滤。通过"过滤"功能可对科目余额表中的数据进行过滤，过滤时弹出科目过滤条件定义窗口，系统根据输入的科目编号进行过滤，并输出符合过滤条件的会计科目数据，输入的科目编号中可使用通配符。账表查询中使用的通配符有"？"和"*"两个，其中"？"匹配一个字符，而"*"则匹配多个字符（即一个字符串）。例如：在进行科目过滤条件定义时，假设科目编码方案为 4-2-2-2-2，若科目定义为 5???01，则表示查询一级科目首位编码为"5"且二级为"01"的任何科目，"？"为单个编码通配符，一个"？"可代表任何一位编码，当要查询管理费用（6602）的所有下级科目时，可将过滤条件定义为 6602*，表示查询前 4 位编码为 6602 的任何科目。"*"为任意编码通配符，一个"*"可代表任意位编码，若过滤条件定义为 1*01，则可查询一级科目首位编码为"1"，且末级科目编码为"01"的所有科目的发生额和余额，包括 100101、100201、100901 等。用"还原"功能可将查询数据恢复到初始状态（过滤前状态）。

（二）科目余额表数据生成

科目余额表的数据生成流程如图 5-8 所示，其数据生成步骤如下。

1. 创建科目余额表数据窗口（显示对象）

科目余额表数据项包括科目编号、科目名称、期初余额方向、期初余额（数量、外币、金额）、本期借方发生额（数量、外币、金额）、本期贷方发生额（数量、外币、金额）、累计借方发生额（数量、外币、金额）、累计贷方发生额（数量、外币、金额）、期末余额方向、期末余额（数量、外币、金额）共 22 项，定义各栏目的列标题。

2. 生成符合查询条件的科目发生额与余额数据

根据科目余额表查询条件定义，用一条 SQL 语句，从科目字典（Kmzd）中读取所有满足查询条件的科目数据，包括科目编号、科目名称、科目类型、期初余额方向、期初余额（数量、金额）、本期借方发生额（数量、金额）、本期贷方发生额（数量、金额）、累计借方发生额（数量、金额）、累计贷方发生额（数量、金额）、期末余额方向、期末余额（数量、金额），并将读取的数据填列到科目余额表的对应栏目。其中：期初余额为起始月份的月初余额，本期发生额为起始月份至终止月份的各月发生额之和（可先读取，后求和），累计发生额为终止月份的累计发生额，期末余额为终止月份的期末余额。

3. 生成符合查询条件的外币科目发生额与余额数据

根据科目余额表查询条件定义，用一条 SQL 语句，从外币发生额与余额基表（Wbyeb）中读取所有满足查询条件的外币科目数据，包括各科目的期初余额、本期借方发生额、本期贷方发生额、累计借方发生额、累计贷方发生额、期末余额，并将读取的数据填列到科目余额表各对应科目的各对应外币栏目。其中，期初、本期、累计、期末各项数据的时间点与从科目字典读取的各项对应数据相同。

4. 包含未记账凭证

当选择此选项时，需在本期发生额、累计发生额、期末余额数据中，将凭证基表中各有关科目的未记账凭证数据计算在内。用一条 SQL 语句，按科目余额表的查询条件定义，一次性读取凭证基表（Pz）中"记账人"为空（未记账）的对应科目的科目编号、借方金额、贷方金额、外币额，并按科目进行分类求和，将得到的分类求和数据分别按科目编号记入科目余额表的对应数据项（本期发生额、累计发生额、期末余额）。若未选"包含未记账凭证"选项，则跳过此步。

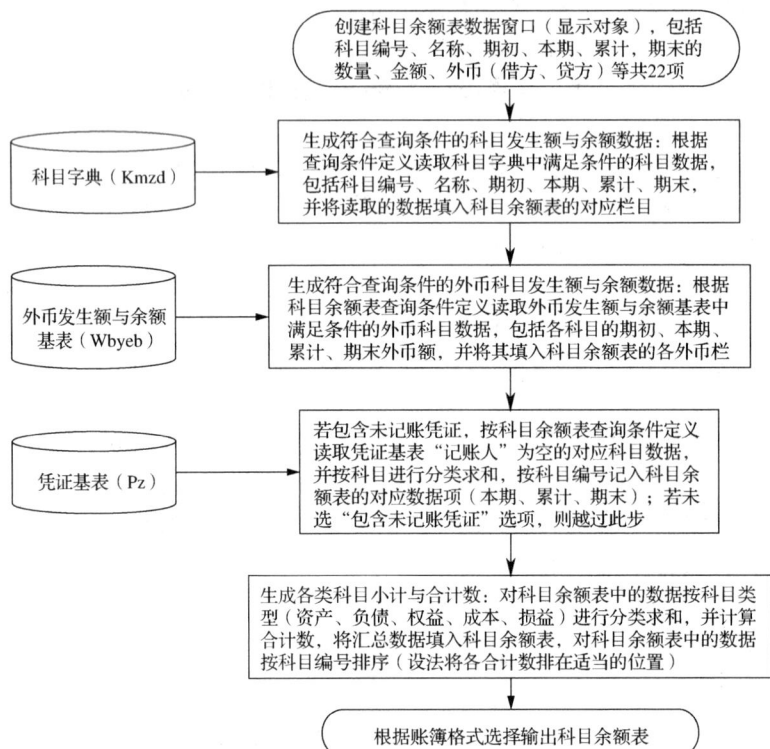

图 5-8　科目余额表数据生成流程

5. 生成各类科目小计与合计数

对科目余额表中的数据按科目类型（资产、负债、权益、成本、损益）进行分类求和，并根据分类求和结果计算合计数，其数据项包括期初余额（数量、外币、金额）、本期借方发生额（数量、外币、金额）、本期贷方发生额（数量、外币、金额）、累计借方发生额（数量、外币、金额）、累计贷方发生额（数量、外币、金额）、期末余额（数量、外币、金额）。将汇总数据分别按"资产小计、负债小计、权益小计、成本小计、损益小计、合计"6 行填入科目余额表，对科目余额表中的数据按科目编号排序（设法将各类科目小计排在各类对应科目的最后，将合计排在整个科目余额表的最后）。

6. 根据账簿格式选择输出科目余额表

若选"金额式"，则期初、本期、累计、期末各项数据只输出金额；若选"外币式"，则需输出外币和金额；若选"外币数量式"则需输出数量、外币和金额。

第二节　科目明细账

一、科目明细账查询

（一）科目明细账查询功能

科目明细账用于查询各账户的明细发生情况，可按查询条件定义输出明细账。在明细账查询过程中可以包含未记账凭证。科目明细账提供 4 种账簿查询类型：普通明细账、按科目排序明细账、综合明细账、多栏式明细账（非定义方式）。普通明细账可按任意科目级次查询（若按末级则为三栏式明细账），是按日期和凭证号排序的明细账；按科目排序明细账是按非末级科目查询，按其末级科目、日期和凭证号排序的明细账；综合明细账是按一级科目查询，包含一级科目总账及末级科目明细账（按科目排序）的综合明细账，使用户对某个一级科目及其下属的末级科目数据一目了然，在年末打印科目明细账时，使用综合明细账较为便捷；多栏式明细账（非定义方式）是按非末级科目查询，按其下级科目分栏，按日期和凭证号排序的明细账，包含非末级科目明细账和其下级科目明细数据，每个下级科目分为一栏，有几个下级科目就分几栏，使用户对该非末级科目及其对应的下级科目明细数据一目了然。各种明细账的大致格式如下。

例如，某非末级科目 "6602" 3 月份普通明细账（按时间排序）如下。

日期	摘要	借方	贷方	余额
3 月	月初余额			……
3 月 1 日（660202）	……	100		……
3 月 2 日（660201）	……	200		……
3 月 3 日（660202）	……		100	……
3 月 4 日（660201）	……		200	……
……				
3 月	本月合计	……		
3 月	本年累计			

若选择 "按科目排序"，那么科目 "6602" 3 月份按科目排序明细账如下。

日期	科目	摘要	借方	贷方	余额
3 月	660201	月初余额			……
3 月 2 日	660201	……	200		……
3 月 4 日	660201	……		200	……
……	……		……	……	……
3 月	660201	本月合计	……	……	……
3 月	660201	本年累计	……	……	……
3 月	660202	月初余额			……
3 月 1 日	660202	……	100		……
3 月 3 日	660202	……		100	……
……	……		……	……	……
3 月	660202	本月合计	……	……	……
3 月	660202	本年累计	……	……	……
……	……		……	……	……

若选择 "综合明细账"，则科目 "6602" 3 月份的综合明细账如下。

日期	科目	摘要	借方	贷方	余额
3 月	6602	月初余额			……
3 月	6602	本月合计	……	……	……
3 月	6602	本年累计	……	……	……
3 月	660201	月初余额			……
3 月 2 日	660201	……	200		……
3 月 4 日	660201	……		200	……

……	……	……	……	……	……
3 月	660201	本月合计	……	……	……
3 月	660201	本年累计	……	……	……
3 月	660202	月初余额			……
3 月 1 日	660202	……	100	……	
3 月 3 日	660202	……		100	
……	……	……	……	……	……
3 月	660202	本月合计	……	……	……
3 月	660202	本年累计	……	……	……
……	……	……	……	……	……

若选择"多栏式明细账"，则科目"6602"3 月份的多栏式明细账如下。

日期	摘要	借方	贷方	余额	660201	660202	……
3 月	月初余额			……	……	……	……
3 月 1 日	……	100		……		100	
3 月 2 日	……	200		……	200		
3 月 3 日	……		100	……		-100	
3 月 4 日	……		200	……	-200		
3 月	本月合计	……	……	……		……	
3 月	本年累计	……	……	……		……	

在查询明细账时需定义查询条件，如图 5-9 所示。

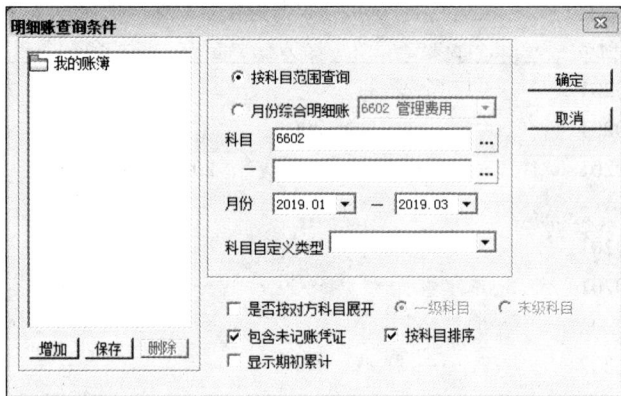

图 5-9　明细账查询条件定义

（1）科目明细账类型选择。在图 5-9 中应设计"普通明细账、按科目排序明细账、综合明细账、多栏式明细账"单选项组，四者只能选其一。当选"普通明细账"或"按科目排序明细账"时，"科目范围"选项为可选状态；当选"综合明细账"时，"科目范围"选项为不可选状态，只能在其右边的科目选择框中选择一个一级科目；当选"多栏式明细账"时，"科目范围"选项为不可选状态，只能在其右边的科目选择框中选择一个非末级科目。无论选择哪种明细账类型，"月份"和"包含未记账凭证"选项始终处于可选状态。

（2）科目选择。从科目字典中选取，"普通明细账"的科目范围（起止科目）可定义任意科目级次；"按科目排序明细账"的科目范围（起止科目）只能定义非末级科目；"综合明细账"只能定义某个一级科目；"多栏式明细账"只能定义某个非末级科目。

（3）月份。定义明细账的起止月份。

（4）包含未记账凭证。终止月份必须为当前月份，若要在明细账中包含未记账凭证数据，则可选择"包含未记账凭证"选项，在明细账中，未记账业务将用不同颜色加以区别。

（5）是否按对方科目展开。因在明细账中可联查记账凭证数据，所以此选项无意义，且无谓地增加系统的复杂性。

（6）按科目排序。在设计"按科目排序明细账"功能时，此选项无意义。

明细账查询条件定义完毕后，系统按查询条件输出明细账。图 5-10 为普通明细账，图 5-11 为按科目排序明细账，图 5-12 为综合明细账，图 5-13 为多栏式明细账。

图 5-10　普通明细账

图 5-11　按科目排序明细账

（1）在"科目"下拉列表框中选择需查询的科目。

（2）通过账簿格式下拉列表框选择需要的账簿格式，系统自动根据科目性质列示可选账簿格式——对于有数量核算的科目列示"金额式"和"数量式"，对于有外币核算的科目列示"金额式"和"外币式"，对于既有数量核算又有外币核算的科目列示"金额式""数量式""外币式""外币数量式"，对于既无数量核算也无外币核算的科目则只列示"金额式"。

（3）在查询科目明细账时，选定某笔业务，可用"凭证"功能（或双击该行），查看对应的凭证数据。

（4）用"总账"功能可查阅此科目的总账。

（5）在查询科目明细账时，可用"打印设置""打印预览""打印"功能打印科目明细账。

明细账

管理费用明细账

2019年 月 日	凭证号数	科目编码	科目名称	摘要	借方	贷方	方向	余额
01		6602	管理费用	本月合计（月净额：7,500.00）	7,500.00		借	7,500.00
01		6602	管理费用	本年累计	7,500.00		借	7,500.00
02		6602	管理费用	期初余额			借	7,500.00
02		6602	管理费用	本月合计（月净额：2,200.00）	2,200.00		借	9,700.00
02		6602	管理费用	本年累计	9,700.00		借	9,700.00
03		6602	管理费用	期初余额			借	9,700.00
03		6602	管理费用	本月合计（月净额：6,000.00）	6,000.00		借	15,700.00
03		6602	管理费用	本年累计	15,700.00		借	15,700.00
01 20	记-0006	660201	交通费	财务部人员出差	2,500.00		借	2,500.00
01		660201	交通费	本月合计（月净额：2,500.00）	2,500.00		借	2,500.00
01		660201	交通费	本年累计	2,500.00		借	2,500.00
02		660201	交通费	期初余额			借	2,500.00
03		660201	交通费	期初余额			借	2,500.00
01 25	记-0007	660202	办公费	购买办公用品	5,000.00		借	5,000.00
01		660202	办公费	本月合计（月净额：5,000.00）	5,000.00		借	5,000.00
01		660202	办公费	本年累计	5,000.00		借	5,000.00
02		660202	办公费	期初余额			借	5,000.00
03		660202	办公费	期初余额			借	5,000.00
03 01	记-0002	660203	差旅费	财务部人员出差	2,500.00		借	2,500.00
03		660203	差旅费	本月合计（月净额：2,500.00）	2,500.00		借	2,500.00
03		660203	差旅费	本年累计	2,500.00		借	2,500.00
02 15	记-0007	660205	会议费	会议费支出	1,200.00		借	1,200.00
02		660205	会议费	本月合计（月净额：1,200.00）	1,200.00		借	1,200.00
02		660205	会议费	本年累计	1,200.00		借	1,200.00
03		660205	会议费	期初余额			借	1,200.00
03 01	记-0001	660206	培训费	培训讲座	3,500.00		借	3,500.00
03		660206	培训费	本月合计（月净额：3,500.00）	3,500.00		借	3,500.00
03		660206	培训费	本年累计	3,500.00		借	3,500.00
02 15	记-0006	660207	折旧费	折旧费	1,000.00		借	1,000.00
02		660207	折旧费	本月合计（月净额：1,000.00）	1,000.00		借	1,000.00
02		660207	折旧费	本年累计	1,000.00		借	1,000.00
03		660207	折旧费	期初余额			借	1,000.00

图 5-12　综合明细账

多栏账

多栏：管理费用多栏账　　　　　月份：2019.01-2019.03

2019年 月 日	凭证号数	摘要	借方	贷方	方向	余额	借方 交通费	办公费	差旅费	通讯费	会议费	培训费	折旧费
01 20	记-0006	*财务部人员出差	2,500.00		借	2,500.00	2,500.00						
01 25	记-0007	*购买办公用品	5,000.00		借	7,500.00		5,000.00					
01		当前合计	7,500.00		借	7,500.00	2,500.00	5,000.00					
01		累　计	7,500.00		借	7,500.00	2,500.00	5,000.00					
02 15	记-0006	*折旧费	1,000.00		借	8,500.00							1,000.00
02 15	记-0007	*会议费支出	1,200.00		借	9,700.00					1,200.00		
02		当前合计			借	9,700.00					1,200.00		1,000.00
02		累　计	9,700.00		借	9,700.00	2,500.00	5,000.00			1,200.00		1,000.00
03 01	记-0001	*培训讲座	3,500.00		借	13,200.00						3,500.00	
03 01	记-0002	*财务人员出差	2,500.00		借	15,700.00			2,500.00				
03		当前合计	6,000.00		借	15,700.00			2,500.00			3,500.00	
03		当前累计	15,700.00		借	15,700.00	2,500.00	5,000.00	2,500.00		1,200.00	3,500.00	1,000.00

图 5-13　多栏式明细账（非定义方式）

（二）科目明细账数据生成

普通明细账的数据生成与出纳管理中现金和银行存款日记账的数据生成类同，只是不计算日合计数，增设"汇率"和"单价"栏，并将借、贷、余分设为"数量、外币、金额"3栏；同样，按科目排序明细账的数据生成也与出纳管理中现金和银行存款日记账的数据生成类同，除了不计算日合计数之外，其排序是按科目排序，而不是按日期排序，且需要生成各明细科目的期初余额、各月合计、各期累计和期末余额数据；综合明细账的数据生成也类似，即按指定的一级科目和月份，先生成选定一级科目的总账和其下属末级科目的明细账数据，然后再按科目、日期和凭证号排序。以普通明细账为例，其数据生成流程如图5-14所示，主要步骤如下。

（1）创建普通明细账数据窗口（显示对象），包括日期、凭证号、摘要、汇率、单价、借方（数量、外币、金额）、贷方（数量、外币、金额）、方向、余额（数量、外币、金额）共15项（其中"单价"是本币单价还是外币单价应根据汇率是否为空来确定：为空则为本币单价，非空则为外币单价）。需要分别定义对应的列标题。

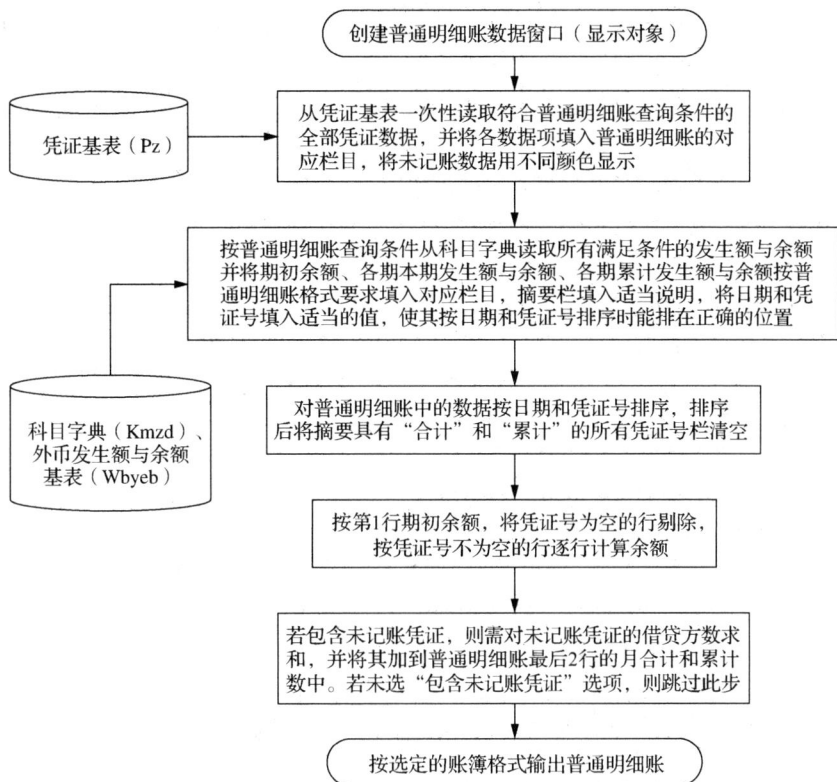

图 5-14　普通明细账数据生成流程

（2）按普通明细账查询条件定义的科目编号、起止月份、包含未记账凭证等，用一条 SQL 语句从凭证基表（Pz）中读取满足查询条件的所有凭证分录（数据项包括日期、凭证号、摘要、汇率、单价、数量、外币额、借方金额、贷方金额、记账人等），并将除"记账人"之外的各数据项填入普通明细账的对应栏目，将"记账人"为空（未记账）的各行以不同颜色加以显示。

（3）按普通明细账查询条件定义的科目编号、起止月份等，用一条 SQL 语句从科目字典（Kmzd）中读取该科目各月份的全部发生额和余额（包括期初余额、各月份借贷方发生额、各月份累计借贷方发生额、期末余额等）。如果此科目为外币科目，则还需用一条 SQL 语句，从外币科目发生额与余额基表（Wbyeb）中读取该科目各月份的全部外币发生额和余额（数据项与本币相同），并将读取的数据填入普通明细账。填列过程如下。

① 期初余额。摘要栏填入"上期结转"（若起始月份为 1 月则为"上年结转"），方向和余额栏填入对应的方向和期初余额（包括数量、外币、本币），其他栏为空（使其按日期和凭证号排序时能排在第 1 行）。

② 本期发生额与余额。日期栏填入对应月份+当月最大日，摘要栏全部填入"本月合计"，各月借、贷方发生额和余额分别填入对应的借方栏、贷方栏、方向和余额栏，数量、外币、本币一同填入（栏目不同），将凭证号填入适当值，使其按日期和凭证号排序时能排在各月数据的倒数第 2 行。

③ 累计发生额与余额。日期栏填入对应月份+当月最大日，摘要栏全部填入"本年累计"，各月借、贷方累计发生额和余额分别填入对应的借方栏、贷方栏、方向和余额栏，数量、外币、本币一同填入（栏目不同），将凭证号填入适当值，使其按日期和凭证号排序时能排在各月数据的最后。

（4）对普通明细账中的全部数据按日期和凭证号排序，排序后将摘要为"本月合计"和"本年累计"所有行的凭证号栏清空。

（5）根据第 1 行的期初余额，将凭证号为空的行剔除，按凭证号不为空的行逐行计算余额（包括数量、外币、本币），计算公式：本行余额=上行余额+本行借方栏数-本行贷方栏数（科目余额方向为"借"）；本行余额=上行余额-本行借方栏数+本行贷方栏数（科目余额方向为"贷"）。

（6）若选"包含未记账凭证"选项，则需对"记账人"为空（未记账）各行的借、贷方发生额（包括数量、外币、本币）求和，并将其加入普通明细账最后 2 行的借方栏和贷方栏。若未选"包含未记账凭证"选项，则跳过此步。

（7）按照选择的账簿格式输出普通明细账。其中"外币式"只对外币核算科目有意义，"数量式"只对数量核算科目有意义。

二、科目明细账打印

虽然在查询科目明细账时，通过"打印设置""打印预览""打印"功能可以直接打印其查询结果，但是该打印效率较低（只能逐个对科目进行查询并打印），无法满足企业科目明细账正式账簿批量打印的需求。因此，有必要设置专门的打印科目明细账功能来完成其正式账簿的打印。在打印前要定义打印条件，其定义如图 5-15 所示。

（1）账簿、账本。每一个科目可打印一份明细账，每一个总账（一级）科目可打印一本包括其所有下级科目的明细账。若选按"账簿"打印，则科目范围为可选，可打印所选科目范围中每个科目的明细账，每换一个科目，页号都从 1 开始重新排页。若选按"账本"打印明细账，则只能在右边的科目选择框中选择一个总账（一级）科目进行打印，选择时只列示一级科目，且此时科目范围选择失效，选择某个一级科目打印时，依次打印该总账科目及其所有下级科目的明细账，第一个科目从"起始页号"开始排页，每换一个科目，继续前面的页号排页，一直排到最后一个科目。系统默认"起始页号"为第 1 页。例如，假设科目 6602下有 3 个下级科目，为 660201、660202、660203，其中 6602 的明细账有 8 页，660201 有 3 页、660202 有 2 页、660203 有 3 页，那么若按账簿打印，科目范围选 6602—660203，则页号排列顺序为 6602：1—8 页；660201：1—3 页；660202：1—2 页；660203：1—3 页。若按账本打印，账本科目为 6602，则页号排列顺序为 6602：1—8 页；660201：9—11 页；660202：12—13 页；660203：14—16 页。

（2）起始页号。设定打印的起始页码。

（3）科目。用于选择打印账簿的科目范围，此选项只对账簿打印有效，对账本打印无效。例如：选择账簿打印，且此选项选择 1001—1009，表示打印 1001 至 1009 科目范围内各科目的明细账；若选择 1009-空，表示打印 1009 以后各科目的明细账。

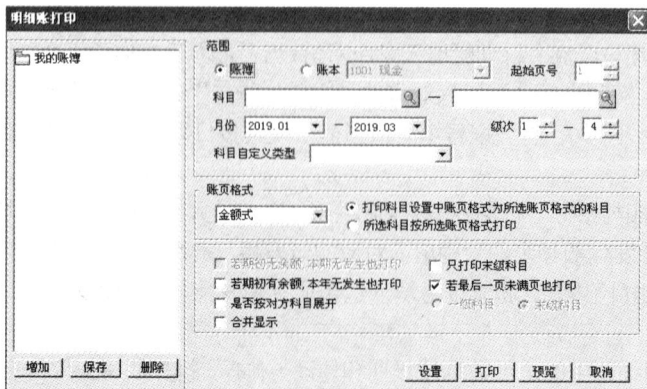

图 5-15　科目明细账打印条件定义

（4）月份。用于选择打印的月份范围。

（5）级次。用于选择打印账簿的科目级次范围，例如：若选择 1-1，表示只打印一级科目明细账；若选"只打印末级科目"，则只打印所选科目范围内的末级科目明细账。此选项也只对账簿打印有效，对账本打印无效。

（6）账页格式。用于选择所打印明细账的格式，系统提供 4 种打印格式：金额式、外币式、数量式、外币数量式。另外，系统应提供 3 种打印格式单选项："打印科目设置中账页格式为所选账页格式的科目"，即只打印科目设置中账簿格式与所选账页格式相同的科目；"所选科目按所选账页格式打印"，即所选科目全部按所选账页格式打印；"所选科目按科目设置中账簿格式打印"，即所选科目全部按科目设置中账簿格式打印。系统默认科目明细账打印行数为每页 30 行，但可通过打印参数设置进行调整。

（7）若期初有余额，本年无发生也打印。如果选择该选项，则系统打印符合条件的期初有余额但本期无发生的科目明细账；否则，不打印只有期初余额没有本期发生额的科目明细账。

（8）其他数据项。意义不大，可不设计。

三、科目多栏账

科目多栏账的数据处理比较复杂，在无特殊管理用途的情况下，不主张用多栏账功能来查询账簿。但有些企业出于特殊管理需要，可能要求系统具有较强的多栏账处理功能，在这些企业中，其会计科目设置具有一定的特殊性，总体特征是绝大多数非末级科目按其下级科目分栏，生成的多栏账都具有明确的管理意义。这就要求系统设计比较完善的多栏账处理功能。

多栏账处理具有两种方式，一种是"定义方式"，另一种是"非定义方式"。两种方式各有优缺点，因此，为了满足各种类型企业对科目多栏账的不同需求，在系统中应分别按两种方式进行设计。

（一）定义方式

这种方式的优点是：对某一具体的科目多栏账而言，其分析功能较强，既可按发生额分析，也可按余额分析，既可分析金额，也可分析数量和外币；其分析栏目既可以是借方，也可以是贷方，但其分析栏目所对应的科目必须是多栏账科目的下级科目，并且多栏账科目的所有下级科目必须全部设置为多栏账的分析栏目。这种方式也有明显不足，其缺点有以下两方面。

（1）这种方式加重了用户的负担。哪些科目需要生成多栏账必须事先定义，逐一定义这些科目多栏账的具体格式，致使系统的应变能力较差。也就是说只有定义为多栏账的科目才能生成多栏账，没有定义的科目则不能生成。如果需要生成多栏账的科目极多，全部都需要定义，则有时可能难以实现。

（2）难以实现会计科目的逐级分栏。任何企业的会计科目都具有层次性，一级科目之下分设二级科目、二级科目之下分设三级科目等，少则分到三四级，多则分到七八级（尤其是实现信息化之后，会计科目细化可能会导致科目级次的增加）。会计科目的这种逐级分解的层次关系，必然会形成逐级分栏的多栏账簿体系，假设某一总账科目分设五级明细科目，则这种逐级分栏关系如图 5-16 所示。

由图 5-16 可见：一级科目可按二级科目分栏、二级科目可按三级科目分栏等，如果需要生成多栏账的科目较多，并且各级科目生成多栏账都具有意义，则用户在定义如此众多的多栏账时就会无所适从。

（二）非定义方式

针对"定义方式"生成科目多栏账的弊端，系统还应提供科目多栏账的动态分栏方法，这种方法的基本要点如下。

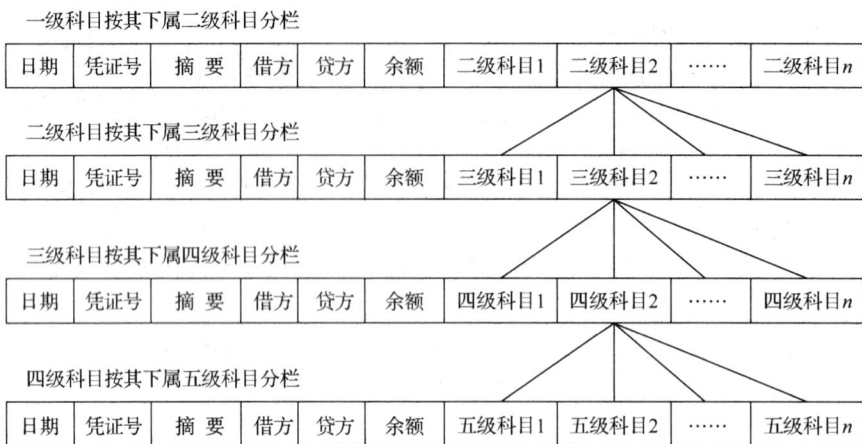

图 5-16　多级科目逐级分栏

（1）哪些科目是多栏账无须事先定义。任何科目只要分成多栏是有意义的，就可随时输出多栏式账页。

（2）多栏式账页按几级分栏是动态的。任何一级科目均可按其下级科目分栏生成多栏账。在输出多栏账时，若选择某个一级科目，则系统自动按其下属二级科目分栏，若选择某个二级科目，则系统自动按其下属三级科目分栏，依此类推。

（3）多栏账的分析方向、方式和输出内容固定。全部按所选科目在科目字典中的"科目余额方向"进行分析；其分析方式全部为"余额分析"，即系统对其分析方向上的发生额按正数输出，其相反发生额按负数输出；其输出内容全部为"金额"，不提供对"数量"和"外币"的分析功能。

（4）多栏式账页的格式是动态的。即系统根据用户选择的科目来判断该科目属于几级科目、有几个下级科目，有几个下级科目就分成几栏，各栏目的名称是各对应科目的科目名称，各栏目的排列顺序是各对应科目编号从小到大的排列顺序。

"非定义方式"的不足是分析方式单一，不能对"数量"和"外币"进行分析，其分析方式只能按"余额"分析，不能按"发生额"分析。

为了弥补上述两种方式各自的不足，在系统中提供"定义方式"和"非定义方式"两种科目多栏账处理功能。科目多栏账处理的"非定义方式"实现比较简单，在图 5-9 所示的明细账查询条件定义界面，设计"普通明细账""按科目排序明细账""综合明细账""多栏式明细账"功能即可，并在"多栏式明细账"选项的右边增加科目下拉列表框，使其与"综合明细账"选项类似，当选择"多栏式明细账"选项时激活其右边的科目下拉列表框，从科目字典的非末级科目中选择要生成多栏账的科目，系统自动按多栏账动态分栏方法的基本要点生成所选科目的多栏式账页。下面将针对科目多栏账的"定义方式"进行设计。

（三）多栏账定义

多栏账用于查询科目多栏式明细账，在查询科目多栏账之前必须先定义其输出格式和内容，系统按定义输出科目多栏账。多栏账定义信息存储在多栏账格式基表（Dlzgs）中，在多栏账格式基表（Dlzgs）中存储各账套、各种多栏账的格式定义信息，包括多栏账科目信息、各栏目定义信息、栏目对应的科目信息、栏目分析信息等。该基表的作用是在生成多栏式明细账时，系统按该基表中的有关多栏账定义信息生成多栏账。多栏账格式应设计历史数据基表，在查询以前年度的多栏账时，可根据多栏账格式的历史数据基表生成。多栏账格式基表（Dlzgs）的数据结构如表 5-1 所示。

表5-1 多栏账格式基表（Dlzgs）数据结构

列名	含义	数据类型	长度	主键	完整性约束
Zth	账套号	字符型	2	组合主键、外键	非空
Dlzkmbh	多栏账科目编号	字符型	20	组合主键、外键	非空
Lmxh	栏目序号	数值型	2	组合主键	非空
Dlzmc	多栏账名称	字符型	40		非空
Lmkmbh	栏目科目编号	字符型	20		非空
Lmmc	栏目名称	字符型	20		非空
Lmfx	栏目方向	字符型	2		非空
Lmfxfs	栏目分析方式	字符型	4		非空
Lmnr	栏目内容	字符型	4		非空
Fxlwz	分析栏位置	字符型	4		非空
Bz	备注	字符型	60		

多栏账定义如图 5-17 和图 5-18 所示。图 5-17 列示了已定义的多栏账信息，可据此增加新的多栏账定义以及修改或删除已有的多栏账定义。

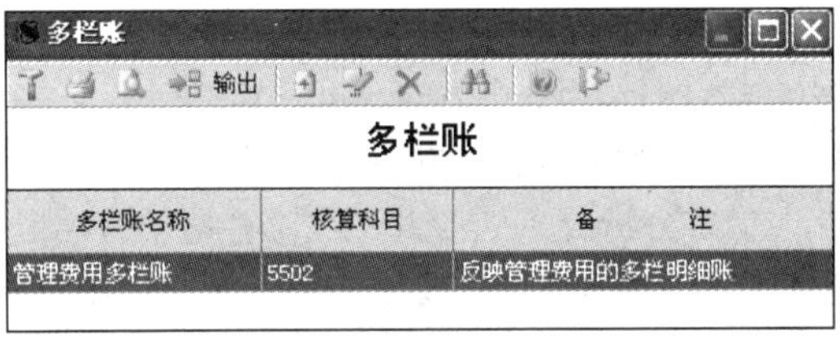

图 5-17 多栏账定义信息查询

（1）增加多栏账定义。在图 5-17 中选择"增加"功能，即进入图 5-18 所示的多栏账定义界面。可在多栏账定义界面定义一个新的多栏账。

（2）修改多栏账定义。在图 5-17 中选择某一已定义的多栏账，选择"修改"功能，则可对原多栏账定义信息（见图 5-18）进行修改。

（3）删除多栏账定义。在图 5-17 中先选择某一一个已经定义的多栏账，选择"删除"功能，系统将提示"确定删除吗？"，单击"确定"按钮则该多栏账定义信息被删除。

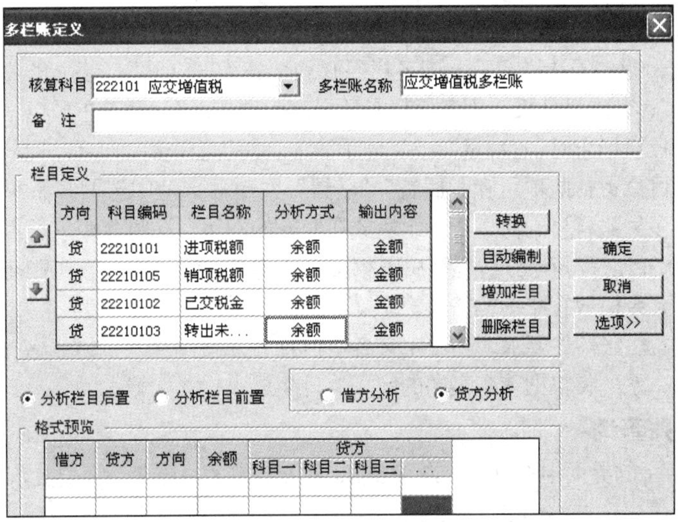

图 5-18 多栏账定义

在图 5-18 中：多栏账科目（界面中的"核算科目"），采用下拉列表框方式从科目字典的非末级科目中选取；多栏账名称，根据选择的科目名称自动产生多栏账名称，但可以对自动生成的多栏账名称进行修改；备注，对定义的多栏账进行相关说明；栏目定义，是多栏账定义的核心内容，系统提供两种定义方式，即自动编制和手动编制，建议先进行自动编制再进行手动调整，可提高定义效率。

（1）自动编制。用"自动编制"功能，系统根据所选多栏账科目的下级科目自动编制多栏账分析栏目，包括各栏目所对应分析科目编号和各栏目名称（根据所选多栏账科目的下级科目名称产生）。例如，核算科目为 6602，则执行自动编制，系统将自动把 6602 的所有下级科目全部设置为多栏账的分析栏目。

（2）手动编制。用"增加栏目"功能可增加栏目，选定栏目后用"删除栏目"功能可删除该栏目，双击某一栏目可修改该栏目定义。用"∧"和"∨"调整栏目的排列顺序。

多栏账定义的各栏目信息如下。

（1）栏目序号。由系统根据所选科目多栏账定义的栏目个数和栏目位置自动生成。

（2）栏目科目。确定栏目所对应的分析科目编号。必须为多栏账科目的下级科目，各栏目中的科目不能重复定义，且多栏账科目的所有下级科目必须全部定义为分析栏目。

（3）栏目名称。多栏账标题的栏目名称，一般为多栏账科目的下级科目名称。

（4）方向。确定栏目对应科目的分析方向，是借方分析还是贷方分析。系统默认将该栏目对应科目在科目字典中的余额方向作为分析方向，可对其进行修改（在"借""贷"空 3 个值中选择）。在多栏账定义时，各栏目的分析方向可能相同也可能不同，如管理费用多栏账的各栏目一般按相同方向分析（借方分析），而应交增值税多栏账的各栏目则往往按不同方向分析。

（5）分析方式。此项可在"发生额"和"余额"两个可选值中选取。若选按"发生额"分析，则系统只输出其分析方向上的发生额；若选按"余额"分析，则系统对其分析方向上的发生额按正数输出，其相反发生额按负数输出。例如：660201 科目为借方分析，若选按"发生额"方式，则系统只输出其借方发生额；若选按"余额"方式，则系统将其借方发生额按正数输出，其贷方发生额按负数输出。多栏账中各栏目的分析方式必须一致，若按"发生额"分析，则需全部按"发生额"分析，若按"余额"分析，则需全部按"余额"分析。当改变某一栏目的分析方式时系统自动将其他栏目的分析方式赋为相同值；当选择"增加栏目"时，系统在追加行中自动将分析方式赋值为其他已有栏目的分析方式。

（6）栏目内容。定义栏目的输出内容，可在"金额""数量""外币"3 个可选值中选取，系统默认为金额。如需要输出栏目对应科目的数量或外币，则可对此进行选择。所有栏目的输出内容必须相同，即：若选择金额，则各栏目必须全部为"金额"；若选择数量，则各栏目必须全部为"数量"；若选择外币，则各栏目必须全部为"外币"。只有在多栏账核算科目有数量核算标志或外币核算标志时，"数量"或"外币"才为可选。

（7）分析栏目位置。此项可在"后置""前置"两个可选值中选取，系统默认为后置。分析栏目后置是将多栏账科目的借、贷、余栏放在账簿的左边，而将各明细科目栏放在右边（如图 5-13）；分析栏目前置则与分析栏目后置相反，是将各明细科目栏放在账簿左边，而将多栏账科目的借、贷、余放在账簿的右边。

按所选科目多栏账格式要求，逐项定义各项信息，并将其存入多栏账格式基表（Dlzgs）。在输出多栏账时，系统将根据该基表中的定义信息生成多栏式账簿。

（四）多栏账查询

在图 5-17 所示的界面中选择"查询"功能，系统给出多栏账查询条件定义窗口，如图 5-19 所示。

选择所要查询的多栏账及月份范围，如果要查询的多栏账包含未记账凭证，则可选"包含未记账凭证"选项。根据查询条件定义，系统输出多栏账查询结果，如图 5-20 所示。可在多栏账下拉列表框中选择需要查看的其他多栏账（从多栏账格式基表中选择）；可用"打印设置""打印预览""打印"功能打印多栏账查询结果；选择工具栏中的"凭证"功能（或选定某一行后双击），可联查当前行凭证号所对应的凭证信息。

图 5-19　多栏账查询条件定义　　　　图 5-20　多栏账查询结果

（五）多栏账数据生成

多栏账需要根据定义和查询条件生成，其数据生成比较复杂，需根据多栏账格式基表（Dlzgs）中的多栏账定义信息生成。以"分析栏目后置"为例，其数据生成步骤如下。

（1）创建科目多栏账数据窗口（显示对象）。根据图 5-19 所选多栏账对应的科目编号，用一条 SQL 语句，从多栏账格式基表（Dlzgs）中读取该多栏账定义信息，并据此创建多栏账格式，其数据项包括日期、凭证号、摘要、借方、贷方、方向、余额、栏目定义中的各栏目。其中各栏目数据是金额、数量还是外币，应视定义的"输出内容"而定。各栏目确定后将各栏目名称填入数据窗口的列标题中。

（2）生成符合查询条件的凭证数据。按定义的多栏账科目编号、月份范围、包含未记账凭证等查询条件，用一条 SQL 语句，从凭证基表（Pz）中一次性读取所有满足查询条件的凭证数据，包括多栏账科目对应的全部末级科目数据（在凭证基表中只有末级科目数据），所读取的数据项包括科目编号、日期、凭证号、摘要、借方金额、贷方金额、数量、外币额、记账人等。

（3）将读取的凭证数据填入多栏账各对应栏目。如果多栏账各分析栏目的科目对应的是非末级科目，则需对读取的数据按日期、凭证号、多栏账科目、各栏目对应科目、借贷方向（根据"借方金额或贷方金额"确定）等进行分类汇总（汇总数据项根据多栏账定义的"栏目内容"而定：或金额、或数量、或外币）；若各分析栏目科目对应的是末级科目，则各分析栏目数据可用读取的数据直接填列，但多栏账科目的借方栏和贷方栏数据需汇总填列。将各科目的分类汇总数据（或直接读取的凭证数据）填入多栏账各对应栏目，将日期和凭证号相同的分录合并填列在同一行，未记账凭证数据（"记账人"为空）用不同颜色列示（以示区分）。各数据项填列如下。

① 日期、凭证号、摘要。按读取的凭证数据填列。

② 多栏账科目的借方、贷方栏。将按日期、凭证号、多栏账科目、借贷方向分类汇总的结果数据填入对应的栏目，借方合计数填入借方栏，贷方合计数填入贷方栏，借贷方栏填列的是金额、数量还是外币，应视多栏账定义的"栏目内容"而定。

③ 多栏账各分析栏目。将按日期、凭证号、各分析栏目科目、借贷方向分类汇总的结果

数据填入对应的栏目。其数据应根据多栏账定义的"栏目分析方式"和"栏目方向"填列。分为 4 种情况：第一，分析方式为"发生额"且方向为"借"，则只填列借方发生数；第二，分析方式为"发生额"且方向为"贷"，则只填列贷方发生数；第三，分析方式为"余额"且方向为"借"，则借方发生额按正数填列，贷方发生额按负数填列；第四，分析方式为"余额"且方向为"贷"，则贷方发生额按正数填列，借方发生额按负数填列。各分析栏填列的是金额、数量还是外币，应视多栏账定义的"栏目内容"而定。

（4）生成多栏账的月合计数、累计数、余额数。其数据来源分两种情况：若"栏目内容"为"金额"或"数量"，则数据来源于科目字典（Kmzd）；若"栏目内容"为"外币"，则数据来源于外币发生额与余额基表（Wbyeb）。根据多栏账科目、各分析栏科目和月份范围，执行一条 SQL 语句，从科目字典或外币发生额与余额基表中读取各科目的方向、期初余额、各月发生额、各月累计发生额和各月月末余额，并将读取的数据按科目填入多栏账的对应栏目。填列过程如下。

① 期初余额。摘要栏填入"上期结转"（若起始月份为 1 月份则为"上年结转"），将各科目的期初余额填入各自对应的栏目（包括多栏账余额栏和各分析栏目），日期和凭证号栏为空（使其按日期和凭证号排序时能排在第 1 行）。

② 各月合计数。按月份逐月填入，日期栏填入对应月份+当月最大日；摘要栏全部填入"本月合计"。将多栏账科目的各月借方发生额、贷方发生额分别填入多栏账科目的对应栏目；将各分析栏目科目的借方发生额、贷方发生额、余额分别填入各自对应的栏目。填列时需逐栏判断，分为 3 种情况：第一，分析方式为"发生额"且方向为"借"，则按借方发生额填列；第二，分析方式为"发生额"且方向为"贷"，则按贷方发生额填列；第三，分析方式为"余额"（无论方向是"借"还是"贷"），则按余额填列。各分析栏填列的数据是金额、数量还是外币，应视多栏账定义的"栏目内容"而定。将凭证号填入适当值，使其按日期和凭证号排序时能排在各月数据的倒数第 2 行。

③ 各月累计数。与②中各月合计数的填列方式相同，只是填列的内容是各月累计发生额，而不是各月发生额，余额不变，摘要栏全部填入"本年累计"。将凭证号填入适当值，使其按日期和凭证号排序时能排在各月数据的最后。

（5）对科目多栏账中的全部数据按日期和凭证号排序，排序后将摘要为"本月合计"和"本年累计"所有行的凭证号栏清空。

（6）计算多栏账科目的余额栏数据。根据第 1 行多栏账科目的期初余额，将凭证号为空的行剔除，按凭证号不为空的行逐行计算余额，计算公式：本行余额=上行余额+本行借方栏数-本行贷方栏数（多栏账科目余额方向为"借"）；本行余额=上行余额-本行借方栏数+本行贷方栏数（多栏账科目余额方向为"贷"）。

（7）若选"包含未记账凭证"选项，则需对以不同颜色列示的各行数据（未记账）按栏目求和，并将其分别加入各自对应栏目最后 2 行的借方栏、贷方栏和各分析栏目（不包括多栏账科目的余额栏）。若未选"包含未记账凭证"选项，则跳过此步。

（8）按科目多栏账格式输出多栏式明细账。

四、科目序时账

序时账用于查询按时间顺序排列每笔业务的明细数据，以便于管理者了解企业经济业务发生的规律，进而进行生产经营统筹规划。在进行序时账查询时需要定义查询条件，序时账查询条件定义如图 5-21 所示。

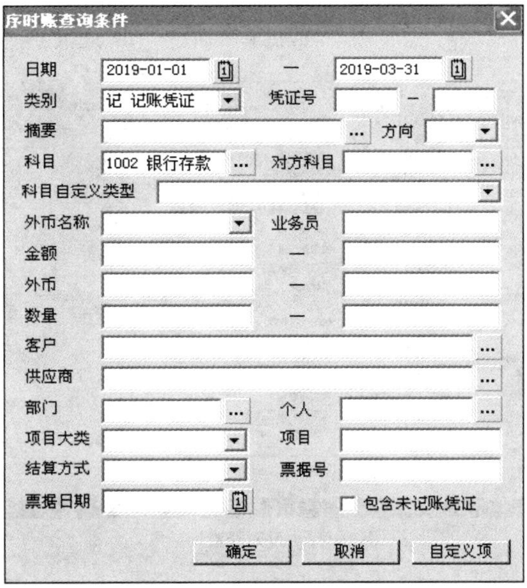

图 5-21 序时账查询条件定义

（1）日期。可输入序时账查询的起止日期。

（2）凭证号。可实现按凭证号范围查询序时账。凭证号为空表示查询所有凭证。例如，凭证号范围输入 0800050-0800100，则查询 8 月份 50 号至 100 号凭证记载的经济业务序时账。

（3）摘要。如果采用公用的、统一的、标准的、规范的常用摘要方式，按摘要查询序时账具有实际意义；若采用个人摘要形式，则按摘要查询序时账意义不大。

（4）方向。按选择的借、贷方发生方向查询序时账。

（5）科目。可实现查询某一具体科目的序时账。

（6）对方科目。此数据项无意义且会增加系统的复杂性。

（7）外币名称。可查询涉及某一外币的经济业务序时账。

（8）业务员。可查询某一业务员负责的经济业务序时账。

（9）金额、外币、数量。可实现按某一发生额或发生额区间进行查询。例如，输入金额范围"3 000-5 000"，则表示查询本币发生额在 3 000 至 5 000 的经济业务序时账，外币和数量范围类似。

（10）客户、供应商、个人、部门、项目大类、项目。可实现按辅助核算的某一具体客户、供应商、个人、部门、项目大类或项目查询序时账。

（11）结算方式、票据号、票据日期。可实现按资金结算方式、票据号和票据日期查询序时账。

（12）包含未记账凭证。若想查询的序时账中包含未记账凭证，则可选择此项。

根据查询条件定义，系统输出序时账查询结果。例如，查询"2019.01.01-2019.03.01"银行存款科目（1002）的序时账时，其查询结果如图 5-22 所示。可用"打印设置""打印预览""打印"功能打印序时账查询结果。选定某一行后双击或选工具栏中的"凭证"，即可联查当前行凭证号所对应的凭证信息，在工具栏中应设计"总账"功能，以便在序时账查询中联查对应科目总账。

序时账输出数据项包括日期、凭证号、科目编号、科目名称、摘要、方向、数量、外币、金额共 9 项。之所以列示科目信息，是因为在不按科目查询时，需列示相关科目信息，在序时账中，科目信息因查询条件不同而异，科目有可能不同。序时账的数据生成比较简单，只需将凭证基表中符合查询条件的凭证记录全部读出并填入序时账的相应栏内，然后按日期和凭证号排序即可。

序 时 账

日期	凭证号数	科目编码	科目名称	摘要	方向	数量	外币	金额
2019.01.01	记-0001	100201	工行西桥办	提现	贷			10,000.00
2019.01.01	记-0002	100201	工行西桥办	个人借款	贷			20,000.00
2019.01.01	记-0003	100201	工行西桥办	报销差旅费_2019.01.02	借			10,000.00
2019.01.02	记-0005	100201	工行西桥办	收回货款	借			20,000.00
2019.01.02	记-0006	100201	工行西桥办	提取现金	贷			50,000.00
2019.01.10	记-0012	100201	工行西桥办	购买材料_2019.01.10	贷			40,000.00
2019.01.10	记-0014	100202	中行工大办（美元）	购买原材料	贷			68,000.00
2019.01.10	记-0015	100202	中行工大办（美元）	提取美元现金	借		6.80	6,800.00
2019.01.20	记-0017	100202	中行工大办（美元）	汇兑损益结转	借			74,753.76
2019.02.01	记-0001	100201	工行西桥办	提取现金_1_Z01_2019.02.01	贷			30,000.00
2019.02.01	记-0003	100201	工行西桥办	收回货款_1_Z02_2019.02.01	借			100,000.00
2019.02.01	记-0004	100201	工行西桥办	购买办公用品_1_Z03_2019.02.01	贷			5,000.00
2019.02.01	记-0005	100201	工行西桥办	购买原材料_1_Z04_2019.02.01	贷			20,000.00
2019.02.01	记-0006	100201	工行西桥办	购买建筑材料_1_Z05_2019.02.01	贷			40,000.00
2019.02.01	记-0007	100202	中行工大办（美元）	出国考察借款	借		7.00	70,000.00
2019.02.01	记-0008	100202	中行工大办（美元）	购买原材料	贷		7.00	70,000.00
2019.02.01	记-0009	100201	工行西桥办	购买办公用品_1_2019.02.01	贷			1,500.00
2019.03.01	记-0002	100201	工行西桥办	上海考察_1_2019.03.01	贷			6,300.00
2019.03.01	记-0003	100201	工行西桥办	购买办公用品_1_2019.03.01	贷			5,400.00
2019.03.01	记-0005	100201	工行西桥办	收回货款_1_2019.03.01	借			35,000.00
				合计	借			299,753.76
					贷			383,200.00

图 5-22　序时账查询结果

第三节　部门账表

随着市场经济的发展，有的单位实行了部门经费包干，有的单位实行了二级核算或三级核算等，为此企业财务部门希望能及时提供各部门的费用支出情况，各部门也希望随时掌握本部门的各项费用支出情况。在手工记账情况下，一般按部门设置明细账，在实行计算机记账后系统提供了两种方法来实现对部门核算的需求：第一种方法是将部门作为明细科目来设置。

例如：

类型	级次	科目编码	科目名称	部门核算
损益	1	6602	管理费用	
损益	2	660201	办公费	
损益	3	66020101	财务部	
损益	3	66020102	人事部	
……	……	……	……	
损益	2	660202	差旅费	
损益	3	66020201	财务部	
损益	3	66020202	人事部	
……	……	……	……	

或者：

类型	级次	科目编码	科目名称	部门核算
损益	1	6602	管理费用	
损益	2	660201	财务部	
损益	3	66020101	办公费	
损益	3	66020102	差旅费	
……	……	……	……	
损益	2	660202	人事部	
损益	3	66020201	办公费	
损益	3	66020202	差旅费	
……	……	……	……	

第二种方法是不将部门作为明细科目设置，即采用系统提供的部门核算功能，在会计科目设置中，对需进行部门核算的科目选择"部门核算"选项。

例如：

类型	级次	科目编码	科目名称	部门核算
损益	1	6602	管理费用	√
损益	2	660201	办公费	√
损益	2	660202	差旅费	√
……	……	……	……	……

第一种方法是按部门（或者按科目）进行统计，不方便，这种方法适用于部门和按部门核算的科目不多的单位；第二种方法适用于部门和部门核算科目较多的单位或管理要求较高的单位，第二种方法是按科目或按部门进行统计，非常方便。用户可根据需要决定使用哪种方法，本节主要阐述第二种方法的实现。

由于部门辅助核算主要是为企业内部经营管理需要服务的，具有部门核算的科目以收入、支出或成本费用类科目为主，一般不涉及数量核算和外币核算。如果仅为了功能全面而在部门账表中加入数量核算和外币核算的内容，除了增加系统的复杂性外并不能给企业管理带来较多的管理效益，不符合系统开发的成本效益原则。因此，本节设计的部门账表只包括金额核算，而不涉及数量和外币核算，在查询部门账表时也就没有所谓的账簿格式选择问题。但是，由于本教材采用用友 ERP 系统中的相关界面，其部门账表界面中包含数量和外币核算以及账簿格式选择的内容，然而这并不是本教材所主张的设计思想。

部门账表包括部门总账、部门费用分析（科目部门费用分析、部门科目费用分析）、部门明细账（科目部门明细账、部门科目明细账、部门三栏明细账、部门多栏明细账）3 种。

一、部门总账

部门总账用于查询某部门、某科目、各月份的发生额及余额情况。在输出部门总账时，先要定义其查询条件，然后系统按查询条件输出总账。部门总账查询条件定义如图 5-23 所示。按查询条件定义，系统输出部门总账的查询结果如图 5-24 所示。

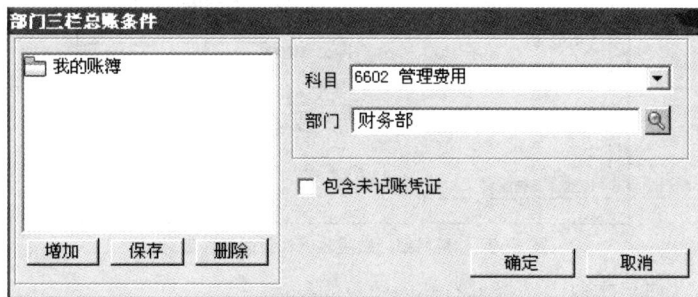

图 5-23 部门总账查询条件定义

（1）科目。从科目字典中选择具有部门核算的科目。

（2）部门。从部门字典中选择。系统列示部门字典中的所有部门，包括末级部门和非末级部门。

（3）包含未记账凭证。如果需要查看包含未记账凭证的部门总账可选择此项。

在查询过程中，可用科目下拉列表框及部门下拉列表框选择需要查看的科目及部门，可用工具栏中的"明细"功能联查所选科目和部门的三栏明细账，可用"打印设置""打印预览""打印"功能输出账簿。在查询上级部门数据时自动包含其所有下级部门数据，同样，在查询上级科目数据时自动包含其所有下级科目数据。部门总账的数据生成与科目总账的数据生成类同，只是其数据来源不是科目字典，而是部门科目发生额与余额基表（Bmyeb）。

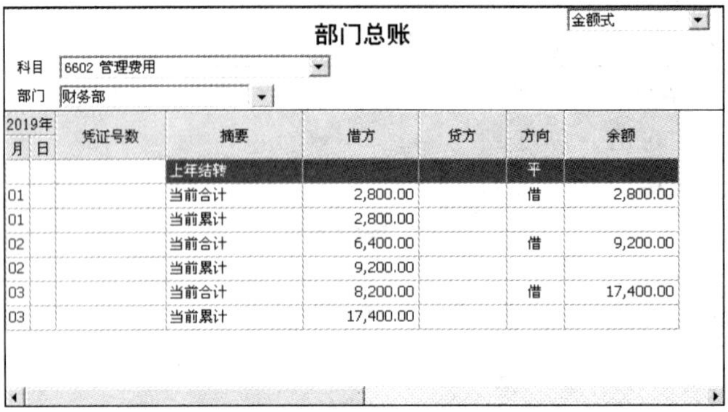

2019年 月	日	凭证号数	摘要	借方	贷方	方向	余额
			上年结转			平	
01			当前合计	2,800.00		借	2,800.00
01			当前累计	2,800.00			
02			当前合计	6,400.00		借	9,200.00
02			当前累计	9,200.00			
03			当前合计	8,200.00		借	17,400.00
03			当前累计	17,400.00			

图 5-24　部门总账查询结果

二、部门费用分析

为了加强对各部门费用支出情况的管理和业绩考核，系统提供部门费用分析功能，可对所有部门及其核算科目的预算额、发生额、余额按科目和部门进行分析。在进行统计分析时，系统将各科目、各部门的预算额、期初余额、本期发生额、累计发生额、期末余额一一列出，并将预算额与实际发生额进行比较分析。在进行部门费用分析时，先要定义其分析条件，然后系统按分析条件输出所选科目和所选部门在一定月份范围内的费用分析结果。部门费用分析功能可查询并输出某部门核算科目下各部门的预算额、本期发生额、累计发生额、期初及期末余额，或某部门下各部门核算科目的预算额、本期发生额、累计发生额、期初及期末余额等。

（一）科目部门费用分析

科目部门费用分析功能用于查询某科目（即在科目字典中设为部门核算的科目）下各个部门的预算额、发生额及余额情况。在输出科目部门费用分析表时，先要定义其查询条件，然后系统按查询条件定义输出科目部门费用分析表。科目部门费用分析表查询条件定义如图 5-25 所示。

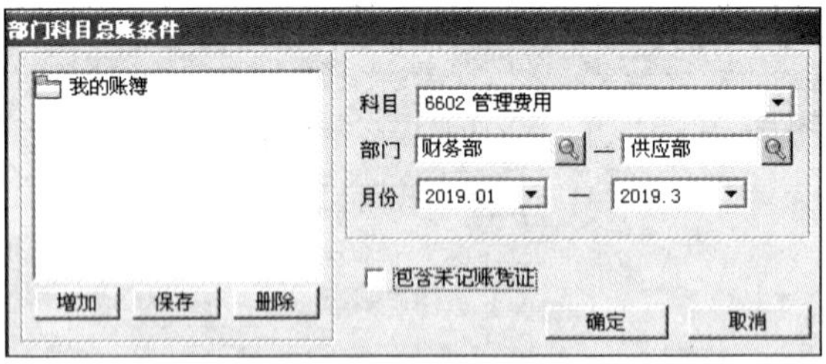

图 5-25　科目部门费用分析表查询条件定义

（1）科目。从科目字典中选择具有部门核算的科目。

（2）部门。可输出指定部门范围的科目部门费用分析表，其起止部门从部门字典中选取，部门可为各级部门，若不选定则分析所有部门。

（3）月份。定义科目部门费用分析表的起止月份范围。

（4）包含未记账凭证。如果需要查看包含未记账凭证的科目部门费用分析表时可选择此项，但只有在月份范围包含当前月份时此项才可选。

按查询条件定义输出科目部门费用分析表如图 5-26 所示。科目部门费用分析表具有科目选择、打印账簿、科目部门明细账联查、列示累计发生额等功能。

在查询过程中，可在科目下拉列表框选择需要查看的科目，可用工具栏中的“明细”功能联查科目部门明细账，可用“累计”功能在本期发生额之后期末余额之前加入“借方累计发生额”和“贷方累计发生额”两列数据，此两项累计发生额为 1 月份到条件定义终止月份的累计发生额。

在科目部门费用分析表的期初、本期、累计、期末数据中应列示期初结余、本期预算、本期结余、累计结余 4 个数据项，以便将预算指标数与实际发生数进行比较、对结余数进行分析。

在科目部门费用分析表中：部门名称来源于部门字典；其他各项数据全部来源于部门发生额与余额基表（Bmyeb）；若选择“包含未记账凭证”选项，则需将凭证基表（Pz）中的未记账凭证的汇总数据加到本期、累计、期末的各项数据中。

（二）部门科目费用分析

部门科目费用分析功能用于查询某部门的各费用科目（即在科目字典中设有部门核算的科目）的预算额、发生额及余额汇总情况。在输出部门科目费用分析表时，先要定义其查询条件，然后系统按查询条件输出部门科目费用分析表。部门科目费用分析表查询条件定义如图 5-27 所示，部门、月份和包含未记账凭证的定义与部门账表的其他查询条件定义类同。按查询条件定义，系统输出部门科目费用分析表如图 5-28 所示。

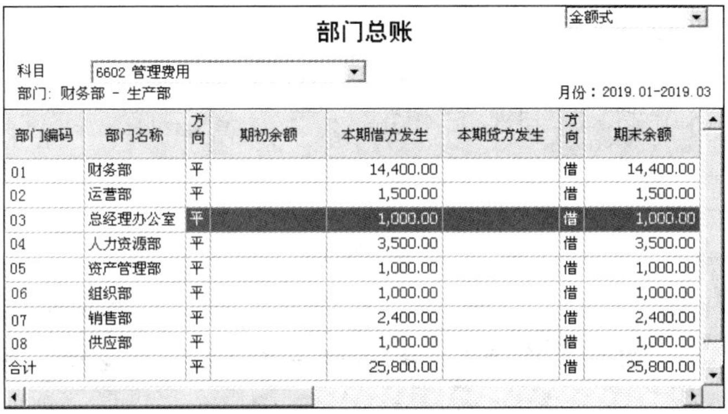

部门总账

金额式

科目 6602 管理费用

部门：财务部 - 生产部　　月份：2019.01-2019.03

部门编码	部门名称	方向	期初余额	本期借方发生	本期贷方发生	方向	期末余额
01	财务部	平		14,400.00		借	14,400.00
02	运营部	平		1,500.00		借	1,500.00
03	总经理办公室	平		1,000.00		借	1,000.00
04	人力资源部	平		3,500.00		借	3,500.00
05	资产管理部	平		1,000.00		借	1,000.00
06	组织部	平		1,000.00		借	1,000.00
07	销售部	平		2,400.00		借	2,400.00
08	供应部	平		1,000.00		借	1,000.00
合计		平		25,800.00		借	25,800.00

图 5-26　科目部门费用分析表

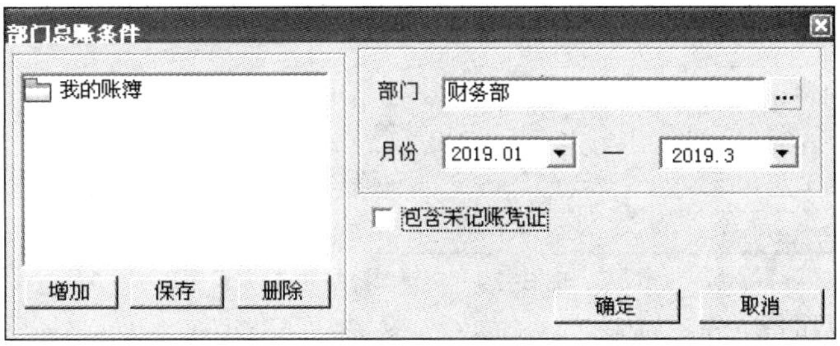

图 5-27　部门科目费用分析表查询条件定义

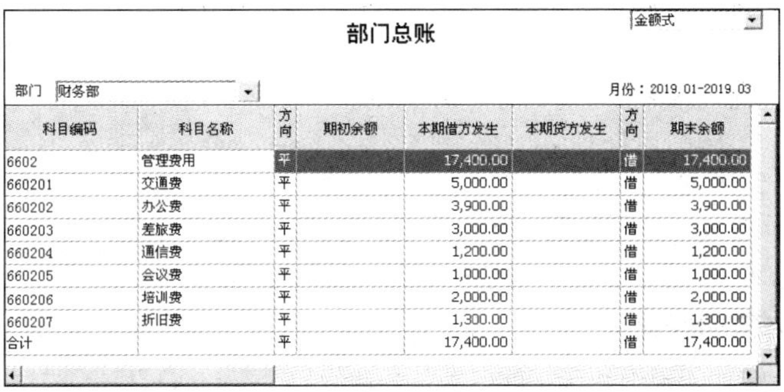

部门总账

金额式

部门 财务部　　月份：2019.01-2019.03

科目编码	科目名称	方向	期初余额	本期借方发生	本期贷方发生	方向	期末余额
6602	管理费用	平		17,400.00		借	17,400.00
660201	交通费	平		5,000.00		借	5,000.00
660202	办公费	平		3,900.00		借	3,900.00
660203	差旅费	平		3,000.00		借	3,000.00
660204	通信费	平		1,200.00		借	1,200.00
660205	会议费	平		1,000.00		借	1,000.00
660206	培训费	平		2,000.00		借	2,000.00
660207	折旧费	平		1,300.00		借	1,300.00
合计		平		17,400.00		借	17,400.00

图 5-28　部门科目费用分析表

部门科目费用分析具有部门选择、打印账簿、部门科目明细账联查、显示累计发生额等功能。在查询过程中，可在部门下拉列表框选择需要查看的部门，可用工具栏的“明细”功能联查部门科目明细账，“累计”功能与科目部门费用分析表中的对应功能相同。在查询上级部门数据时自动包含其所有下级部门数据。

同样，在部门科目费用分析表的期初、本期、累计、期末数据中也应列示期初结余、本期预算、本期结余、累计结余 4 个数据项，以便将预算指标数与实际发生数进行比较、对结余数进行分析。

部门科目费用分析表的数据生成与科目部门费用分析表的数据生成类同，科目名称来源于科目字典，其他数据源与科目部门费用分析表的数据源相同。只是科目部门费用分析表依科目列示各部门数据，而部门科目费用分析表则是依部门列示各科目数据。

三、部门明细账

部门明细账功能可以用于查询各部门、各部门核算科目的明细账，不仅可以查询各部门明细账，而且还可以查询某一科目、某一部门的明细账以及部门多栏账。

（一）科目部门明细账

科目部门明细账功能用于查询某科目（即在科目字典中设有部门核算的科目）下各部门的明细账。其查询条件定义与“科目部门费用分析表”中的定义相同。科目部门明细账的查询结果如图 5-29 所示。

金额式

部门明细账

部门：财务部 - 财务部

科目 6602 管理费用　　　　月份：2019.01-2019.03

2019年 月	日	凭证号数	部门编号	部门名称	摘要	借方	贷方	方向	余额
01	20	记-0006	01	财务部	*财务部人员出差	2,500.00		借	2,500.00
01	25	记-0007	01	财务部	*购买办公用品	5,000.00		借	7,500.00
01					当前合计	7,500.00		借	7,500.00
01					当前累计	7,500.00		借	7,500.00
02	15	记-0006	01	财务部	*折旧费	1,000.00		借	8,500.00
02	15	记-0007	01	财务部	*会议费支出	1,200.00		借	9,700.00
02					当前合计	2,200.00		借	9,700.00
02					当前累计	9,700.00		借	9,700.00
03	01	记-0001	01	财务部	*培训讲座	3,500.00		借	13,200.00
03	01	记-0002	01	财务部	*财务人员出差	2,500.00		借	15,700.00
03					当前合计	6,000.00		借	15,700.00
03					当前累计	15,700.00		借	15,700.00

图 5-29　科目部门明细账

科目部门明细账具有科目选择、打印账簿、科目部门费用分析表联查、凭证联查等功能。在查询过程中，可在科目下拉列表框选择需要查看的科目，可用工具栏中的“总账”功能联查科目部门费用分析表，可用“凭证”功能联查相应的凭证。

科目部门明细账的数据生成与普通明细账的数据生成基本类似，只不过在生成期初余额行、本月合计行和本年累计行数据时是从部门发生额与余额基表中读取数据，而不是从科目字典中读取数据，并且因为不涉及数量核算与外币核算，所以在科目部门明细账中不需要根据账簿格式选择来列示数量和外币数据。科目部门明细账的数据源主要是部门发生额与余额基表（Bmyeb）、凭证基表（Pz）、部门字典（Bmzd）和科目字典（Kmzd）等。

（二）部门科目明细账

部门科目明细账功能用于查询某部门的各个费用科目（即在科目字典中设为部门核算的科目）的明细账。其查询条件定义与“部门科目费用分析表”中的定义相同。部门科目明细账的查询结果如图 5-30 所示。

部门科目明细账具有部门选择、打印账簿、部门科目费用分析表联查、凭证联查等功能。在查询过程中，可在部门下拉列表框选择需要查看的部门，可用工具栏中的“总账”功能联查部门科目费用分析表，可用“凭证”功能联查相应的凭证。部门科目明细账的数据生成与科目部门明细账的数据生成类同，只是科目部门明细账依科目列示各部门数据，而部门科目明细账则是依部门列示各科目数据。部门科目明细账的数据源主要是部门发生额与余额基表（Bmyeb）、凭证基表（Pz）、科目字典（Kmzd）和部门字典（Bmzd）等。

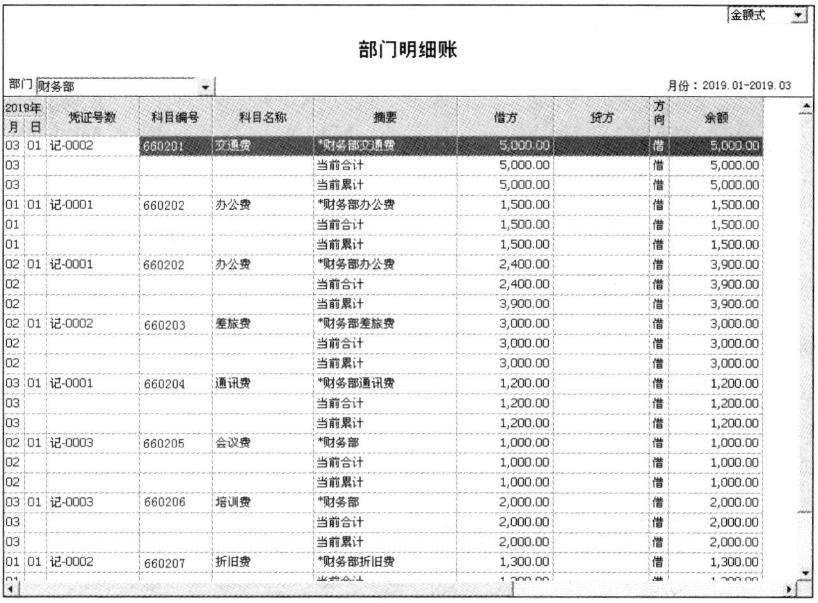

2019年 月	日	凭证号数	科目编号	科目名称	摘要	借方	贷方	方向	余额
03	01	记-0002	660201	交通费	*财务部交通费	5,000.00		借	5,000.00
03					当前合计	5,000.00		借	5,000.00
03					当前累计	5,000.00		借	5,000.00
01	01	记-0001	660202	办公费	*财务部办公费	1,500.00		借	1,500.00
01					当前合计	1,500.00		借	1,500.00
01					当前累计	1,500.00		借	1,500.00
02	01	记-0001	660202	办公费	*财务部办公费	2,400.00		借	3,900.00
02					当前合计	2,400.00		借	3,900.00
02					当前累计	3,900.00		借	3,900.00
02	01	记-0002	660203	差旅费	*财务部差旅费	3,000.00		借	3,000.00
02					当前合计	3,000.00		借	3,000.00
02					当前累计	3,000.00		借	3,000.00
03	01	记-0001	660204	通讯费	*财务部通讯费	1,200.00		借	1,200.00
03					当前合计	1,200.00		借	1,200.00
03					当前累计	1,200.00		借	1,200.00
02	01	记-0003	660205	会议费	*财务部	1,000.00		借	1,000.00
02					当前合计	1,000.00		借	1,000.00
02					当前累计	1,000.00		借	1,000.00
03	01	记-0003	660206	培训费	*财务部	2,000.00		借	2,000.00
03					当前合计	2,000.00		借	2,000.00
03					当前累计	2,000.00		借	2,000.00
01	01	记-0002	660207	折旧费	*财务部折旧费	1,300.00		借	1,300.00

图 5-30　部门科目明细账

（三）部门三栏明细账

部门三栏明细账功能用于查询某科目、某部门各月份的明细账。在输出部门三栏明细账时，先要定义其查询条件，然后系统按查询条件输出部门三栏明细账。其查询条件定义如图 5-31 所示。科目、部门、月份、包含未记账凭证的定义分别与“部门总账”的查询条件定义相同。按照查询条件定义，系统输出部门三栏明细账如图 5-32 所示。

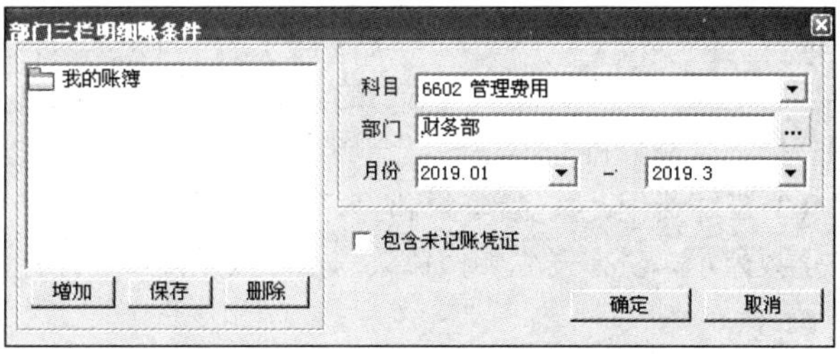

图 5-31　部门三栏明细账查询条件定义

在查询过程中，可用科目下拉列表框及部门下拉列表框选择需要查看的科目及部门，可用工具栏中的“总账”功能联查所选科目和部门的总账，可用“凭证”功能联查相应的凭证，可用“打印设置”“打印预览”“打印”功能打印输出账簿。在查询上级部门数据时自动包含其所有下级部门数据，同样，在查询上级科目数据时自动包含其所有下级科目数据。部门三栏明细账的数据生成与普通明细账的数据生成过程类同，只是其发生额和余额数据来源不是科目字典，而是部门发生额与余额基表。部门三栏明细账的数据源主要是部门发生额与余额基表

（Bmyeb）、凭证基表（Pz）、科目字典（Kmzd）和部门字典（Bmzd）等。

金额式

部门明细账

科目 6602管理费用

部门 财务部

月份：2019.01-2019.03

2019年 月	日	凭证号数	摘要	借方	贷方	方向	余额
01	01	记-0001	*财务部办公费	1,500.00		借	1,500.00
01	01	记-0002	*财务部折旧费	1,300.00		借	2,800.00
01			当前合计	2,800.00		借	2,800.00
01			当前累计	2,800.00		借	2,800.00
02	01	记-0001	*财务部办公费	2,400.00		借	5,200.00
02	01	记-0002	*财务部差旅费	3,000.00		借	8,200.00
02	01	记-0003	*财务部	1,000.00		借	9,200.00
02			当前合计	6,400.00		借	9,200.00
02			当前累计	9,200.00		借	9,200.00
03	01	记-0001	*财务部通讯费	1,200.00		借	10,400.00
03	01	记-0002	*财务部交通费	5,000.00		借	15,400.00
03	01	记-0003	*财务部	2,000.00		借	17,400.00
03			当前合计	8,200.00		借	17,400.00
03			当前累计	17,400.00		借	17,400.00

图 5-32　部门三栏明细账

（四）部门多栏明细账

部门多栏明细账功能用于查询某部门各费用科目的多栏明细账。在输出部门多栏明细账时，先要定义其查询条件，然后系统按查询条件输出部门多栏明细账。其查询条件定义如图 5-33 所示。

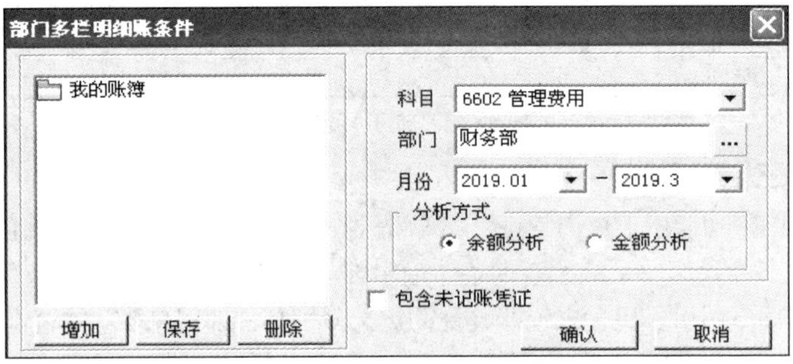

图 5-33　部门多栏明细账查询条件定义

在科目下拉列表框中，系统列示科目字典中具有部门核算的非末级科目以供选择。部门、月份、包含未记账凭证的定义分别与“部门总账”的查询条件定义相同。系统提供两种分析方式：金额分析和余额分析。金额分析即根据科目余额方向分析其某一方发生额，余额分析即分析所有发生额。例 6602 管理费用，按金额分析时只分析其下级科目的借方发生额，按余额分析时，借方发生额按正数列示，贷方发生额按负数列示。按照查询条件定义，系统输出部门多栏明细账如图 5-34 所示。

与普通会计科目（不具有辅助核算的会计科目）多栏账不同，部门多栏明细账不需事先定义，在生成时定义其查询条件即可，系统自动按其所选非末级科目的下级科目自动分栏。在部门多栏明细账查询过程中，可用部门下拉列表框选择需要查看的部门，可用“凭证”功能联查相应的凭证，可用“打印设置”“打印预览”“打印”功能输出账簿。在查询上级部门数据时自动包含其所有下级部门数据，在查询上级科目数据时自动按其所属下级科目分栏。部门多栏明细账的数据生成与科目多栏账的数据生成类同。其数据源主要是部门发生额与余额基表（Bmyeb）、凭证基表（Pz）、科目字典（Kmzd）和部门字典（Bmzd）等。

部门多栏账

上级科目：6602 管理费用

部门 财务部　　　　月份：2019.01-2019.03

2019年 月	日	凭证号数	摘要	借方	贷方	方向	余额	交通费 (660201)	办公费 (660202)	差旅费 (660203)	通讯费 (660204)	会议费 (660205)	培训费 (660206)
01	01	记-0001	*财务部办公费	1,500.00		借	1,500.00		1,500.00				
01	01	记-0002	*财务部折旧费	1,300.00		借	2,800.00						
01			当前合计	2,800.00		借	2,800.00		1,500.00				
01			累　计	2,800.00		借	2,800.00		1,500.00				
02	01	记-0001	*财务部办公费	2,400.00		借	5,200.00		2,400.00				
02	01	记-0002	*财务部差旅费	3,000.00		借	8,200.00			3,000.00			
02	01	记-0003	*财务部	1,000.00		借	9,200.00					1,000.00	
02			当前合计	6,400.00		借	9,200.00		2,400.00	3,000.00		1,000.00	
02			累　计	9,200.00		借	9,200.00		3,900.00	3,000.00		1,000.00	
03	01	记-0001	*财务部通讯费	1,200.00		借	10,400.00				1,200.00		
03	01	记-0002	*财务部交通费	5,000.00		借	15,400.00	5,000.00					
03	01	记-0003	*财务部	2,000.00		借	17,400.00						2,000.0
03			当前合计	8,200.00		借	17,400.00	5,000.00			1,200.00		2,000.0
03			当前累计	17,400.00		借	17,400.00	5,000.00	3,900.00	3,000.00	1,200.00	1,000.00	2,000.0

图 5-34　部门多栏明细账

第四节　往来账表

一般情况下，对于一个以生产、销售产品或提供劳务为主的企业来说，对客户的销售业务以及对供应商的采购业务是企业发生最为频繁的业务类型之一，在往来过程中经常伴随着款项没有立即结清的情形，导致企业形成应收、应付款核算与管理业务。对客户往来应收款的管理是否适当，直接关系企业的销售业绩和资金使用效率；对供应商往来应付款的管理是否适当，也将直接关系企业的信誉和资金使用成本。此外，企业与内部职工或外部个人发生的往来业务，如个人借款，在许多单位也经常发生，导致个人借款核算与管理工作非常烦琐。因此，有必要在会计信息系统中提供往来辅助核算功能，将客户往来应收款、供应商往来应付款以及个人借款等核算与管理工作纳入往来辅助核算功能中，这样有利于企业加强往来管理。利用往来辅助核算功能需在设置会计科目时，先将需要进行往来核算科目的往来核算标志设为“客户”“供应商”或“个人”，有些单位如果往来业务不多，则可不使用往来辅助核算功能，而直接将客户、供应商或个人作为明细往来科目设置，核算时同其他科目同样处理。

企业与客户、供应商以及个人之间的应收、应付往来业务通常以金额（人民币或外币）计量，一般不会出现以实物数量单位计量的情形，出于系统开发的成本效益原则，本教材不主张在往来账表中设计数量核算。即使企业在极个别情况下出现需要以数量计量的往来业务，也只需在电子备查账簿中记录即可。因此，在进行会计科目维护时，如果某个科目设置为“客户”、“供应商”或“个人”核算科目，则其数量核算选项应自动变为不可选状态。在往来账表查询中，如果所选往来核算科目具有外币核算标志，则其账簿格式下拉列表框的可选值有两个，“金额式”和“外币式”，否则其账簿格式只是“金额式”。

往来账表根据往来户的性质不同，分为客户往来账表、供应商往来账表和个人往来账表，其中客户往来账表与供应商往来账表的功能完全相同，而个人往来账表功能与客户往来账表功能也基本类同，因此，本节只对客户往来账表进行阐述。往来账表包括往来总账、往来余额表（科目余额表、分类余额表、业务员余额表）、往来明细账（科目明细账、三栏明细账、分类明细账、业务员明细账）、往来款项管理（往来清理、往来账龄分析、往来催款单）。

一、往来总账

以客户往来为例，客户总账功能用于查询某一客户往来科目、某一客户各月份的发生额及余额情况。其查询条件定义如图 5-35 所示。

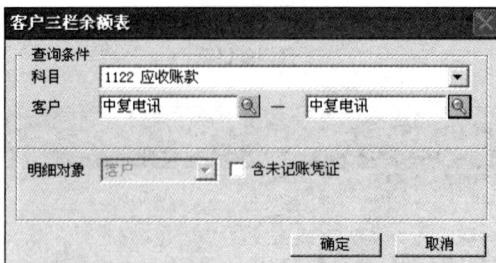

图 5-35　客户总账查询条件定义

（1）科目。从科目字典中选择往来核算标志为"客户"的科目。

（2）客户。从客户档案（Khda）中选择某一具体客户即可，不必定义客户范围。

（3）包含未记账凭证。与其他查询条件定义相同。

客户总账查询结果如图 5-36 所示。

图 5-36　客户总账

在客户总账查询过程中，可用科目和客户下拉列表框选择需要查看的客户往来科目和客户，用工具栏中的"明细"功能可联查当前科目及客户各月份的客户三栏明细账。对于外币核算客户，其账簿格式可选"外币式"，外币式账簿需在借方、贷方、余额栏中增设外币栏，将本币和外币并列输出。

客户总账的数据生成与科目总账的数据生成类同，其数据源主要是往来发生额与余额基表（Wlyeb）、外币发生额与余额基表（Wbyeb）、凭证基表（Pz）、科目字典（Kmzd）和客户档案（Khda）。

二、往来余额表

以客户往来为例，客户余额表用于查询各客户往来科目和各个客户的期初余额、本期发生额、累计发生额和期末余额。客户余额表包括"科目客户余额表""客户分类余额表""客户业务员余额表" 3 种查询方式。某些软件系统设计了"客户科目余额表"功能，该功能可以输出某客户各往来科目的发生额与余额数据。然而就客户往来核算而言，所涉及的科目无非是"应收账款"和"预收账款"，而某一客户不可能既有应收账款，又有预收账款，因此，"客户科目余额表"功能无意义。同理，"供应商科目余额表"和"个人科目余额表"也无意义。

（一）科目客户余额表

科目客户余额表用于查询某客户往来核算科目下所有客户的发生额与余额情况。在查询时先要定义查询条件，然后系统按查询条件输出科目客户余额表，其查询条件定义如图 5-37 所示。

（1）科目、月份、包含未记账凭证。与其他账表查询条件定义相同，只是在进行科目选择时，系统只列示科目字典中具有"客户"往来核算标志的科目。

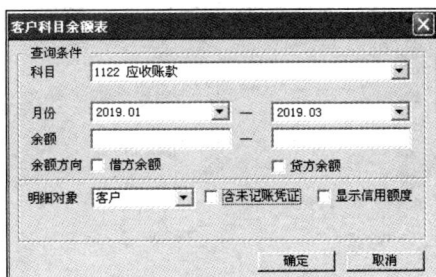

图 5-37　科目客户余额表查询条件定义

（2）余额。定义余额范围，如 1 000-10 000，则输出余额大于等于 1 000 且小于等于 10 000 的客户往来情况。

（3）其他数据项。意义不大，可不设计。

科目客户余额表的查询结果如图 5-38 所示。

图 5-38　科目客户余额表

在查询过程中，通过科目选择可以查询各客户往来科目的发生额与余额情况，同样，在科目选择时，系统只列示科目字典中具有"客户"往来核算标志的科目。图 5-38 中的其他功能与图 5-7（科目余额表）中的对应科目类同：可用工具栏中的"明细"功能联查科目客户明细账；可用"累计"功能在查询结果中列示累计借、贷方发生额；对于外币核算客户，有必要列示其外币数据，可用账簿格式选择"外币式"，外币式账簿需在期初、本期（借、贷方）、累计（借、贷方）、余额栏中增设外币栏，将本币和外币并列输出；还应设计"信用额度"功能，以便查阅各客户的信用额度。

科目客户余额表的数据生成与科目余额表的数据生成类同。系统根据选择的客户往来科目，从往来发生额与余额基表中，查询该科目下所有客户的发生额与余额，如果涉及外币核算，则需从外币发生额与余额基表中，查询该科目下所有客户的外币发生额与余额，并计算和列示合计数。其数据源主要是往来发生额与余额基表（Wlyeb）、外币发生额与余额基表（Wbyeb）、凭证基表（Pz）、客户档案（Khda）和科目字典（Kmzd）。

（二）客户分类余额表

如果在账套设置中设置了客户分类，则可用此功能对客户分类的发生额和余额情况进行查询。客户分类余额表用于查询某客户往来科目下各客户分类的发生额和余额情况。其查询条件定义如图 5-39 所示。

（1）科目。从科目字典中选择具有"客户"往来核算标志的科目。

（2）分类。从客户分类字典中选取，当选上级分类时，其查询结果中将包含其所属下级分类数据，客户分类可不选，不选则查询所有具有发生额或余额的客户分类数据。

（3）月份、包含未记账凭证。与其他查询条件定义相同。

（4）其他数据项。意义不大，可不设计。

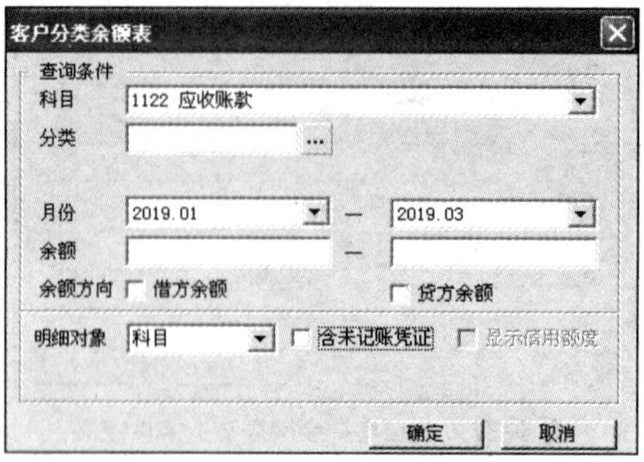

图 5-39　客户分类余额表查询条件定义

客户分类余额表查询结果如图 5-40 所示。在查询过程中，可用工具栏中的“明细”功能联查对应的客户分类明细账，用“累计”功能可在查询结果中列示累计借、贷方发生额。在客户分类余额表中，账簿格式选择无意义，因为在客户往来核算中，只有某一具体客户可能用外币结算，而往来科目和客户分类则不具有外币核算属性，因此，其账簿格式只能是“金额式”。

客户分类余额表的数据生成与科目客户余额表的数据生成类同，系统根据选择的客户往来科目和客户分类，从往来发生额与余额基表中，统计所选客户往来科目下各客户分类的发生额与余额，并列示合计数。其数据源主要是往来发生额与余额基表（Wlyeb）、凭证基表（Pz）、客户分类字典（Khflzd）和科目字典（Kmzd）。

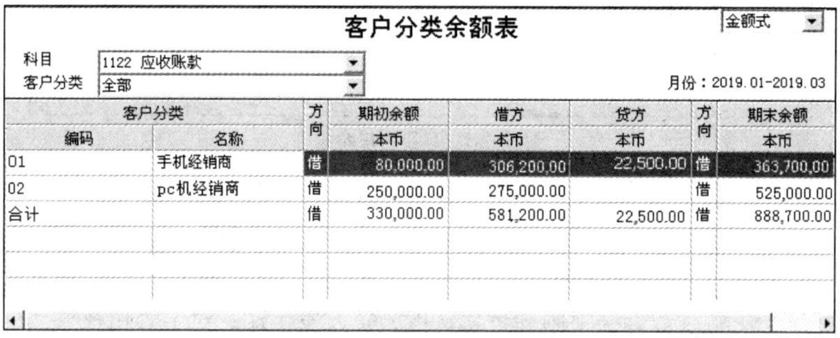
客户分类余额表　金额式

科目 1122 应收账款
客户分类 全部
月份：2019.01-2019.03

客户分类 编码	客户分类 名称	方向	期初余额 本币	借方 本币	贷方 本币	方向	期末余额 本币
01	手机经销商	借	80,000.00	306,200.00	22,500.00	借	363,700.00
02	pc机经销商	借	250,000.00	275,000.00		借	525,000.00
合计		借	330,000.00	581,200.00	22,500.00	借	888,700.00

图 5-40　客户分类余额表

（三）客户业务员余额表

客户业务员余额表用于查询某客户往来科目下各业务员及其往来客户的发生额和余额情况。其查询条件定义如图 5-41 所示，科目下拉列表框只列示科目字典中具有“客户”往来核算标志的科目。业务员选项可不定义，若不定义则查询所有业务员及其往来客户的发生额和余额情况，若定义则查询所选业务员的往来客户发生额和余额情况，业务员可从个人往来字典中选取，系统列示个人往来字典中业务员字段的值为“销售”的所有业务员以供选择。客户业务员余额表查询结果如图 5-42 所示。

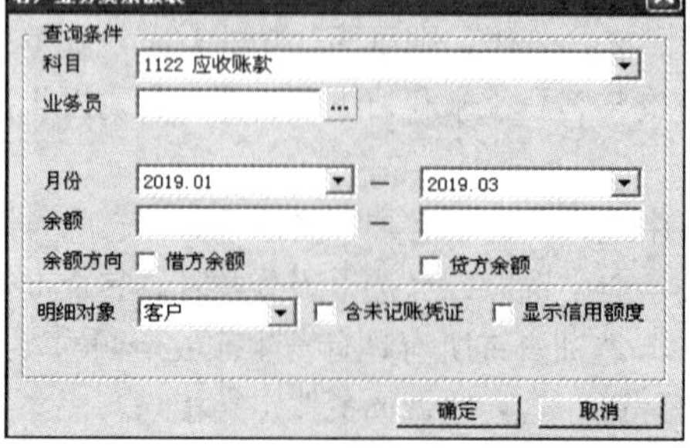

图 5-41　客户业务员余额表查询条件定义

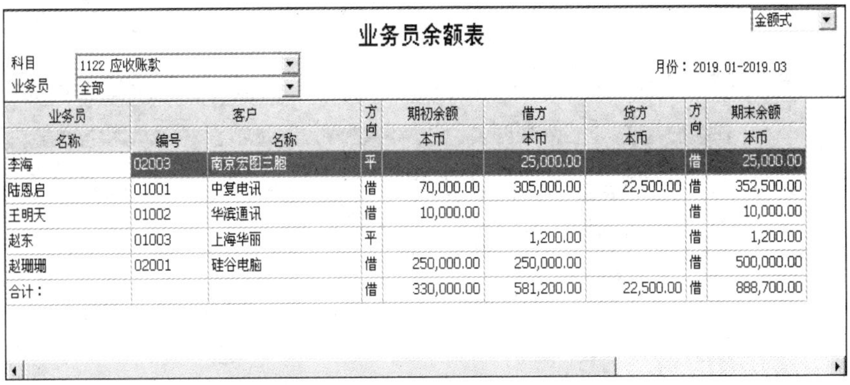

图 5-42　客户业务员余额表

在查询过程中，科目选择和业务员选择与查询条件定义相同，用工具栏中的"明细"功能可以联查对应的客户业务员明细账，"累计"功能可在查询结果中列示累计借、贷方发生额，"外币式"账簿格式功能与科目客户余额表中的相应功能相同；还应设计"信用额度"功能，以便查阅各客户的信用额度。

客户业务员余额表的数据生成与科目客户余额表的数据生成类同，系统根据选择的客户往来科目和业务员，从往来发生额与余额基表中，查询所选科目和业务员下所有客户的发生额与余额，如果客户涉及外币核算，则需从外币发生额与余额基表中，查询该科目下有关客户的外币发生额与余额。在客户业务员余额表中需按业务员计算和列示合计数。其数据源主要是往来发生额与余额基表（Wlyeb）、外币发生额与余额基表（Wbyeb）、凭证基表（Pz）、客户档案（Khda）、科目字典（Kmzd）和个人往来字典（Grwlzd）。

三、往来明细账

以客户往来为例，客户往来明细账用于查询各客户往来科目和各客户的往来明细账数据。客户往来明细账包括科目客户明细账、客户三栏明细账、客户分类明细账、客户业务员明细账4 种查询方式。某些软件系统设计了"客户科目明细账"和"客户多栏明细账"功能，这两个功能可以输出某客户各往来科目的明细数据，其中"客户多栏明细账"是按客户往来科目分栏。与"客户科目余额表"同理，在系统中设计"客户科目明细账""客户多栏明细账""供应商科目明细账""供应商多栏明细账"等功能无意义。

（一）科目客户明细账

科目客户明细账用于查询某客户往来核算科目（即在科目字典中设有客户往来核算标志的科目）下各客户的明细数据。其查询条件定义与科目客户余额表的查询条件定义相同（包括科目、月份、包含未记账凭证）。科目客户明细账的查询结果如图 5-43 所示。

在查询过程中：可用科目下拉列表框选择需要查看的科目，选择时系统列示科目字典中具有客户往来核算标志的科目；用工具栏中的"总账"功能可联查科目客户余额表；用"凭证"功能可联查所选凭证数据；对于外币核算客户，有必要列示其外币数据，可用账簿格式选择"外币式"，外币式账簿需在摘要栏后增设汇率栏，在借方、贷方、余额栏中增设外币栏，以便列示外币数据。

在科目客户明细账中，应按客户进行排序，并按客户列示合计数。科目客户明细账的数据生成与科目部门明细账的数据生成类同，只是其中客户合计数并不是从部门发生额与余额基表中读取的，而是从往来发生额与余额基表中读取的。其数据源主要是凭证基表（Pz）、往来发生额与余额基表（Wlyeb）、外币发生额与余额基表（Wbyeb）、客户档案（Khda）和科目字典（Kmzd）。

图 5-43　科目客户明细账

（二）客户三栏明细账

客户三栏明细账用于查询某科目、某客户、各月份的客户往来明细情况。其查询条件定义包括科目、客户、月份、包含未记账凭证 4 项，这 4 个查询条件项的定义与其他客户账表的对应查询条件定义相同。客户三栏明细账的查询结果如图 5-44 所示。

图 5-44　客户三栏明细账

在查询过程中：可用科目下拉列表框选择需要查看的科目，选择时系统列示科目字典中具有客户往来核算标志的科目；可用客户下拉列表框选择需要查看的客户，选择时系统列示客户档案中的所有客户；总账、凭证功能与其他账簿相同；"外币式"账簿格式功能与科目客户明细账中的相应功能相同。客户三栏明细账只能按日期和凭证号排序。此明细账的数据生成与部门三栏明细账的数据生成相类同。其数据源与科目客户明细账的数据源相同。

（三）客户分类明细账

客户分类明细账用于查询某客户往来科目下各客户分类的明细情况，其查询条件定义与客户分类余额表的查询条件定义相同（包括科目、客户分类、月份、包含未记账凭证）。客户分类明细账的查询结果如图 5-45 所示。

客户分类明细账

金额式

科目 1122 应收账款
客户分类 全部

月份：2019.01-2019.03

2019年		凭证号	客户分类		摘要	借方	贷方	方向	余额
月	日		编号	名称		本币	本币		本币
			01	手机经销商	上年结转			借	70,000.00
01	25	记-0008	01	手机经销商	*收回部分应收账款_2014.01.25_陆恩启		10,000.00	借	60,000.00
01	25	记-0009	01	手机经销商	*销售手机零部件_2014.01.25_陆恩启	12,500.00		借	72,500.00
02	20	记-0008	01	手机经销商	*收回上月应收账款_2014.02.20_陆恩启		12,500.00	借	60,000.00
02	28	记-0010	01	手机经销商	*收回去年应收款项_2014.02.28_陆恩启	22,500.00		借	82,500.00
03	01	记-0003	01	手机经销商	*销售小米手机_2014.03.01_陆恩启	250,000.00		借	332,500.00
03	01	记-0004	01	手机经销商	*收回部分应收款项_2014.03.01_陆恩启	20,000.00		借	352,500.00
			01	手机经销商	小计	305,000.00	22,500.00	借	352,500.00
			01	手机经销商	上年结转			借	10,000.00
03	01	记-0005	01	手机经销商	*销售手机电源线_2014.03.01_赵东	1,200.00		借	1,200.00
			01	手机经销商	小计	1,200.00		借	1,200.00
			02	PC机经销商	上年结转			借	250,000.00
01	30	记-0010	02	PC机经销商	*收回电脑销售款_2014.01.30_赵珊珊	250,000.00		借	500,000.00
			02	PC机经销商	小计	250,000.00		借	500,000.00
02	25	记-0009	02	PC机经销商	*销售货物一批_2014.02.25_李海	25,000.00		借	25,000.00
			02	PC机经销商	小计	25,000.00		借	25,000.00
					合计：	581,200.00	22,500.00	借	888,700.00

图 5-45　客户分类明细账

在查询过程中：可用科目下拉列表框选择需要查看的科目，选择时系统列示科目字典中具有客户往来核算标志的科目；可用客户分类下拉列表框选择需要查看的客户分类，选择时系统列示客户分类字典中的所有客户分类，当选择上级客户分类时，明细账中将包含其所属下级客户分类数据；客户分类明细账中的总账、凭证功能与科目客户明细账中的相应功能类同；客户分类明细账应按客户分类排序，并按客户分类列示合计数。客户分类明细账的数据生成与科目客户明细账的数据生成类同。其数据源主要是凭证基表（Pz）、往来发生额与余额基表（Wlyeb）、客户分类字典（Khflzd）和科目字典（Kmzd）。

（四）客户业务员明细账

客户业务员明细账用于查询某客户往来科目下各业务员及其往来客户的明细情况。其查询条件定义与客户业务员余额表的查询条件定义相同（包括科目、业务员、月份、包含未记账凭证），业务员选项可不定义，若不定义则输出所有业务员及其往来客户的明细账，若定义则只输出所选业务员的往来客户明细账。客户业务员明细账查询结果如图 5-46 所示。

在客户业务员明细账查询过程中，可用科目下拉列表框选择需要查看的科目，也可用业务员下拉列表框选择需要查看的业务员。明细账中的账簿格式选择、总账、凭证功能与“科目客户明细账”中的相应功能类同。客户业务员明细账应按业务员和客户排序，并按业务员列示合计数。客户业务员明细账的数据生成与科目客户明细账的数据生成类同。其数据源主要是凭证基表（Pz）、往来发生额与余额基表（Wlyeb）、外币发生额与余额基表（Wbyeb）、客户档案（Khda）、科目字典（Kmzd）和个人往来字典（Grwlzd）。

业务员明细账

金额式

科目 1122 应收账款
业务员 全部

月份：2019.01-2019.03

2019年		凭证号	业务员	客户		摘要	借方	贷方	方向	余额
月	日		名称	编号	名称		本币	本币		本币
02	25	记-0009	李海	02003	南京宏图三胞	*销售货物一批_2014.02.25	25,000.00		借	25,000.00
			李海	02003	南京宏图三胞	小计	25,000.00		借	25,000.00
			陆恩启	01001	中复电讯	上年结转			借	70,000.00
01	25	记-0008	陆恩启	01001	中复电讯	*收回部分应收账款_2014.01.25		10,000.00	借	60,000.00
01	25	记-0009	陆恩启	01001	中复电讯	*销售手机零部件_2014.01.25	12,500.00		借	72,500.00
02	20	记-0008	陆恩启	01001	中复电讯	*收回上月应收账款_2014.02.20		12,500.00	借	60,000.00
02	28	记-0010	陆恩启	01001	中复电讯	*收回去年应收款项_2014.02.28	22,500.00		借	82,500.00
03	01	记-0003	陆恩启	01001	中复电讯	*销售小米手机_2014.03.01	250,000.00		借	332,500.00
03	01	记-0004	陆恩启	01001	中复电讯	*收回部分应收款项_2014.03.01	20,000.00		借	352,500.00
			陆恩启	01001	中复电讯	小计	305,000.00	22,500.00	借	352,500.00
			王明天	01002	华滨通讯	上年结转			借	10,000.00
03	01	记-0005	赵东	01003	上海华丽	*销售手机电源线_2014.03.01	1,200.00		借	1,200.00
			赵东	01003	上海华丽	小计	1,200.00		借	1,200.00
			赵珊珊	02001	硅谷电脑	上年结转			借	250,000.00
01	30	记-0010	赵珊珊	02001	硅谷电脑	*收回电脑销售款_2014.01.30	250,000.00		借	500,000.00
			赵珊珊	02001	硅谷电脑	小计	250,000.00		借	500,000.00
						合计：	581,200.00	22,500.00	借	888,700.00

图 5-46　客户业务员明细账

四、往来款项管理

（一）往来清理

以客户往来为例，客户往来清理用于客户往来款项的清理与勾对，以便及时了解各客户往来科目的结算以及未达账项情况。系统提供自动勾对与手工勾对两种方式清理客户欠款。在进行客户往来清理时，先要定义清理条件，如图 5-47 所示。

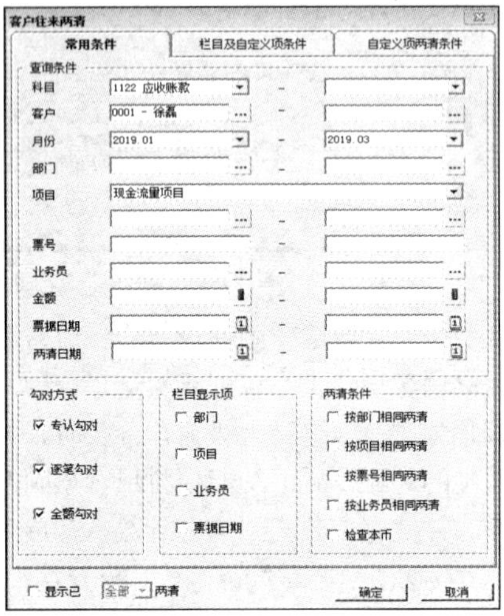

图 5-47　客户往来清理条件定义

（1）科目。必须是科目字典中具有客户往来核算的科目。

（2）客户。从客户档案字典中选择需要进行清理的客户。

（3）月份。限定往来清理的时间范围。如果不定义则系统处理所有未清理的所选客户往来业务。

（4）两清条件。选择按业务员、票号进行往来两清处理。因为本教材认为客户往来核算科目一般情况下没有进行部门核算和项目核算的必要，所以在客户往来清理中也就没有必要设置按部门相同两清和按项目相同两清这两项，只需设置按业务员相同两清和按票号相同两清即可。

客户往来清理的查询结果如图 5-48 所示，其数据的生成很简单，系统根据选择的科目、客户、月份等查询条件，将凭证基表（Pz）中满足条件的记录输出即可。可对输出的数据进行清理，对两清的业务进行勾对。

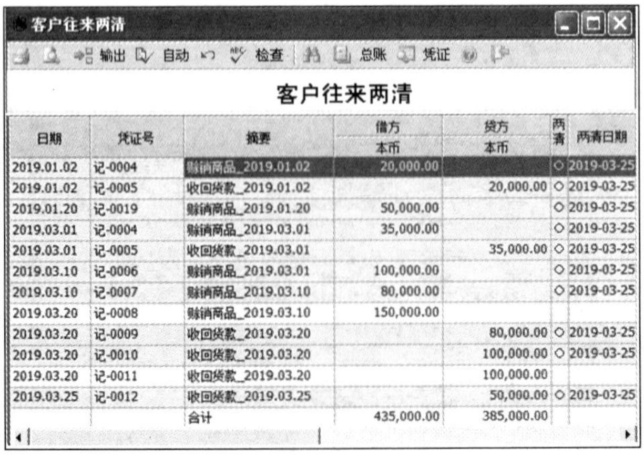

客户往来两清

日期	凭证号	摘要	借方	贷方	两清	两清日期
			本币	本币		
2019.01.02	记-0004	赊销商品_2019.01.02	20,000.00		○	2019-03-25
2019.01.02	记-0005	收回货款_2019.01.02		20,000.00	○	2019-03-25
2019.01.20	记-0019	赊销商品_2019.01.20	50,000.00		○	2019-03-25
2019.03.01	记-0004	赊销商品_2019.03.01	35,000.00		○	2019-03-25
2019.03.01	记-0005	收回货款_2019.03.01		35,000.00	○	2019-03-25
2019.03.10	记-0006	赊销商品_2019.03.01	100,000.00		○	2019-03-25
2019.03.10	记-0007	赊销商品_2019.03.10	80,000.00		○	2019-03-25
2019.03.20	记-0008	赊销商品_2019.03.10	150,000.00			
2019.03.20	记-0009	收回货款_2019.03.20		80,000.00	○	2019-03-25
2019.03.20	记-0010	收回货款_2019.03.20		100,000.00	○	2019-03-25
2019.03.20	记-0011	收回货款_2019.03.20		100,000.00		
2019.03.25	记-0012	收回货款_2019.03.25		50,000.00	○	2019-03-25
		合计	435,000.00	385,000.00		

图 5-48　客户往来清理

（1）自动勾对。

如果选择"按业务员相同两清"，则系统自动按"业务员+逐笔+总额"3项进行勾对；如果选择"按票号相同两清"，则系统自动按"票号+逐笔+总额"3项进行勾对，其勾对过程如下。

① 按业务员勾对。系统根据业务员姓名（因为在凭证基表中存储的是业务员姓名）进行勾对，对于同一科目下业务员相同、借贷方向相反、金额一致的两笔分录进行自动勾对。

② 按票号勾对。系统根据票号进行勾对，对于同一科目下相同票号、借贷方向相反、金额一致的两笔分录进行自动勾对。

③ 逐笔勾对。在未指定业务员或票号的情况下，系统按金额一致、借贷方向相反的原则自动勾对同一科目、同一往来客户的往来款项。

④ 总额勾对。为提高对账成功率，对于同一科目、同一往来客户，可能存在借方的某项或某几项合计等于其贷方的某项或某几项合计，尤其是同一业务员的往来款项，对这种情况系统自动进行总额勾对。

进行自动勾对时，系统自动将所有已两清的往来业务打上"○"标志。

（2）手工勾对。

由于各种原因导致无法使用上述方式对客户往来账进行自动勾对时，可采用手工勾对方式。分别在需要两清的分录上标注"√"两清标记。

下面以某客户的应收账款明细记录为例，按"票号+逐笔+总额"方式对自动勾对和手工勾对进行解释。

日期	票号	借方	贷方	两清
2019-01-01	0006	10 000		○
2019-01-15	0012	42 000		√
2019-01-20	0020		10 000	○
2019-02-01	0038		40 000	√
2019-02-10			2 000	√
2019-02-20	0086	8 000		○
2019-02-28		98 000		○
2019-03-02			98 000	○
2019-03-10	0086		5 000	○
2019-03-20	0086		3 000	○
2019-03-30		20 000		

系统自动勾对时，第一次按票号勾对，即对票号完全相同且借方金额合计等于贷方金额合计的未勾对往来明细记录进行勾对，如上例中系统将票号都为"0086"，且借方金额之和8 000等于贷方金额之和8 000（5 000+3 000）的三笔业务进行勾对；第二次按逐笔勾对，系统分别将一借一贷金额等于10 000和98 000的两笔业务打上两清标记；第三次按总额勾对，即检查该客户所有未勾对的往来款项的借、贷金额是否相等，若相等则将该客户的所有未达账项标注两清标记，若不相等则不能标注两清标记。例如，借方金额为42 000的业务和贷方金额为40 000和2 000的业务可以勾对，但只能通过手工勾对，其原因在于未勾对的借方金额之和62 000（42 000+20 000）不等于未勾对的贷方金额之和42 000，因此只能采用手工勾对。在进行手工勾对时，当确认几笔分录可核销时，可在勾对业务所在行的"两清"栏标注两清标记"√"。

在客户往来清理界面：可用客户下拉列表框选择需要清理的客户，选择时系统列示客户档案中的所有客户；用"自动"功能进行自动勾对；用"取消"功能可取消勾对；用"检查"功能可对已勾对的记录进行试算平衡。"总账"和"凭证"功能与其他明细账的相应功能相同。无论是自动勾对还是手工勾对，勾对并确认后，系统将自动根据勾对情况逐笔计算日期之差（以天数计算），并将求得的天数（转换为字符型）存入凭证基表（Pz）的“对账标志”字段，以便进行账龄分析。由此可见，凭证基表（Pz）的“对账标志”字段，针对银行存款对账和往来清理其存储内容不同。

（二）往来账龄分析

以客户往来为例，客户往来账龄分析用于对客户往来款项的时间分布情况进行账龄分析。在输出客户往来账龄分析表时，其条件定义如图 5-49 所示。

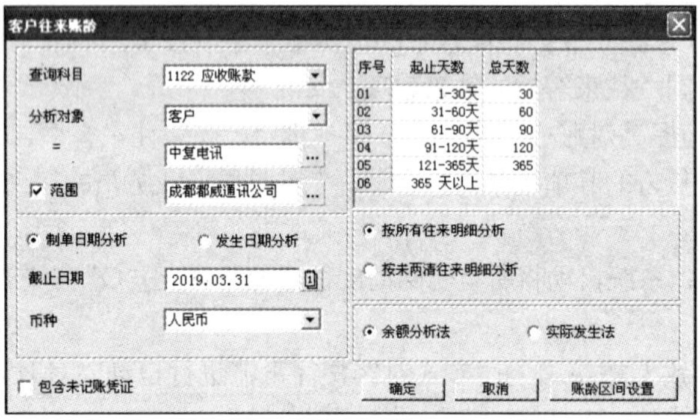

图 5-49 客户往来账龄分析条件定义

（1）查询科目。用下拉列表框选择需要分析的科目，该科目必须是科目字典中往来核算类型为“客户”的科目。

（2）分析对象。系统提供客户、客户分类、业务员等分析对象以供选择。以客户为分析对象时，可分析具体客户往来款项的账龄情况；以客户分类为分析对象时，可分析某类客户往来款项的账龄情况；以业务员为分析对象时，可考查各业务员对应收账款的处理态度，以积极调整考核制度，提高业务员积极性，加快收回货款效率。

（3）截止日期。指定分析的日期范围。

（4）账龄期间（界面中由“序号”“起止天数”“总天数”组成）。用户可以在此设置账龄分析区间，可以在“总天数”栏中通过修改每个区间的天数来调整账龄区间。

（5）币种。如果选择此项，则只按选择的币种分析；如果不选，将对所有币种进行分析，将所有外币业务按本币进行分析。

（6）系统提供“按所有往来明细分析”和“按未两清往来明细分析”单选项。如果选择“按所有往来明细分析”，则系统对全部往来明细款项进行分析；如果选择“按未两清往来明细分析”，则系统只对未两清的往来明细款项进行分析。

（7）其他数据项意义不大。

客户往来账龄分析表如图 5-50 所示。按本教材的设计思想，往来账龄分析应根据凭证基表（Pz）中“对账标志”字段存储的天数进行分析。因此，在进行账龄分析之前，必须先进行往来清理，将能勾对的、已两清的往来款项全部勾对完毕，对于未两清的往来款项按其发生日期与对账截止日期相差的天数计入账龄区间。

往来账龄分析　金额式

科目 1122 应收账款　　币种：人民币
客户 全部　　截止日期：2019.03.31

客户		方向	余额	1-30天		31-60天		61-90天		91-120天	
编号	名称			金额	%	金额	%	金额	%	金额	%
01001	中复电讯	借	352,500.00	292,500.00	82.98	12,500.00	3.55	47,500.00	13.48		
01002	华滨通讯	借	10,000.00					10,000.00	100.00		
01003	上海华丽	借	1,200.00	1,200.00	100.00						
02001	硅谷电脑	借	500,000.00			250,000.00	50.00	250,000.00	50.00		
02003	南京宏图三胞	借	25,000.00	25,000.00	100.00						
数量总计：	—		5	3		2		3			
金额总计：	—	借	888,700.00	318,700.00	35.86	262,500.00	29.54	307,500.00	34.60		

图 5-50 客户往来账龄分析表

（三）往来催款单

以客户往来为例，客户往来催款单用于对客户实施催款，及时清理客户应收账款。在输出客户催款单时需要先定义查询条件，其定义界面与图 5-49（客户往来账龄分析条件定义）界面类同。客户往来催款单如图 5-51 所示。

可用“打印”功能打印客户往来催款单，可用科目下拉列表框和客户下拉列表框对客户往来科目和客户进行选择。其数据生成与客户往来清理数据生成类同。催款单应根据凭证基表（Pz）中“对账标志”字段的天数输出。必须事先进行往来清理，将已两清的往来款项全部清理完毕。催款单应只列示未两清的往来款项，按其发生日期与对账截止日期相差的天数计入账龄区间。

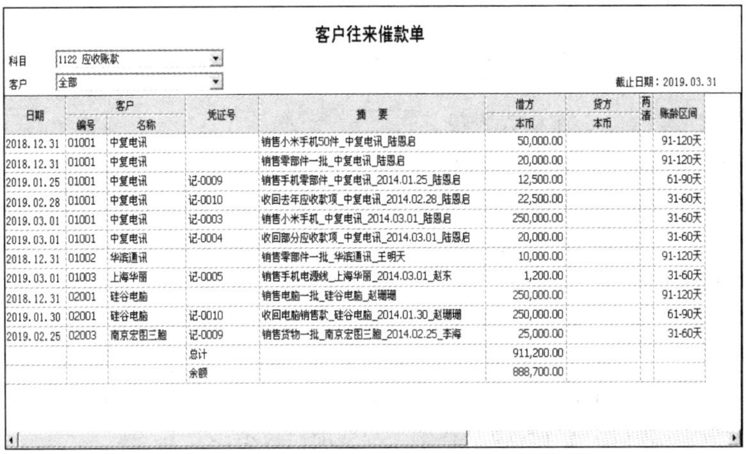

客户往来催款单

科目 1122 应收账款

客户 全部　　　　截止日期：2019. 03. 31

日期	客户		凭证号	摘　要	借方	贷方	两清	账龄区间
	编号	名称			本币	本币		
2018. 12. 31	01001	中复电讯		销售小米手机50件_中复电讯_陆恩启	50,000.00			91-120天
2018. 12. 31	01001	中复电讯		销售零部件一批_中复电讯_陆恩启	20,000.00			91-120天
2019. 01. 25	01001	中复电讯	记-0009	销售手机零部件_中复电讯_2014.01.25_陆恩启	12,500.00			61-90天
2019. 02. 28	01001	中复电讯	记-0010	收回去年应收款项_中复电讯_2014.02.28_陆恩启	22,500.00			31-60天
2019. 03. 01	01001	中复电讯	记-0003	销售小米手机_中复电讯_2014.03.01_陆恩启	250,000.00			31-60天
2019. 03. 01	01001	中复电讯	记-0004	收回部分应收款项_中复电讯_2014.03.01_陆恩启	20,000.00			31-60天
2018. 12. 31	01002	华滨通讯		销售零部件一批_华滨通讯_王明天	10,000.00			91-120天
2019. 03. 01	01003	上海华丽	记-0005	销售手机电源线_上海华丽_2014.03.01_赵东	1,200.00			31-60天
2018. 12. 31	02001	硅谷电脑		销售电脑一批_硅谷电脑_赵珊珊	250,000.00			91-120天
2019. 01. 30	02001	硅谷电脑	记-0010	收回电脑销售款_硅谷电脑_2014.01.30_赵珊珊	250,000.00			61-90天
2019. 02. 25	02003	南京宏图三胞	记-0009	销售货物一批_南京宏图三胞_2014.02.25_李海	25,000.00			31-60天
			总计		911,200.00			
			余额		888,700.00			

图 5-51　客户往来催款单

第五节　项目账表

在实际业务中，有许多项目（如在建工程、科研课题、新产品开发、合同等）都是作为项目管理进行核算的，这些项目的核算量大且统计频繁。利用传统的科目核算方法来处理这些项目有两个弊端：第一，科目体系庞大；第二，核算与统计不便。例如，某一建筑公司在建立会计科目时设置如下。

科目编码	科目名称
1604	在建工程
160401	白云园区工程
16040101	工程人工费
16040102	工程材料费
16040103	机械设备费
16040104	燃料及动力
16040105	.....
160402	虹桥园区工程
16040201	工程人工费
16040202	工程材料费
16040203	机械设备费
16040204	燃料及动力
16040205	......

......	......	
160403	友谊园区工程	
16040301	工程人工费	
......	......	

按这种做法，会造成会计科目庞大，且难以方便地统计有关项目和科目的各种数据。为了更好地核算每个项目和科目，系统应提供项目管理功能，项目管理可用于核算项目的成本、费用和收入情况，它以项目为中心进行核算与管理，其做法是：在设置会计科目时，先对使用项目核算的科目进行标识，即在建立会计科目时，不要将项目作为科目设置，只需将项目的成本、费用、收入等作为科目设置，且将这些科目设置为"项目核算"。例如，对上例中的建筑公司可进行以下科目设置。

科目编码	科目名称	项目核算
1604	在建工程	√
160401	工程人工费	√
160402	工程材料费	√
160403	机械设备费	√
160404	燃料及动力	√
160405	......	√

其中，项目核算列的"√"是为了简化描述，而实际在科目字典中"项目核算"字段的值应该是项目大类编号或项目大类对应的项目档案基表名。

在"项目分类"字典中定义"在建工程"项目大类。

在"在建工程"项目大类下定义"住宅工程"项目分类。

在"住宅工程"项目分类下定义以下项目目录（项目档案）。

项目编码	项目名称
20190001	白云园区工程
20190002	虹桥园区工程
20190003	友谊园区工程
......	......

项目账表能够提供各项目的收支情况，归集项目发生的各项成本和费用，使企业管理人员能够随时从项目统计信息中清晰明了地掌握各项目的完成进度，项目的收入、支出、预算等情况。与其他各类辅助账表类似，项目账表包括项目总账、项目余额表和项目明细账。本教材对部门、往来、项目辅助核算不主张交叉进行，即部门核算中不涉及往来和项目、往来核算中不涉及部门和项目，同样，项目核算中也不涉及部门和往来。交叉核算意义不大，且增加系统研发的复杂性。

在项目核算中没有必要进行项目所属部门的交叉核算，因为很多项目需要企业内、外部多个部门合作完成，往往很难从始至终归属于某个特定的部门。因此，项目账表只需按科目、项目、项目类别等进行查询，而不设计按部门查询功能。项目账表包括项目总账、项目余额表（科目项目余额表、项目科目余额表、项目分类余额表）、项目明细账（科目项目明细账、项目科目明细账、项目分类明细账、项目三栏明细账、项目多栏明细账）。

一、项目总账

项目总账用于查询某项目、某科目各月份的发生额及余额。在查询前先定义查询条件，其条件定义如图 5-52 所示。

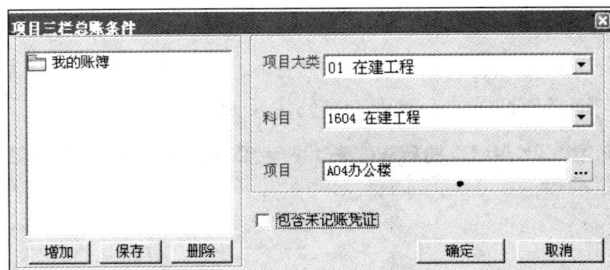

图 5-52　项目总账查询条件定义

在图 5-52 所示的界面中，首先根据项目分类字典中的一级项目选择项目大类，然后在"科目"和"项目"处选择需要查询的科目和项目，科目根据所选项目大类从科目字典中选取（项目大类对应的核算科目），项目根据所选项目大类从项目档案中选取，通过"包含未记账凭证"选项可查看包含未记账凭证的项目总账。项目总账如图 5-53 所示。

图 5-53　项目总账

（1）科目。用科目下拉列表框选择需要查看的科目，科目必须是科目字典中项目大类对应的核算科目。

（2）项目。用项目下拉列表框，从项目大类对应的项目档案中选取需要查看的项目。

（3）账簿格式。用账簿格式下拉列表框根据所选科目性质选择金额式、数量式、外币式、外币数量式。当选择不同的账簿格式时，项目总账的借、贷、余栏中需增设对应数据栏，以此列示对应的数据。

（4）明细。可联查项目三栏明细账。

（5）应设计"列示项目"和"列示科目"功能，"列示项目"可列示所选项目大类的项目档案信息，"列示科目"可列示所选项目大类的项目核算科目信息。

项目总账的数据生成与部门总账和往来总账的数据生成类同。项目总账的数据源主要是项目发生额与余额基表（Xmyeb）、外币发生额与余额基表（Wbyeb）、凭证基表（Pz）、项目分类字典（Xmflzd）、项目档案（Xmda）和科目字典（Kmzd）。

二、项目余额表

项目余额表可按项目大类、项目核算科目、项目等查询条件定义，输出各科目、各项目、各项目分类的发生额及余额情况，以便掌握项目的成本、费用、收入等情况。通过项目余额表，管理人员可对各项目核算科目、项目分类或具体项目的费用发生和项目进展情况形成整体掌控，从而进行相关的项目管理与决策。

（一）科目项目余额表

科目项目余额表用于查询某项目核算科目下各明细项目的发生额及余额情况。在查询科目项目余额表时，需先定义查询条件，其查询条件定义如图 5-54 所示。

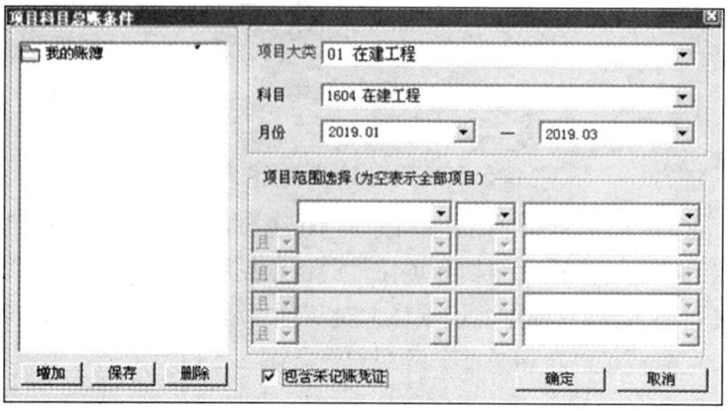

图 5-54　科目项目余额表查询条件定义

（1）项目大类。必须从项目分类字典的一级项目中选取。

（2）科目。必须是科目字典中具有“项目核算”标志的科目，并且是所选项目大类对应的核算科目。

（3）月份。定义余额表的起止月份范围。

（4）项目范围选择。系统默认查询所选项目大类下的全部项目，可按其他条件确定项目范围。系统提供 5 个条件组，用户可定义 5 个并列的条件（逻辑“与”关系）来选择项目范围。每个条件组的第 1 列用于选择在项目档案基表结构定义中定义的字段名，如 Xmbh（项目编号）、Xmmc（项目名称）等；第 2 列用于选择关系运算符，如“=”“>=”等；第 3 列用于录入或选择条件判断内容，如“办公大楼”“2019.01.01”等。例如，分析开工日期在 2019 年 1 月 1 日及之后的项目发生额及余额情况。用户应在第 1 列选择“Kgrq”，在第 2 列选择“>=”，在第 3 列输入“2019.01.01”。

（5）包含未记账凭证。如果需要查看包含未记账凭证的科目项目数据，可选择“包含未记账凭证”选项。

科目项目余额表的查询结果如图 5-55 所示。

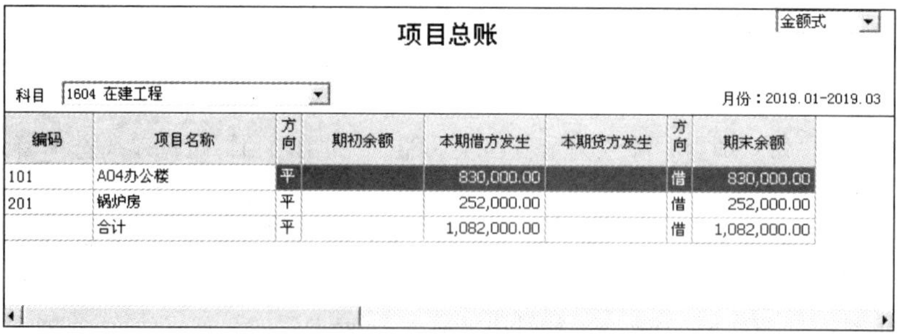

编码	项目名称	方向	期初余额	本期借方发生	本期贷方发生	方向	期末余额
101	A04办公楼	平		830,000.00		借	830,000.00
201	锅炉房	平		252,000.00		借	252,000.00
	合计	平		1,082,000.00		借	1,082,000.00

图 5-55　科目项目余额表

在查询过程中：可用科目下拉列表框选择需要查看的科目，其科目选择与图 5-54 中的科目选择相同；可用账簿格式下拉列表框根据所选科目性质选择数量、外币等账簿格式（需要在期初、本期、累计、期末各栏目中增设数量栏和外币栏）；用“累计”功能可以在本期发生额之后，在期末余额之前加入“累计借方发生额”和“累计贷方发生额”两列数据，这两列数据为 1 月份到条件定义终止月份的累计发生额；用“明细”功能可联查科目项目明细账；用“列示项目”功能可列示所选项目大类的项目档案信息；用“列示科目”功能可列示所选项目大类的项目核算科目信息。应在"期初余额"前增设"项目预算额"栏，以便更好地反映各对应科目项目预算数据，并将其与实际发生额进行比较分析。"项目预算额"栏数据可根据项目发生额与余额基表（Xmyeb）中对应项目核算科目的"科目项目预算额"字段填列。科目项目余额表的数据生成与科目客户余额表的数据生成类同，但应注意余额表中本期数应根据定义的起止月份范围计算。其数据源与项目总账数据源相同。

（二）项目科目余额表

项目科目余额表用于查询某项目下各费用、收入科目（即在科目字典中设有"项目核算"标志的科目）的发生额及余额情况。查询时，需定义查询条件，如图 5-56 所示。

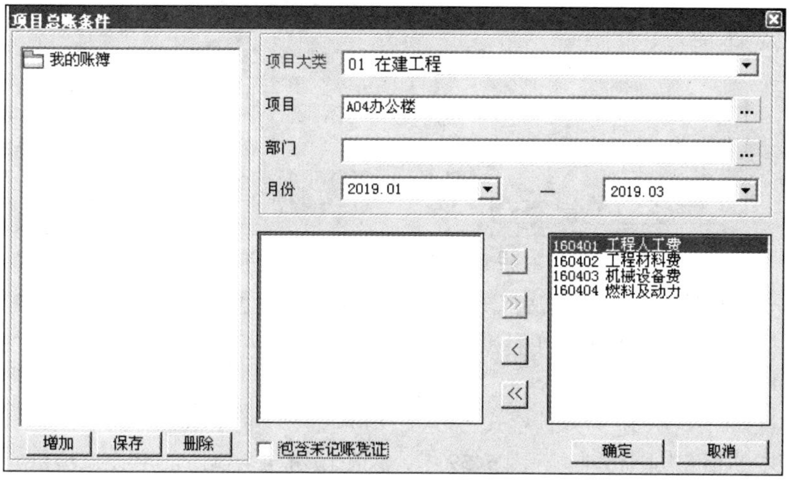

图 5-56　项目科目余额表查询条件定义

首先，根据项目分类字典中的一级项目选择项目大类；其次，在"项目"处选择需要查询的项目，项目从所选项目大类对应的项目档案中选取；最后，定义查询的起止月份。如果需要输出包含未记账凭证数据，可选择"包含未记账凭证"选项。定义上述条件后，系统将所选项目大类对应的核算科目全部列示在被选科目列表中以供选择，可用"<""<<"">"">>"选择需要查询的科目。其查询结果如图 5-57 所示。

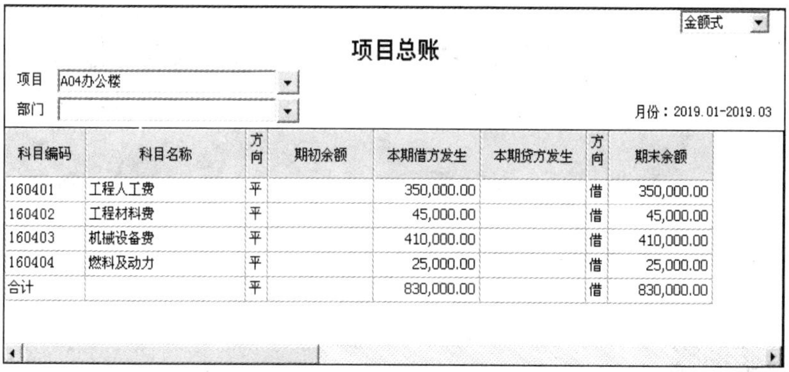

项目总账

项目 A04办公楼
部门 　　　　　　　　　　　　　　　　　月份：2019.01-2019.03

科目编码	科目名称	方向	期初余额	本期借方发生	本期贷方发生	方向	期末余额
160401	工程人工费	平		350,000.00		借	350,000.00
160402	工程材料费	平		45,000.00		借	45,000.00
160403	机械设备费	平		410,000.00		借	410,000.00
160404	燃料及动力	平		25,000.00		借	25,000.00
合计		平		830,000.00		借	830,000.00

图 5-57　项目科目余额表

在查询过程中：可用项目下拉列表框从项目档案中选择需要查看的项目；可用工具栏中"明细"功能联查对应的项目科目明细账；"账簿格式""累计""列示项目""列示科目"功能与项目科目余额表中的相应功能相同。

在图 5-57 中，应在"期初余额"前增设"科目预算额"栏，以便进行比较分析，该栏数据可根据项目发生额与余额基表（Xmyeb）中对应项目核算科目的"科目项目预算额"

字段填列。项目科目余额表的数据生成与科目项目余额表的数据生成类同，其数据源与项目总账数据源相同。

（三）项目分类余额表

项目分类余额表用于查询某项目核算科目下各项目分类的发生额及余额情况。需按条件定义进行查询，其查询条件定义如图 5-58 所示。

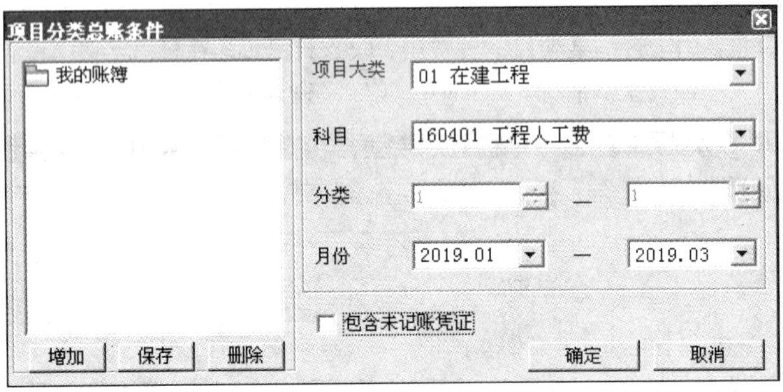

图 5-58　项目分类余额表查询条件定义

在图 5-58 中，分类应选择级次范围，如 1-3 级等，若终止级次不选，则表示汇总到末级分类。其他条件项的定义与图 5-54（科目项目余额表查询条件定义）中的相应定义类同。查询结果如图 5-59 所示。

在查询过程中："科目""账簿格式""累计""明细""列示项目""列示科目"功能与科目项目余额表中的相应功能相同。在图 5-59 中，应在"期初余额"前增设"项目分类预算额"栏，以便进行比较分析。该栏数据可根据项目发生额与余额基表（Xmyeb）中对应项目核算科目的"科目项目预算额"字段按项目分类汇总填列。项目分类余额表的数据生成与项目科目余额表的数据生成类同，其数据源与项目总账数据源相同。

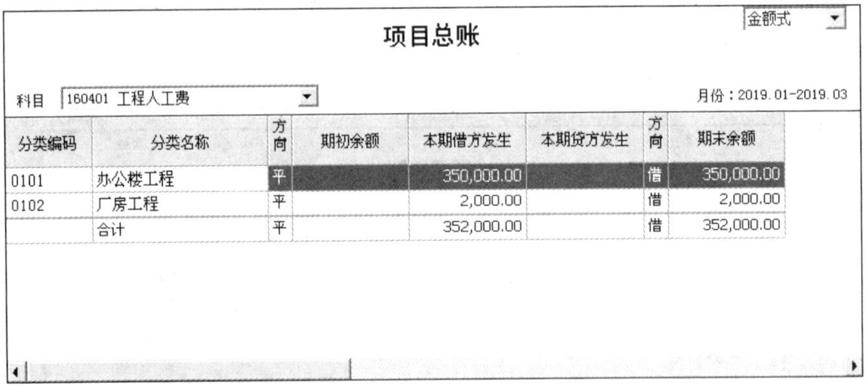

图 5-59　项目分类余额表

三、项目明细账

项目明细账包括科目项目明细账、项目科目明细账、项目分类明细账、项目三栏明细账和项目多栏明细账 5 种。

（一）科目项目明细账

科目项目明细账用于查询某项目核算科目下各项目的明细账，其查询条件定义与科目项目余额表查询条件定义相同。查询结果如图 5-60 所示。

图 5-60　科目项目明细账

在查询过程中：可用科目下拉列表框选择需要查看的科目，此时所列示的可选科目不仅要具有"项目核算"标志，而且还必须是所选项目大类下的核算科目；可用"总账"功能联查科目项目余额表；可用"凭证"功能联查所选凭证数据；"账簿格式""列示项目""列示科目"等功能与科目项目余额表中的相应功能相同。账簿数据需按项目排序，并按项目列示合计数。

科目项目明细账的数据生成并不复杂，根据定义的查询条件，首先从项目发生额与余额基表（Xmyeb）和外币发生额与余额基表（Wbyeb）中查询各项目的期初余额、本期发生额、累计发生额、期末余额，然后再查询凭证基表中满足条件的记录，最后将各项发生额与余额数据和凭证数据按账簿格式要求进行排列即可。

（二）项目科目明细账

项目科目明细账用于查询某项目各费用、收入核算科目的明细账，其查询条件定义与项目科目余额表查询条件定义相同。查询结果如图 5-61 所示。

图 5-61　项目科目明细账

在查询过程中，可用项目下拉列表框从项目大类对应的项目档案中选择需要查看的项目，可用"总账"功能联查项目科目余额表，"账簿格式""凭证""列示项目""列示科目"功能与科目项目明细账中的相应功能相同。项目科目明细账需按科目排序，并按科目列示合计数。其数据生成与科目项目明细账的数据生成类同。

（三）项目分类明细账

项目分类明细账用于查询某科目下各项目分类的明细信息。其查询条件定义与项目分类余额表查询条件定义基本相同，所不同的是，在项目分类余额表查询条件定义中，分类选择为分类级次范围，而在项目分类明细账查询条件定义中，项目分类选择为具体项目分类。项目分类明细账的查询结果如图 5-62 所示。

项目明细账

分类：0101 办公楼工程
科目：1604 在建工程

月份：2019.01—2019.03

2019年 月	日	凭证号数	项目编码	项目名称	摘要	借方	贷方	方向	余额
01	01	记-0009	101	A04办公楼	*购买工程材料	25,000.00		借	25,000.00
01	01	记-0010	101	A04办公楼	*购买工程设备	400,000.00		借	425,000.00
01	31	记-0011	101	A04办公楼	*支付工程人工费	100,000.00		借	525,000.00
01			101	A04办公楼	当前合计	525,000.00		借	525,000.00
01			101	A04办公楼	当前累计	525,000.00		借	525,000.00
02	01	记-0001	101	A04办公楼	*购买原材料	20,000.00		借	545,000.00
02	01	记-0002	101	A04办公楼	*支付动力燃料费	25,000.00		借	570,000.00
02			101	A04办公楼	当前合计	45,000.00		借	570,000.00
02			101	A04办公楼	当前累计	570,000.00		借	570,000.00
03	01	记-0001	101	A04办公楼	*支付工程人工费	250,000.00		借	820,000.00
03	01	记-0002	101	A04办公楼	*支付工程设备	10,000.00		借	830,000.00
03			101	A04办公楼	当前合计	260,000.00		借	830,000.00
03			101	A04办公楼	当前累计	830,000.00		借	830,000.00
					合计	830,000.00		借	830,000.00

图 5-62　项目分类明细账

在查询过程中，可用科目下拉列表框选择需要查看的项目核算科目，还可用项目分类下拉列表框选择需要查看的项目分类（图 5-62 中未设计），用"总账"功能可联查当前科目的项目分类余额表，"账簿格式""凭证""列示项目""列示科目"功能与项目科目明细账中的相应功能相同。项目分类明细账应按项目排序，并按项目列示合计数。其数据生成与其他明细账的数据生成类同。

（四）项目三栏明细账

项目三栏明细账用于查询某项目、某科目各月份的明细账，其查询条件定义与项目总账查询条件定义相同。查询结果如图 5-63 所示。

金额式

项目明细账

项目：A04办公楼
科目：1604 在建工程

月份：2019.01—2019.03

2019年 月	日	凭证号数	摘要	借方	贷方	方向	余额
01	01	记-0009	*购买工程材料	25,000.00		借	25,000.00
01	01	记-0010	*购买工程设备	400,000.00		借	425,000.00
01	31	记-0011	*支付工程人工费	100,000.00		借	525,000.00
01			当前合计	525,000.00		借	525,000.00
01			当前累计	525,000.00		借	525,000.00
02	01	记-0001	*购买原材料	20,000.00		借	545,000.00
02	01	记-0002	*支付动力燃料费	25,000.00		借	570,000.00
02			当前合计	45,000.00		借	570,000.00
02			当前累计	570,000.00		借	570,000.00
03	01	记-0001	*支付工程人工费	250,000.00		借	820,000.00
03	01	记-0002	*支付工程设备	10,000.00		借	830,000.00
03			当前合计	260,000.00		借	830,000.00
03			当前累计	830,000.00		借	830,000.00

图 5-63　项目三栏明细账

在查询过程中，可分别用项目和科目下拉列表框选择需要查看的项目和科目（与项目总账相同），用"总账"功能可联查当前项目、当前科目的项目总账。项目三栏明细账只能按日期和凭证号排序。"账簿格式""凭证""列示项目""列示科目"功能与项目科目明细账中的相应功能相同。其数据生成与其他三栏明细账的数据生成类同，只是期初余额、月合计数、累计数等需从项目发生额与余额基表（Xmyeb）中获取。

（五）项目多栏明细账

项目多栏明细账用于查询某项目各费用、收入科目的多栏式明细账，系统按具有项目核算标志的非末级科目查询，按其下级科目分栏。在查询项目多栏明细账之前，应先将查询科目本身及其下级科目都设为项目核算科目，且属于同一项目大类，再在项目多栏明细账查询条件中选择该科目。例如，在科目字典中设置项目核算科目如下。

科目编码	科目名称	项目核算
1604	在建工程	√
160401	工程人工费	√
160402	工程材料费	√
160403	机械设备费	√
160404	燃料及动力	√

其中，项目核算列的"√"是为了简化描述，而实际在科目字典中"项目核算"字段的值应该是项目大类编号或项目大类对应的项目档案基表名。项目多栏明细账查询条件定义如图5-64所示。

图 5-64　项目多栏明细账查询条件定义

（1）项目大类。从项目分类字典的一级项目中选取。

（2）科目。必须是科目字典中具有"项目核算"标志的科目，并且是非末级科目，其下级科目也必须全部具有项目核算标志，所选科目及其所属下级科目必须全部是所选项目大类的项目核算科目。

（3）项目。在所选项目大类对应的项目档案中选取。

（4）月份、分析方式、包含未记账凭证3个选项与其他多栏账的相应选项相同。

项目多栏明细账自动按所选科目的下级科目分栏，其查询结果如图5-65所示。

图 5-65　项目多栏明细账

在查询过程中，可用项目下拉列表框选择需要查看的项目。项目多栏明细账只能按日期和凭证号排序。"账簿格式""凭证""列示项目""列示科目"功能与项目科目明细账中的相应功能相同。因某些项目可能具有数量或外币核算，所以在项目多栏明细账中应设计"账簿格式"选择功能。项目多栏明细账的数据生成与其他多栏式明细账的数据生成类同。

本章习题

1. 账簿管理包括哪些功能？
2. 绘图说明账簿管理的数据处理流程。
3. 与手工处理系统中的账簿登记相比，会计信息系统中的账簿管理具有哪些优势？
4. 在科目总账输出界面，应设计哪些功能？
5. 简要说明科目总账的数据生成过程。
6. 说明科目余额表与科目总账的不同，实行计算机记账后，为什么主张用科目余额表代替科目总账？
7. 在输出科目余额表时，简要说明其查询条件如何定义。
8. 科目余额表的"账簿格式"包括哪几种？不同账簿格式需输出哪些栏目数据？
9. 举例说明科目余额表的"过滤"功能如何实现，并说明通配符"？"和"*"的作用。
10. 在科目余额表中，科目、数量和本币数据如何生成？
11. 在科目余额表中，外币数据如何生成？
12. 在查询科目余额表时，若选择了"包含未记账凭证"选项，说明其数据处理过程。
13. 科目明细账包括哪些账簿类型？简述其基本功能。
14. 简要说明科目明细账的查询条件如何定义。
15. 在科目明细账输出界面，应设计哪些功能？
16. 在科目明细账中，凭证数据如何生成？
17. 在科目明细账中，各月的发生额、累计发生额、余额数据如何生成？
18. 科目明细账按账簿格式要求排序后，其各行余额数据如何计算？
19. 在科目明细账中，若选"包含未记账凭证"选项，说明其数据处理过程。
20. 目前，会计制度要求年终必须打印会计账簿（或账本），你认为是否有必要？若要打印应如何设计使其功能更为科学、有效？
21. 简要说明科目多栏账"定义方式"的优缺点。
22. 简要说明科目多栏账"非定义方式"的要点。
23. 说明"非定义方式"科目多栏账功能如何实现。
24. 简要说明多栏账格式基表的作用和存储内容。
25. 在科目多栏账中，从凭证基表读取的数据如何填入多栏账的对应栏目？
26. 在科目多栏账中，各月的月合计数、累计数、余额来源于哪些数据基表？这些数据读出后如何填入多栏账？
27. 简要说明序时账的数据生成过程，在序时账中没有列示各月的月合计数、累计数、余额，你对在明细账中列示各月的月合计数、累计数、余额如何认识？
28. 国产会计软件的账表输出功能都非常强大，可以按各种不同的格式、从不同的角度输出各种账表，而纵观国外同类软件，其账表输出功能却非常简单，也不追求格式，你对此如何认识？

29. 部门核算通常涉及的会计科目有哪些？说明部门不涉及数量核算和外币核算的理由。

30. 科目部门费用分析表中应列示哪些数据项？这些数据项如何生成？

31. 部门科目费用分析表中应列示哪些数据项？这些数据项如何生成？

32. 在科目部门费用分析表和部门科目费用分析表中，都需列示计划指标及其结余数，试问其功能如何实现？列示这些数据具有什么意义？

33. 说明科目部门明细账的功能和数据来源。

34. 说明部门科目明细账的功能和数据来源，并说明其与科目部门明细账的区别。

35. 举例说明部门多栏明细账的功能、输出内容和数据来源。

36. 往来核算中是否需要设置外币核算和数量核算？为什么？

37. 说明客户往来核算所涉及的会计科目，并说明输出某客户下各往来核算科目数据无意义的原因。

38. 说明科目客户余额表的功能、输出内容和数据来源。

39. 说明客户分类余额表的功能、输出内容和数据来源。

40. 说明客户业务员余额表的功能、输出内容和数据来源。

41. 说明科目客户明细账的功能、输出内容和数据来源。

42. 说明客户三栏明细账的功能、输出内容和数据来源。

43. 说明客户分类明细账的功能、输出内容和数据来源。

44. 说明客户业务员明细账的功能、输出内容和数据来源。

45. 在客户、供应商、个人往来账表功能中，都设计了往来清理功能，此功能是否有必要设计？为什么？

46. 说明客户往来清理条件定义功能。

47. 说明客户往来清理的"自动勾对"功能。

48. 简要说明往来账龄分析功能如何实现。

49. 以"在建工程"项目大类为例，说明项目核算涉及哪些数据基表，以及这些数据基表的存储内容。

50. 说明项目总账的功能和数据来源。

51. 说明科目项目余额表的查询条件应如何定义。

52. 说明科目项目余额表的功能、输出内容和数据来源。

53. 说明项目科目余额表的功能、输出内容和数据来源。

54. 说明项目分类余额表的功能、输出内容和数据来源。

55. 项目明细账包括哪些功能？

56. 说明科目项目明细账的功能、输出内容和数据来源。

57. 说明项目科目明细账的功能、输出内容和数据来源，并说明其与科目项目明细账的区别。

58. 说明项目三栏明细账的功能、输出内容和数据来源。

59. 项目多栏明细账如何生成，其查询条件如何定义？

60. 说明项目分类明细账的功能、输出内容和数据来源。

第六章
报表管理

第一节 报表管理总体设计

会计报表概括了企业的经济活动，反映了企业的财务状况和经营成果，它是关心企业情况的单位、上级主管部门、政府和个人了解企业财务状况和经营成果以及资金流动和运用情况的主要信息来源，同时也是企业内部管理人员进行管理、提高企业经济效益的重要参考资料。会计报表分为对外报表和内部报表两类。对外报表是指企业必须采用统一的格式，按规定的日期对外报送的各种报表。这类报表的格式相对固定，按现行会计制度的规定，企业对外报表包括资产负债表、利润表、现金流量表等。内部报表是为了满足企业内部管理的需要而设计的，其内容和格式都不固定，根据需求而不断变化。虽然对外报表的格式相对固定，但也不是一成不变的，它的内容和格式也会随着会计制度的改变而发生变化。所以在进行报表处理设计时，要尽可能地提供可灵活设置的功能。

在一般会计软件中，对于报表的处理通常采用两种方法。第一种方法是对每一个报表编制一个专门的程序来生成报表格式和数据。这种方法的优点是使用方便、可操作性强；其缺点是程序维护量大，一旦报表发生变化，或者会计科目发生变化，或者报表填列方法发生变化，都要改动报表生成程序。这种方法适用于自行开发的专用软件，单位具有维护系统和编程能力。第二种方法是报表的格式和报表的数据来源都要用户自己定义，然后由一个通用程序根据定义来生成报表。这种方法的优点是通用性强；其缺点是可操作性差，对用户素质要求很高，该方法要求用户自行定义报表格式和报表数据的生成公式，仅就定义报表的数据生成公式而言，就要求用户了解所有报表的每个数据项是由哪些数据基表、哪些记录、哪些字段、经过哪些运算而产生的，对用户来说，熟悉系统中的所有数据基表已经很难，若要熟悉字段和索引关键字等就更难，甚至有的会计软件还要求用户按某种程序设计语言的语法规则来定义公式。因此，这种方法的实质是把一部分系统开发和系统设计任务交给了最终用户，以此来换取系统的通用性，致使许多用户望而生畏。

针对上述两种方法的缺点，如何设计出一个简单实用、可操作性强的会计报表系统，一直是会计软件开发者寻求解决的问题之一。会计软件的好坏取决于开发平台和开发者的水平，对同一开发环境而言，会计软件的通用性与可操作性之间具有互斥性，即会计软件的通用性越强，其可操作性可能就越差，反之会计软件的专用性越强，其可操作性可能就越好。那么，找到会计软件通用性和可操作性之间的最佳点，即开发具有一定通用性，且可操作性强的会计软件是广大用户所急需的。报表管理系统作为会计软件的一个组成部分也不例外，就以上两种方法而论，第一种方法虽然系统维护量大、通用性差，但是操作简单、易于掌握；第二种方法，虽然通用性强，但操作复杂、不便于掌握。本章将介绍一种简单实用，并且操作方便的会计报表处理方法。当前，采用报表组件结合编程工具和语言进行自主开发是一种主流方式。

一、报表管理功能设计

报表管理利用通用的报表定义功能可以自行定义和设计报表，可以灵活地定义各种报表格式及报表数据来源；同时，报表管理还具有数据采集、计算、统计、查询、汇总等功能。通过设置报表格式、定义报表的数据生成公式，可以方便地从数据库中取出有关发生额或余额数据生成报表。在报表管理中具有两种报表文件，即表样文件和报表文件。目前的通用报表软件大都提供了自定义生成表样文件和利用模板生成表样文件两种功能，报表表样文件生成之后，再由报表处理软件根据表样文件的格式和数据库取数公式自动生成报表文件，最后进行报表输出和报表分析。

近年来，随着国内外报表软件的发展，报表管理系统的功能不断增强，相应的开发工具也丰富多彩，主要包括PB、VB、VF、C语言等。专门针对开发报表管理系统而设计的控件主要有Formula One、用友公司的 Cell 组件、China Excel 组件以及 EtCell 组件等。此外，用友公司的 UFO 也是一款强大的报表管理软件。本章将结合用友 UFO 报表软件和 Cell 组件来研究报表管理系统的设计思想。

由于其他系统的报表都需要用报表管理系统来定义生成，因此，报表管理系统必须设计良好的数据接口，使其能够读取各系统中的数据，其数据接口分为两种，一种是内嵌在系统内部的数据接口，另一种是由用户自行定义生成的数据接口。内嵌的数据接口是在报表管理系统设计开发时，固化在软件系统中，向用户提供全面、基本的取数功能。用户自定义数据接口是预留给具有一定编程能力的用户，来满足特殊用户的个性化需求。报表管理的功能如图 6-1 所示。

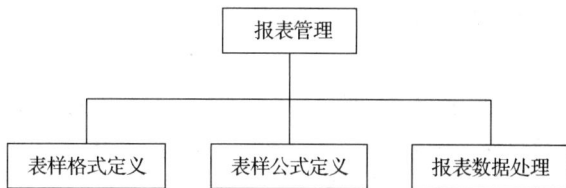

图 6-1 报表管理的功能

（一）表样格式定义

表样格式定义是指向用户提供自行定义报表格式的功能，其主要功能包括表样基本格式定义、表样打印、表样浏览等。表样的格式设计功能完成表名、行数、列数等报表基本框架的定义，设计表样的文字格式和字体风格等。为使不同格式的文件系统之间相互传送数据成为可行，表样格式定义中还需提供实现表样文件与 HTML 文件、XML 文件、TXT 文件、EXCEL 文件等之间的相互转换功能。表样打印功能完成表样的打印设置、打印预览等，用于打印设计好的表样文件。由于会计制度规定了企业财务报表的固定格式，如资产负债表、利润表、现金流量表等的格式。因此，表样格式定义提供了通用表样模板，这些模板是系统预置的，用户可直接使用。

（二）表样公式定义

表样公式定义是指提供根据用户需求从数据库中取数的功能，其主要功能包括数据库取数公式定义、表页内部函数定义、常用函数定义等。数据库取数公式定义是表样公式定义的重要组成部分，是由报表管理系统的开发人员在软件设计和开发时编写的，主要用来实现从会计科目发生额和余额、外币发生额和余额、部门发生额和余额、往来户发生额和余额、项目发生额和余额等各种发生额和余额基表中读取数据。表页内部函数定义以及常用函数定义与 Excel 的公式定义相似。在报表管理系统中确定单元格之间的数据关系，如多个单元格数据的求和函数、多个单元格数据的求积函数。常用函数定义提供报表处理过程中经常用到的一些函数，如求和函数、求平均值函数等。表页内部函数定义和常用函数定义是在系统开发时固化在系统中的，一般不提供用户自定义功能。数据库取数公式中的常用函数也是在系统开发时固化在系统中的，以满足绝大多数用户的基本需求。同时，为了满足不同用户的个性化需求，也提供用户自定义数据库取数函数功能。

（三）报表数据处理

报表数据处理包括：根据用户选择的表样格式和相应的取数函数生成财务报表；已生成报表的浏览；报表的打印设置、打印预览、打印输出；报表的简单汇总；XBRL 财务报告等功能。在报表数据处理中，报表管理系统执行用户定义的数据库取数函数，将从数据库中取出的数据填写到表样制定的单元格中，并根据定义的表页内部函数和常用函数计算表页内部数据。数据库取数函数的实际运行机制是通过 SQL 语言中的 Select 语句从 From 指定的数据库基表中取出指定字段的数值，或者将取出的数值进行简单汇总后输出，最终将生成的报表转换为 XBRL 财务报告对外报送。

二、报表管理数据存储设计

报表数据生成就是从有关发生额与余额基表中，取出相关发生额或余额数据，根据报表的数据公式定义，直接由计算机自动生成报表数据。因此，所涉及的数据基表主要有表样基表、报表文件基表、科目字典、其他各种数据字典、各种发生额与余额基表等。其中绝大部分基表已在第二、三章中给出，在此需要设计的是表样基表和报表文件基表。

报表管理数据存储设计

（一）表样基表的数据结构设计

表样基表的名称为 Byjb。在表样基表中存储的主要有报表管理软件的开发者为用户事先设计好的、《企业会计制度》规定的、需要向外界披露的、具有固定格式的报表模板，以及为一般企业设计的常用报表模板。表样基表各账套都可以使用，在该基表中存储的表样相当于标准报表模板，各账套都可用此模板来生成本账套的报表文件。在此需要说明的是，表样模板文件也可以不存储在数据库中，而将其另存为特定格式的表样文件。这也是目前各报表管理系统采用的较为广泛的一种形式。表样基表（Byjb）的数据结构如表 6-1 所示。

表 6-1　　　　　　　　　　　　表样基表（Byjb）的数据结构

列名	含义	数据类型	长度	主键	完整性约束
Bybh	表样编号	字符型	4	主键	非空，唯一
Bymc	表样名称	字符型	50		非空
Qshs	取数函数标识	字符型	2		
Kgs	跨公司标识	字符型	2		
Gjbb	国际报表标识	字符型	4		
Byxz	表样性质标识	字符型	4		
Lhbz	联合编制标识	字符型	4		
Bysydj	表样使用等级	字符型	12		
Bysybm	表样使用部门	字符型	20		
Zdbs	只读标识	字符型	4		
Byscrq	表样生成日期	日期型			
Byxgcs	表样修改次数	数值型	4		
Byzhbcrq	表样最后保存日期	日期型			
Byzhbcyh	表样最后保存用户	字符型	12		
Ljbjsj	累计编辑时间	数值型	10.2		
Bysm	表样说明	字符型	100		

列名	含义	数据类型	长度	主键	完整性约束
Yhs	用户数	数值型	4		
Yhxm	用户姓名	字符型	80		
Bywj	表样文件	二进制文件	16		
Mm	密码	字符型	6		

在表样基表（Byjb）中，"表样文件"字段最为重要，整个表样文件的全部信息都存储在该字段中，包括表样格式定义信息和表样公式定义信息，其他字段是为表样管理设计的，便于表样定义用户了解表样文件的相关管理信息，对于这些表样管理信息应设计维护功能（包括增、删、改等功能），在进行表样定义时应及时维护这些信息，其维护功能与基础数据字典的维护功能类同。表样基表（Byjb）的主要字段说明如下。

（1）取数函数标识。标识该表样文件中是否已经定义的数据库取数函数。

（2）跨公司标识。标识该表样文件中的取数函数是否需要从其下属子公司的账务系统中取数。

（3）国际报表标识。标识该表样文件是符合中国会计制度规定的境内报表，还是满足国际会计准则规定的国际化报表。

（4）表样性质标识。标识该表样文件是属于满足一次性使用需求的表样文件，还是属于可以满足不同会计分期多次使用需求的表样文件。

（5）联合编制标识。标识该表样文件是由一个用户编制的表样，还是由多用户共同编制的表样，如果为多用户共同编制的表样文件，则需要在"用户数"字段存储联合编制该表样文件的用户数，并将所有进行联合编制的用户姓名存储在"用户姓名"字段（各用户姓名之间用逗号分隔）。

（6）表样使用等级。标识该表样文件是提供给哪一个特定等级的人员使用的，包括系统管理员、账套主管、一般用户、未分级。其中"未分级"表示该表样文件可供各级用户使用。

（7）表样使用部门。标识该表样是提供给哪个具体部门使用的，若该字段为空则表示提供给所有部门使用。

（8）只读标识。标识该表样文件当前是否是只读状态，如果是只读状态，则只有使用密码才能够取消只读限制。

（9）表样生成日期。记录该表样文件首次存储的日期（由系统自动生成）。

（10）表样修改次数。存储该表样文件累计修改的次数（由系统自动生成）。

（11）表样最后保存日期。存储该表样文件最后一次保存的日期（由系统自动生成）。

（12）表样最后保存用户。存储最后一次进行表样保存的用户姓名（由系统自动生成）。

（13）累计编辑时间。存储编辑该表样文件所用的累计时间（以小时计算，由系统自动生成）。

（二）报表文件基表的数据结构设计

报表文件基表的名称为Bbwjjb，该基表存储报表管理系统生成的报表文件，包括企业按照《企业会计制度》的要求应向外界披露的对外报表，以及企业根据本单位的具体情况，自行设计和编制的供内部使用的自定义报表。报表文件基表（Bbwjjb）的数据结构如表6-2所示。

表6-2　　　　　　　　　　报表文件基表（Bbwjjb）的数据结构

列名	含义	数据类型	长度	主键	完整性约束
Zth	账套号	字符型	3	组合主键	非空
Bybh	表样编号	字符型	4	组合主键	非空

列名	含义	数据类型	长度	主键	完整性约束
Ny	年月	字符型	6	组合主键	非空
Bbxz	报表性质	字符型	4		
Bbgb	报表公布标识	字符型	4		
Bbgbrq	报表公布日期	日期型			
Kgs	跨公司标识	字符型	2		
Gjbb	国际报表标识	字符型	4		
Bbbzrq	报表编制日期	日期型			
Bbsydj	报表使用等级	字符型	12		
Bbsybm	报表使用部门	字符型	20		
Zdbs	只读标识	字符型	4		
Yhxm	用户姓名	字符型	12		
Bbwj	报表文件	二进制文件	16		

报表文件基表（Bbwjjb）存储各账套用表样文件生成的报表数据文件，表样文件存储报表的格式定义和数据生成公式定义信息，表样文件不分账套，即各账套可公用。而报表文件则是用表样文件生成的具体报表数据文件，不仅分账套，而且还需按年月分期生成。如"利润表"在表样基表中可能只有一个定义模板，而用此模板则可生成各账套、各会计期间的利润表。

在报表文件基表（Bbwjjb）中，"报表文件"字段最为重要，整个报表数据文件的全部信息都存储在该字段中，其他字段是为报表文件管理设计的，便于用户了解报表文件的相关管理信息，对于这些报表文件管理信息应设计维护功能（包括增、删、改等功能），以便在报表文件生成时及时维护这些信息，其维护功能与基础数据字典的维护功能类同。报表文件基表（Bbwjjb）的主要字段说明如下。

（1）账套号、表样编号、年月。构成报表文件的主键，由系统根据登录的账套、生成报表文件所使用的表样、选定的会计期间自动生成。

（2）报表性质。标识该报表文件是对外公布的公用报表，还是仅限于企业内部使用的内部报表。

（3）报表公布标识。标识该报表文件是否已经对外公布，还是只存储在报表管理系统中，如果报表文件已经对外公布，则在报表公布日期中存储该报表公布的最早日期。

（4）跨公司标识。标识该报表文件中是否包括其下属子公司账务系统中的数据（由系统根据所使用的表样文件自动生成）。

（5）国际报表标识。标识该报表文件是符合中国会计制度规定的境内报表，还是满足国际会计准则规定的国际化报表（由系统根据所使用的表样文件自动生成）。

（6）报表使用等级。标识该报表文件是提供给哪一个特定等级人员使用的，包括经理级、部门主管级、一般雇员级、未分级。其中"未分级"表示该报表文件可供各级用户查看和处理。该字段与表样文件中"表样使用等级"完全不同，表样文件的用户是定义表样的系统研发人员、系统管理人员、账套主管等技术人员，而报表文件的用户则是报表数据的使用者，多为企业各级管理人员。因此，该数据项不能根据表样文件自动生成。

（7）报表使用部门。标识该报表文件是提供给哪个部门使用的，若该字段为空则表示提供给所有部门使用。同样，报表文件的使用部门与表样文件的使用部门也不尽相同。

（8）只读标识。标识该报表文件当前是否是只读状态。如果是只读状态，则只能查看已经生成的报表数据，不能重新生成报表。同理，报表文件的只读标识与表样文件的只读标识也有所不同。

（9）用户姓名。标识该报表文件是由谁生成的。

三、报表处理流程设计

报表处理分为 3 个组成部分，即表样格式定义、表样公式定义和报表数据处理。在表样格式定义中需定义表样尺寸、行高、列宽、单元属性、组合单元等。在表样公式定义中需定义报表的数据来源，用户使用数据库取数函数和报表组件提供的函数进行表样公式定义。报表的格式定义和报表的公式定义是表样设计的重要组成部分，二者缺一不可，彼此互为依托。只有格式没有数据的报表没有实用价值，不能为信息使用者提供有用信息；只有数据没有格式的报表不能为用户所理解，不便于信息使用者使用。因此，在设计报表的表样时，表样的格式定义和表样的公式定义处于同等重要地位。

在编制新表时：首先，必须登录报表管理系统，输入用户名和口令，连接服务器中的数据库，进行身份验证；其次，进行报表文件的初始化，设定报表的各项参数，如报表的名称、行数、列数和表样文件的说明性信息等；再次，按照规定的报表格式设计报表表样，如表头、表体、表尾等，利用数据库取数函数和报表组件提供的函数进行报表数据生成公式定义；最后，生成报表。报表处理流程如图 6-2 所示。

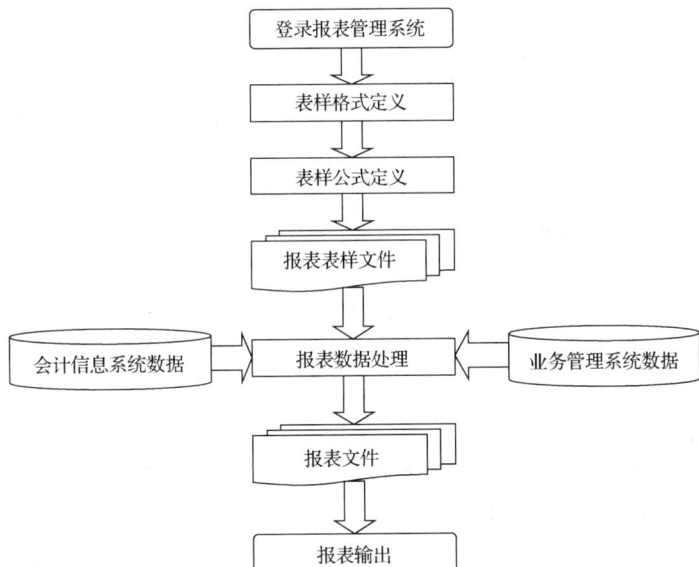

图 6-2　报表处理流程

报表处理的具体步骤应视不同情况而定，但其基本处理步骤如下。

第一步：进入报表管理系统，建立新的表样文件。

选用报表管理系统的"新建表样"功能，进入表样基本信息录入界面，用户输入表样文件的基本信息（其数据项除表 6-1 的各项数据外，还需定义表样的行数、列数等信息）后，就建立了一个新的表样文件，对其设计表样格式后保存即可。也可用系统提供的表样模板建立新表样（该表样模板是独立的表样文件，而非数据库中的表样文件）。

第二步：表样格式定义。

（1）设置报表尺寸。也就是确定报表的行数和列数。如果在输入报表基本信息时，已经初步设定了报表的尺寸，在此也可以更改。

（2）定义行高和列宽。

（3）输入单元格的基本内容。

（4）设置组合单元。

（5）设置单元格风格，主要是确定单元格的字体、字号等。

（6）表格画线。

如果设计的是一个标准财务报表，如利润表，则可以利用报表管理系统提供的表样模板生成一个标准的利润表，如果由标准表样模板生成的表样不能完全符合用户的需要，则用户可在此基础上进行必要的修改。

第三步：表样公式定义。

进行表页内部公式和数据库取数公式的定义。内部公式定义用来进行表样内部不同单元格的数据运算，数据库取数公式定义则建立数据库中相应字段与报表单元格之间的对应关系，以便在数据生成时直接取数。

第四步：报表数据处理。

选择账套、表样文件、年月等，生成相应报表。

第五步：输出报表。

打印生成的报表，或者将报表发布到网络平台上，供报表的特定群体使用。

第六步：退出系统。

在退出系统之前，注意保存新建或者修改过的表样文件和已经生成的报表文件。

第二节　报表管理基本概念

一、基本概念

（一）格式状态和数据状态

报表管理系统将含有数据的报表分为两部分，即报表格式设计与报表数据处理。这两种处理工作在不同状态下进行。在 UFO 报表中实现状态切换的是"格式/数据"选项，通过这两个选项可在格式状态和数据状态间切换。而对于一些通用的报表控件而言，报表格式和数据往往集为一体。

1. 格式状态

在格式状态下进行报表格式设计，包括报表的尺寸、行高和列宽、单元格属性、单元格风格、组合单元格、关键字等。UFO 报表中包括 3 类公式：单元公式（计算公式）、审核公式、舍位平衡公式。在格式状态下所做的操作对报表所有表页都起作用。但是，在格式状态下不能进行数据的录入和计算等操作。

2. 数据状态

在数据状态下进行报表数据管理，包括输入数据、增加或删除表页、审核、舍位平衡、作图、数据汇总、报表合并等。在数据状态下，可以看到报表的全部内容，包括格式和数据。

（二）单元和单元类型

1. 单元

单元是组成报表的最小单位，单元名称可以由其所在行、列组合来标识。行号用数字 1～9 999 表示，列标用字母 A～IU 表示（IU 是英文数字，如数字序列：A,B,C,D,…,Z,AA,AB,AC,…,AZ, BA, BB, BC, …,BZ, …, IA, IB, IC, …, IU）。例如，E25 表示第 5 列第 25 行所定位的单元格。

2. 单元类型

单元类型包括以下 3 种：

（1）数值单元。在数据状态下输入数字。UFO 报表数值单元的内容可以是 $1.7 \times$（10E-308）

到 1.7×（10E+308）的任何数（15 位有效数字），数字可以直接输入或由单元中存放的单元公式运算生成。当建立一个新报表时，所有单元格的类型默认为数值型。

（2）字符单元。在数据状态下输入字符。字符单元的内容可以是汉字、字母、数字及各种可输入的符号组成的字符串，UFO 报表的一个单元格中最多可输入 255 个字符。字符单元的内容也可由单元公式生成。

（3）组合单元。组合单元由相邻的两个或多个单元格组成，这些单元必须属于同一种单元类型（数值、字符、表样），在处理报表时将组合单元视为一个单元。可以组合同一行相邻的多个单元，也可以组合同一列相邻的多个单元，还可以把一个多行多列的平面区域设为一个组合单元。组合单元的名称可以用区域的名称或区域中单元的名称来表示。例如把 B1 到 B3 定义为一个组合单元，这个组合单元可以用"B1""B3"或"B1∶B3"表示。

（三）表页和区域

1. 表页

一个 UFO 报表最多可容纳 99 999 张表页，每一张表页由许多单元组成。一个报表中的所有表页具有相同的格式，但其中的数据是不同的。表页在报表中的序号在表页的下方以标签形式出现，称之为"页标"。页标可以用"第 1 页"—"第 99 999 页"表示。

2. 区域

区域由一张表页上的一组单元组成，自起点单元至终点单元是一个完整的方形矩阵，区域是二维的，最大的区域是一个二维表的所有单元，最小的区域是一个单元。

（四）多维表

确定某一数据位置的要素称为维。在一张有方格的纸上填写一个数，这个数的位置可通过行和列（二维）来描述。可以通过行和列找到二维表中的任何位置的数据。如果将多个相同的二维表叠在一起，找到某一个数据的要素需增加表页号。这一叠表称为一个三维表。如果将多个不同的三维表放在一起，要从多个三维表中找到一个数据，需增加表名。三维表中的表间操作为四维运算。多数报表软件中的报表大小都有一定限制。一般情况下：行数为 1—9 999；列数为 1—255；行高为 0—160 毫米；列宽为 0—220 毫米；表页数为 1—99 999。

（五）关键字

关键字是游离于单元之外的特殊数据单元，可以唯一标识一个表页，用于在大量表页中快速选择表页。关键字的显示位置在格式状态下设置，关键字的值则在数据状态下录入，每个报表可以定义多个关键字。UFO 报表共提供 6 种关键字。

（1）单位名称。字符型（最多 28 个字符），为该报表表页编制单位的名称。

（2）单位编号。字符型（最多 10 个字符），为该报表表页编制单位的编号。

（3）年。数值型（1980～2099），为报表表页反映的年度。

（4）季。数值型（1～4），为报表表页反映的季度。

（5）月。数值型（1～12），为报表表页反映的月份。

（6）日。数值型（1～31），为报表表页反映的日期。

此外，诸如 UFO 这样的报表管理软件都提供自定义关键字功能，可以用于业务函数中。

（六）筛选和关联

1. 筛选

筛选是在执行 UFO 报表的命令或函数时，根据用户指定的筛选条件，对报表中每一个表页进行判断，只处理符合筛选条件的表页。筛选条件跟在命令、函数的后面，用"For <筛选条件>"来表示。

2. 关联

UFO 报表中的数据有着特殊的经济含义，因此，报表数据不是孤立存在的，一张报表中不同表页的数据或多个报表中的数据可能存在着多种多样的经济关系或勾稽关系。若要根据这种对应关系找到相关联的数据进行引用，就需要定义关联条件。UFO 报表中，在多个报表之间操作时，主要通过关联条件来实现数据组织。关联条件跟在命令、函数的后面，用"Relation <关联条件>"来表示。如果有筛选条件，则关联条件应跟在筛选条件的后面。

（七）UFO 报表取数函数

取数函数用来提取符合条件的数据。例如函数 QC("1001"，"01"，"借"，001，2019)表示提取系统中 001 账套的 1001 科目的 2019 年年初（1 月初）借方余额。这些函数可用于单元公式、命令窗、批命令中。UFO 报表有 171 个取数函数，使用 UFO 报表可以从 ERP-U8 的各个模块中提取数据，其主要函数分布如表 6-3 所示，具体的分布比例如图 6-3 所示。

表6-3   UFO 报表系统取数函数的分布状态

函数类型	函数个数
总账函数	44
应收应付函数	8
薪资函数	8
固定资产函数	7
采购函数	32
存货函数	11
库存函数	31
销售函数	39
成本函数	9
结算中心函数	2
财务预算函数	1
项目管理函数	23

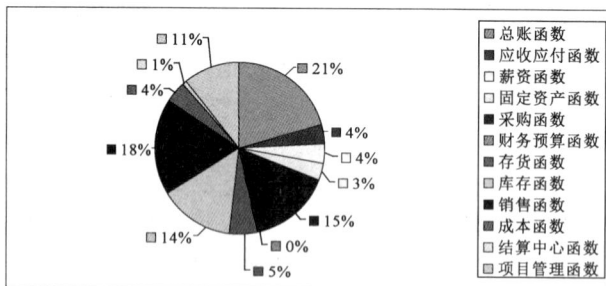

图 6-3   UFO 报表系统取数函数的分布比例

二、基本描述

（一）行列描述

（1）行。用"#<行号>"或直接用 <行号>表示，行号为 1—9 999 的数字。如"#4"表示当前表页的第 4 行。

（2）最大行。用"##"表示当前表页的最大行。

（3）列。用"<列标>"或"!<列号>"表示。列标为 A～IU 的字母。如"D"表示 D 列。超过 26 列时，用 26 进制（即用 26 个英文字母表示数字序列）的方法表示。如第 28 列表示为

"AB"。列号为 1~255 的数字，如 "!3"（等同于 C）。

（4）最大列。用 "!!" 表示当前表页的最大列。

（二）单元描述

（1）单元的完整描述为："报表名"-><单元名称>@表页号。例如，在利润表第 7 张表页上的 A15 单元表示为："利润表"->A15@7。当表页号省略时，即单元描述为："报表名"-><单元名称>时，系统默认为单元在指定报表的第 1 页上。单元在当前正在处理的报表上时，报表名可以省略，单元表示为：<单元名称>@表页号。例如，在当前报表第 3 张表页上的 A14 单元表示为：A14@3。单元在当前报表的当前表页上时，报表名和表页号可以省略，单元表示为：<单元名称>。例如，在当前表页上的 A11 单元表示为：A11。

（2）单元名称。单元名称可以用下面几种形式表示：<列标><行号>，如 C6 表示 C 列中的第 6 行单元；<列标>#<行号>，如 A#1（等同于 A1）；!<列号>#<行号>，如!4#2（等同于 D2）；!!##，表示当前表页的最大单元。

（三）区域描述

（1）区域的完整描述为："报表名"-><区域名称>@表页号。例如，在利润表第 4 张表页上的 A1:A15 区域表示为："利润表"->A1:A15@4。当表页号省略时，单元描述为"报表名"-><区域名称>，此时系统默认区域在指定报表的第 1 页上。区域在当前报表时，报表名可以省略，区域表示为：<区域名称>@表页号。例如，在当前报表第 2 张表页上的 A1:A11 区域表示为"A1:A11@2"。区域在当前表页时，报表名和表页号可以省略，区域表示为：<区域名称>。例如，在当前表页上的 A2:A11 区域表示为"A2:A11"。

（2）区域名称。区域名称可以用以下 5 种方式表示。

① <单元名称>:<单元名称>。用形成区域对角线的两个单元的单元名称表示，不分先后顺序。

② <行>区域。例如，"#7"表示第 7 行所有单元组成的区域，"##"表示表页中最后一行所有单元组成的区域。

③ <列>区域。例如，"C"或"!3"表示 C 列所有单元组成的区域，"!!"表示表页中最后一列所有单元组成的区域。

④ <行>:<行>的区域。例如，"#3:#7"表示第 3 行到第 7 行所有单元组成的区域，"#1:##"表示整个表页的区域。

⑤ <列>:<列>的区域。例如，"B:D"或"!2:!4"或"B:!4"或"!2:D"表示 B 列到 D 列所有单元组成的区域，"A:!!"或"!1:!!"表示整个表页的区域。

（四）表页和报表

（1）表页。以"@<表页号>"表示，表页号为 1~99 999 的数字，如"@2"表示第 2 页。

（2）当前表页。以"@"表示当前正在处理的表页。

（3）最大表页。以"@@"表示最大表页。

（4）报表。报表名必须用" "括起来，如利润表应表示为"利润表"。当报表名用来表示数据的位置时，在报表名的后面应跟减号和大于号。例如，表示利润表中第 10 页的 D5 单元时，应该用""利润表"->D5@10"表示。

（五）运算符

（1）逻辑运算符。AND（与、并且）、OR（或、或者）、NOT（非）。注意：逻辑运算符在使用时，如与其他内容相连接，必须至少有一个前置空格和一个后置空格。

（2）算数运算符。在描述运算公式时采用的符号，算术运算符的优先顺序为：^（平方）、*（乘）和/（除）、+（加）和-（减）。

（3）比较运算符。=（等于）、>（大于）、<（小于）、<>（不等于）、>=（大于或等于）、<=（小于或等于）。

（六）表达式

（1）算术表达式。运算符、区域和单元、常数、变量、关键字以及算术表达式的组合，其结果为一个确定值。表达式中括号嵌套应在 5 层以下。算术表达式又分为单值和多值算术表达式。单值算术表达式：其结果为一个数值，也可为一个单纯的常数，可将其赋值给一个单元。例如，C1=10、C2=A1+B1，等号后面的式子即为单值算术表达式。多值算术表达式：其结果为多个数值，可将其运算结果赋值给多个单元。例如，C1:C10=A1:A10+B1:B10（表示 C1=A1+B1,C2=A2+B2,...,C10=A10+B10），等号后面的式子即为多值算术表达式。

（2）条件表达式。条件表达式又称逻辑表达式（与众多编程语言中的判断条件类似），利用比较运算符、逻辑运算符和算术表达式形成的判定条件，其结果只有两个，即 1（真）和 0（假）。例如："D5>=100"表示比较 D5 单元的值和数字"100"，如果 D5 单元的值大于或等于 100，则条件表达式为真，否则为假；"月<=6"表示比较关键字"月"的值和数字"6"，如果关键字"月"的值小于或等于 6，则条件表达式为真，否则为假。

第三节　表样格式定义

一、表样格式定义概述

表样设计功能是报表管理系统的重要组成部分，表样是报表数据存在的基础，没有报表格式，报表数据毫无意义，只有把报表数据放入相应的格式中，才能用文字说明其意义所在。设计报表的格式也就是利用报表管理系统提供的相应功能，绘制出报表表格，填入报表的说明性文字。在使用表样格式定义功能时，如果表样文件已经存在，则系统允许修改原有的表样文件，或者对原有的表样文件进行补充，如果表样文件不存在，则需用表样设计功能生成一张全新的表样。因此，报表管理系统中表样格式定义的主要功能有：设置报表尺寸，设置报表标题，设置报表表头、表体、表尾、报表内各单元格的属性和风格等，并可输出设计完成的表样文件。

（一）表样参数设置

表样参数设置功能用来定义新表样文件的基本信息，表样文件的主要参数有表样文件名称、对表样文件所做的必要说明，以及定义表样文件的初始行列数。如果初始行列数不符合需要，则可以对其进行修改。表样文件的参数是生成表样文件的基础，也是在表样浏览功能中提供给报表使用者的信息，这些信息用以标示报表表样最基本的定义。

1. 表样名称

25 字之内，用来标示表样文件的名称，是数据库中该表样的标。表样名称也作为新表样的页签名，如果用户对初始页签名不满意，在表样设计功能中可对其进行修改，但是表样名称并不能随之而改变，表样名称单独存储在表样基表（Byjb）的表样名称（Bymc）字段中，页签名是报表管理软件的内置属性，随同表样定义信息一同保存在表样文件字段中。用户必须填写表样名称。

2. 表样说明

50 字之内，说明表样文件的描述性信息，便于表样使用者正确理解表样文件的内容和用途。表样说明可不填写，但是为了说明表样的具体用途，最好填写表样说明信息。表样说明信息存储在表样基表（Byjb）的表样说明（Bysm）字段中。

3. 表样行数

表样文件的初始行数，系统默认 22 行，最多 65 535 行，用户可根据实际需要设定表样文件的初始行数。行数必须填写，如果用户没有特殊需求，则系统进行默认设置。行数传递给报表管理系统使用的报表控件，打开表样设计窗口时生成指定的行数，保存在表样基表（Byjb）的表样文件（Bywj）字段中。

4. 表样列数

表样文件的初始列数，系统默认 4 列，最多 255 列，用户可根据实际需要设定表样文件的初始列数。列数必须填写，如果用户没有特殊需求，则系统进行默认设置。列数传递给报表控件，打开表样设计窗口时生成指定的列数，保存在表样基表（Byjb）的表样文件（Bywj）字段中。

用户选择新建表样进入表样定义界面后，首先设定新表样的基本信息，新表样的行列数设置如图 6-4 所示。

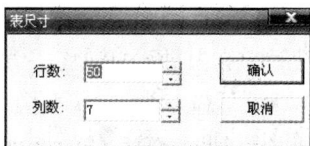

图 6-4　表样行列数设置

（二）表样格式设计

表样格式设计不仅指报表的行数和列数等基本参数定义，还包括对报表内容的设计。表样参数设置完成后进入表样设计窗口，系统根据用户设定的基本信息生成一张指定行列数的空白表，初始的页签名称为用户在表样相关参数设置窗口设定的表样名称。表样设计的功能较多，需要输入的信息也较多，因此，要求界面设计要合理，而且方便用户操作。所有常用的功能都设计在工具栏内，不常用的一些功能可以通过功能菜单来实现，这样可以留下绝大部分空间作为表样设计区域。表样设计具有文件、编辑、视图、行、列、表页、格式、表样模板等功能。表样格式设计如图 6-5 所示。

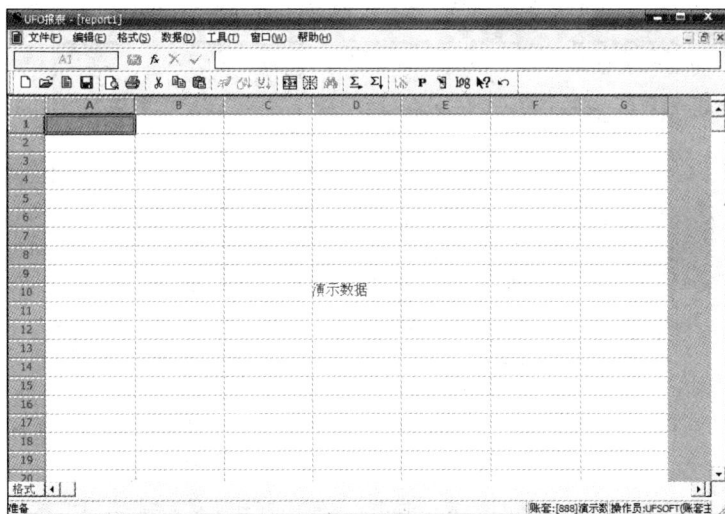

图 6-5　表样格式设计

1. 文件功能

各种通用报表处理软件的文件功能类似，其功能主要包含：文件的打开和新建，另存为模板、保存、另存为等数据保存功能，数据的导出和导入等接口，打印设置、打印预览、打印等基本打印功能等。

（1）打开文件、新建文件、另存为模板、保存和另存为功能。对于基于报表组件开发的报表管理系统，这些功能可以通过软件开发工具结合调用专门报表控件的接口函数来实现。包括 UFO 在内的各种报表管理系统，用户在设计表样时，既可以从头开始按部就班地定义表样文件，也可以利用报表管理系统提供的表样模板直接生成需要的表样。打开文件功能可以打开以特定表样格式（如*.cll、*.rep 等）为后缀的表样模板文件，通过此功能用户可以打开系统开发者（或软件提供商）为用户预先设计好的表样模板文件。这些文件一般内置在报表管理软件的安装目

187

录中。如果系统内置的表样模板文件适合用户的实际需要，用户可以直接利用；如果表样模板文件不能完全适应用户的实际需要，用户则只需在模板文件的基础之上，做相应的修改，使之适合本单位的实际情况，这样就减少了用户设计表样的时间，方便了系统的使用者。在用户对表样模板文件做出修改之后，利用系统的"另存为"或者与之相应的功能把用户修改后的表样文件存为模板文件；或者通过表样设计的"保存"或"另存为"功能，把表样保存到数据库中。如果用户选择"另存为模板"功能，则系统将用户设计的表样保存为以特定报表文件格式为后缀的文件（如*.cll、*.rep 等文件）。表样文件既可以保存在用户使用的客户端计算机上，也可以保存在局域网内其他客户端计算机上，或者局域网的服务器上。保存的特定报表格式文件可以通过 U 盘、移动硬盘或者网络传递给其他用户，这样就实现了用户在不同的客户端上或者在局域网之间对表样模板的共享。如果用户选择"保存"功能，则系统将用户设计的表样保存在服务器的数据库中，这样只有局域网内部的合法用户才能通过报表管理系统共享表样文件。在保存到服务器数据库情况下，系统把用户设计好的表样文件连同在表样参数设置界面设定的表样名称和表样说明信息一同保存到表样基表中，表样文件保存到表样基表的表样文件（Bywj）字段中。表样编号由系统自动生成，不需要用户改动，表样编号保存在表样基表的表样编号（Bybh）字段中。"另存为"功能界面如图 6-6 所示，其他功能界面同"另存为"功能界面类似。包括 UFO 在内的各种报表管理软件可以保存的文件类型有：本系统的报表文件（后缀.rep）、文本文件（后缀.txt）、ACCESS 文件（后缀.mdb）、MS EXCEL 文件（后缀.xls）、LOTUS 文件（后缀.wk4）。

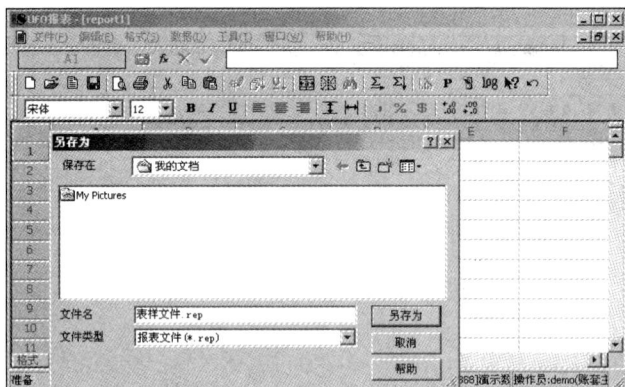

图 6-6 "另存为"功能

（2）导入、导出功能。相应的功能也可以通过调用报表控件的文件函数实现。不同报表管理系统提供给用户的表样模板文件是以不同文件类型为后缀的特定文件，如 Cell 组件的文件类型为.cll、UFO 系统使用的文件类型为.rep。因此，使用打开文件功能也只能打开各个报表管理系统所支持的文件类型。在这种情况下，最终用户在企业运作过程中的选择范围就受到了限制。众多财务软件采用的数据库平台和结构各不相同，几乎任意两个报表软件之间要实现数据传递都存在数据转换问题。但目前并没有统一的文件转换标准，给用户带来很大麻烦。因此，在 1998 年，由用友公司倡导并制定了财务数据的接口规则和标准数据存储方式，即"文件的导入和导出"功能。其流程是：首先把软件的数据导出为"标准财务数据"（包括*.ini 配置文件和*.txt 文本文件），然后另一方可以把其导入并转换为自己的数据。当前的报表管理系统多数提供相应的导入、导出功能，用来实现不同格式表样文件之间的共享。通过导入功能可以将文本文件、HTML 文件、XML 文件、EXCEL 文件等格式的表样导入报表管理系统表样设计窗口中。如果导入的表样符合用户需要，则通过保存功能可以将导入的表样文件保存到服务器的数据库中，供局域网内部的系统合法用户使用。如果导入的表样不能完全符合用户需要，则用户可对其进行必要的修改。与导入功能相对应，报表管理系统提供导出功能，将用户设计的表样文件导出为文本文件、HTML 文件、XML 文件、EXCEL 文件等格式的表样文件。如果用户把设计的表样导出为 EXCEL 文件格式的表样，则可以使用 EXCEL 打开该表样，并对其进行编辑，编辑后的表样还可以用报表管理系统的导入功能重新导入系统中。导出其他文件格式的表样文件则以独立文件的形式保存在报表管理系统之外的存储介质上。导入的表样既可以保存在服务器的数据库中，也可以独立文件的形式保存在用户计算机上。

综合 UFO 系统支持的文件类型、系统内部特定的文件类型和可以引入和导出的文件类型，UFO 系统可以直接打开的文件类型包括：系统的报表文件（后缀.rep）、文本文件（后缀.txt）、ACCESS 文件（后缀.mdb）、MS EXCEL 文件（后缀.xls）、LOTUS 文件（后缀.wk4）、批命令文件（后缀.shl）和菜单文件（后缀.mnu）。

（3）打印功能。打印功能主要包括页面设置、打印预览和打印输出等。对于使用开发工具结合报表组件开发的报表管理系统，打印功能一般通过调用报表组件提供的打印及打印预览接口函数实现。不论是 UFO 报表管理系统，还是自主开发的报表管理软件，打印功能都需要提供灵活的打印范围选择，以适合用户的实际需求。

页面设置的主要功能包括打印范围设定、打印行标和列标设定、缩放设定以及辅助打印参数设定等。选择全表页则打印整个工作表，利用指定范围功能可以只打印表样的部分内容；选择打印行标或者打印列标功能，则在打印表样时打印行标和列标；调整缩放比例，可以将面积较大的表样缩小打印，便于整体掌握表样的格式，也可以将面积较小的表样扩大打印。

页眉和页脚功能是设置打印的页眉和页脚，可以选择居左、居中或者居右。页眉和页脚可以由用户直接输入，通过系统提供的插入页号、插入日期、插入时间、插入总页数、插入表名等功能插入指定的内容，同时可以在此设定页眉和页脚的字体属性以及起始页号等。

页边距功能用来设定打印的左、右、上、下边距，垂直居中打印或者竖直居中打印。当组合单元格跨页时，需要设定是每页打印组合单元格相应的部分，还是每页打印整个组合单元格。

表头、表尾、表左和表右功能用于设置在每个打印页中重复打印的内容，并分别位于表格的头部、尾部、左部和右部。只需在表头行号、表尾行号、表左列标和表右列标分别对应的单行编辑框中输入表样的行标、列标即可。

一个表样可以包括一张表页，也可以包括多张表页，通过表页选项功能可以对不同的表页设置不同的打印参数，也可以对所有的表页设置相同的打印参数。UFO 报表中打印页面设置功能如图 6-7 所示。

2. 编辑和视图功能

编辑和视图功能主要是指在设计表样时所用到的一些常用功能。编辑功能主要包括：撤销、复制、粘贴、删除、查找、替换、定位、全选、清除、区域填充、格式与数据视图切换等。视图功能主要包括：工具栏、行标、列标、页签、垂直滚动条、水平滚动条等。

（1）编辑功能。该功能同其他通用表格处理软件（如 Excel 等）的编辑功能类似，在此主要介绍查找、替换、清除、填充等功能。

基于报表组件自主开发的报表管理系统中的查找、替换功能通过调用报表组件的查找、替换函数实现，功能是在表样中找寻指定的字符或者文字。采用编程工具直接开发的报表管理系统（如 UFO）中相应功能使用编程语言直接编写相应的算法。查找功能中的方向设置包括从表样的当前位置向上查找或者向下查找；搜索方式设置包括按行搜索和按列搜索；搜索范围设置包括只搜索当前表页和搜索所有表页。如果只搜索小写字符或者只搜索大写字符，则可通过大小写敏感功能实现。如果选择在单元公式中查找选项，则允许系统在单元格公式中搜索指定内容，如在替换下拉列表框中输入字符或者文字，在系统查找到指定的内容之后，使用替换功能将表样中的相应内容替换为用户想要替换的内容，也可以使用全部替换功能，在查找全部表页之后一次性全部替换。查找功能如图 6-8 所示。其他功能类同。

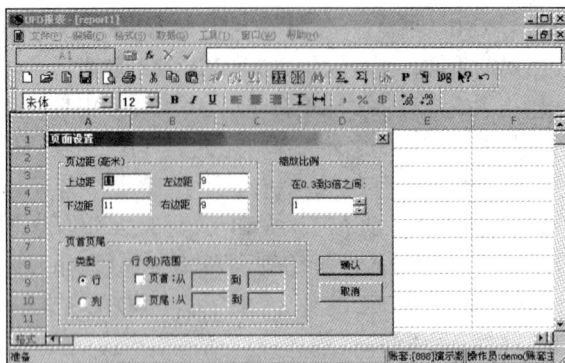

图 6-7 打印页面设置

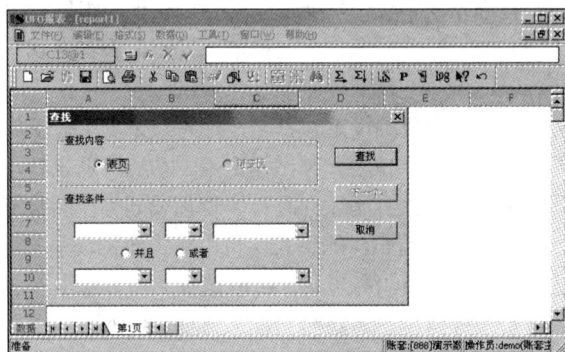

图 6-8 查找功能

基于报表组件自主开发的报表管理系统一般通过编程语言调用报表组件提供的功能接口实现；而类似于 UFO 这种使用编程语言开发的报表管理系统，所有功能算法都是使用编程语言实现的。例如，清除功能可以通过调用报表组件的单元格函数实现，主要包括清除指定单元格中的文字、格式、公式以及清除指定单元格中的全部内容等功能。填充功能主要是指在当前选定的单元格中按第一个单元格的内容向左、向右、向上、向下填充，以及根据需要填充等差序列、等比序列和自定义序列等功能。填充功能可以通过调用报表组件的填充函数实现。

（2）视图功能。凡是在表样设计窗口中显示的相关视图，在视图菜单（UFO 将该类别功能设计在"工具"菜单中）相应的子菜单首部都以"√"标示，在表样设计窗口中没有显示相关视图，在视图菜单相应的子菜单前以复选框标示。用户可以根据需要设置是否显示行标、列标、工具栏、垂直滚动条、水平滚动条和页签等，以设定适合自己个人风格的表样设计操作界面。对于基于报表控件自主开发的报表管理系统而言，该功能主要调用报表组件提供的表页函数接口实现。

3. 行、列和表页设置功能

（1）行、列功能。表样设计是在工作区中的单元格中输入相关内容，因此，行、列功能是非常重要的。行、列功能主要实现在当前单元格所在的行或列之前插入一行或一列、多行或多列，在表样最后一行或最后一列的后面追加一行或一列、多行或多列。用户根据需要设定行高和列宽，在调整行高、列宽时，也可以使鼠标指针位于两行、两列之间，当鼠标指针的形状变成向上向下的箭头或向左向右的箭头时，直接拖动设置行高、列宽，或者使用行、列功能的最适合的行高或最适合的列宽功能，由系统自动调整行高、列宽。实现插入多行功能只需在"请输入插入的行数"后面的单行编辑框中输入所要插入的行数即可，插入列功能与插入行功能类似，二者均可以通过调用相应报表组件的表格函数实现。UFO 报表的部分行、列功能（包括插入行或列、追加行或列、交换行或列、删除行或列等）设计在编辑菜单中。插入多行功能如图 6-9 所示。

（2）表页功能。表样设计模块的表页功能同行、列功能类似。表页功能主要包括表页尺寸、表页保护、修改页签、增加表页、追加表页和删除表页等功能，可以通过编程工具调用报表组件的相关表页函数实现。UFO 报表的相关表页功能设计在"格式"菜单中。

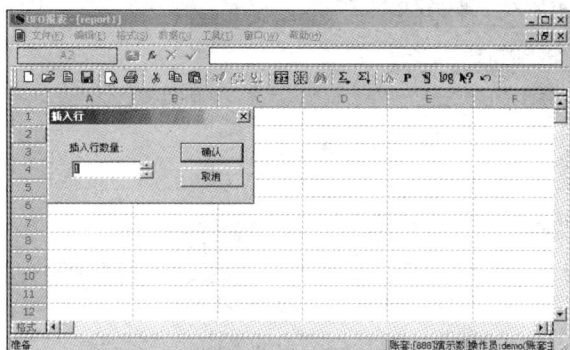

图 6-9　插入多行功能

表页尺寸功能实现在表样设计窗口下对表样的行、列数重新设定，根据实际需要调整在表样参数设置时对表样行列数的初始设定值。表页尺寸设定如图 6-10 所示。

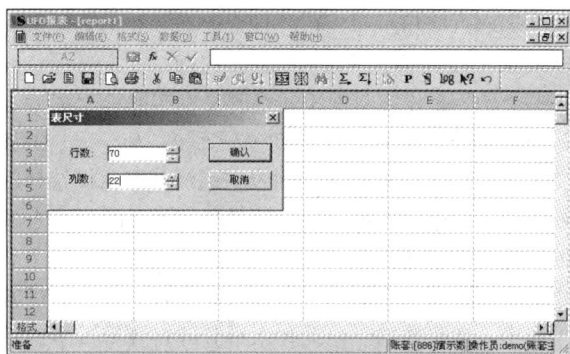

图 6-10　表页尺寸设定

表页保护功能实现对当前表样修改权限的锁定，通过编程语言实现，输入的格式锁定密码保存在表样基表（Byjb）的密码（Mm）字段中，密码可以是字母、数字、符号的相关组合，密码组合越复杂其保密功能越强，密码为 6 位字符。表样文件加锁后，在打开加锁的表样文件并修改表样格式时，如果保存修改则必须输入正确的解锁密码，只有密码正确，才能保存对表样的修改，否则只能将修改后的表样文件另存为其他文件名。也就是说，在保存表样时，系统自动从表样基表中读取密码，如果对应密码列为空则允许保存，否则要求用户输入正确的密码，当用户输入的密码同数据库中读取的密码一致时，允许保存，否则拒绝保存为原文件。

修改页签功能实现对表页初始页签的修改。在首次进入表样设计窗口时，系统自动生成一张表页，并将在表样参数设置时输入的表样名称作为该表页的标签名；插入或者追加表页时，系统在增加表页后默认的页签名称是第二页、第三页等，这些页签名称显然不能正确表示表页的实际内容。因此，有时需要启用修改页签功能，根据需要设置页签。

增加表页功能是指在当前表页的前面增加一张表页；追加表页功能是指在最后一张表页后面增加一张表页；删除表页功能是指删除当前表页，删除表页后表页的总页数相应减少。

4. 格式功能

（1）设置单元格属性。此功能与通用电子表格（Excel）软件的格式功能类似，格式功能主要包括字体设置、画边框线、设置组合功能、设置单元格文本的显示方式和设置单元格内文本的对齐方式等。这些格式功能大都可以通过调用报表组件提供的单元格属性设置对话框来实现，也可以通过独立编写算法的方式实现。设置单元格属性如图 6-11 所示。

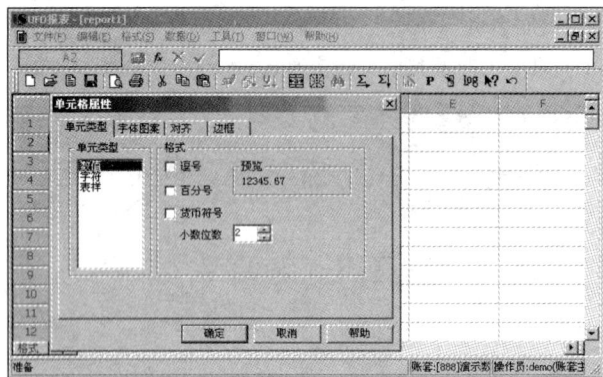

图 6-11　设置单元格属性

单元类型标签页的主要功能是选择单元的数据类型，主要有数值、字符、表样等。选择数值格式，则右侧的小数位数设置、千分位分隔符设置、百分号显示和货币符号变为可选。在小数位数编辑框中设置需要显示的小数位数，系统自动采取四舍五入规则将数值的小数位数转换成为指定的位数；千分位分隔符设置数据的千分位分隔符号，包括逗号、空格等；如果选择货币符号，则在数据中自动加入人民币符号"￥"。有些报表管理系统还设计了多种可供选择的货币符号，包括美元、欧元等。其他显示格式功能与此类同。

字体图案标签页的主要功能是设置当前单元格内文本的颜色、字号、字型和字体等。在字号列表中选择字号，供选择的字号有初号、小初……7、8、9……；在字体列表中选择字体，供选择的字体有宋体、黑体、仿宋等；在字型列表中选择字型，供选择的字型有粗体、斜体、普通、下划线等。此外，还包括字体的前景色、背景色、背景图案等。各项设置完成后，在预览分组框内按照用户的设定显示样本风格。

对齐标签页的主要功能是设置所选单元格内容的对齐方式。水平对齐下拉列表框实现单元格内容水平居左、水平居中、水平居右、自动和水平分散对齐等设定；垂直对齐下拉列表框实现单元格内容垂直居上、垂直居中、垂直居下、自动和垂直分散对齐等设定。对齐方式的设定也可以使用工具栏中相应功能来实现。正文显示下拉列表框实现正文单行显示和省略显示的设定。文本方向下拉列表框的主要功能是设定当前单元格内的文本水平显示、垂直向下显示、垂直向上显示。如果单元格有背景图片，可以利用图片位置设定功能设置背景图片的位置。此外，还包括设置文字可以在单元格内折行显示的功能。

边框标签页的主要功能是设置当前单元格是否存在边框，包括上下边框、左右边框和内边框，同时需要选择边框的线条格式。

很多自主开发的报表管理系统还提供输入标签页设置，其功能是设定在当前单元格中允许用户输入的内容、格式等。在允许输入内容下拉列表框中，可设置允许输入的内容为无控制、数值、整数、电话号码等；字符控制下拉列表框控制当前单元格允许输入字符为不控制，即任何数字、字母、下划线等均可输入；大小写控制功能实现将当前单元格输入的字母全部转换为大写，或者全部转换为小写，或者不转换。下一录入位置功能指明用户在当前单元格输入完成后，接下来当前单元格的位置可以指定下一行与当前单元格同列的单元格作为下一个当前单元格，也可以指定下一列与当前单元格同行的单元格作为下一个当前单元格，还可以指定任意一个单元格作为下一个当前单元格。使用此功能可以使用户按照表样设计者制定的顺序制作表样。输入法模式设置功能用来设定当此单元格变为当前单元格时，操作系统的输入法状态是中文输入法还是英文输入法。其他功能标签页实现的主要功能有屏幕显示时隐藏本单元格数据、打印时隐藏本单元格数据等。

（2）区域画线和抹线功能。表格线的主要作用是使报表格式美观，在标题、表头、表尾处

192

添加一些辅助线，可以使报表数据排列整齐、规范、意义明了。没有表格线就无法明确地对具有类似含义的单元项进行标识。表格画线和抹线功能可以通过区域画线和抹线功能实现，抹线还可以通过工具栏上抹线功能实现。此功能可以通过调用报表组件提供的表格线函数接口实现。区域画线设置如图 6-12 所示。除了选择画线类型之外，还要在样式下拉列表框中选择画细线、画粗线、画虚线、画实线等。很多报表管理系统同时提供抹线功能和线条颜色的选择功能。这样就可以在画线过程中，在颜色下拉列表框中选择画线的具体颜色，从而使表样更加美观。也可以采用系统默认的样式和颜色。如果抹线，则不必选择线型样式和颜色，只需在画线类型分组中选择要抹去当前单元格的线类型，主要有抹网格线、抹边框线、抹左线、抹右线、抹上线、抹下线、抹左对角线和抹右对角线等。

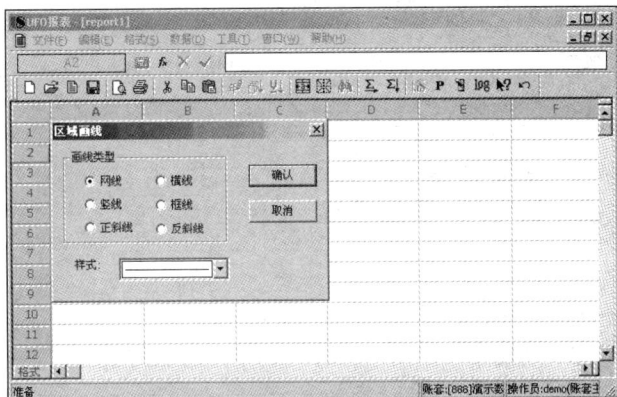

图 6-12　区域画线设置

（3）组合单元格和格式刷功能。设置组合功能将相邻的多个单元格组合成一个单元格，此功能在设计表头、表尾时使用较多。该功能可以通过调用报表组件提供的单元格组合函数接口实现。格式刷功能实现批量更改单元格的格式，即如果有大量的单元格的格式设置是相同的，则可以只按照实际要求设置一个单元格，使用格式刷功能设置与之同格式的其他单元格。该功能可以通过调用报表组件的单元格函数接口实现。上述功能在 UFO 报表中均是用编程语言编写相应的算法程序实现的。

5. 表样模板功能

不论是基于报表组件进行自主开发的报表管理系统，还是类似于 UFO 这种商用报表管理系统，都需要向用户提供一些常用的表样模板。这些常用表样模板可以方便用户的实际应用。表样模板功能主要包括自定义模板、生成常用表样模板。在进行自定义模板时，首先选择企业的行业性质，之后确定表样类型（包括资产负债表、利润表等）。表样模板定义如图 6-13 所示。

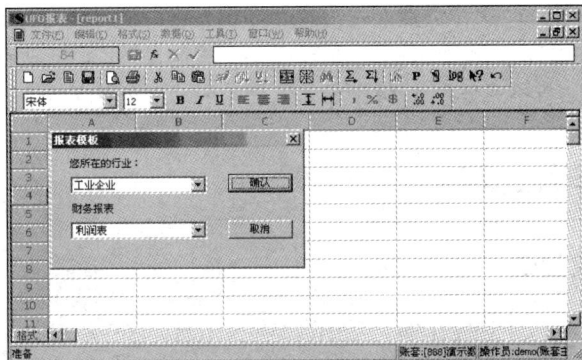

图 6-13　表样模板定义

二、表样格式定义实例

下面以利润表格式定义为例，说明表样格式定义功能。

（一）定义表样尺寸

首先确定利润表的尺寸。利润表的主表体有 20 行 4 列，辅表体有 6 行 4 列，再加上表头 3 行、表尾 2 行，一共是 31 行。使用"新建表样"功能，在设置表样参数窗口中，将表样名称定义为"利润表"，在表样说明编辑框中输入相关的说明信息，更改行数为 31、列数为 4，如图 6-14 所示。确认则进入表样设计窗口，显示为 31 行 4 列的表格。

图 6-14 "利润表"表样格式定义

（二）定义表头

在 A1 单元格中输入"利润表"，在 A2 单元格中输入"会工 02 表"，选中 A1:D1 单元格，使用工具栏上组合单元功能设置组合单元格，使用字体居中功能设置字体居中显示，使用设置单元格属性功能设置显示为粗体；选中 A2:D2 单元格，设置组合，设置字体居右显示。在 A3 单元格中输入"单位："，在 D3 单元格中输入"单位：元"。

（三）定义表体

完成表头的制作之后，按照"利润表"的格式内容，在相应单元格中输入表体文字说明信息，并且设置相应单元格属性。之后，调整表样的版面（调整行高、列宽）。如调整 A 列的列宽，把鼠标指针放在 A 列和 B 列之间，当鼠标指针由箭头变成左右箭头时，向右拖动直至 A 列文字全部可见；接着以同等方法调整其他行、列的高度、宽度。

（四）定义表尾

在 A30 单元格中输入"单位负责人："；在 B30 单元格中输入"财务主管："；在 A31 单元格中输入"复核"；在 B31 单元格中输入"制表："和"报送日期："。分别设定适当的对齐方式。

定义完成之后的表样格式如图 6-14 所示。同样，可以定义资产负债表等其他表样格式。

第四节　表样公式定义

一、数据库取数公式

表样公式定义的主要功能是数据库取数函数的定义。会计信息系统中，各种报表之间存在着密切的数据逻辑关系，各种报表数据采集和运算要用到大量的数据库取数函数。由于在会计信息系统中不保存账簿数据，而在需要时随时生成，所以报表的数据来源主要是数据库中的各种发生额、余额、累计发生额等数据。因此，表样公式定义大多是数据库取数函数的定义，这些函数大部分是在报表管理系统设计时，由系统开发人员用 SQL 语言编程实现的，所有使用 SQL 语言编写的函数，都需要用报表组件的添加用户自定义函数功能将其引入报表组件中，而且所有的用户自定义函数都在报表组件特定的事件中触发（如对于 Cell 组件是在 CalcFunc 事件中触发）。而对于直接使用编程语言开发的报表管理系统（如 UFO），数据库取数函数直接融合在报表系统中。

为了增强系统的通用性，报表管理系统所使用的数据库取数函数应该与第三章第五节（期末转账凭证处理）中的数据库取数函数共用，详见表 3-8（自动转账定义常用取数函数）。除表 3-8 中的期初、期末、各期发生额、累计发生额、净额等数据库取数函数外，还需要补充设计的函数如下。

（1）取年数函数 y()。生成报表时，取出服务器的当前年份，无参数。

（2）取月份函数 m()。生成报表时，取出服务器的当前月份，无参数。

（3）取服务器日期函数 d()。生成报表时，取出服务器的当前日期，无参数。

（4）取账套名称函数 ztm()。生成报表时，取出当前的账套名称，无参数。

（5）取科目名称函数 kmmc（zth，kmbh）。根据科目编号，从科目字典中取出相应的会计科目名称，参数是会计科目编号和账套号。账套号必须是会计信息系统已经存在的账套号，科目编号必须是科目字典中已经存在的会计科目编号。

（6）取科目编号函数 kmbh（zth，kmmc）。根据科目名称，从科目字典中取出相应的科目编号，参数是科目名称和账套号。科目名称必须是科目字典中已经存在的会计科目名称。

（7）余额方向取数函数 yefx（zth，kmbh）：根据账套号和科目编号从科目字典中取出相应科目的余额方向，主要参数是账套号和科目编号。

不同报表管理系统所提供的，实现上述功能的数据库取数函数在函数名称、函数参数上会有所区别，但是其功能是完全一样的。UFO 报表的计算公式有 3 种方式：单元公式、命令窗计算公式和批命令计算公式。单元公式存储在报表单元中，用"="（等号）启动后即可定义；命令窗计算公式是在命令窗中一条一条书写，用回车键结束定义并进行计算；批命令计算公式是在批命令（SHL 文件）中一次性书写完成，执行批命令时批量计算。

数据库取数公式由数据库取数函数通过"+""-""*""/"运算符及括号组合。在表样公式定义中，不仅可以定义数据库取数公式，还可以定义表页（本页和页间）计算公式；不仅可以从会计信息系统中提取数据，还可以从其他业务管理系统中提取数据。也就是说，报表管理系统可以从整个 ERP 系统中提取数据，包括提取其他账套的、其他数据库的、其他报表中的数据。

单元公式可以逐个单元定义，也可以按区域定义，称为区域公式。需要说明的是，报表分析也是通过用户自定义取数公式实现的，只不过在进行报表分析时，所用到的公式基本上是表内计算公式或表间计算公式，一般情况下不直接从数据库中取数。

二、表页内部公式和表页间公式

除了数据库取数公式之外，表页内部的计算公式也是必不可少的。表页内部公式主要是指区域公式，如 C9=C5-C6-C7-C8，C17 = C13+C14+C15-C16 等。表页内部公式非常重要，会计报表数据在同一表页内部存在着一定的计算关系。例如：资产负债表的资产总计，该项数据是所有资产类会计科目的余额之和；负债及所有者权益是所有负债及所有者权益类会计科目的余额之和；还有流动资产合计、流动负债合计等。这些数据都需要用表页内部公式求得。表页内部公式通过报表组件自身实现。表页内部公式在 UFO 报表中称为相对公式，在单元前面加"?"即可。例如，相对公式 a10=ptotal(?a1:?a9)，复制到 b10 单元后，公式自动变为 b10=ptotal(?b1:?b9)。除了表页内部公式之外，表页间公式也是经常用到的，尤其是在定义财务分析报表的时候。当所取数据所在的表页页号已知时，可以用"<目标区域> = <数据源区域> @ <页号>"取得本表他页数据。如令各页 B3 单元均取当前表第一页 C6 单元的值，其公式为：B3=C6@1。

三、常用公式

无论是类似于 UFO 这种使用编程语言直接开发的商用系统，还是利用报表组件自主开发的报表管理系统，均需要提供一些常用的统计函数、表函数、财务函数以及数学函数。下面以用友公司 Cell 组件的内嵌函数为例，说明这些函数的作用。

（一）一般常用函数

（1）取绝对值函数：Abs()。返回值是参数去掉正负号后的数值，括号内为参数，是要求绝对值的实数。例如，Abs(35)的返回值是 35，Abs(-26)的返回值是 26。

（2）三角函数：以余弦函数 Cos()为例（其他三角函数类同）。返回值是给定角度的余弦值，角度作为参数，角度要用弧度制来表示，如果角度以度为单位，需要再乘以 PI()/180 转换为弧度。例如，Cos(2.56)等于-0.835 5，Cos(60×PI()/180)等于 0.5，即 60°的余弦值。

（3）取整函数：Int()。括号内的参数是需要进行取整的实数，返回该实数向下取整后的整数值，例如，Int(8.6)的返回值为 8，而 Int(-8.6)的返回值为-9。

（4）数据类型转换函数。此类函数主要包括将字符转换成数值函数、将数值转换成字符函数、将日期转换成字符函数、将字符转换成日期函数等。以将字符转换成数值函数 Value()为例（其他数据类型转换函数类同），括号内的参数为带引号的字符，或为带转换文本的单元格，例如，Value("12.34")等于 12.34。

（5）取平方根函数：Sqrt()。参数为所要进行取平方根的实数。例如，Sqrt(25)=5。

（二）常用的统计函数

（1）取平均值函数：Average()。返回区域中符合单元筛选条件单元格的数值平均值。括号内参数为对具体单元格引用的区域参数，以及求取平均值的单元筛选条件。区域参数如 A1:B6，D5:F10 等；单元筛选条件表达式如 loopcell()>8，其中 loopcell()函数表示参与求值的单元格。例如，Average(A1:C3,loopcell()>12)是对 A1:C3 区域中值大于 12 的单元格求平均值。该函数中单元筛选条件可以缺省，缺省表示对区域中所有单元格求平均值。

（2）单元格计数函数：Count()。该函数返回限定区域中符合单元筛选条件的单元格个数。括号内的参数为区域参数，如 A1:D6，B3:F9 等，以及单元格筛选条件表达式。例如 Count(A1:F7,loopcell()<5) 表示对 A1:F7 区域中值小于 5 的单元格计数，返回符合条件单元格的个数。函数中单元筛选条件为空（缺省）时表示对指定区域中所有单元格计数。

（3）求单元最大值函数：Max()。该函数返回区域中符合单元筛选条件单元格的数值最大值。参数为区域参数和单元筛选条件表达式。例如，Max(A1:B3,loopcell()<36)，表示在 A1:B3 区域内小于 36 的单元格中求出最大值，并将该最大值返回给该函数所在的单元格。函数中单元筛选条件缺省时，则求指定区域中所有单元格的最大值。

（4）求单元最小值函数：Min()。该函数返回区域中符合单元筛选条件单元格的数值最小值。参数为区域参数和单元筛选条件表达式。例如，Min(A1:D32,loopcell()>25)，表示在 A1:D32 区域内大于 25 的单元格中求出最小值，并将该最小值返回给该函数所在的单元格。函数中单元筛选条件缺省时，则求指定区域中所有单元格的最小值。

（5）单元求和函数：Sum()。该函数返回区域中符合单元筛选条件单元格的数值之和。参数为区域参数和单元筛选条件表达式。例如，Sum(A1:F3,loopcell()>7)，表示对 A3:F3 区域中值大于 7 的单元格求和。如果单元筛选条件缺省，则对指定区域中的所有单元格求和，求和后将合计数返回给该函数所在的单元格。

（三）常用表函数

（1）取单元格函数：Cell()。该函数返回指定的单元格，参数是列数、行数和页数。如第1页的B5单元格可以表示为：Cell(2,5,1)。

（2）返回当前单元格函数：CurCell()。返回当前单元格。语法：CurCell()。例如，设定CurCell()>50，如果某单元格含有此控制公式，当输入数据时，必须大于50，小于50会出现提示对话框。

（3）返回单元格的列号函数：GetCol()。语法：Getcol(cell)。cell 为单元参数。例如，Getcol(C5) = 3。

（4）返回单元格的行号函数：GetRow()。语法：Getrow(cell)。cell 为单元参数。例如，Getcol(C5) = 5。

（5）返回单元格的页号函数：Getpage()。语法：Getpage(cell)。cell 为单元类型，该函数一般与select3d 函数套用。例如，Getpage(select3d(A1,A1>5))返回5，则第5页的A1 值大于5。

四、表样公式定义实例

以月份利润表公式定义为例，说明公式定义怎样在表样设计窗口中实现。用户在相应的单元格输入"="后，系统自动显示公式录入界面。月份利润表的单元格公式定义如表6-4所示，其他报表的公式定义略。

表6-4　　　　　　　　　　　　月份利润表单元格公式定义

会计科目	单元	本月数公式	单元	本年累计数公式
营业收入	C5	FS(6001,月,贷)+FS(6051,月,贷)	D5	LFS(6001,月,贷)+ LFS(6051,月,贷)
营业成本	C6	FS(6401,月,借)+FS(6402,月,借)	D6	LFS(6401,月,借)+ LFS(6402,月,借)
税金及附加	C7	FS(6405,月,借)	D7	LFS(6405,月,借)
销售费用	C8	FS(6601,月,借)	D8	LFS(6601,月,借)
管理费用	C9	FS(6602,月,借)	D9	LFS(6602,月,借)
财务费用	C10	FS(6603,月,借)	D10	LFS(6603,月,借)
资产减值损失	C11	FS(6701,月,借)	D11	LFS(6701,月,借)
公允价值变动收益	C12	FS(6101,月,贷)	D12	LFS(6101,月,贷)
投资收益	C13	FS(6111,月,贷)	D13	LFS(6111,月,贷)
对联营企业和合营企业的投资收益	C14	FS(6111××,月,贷)（注：假设6111××是"投资收益"科目下专门记录对联营企业和合营企业投资收益的二级科目编号）	D14	LFS(6111××,月,贷)（注：假设6111××是"投资收益"科目下专门记录对联营企业和合营企业投资收益的二级科目编号）
营业利润	C15	?C5-?C6-?C7-?C8-?C9-?C10-?C11+?C12+?C13	D15	?D5-?D6-?D7-?D8-?D9-?D10-?D11+?D12+?D13
营业外收入	C16	FS(6301,月,贷)	D16	LFS(6301,月,贷)
营业外支出	C17	FS(6711,月,借)	D17	LFS(6711,月,借)
非流动资产处置损失	C18	FS(6711××,月,借)（注：假设6711××是"营业外支出"科目下专门记录非流动资产处置损失的二级科目编号）	D18	LFS(6711××,月,借)（注：假设6711××是"营业外支出"科目下专门记录非流动资产处置损失的二级科目编号）
利润总额	C19	?C15+C16-?C17	D19	?D15+D16-?D17
所得税费用	C20	FS(6801,月,借)	D20	LFS(6801,月,借)
净利润	C21	?C19-?C20	D21	?D19-?D20
基本每股收益	C22	?C21/公司普通股总股数	D22	?D21/公司普通股总股数
稀释每股收益	C23	?C21/考虑具有稀释作用的潜在普通股后的总股数	D23	?D21/考虑具有稀释作用的潜在普通股后的总股数

第五节　报表数据处理

一、报表生成

在完成表样的格式设计和公式定义之后，就可以生成报表文件。根据用户的不同需要，报表管理系统提供两种方式生成报表。

一是在表样设计窗口完成表样的格式设计和公式定义后，利用表样设计窗口提供的数据处理功能，通过计算公式直接生成当前账套、当前月份的报表，对于生成的报表可以进行打印设置、打印预览以及打印输出，也可以在磁盘中保存为特定的报表文件（如*.cell文件、*.txt文件、*.xls文件、*.rep文件等），但是不能保存在服务器的数据库中。当公司内部使用时，可以使用此功能在需要时从表样数据库中打开表样，随时生成需要的报表，生成后随即打印输出或保存为磁盘中的独立文件（不可保存在数据库中）。这种方法使用灵活，但也有一定的缺陷：只能生成当前月份的报表，不能生成以前月份的报表；只能生成当前账套的报表。当然，在表样设计窗口，可以选择已经定义完成的表样生成当前账套、当前月份的报表，并将生成的报表文件保存为独立格式的磁盘文件。如果需要生成其他月份或者其他账套的报表，则在报表管理系统登录时，选择其他月份或者其他账套（注：UFO报表就是使用这种方式）。但是这种方式的使用较为烦琐，报表管理系统并没有独立于账套之外，不利于统一管理同一账套多个月份的报表数据。

二是使用报表数据管理功能生成报表。报表数据管理功能不仅包括表样设计窗口中所提供的数据处理功能，还包括将生成的报表文件保存在服务器的数据库中；读入不同报表的表页到当前报表中；对不同账套、相同格式表样生成的报表进行简单汇总；简单的图表处理等。其中将同种格式不同账套的报表读入当前报表文件中是实现报表汇总的前提。

可以看出，第一种方式是第二种方式的基础，第二种方式比第一种方式更加灵活。第一种方式生成报表功能的目的是适应用户的需要，增加报表管理系统的灵活性，用户可以在不退出表样定义的情况下查阅报表数据。第二种方式只能生成报表数据文件，而不能定义表样，不能在表样定义和报表数据生成之间灵活切换。使用报表组件进行自主开发的报表管理系统在数据处理方面更为灵活，更能够适应企业的多变需求。本节结合Cell组件阐述第二种方法生成报表的功能设计，Cell组件是用友公司推出的针对自定义报表系统设计与开发的主流平台，实际应用中，有不少企业采用该平台处理公司的内外部报表。

使用编程工具结合Cell组件自主开发的报表管理系统，在报表管理当前菜单中启动表样浏览与报表生成功能，该功能提供对所有已存在表样的浏览，选择账套、表样和月份，以及生成所需报表的功能，如图6-15和图6-16所示。

图6-15　表样浏览

在图6-15所示的表样浏览窗口中提供的表样基本信息有表样编号、表样名称、表样说明、操作员和生成日期等,这些信息都取自表样基表(Byjb)。在图 6-15 中,还应列示表样基表(Byjb)中的其他管理信息,以便表样使用者能更完整地了解表样的相关信息。

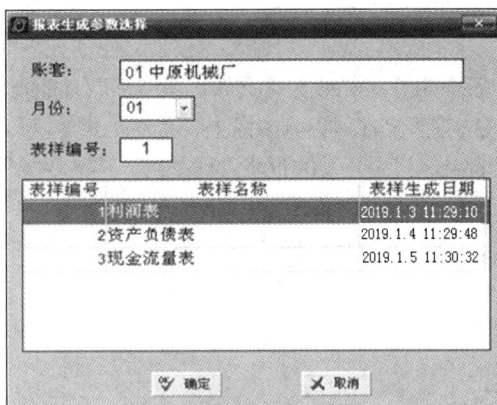

图 6-16 报表生成

在图 6-16 中:账套下拉列表框从账套字典中产生可选值,并将当前账套作为系统的默认选项(在某些报表处理软件中,该项可以由用户根据系统中存在的账套来选择,不局限于用户所登录的账套,此时需要对用户账套选择权限进行界定;而在某些报表处理软件中,该项只能是用户登录的账套,不允许修改);月份下拉列表框可从 1~12 中选择,也可直接输入,系统默认为当前月份,系统根据选择的月份生成报表;表样编号编辑框中允许用户输入表样编号,系统自动读取表样浏览窗口中当前表样的编号,并作为当前表样编号的默认值,用户可对其进行修改。确定了账套、月份和表样编号后,选择报表管理系统中的生成报表功能,即进入报表生成界面。如果以前使用所选账套、月份和表样编号生成过报表,则系统提示报表文件已经存在,是否重新生成报表。若不重新生成报表,则返回表样浏览与报表生成主界面;若重新生成报表,则系统重新生成报表并自动更新数据库中该报表数据。打开报表生成窗口时,系统首先运行计算公式,根据表样的公式定义从数据库中读取数据并生成报表。打开报表生成窗口后,用户所看到的是已经生成了数据的报表。利润表生成窗口如图 6-17 所示。

图 6-17 利润表生成窗口

在图 6-17 中，文件菜单的主要功能有追加报表文件、保存报表、另存为、页面设置、打印预览、打印表页和退出等功能，数据菜单的主要功能有公式计算、简单区域汇总、页间区域汇总、区域分类汇总和图表功能。

"追加报表文件"功能将相同格式、不同账套的报表文件读入当前报表中，该功能只能读取保存在磁盘上以*.cll 为后缀的特定 Cell 组件文件，不能读取其他类型的文件。

"另存为"功能将生成的报表文件保存到磁盘上，文件格式是以*.cll 为后缀的 Cell 组件文件（注：基于其他类型报表组件自主开发的报表管理系统，其文件类型为该报表组件所支持的特定文件类型）。

页面设置、打印预览、打印、表页等功能同表样定义中的对应功能类同，在此不赘述。

二、报表汇总

（一）简单区域汇总

简单区域汇总以当前报表文件为模板，根据所选择的区域，以及所选择的汇总方式生成一张汇总页并追加在表页的尾部。该功能通过调用 Cell 组件的对话框方法实现。汇总方式主要包括求和、求平均值、求最大值和求最小值等。当选择包含空白单元格的区域参与汇总时，空白单元格按 0 计算。

（1）求和。系统根据用户选择的区域，从第一张表页一直到最后一张表页对选定区域中的数据进行求和，并生成一张新汇总页追加到报表文件最后一张表页的后面。

（2）求平均值。系统根据用户选择的区域，从首张表页到末张表页求取选定区域的数据平均值，并将平均值显示在追加的汇总页上。

（3）求最大（最小）值。系统根据用户选择的区域，将选定区域的数据最大（最小）值填充在新生成汇总页相应的区域中，该区域的起始和终止标识和当前选择区域完全相同。

利用报表生成功能，生成两个年度 1 月份的利润表，假设相邻两个年度 1 月份的利润表数据相同（如图 6-17 所示），则对图 6-17 利润表的本月数求和，如图 6-18 所示，其求和结果形成了另一个汇总页，如图 6-19 所示。

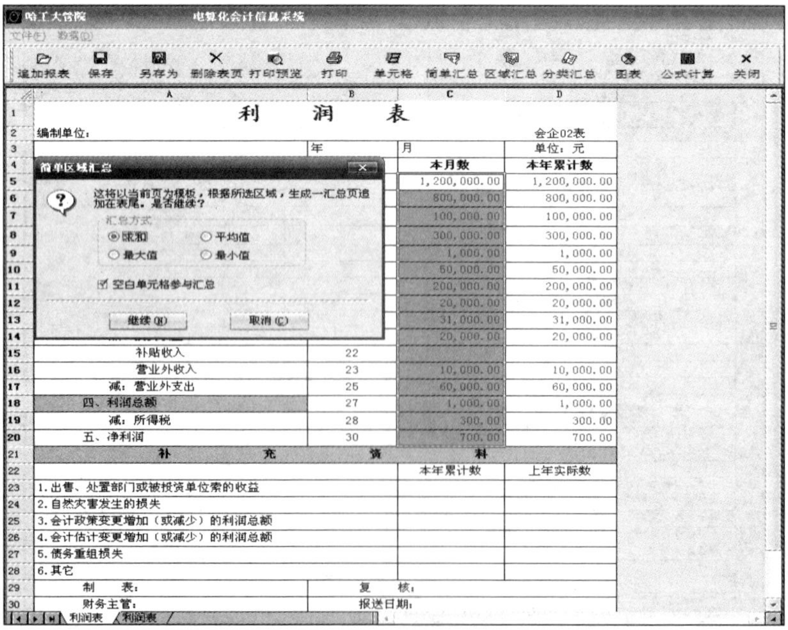

图 6-18　利润表求和

（二）页间区域汇总

页间区域汇总功能同简单区域汇总功能类似，所不同的是简单区域汇总功能在表页末尾生成一张汇总页，而页间区域汇总功能则将汇总数据显示在单独的窗口中，并且还提供数据的立体方位对照功能，其功能相对强大。页间区域汇总就是根据当前表页选择的区域，对所有表页对应的区域数据进行汇总，并在页间区域汇总窗口显示汇总结果。其功能通过调用 Cell 组件的对话框方法实现。如图 6-20 所示，对前例两个年度的 1 月份利润表进行页间区域汇总。在源区域编辑框中显示的是所选择的区域范围，页码范围编辑框中显示的是参与汇总的表页。汇总页显示的数据是按照源区域所标示的区域和页码范围，进行汇总所得到的结果。纵向汇总页所显示的数据是两个年度的 1 月份利润表的汇总数据，以便使用者进行数据分析。横向汇总页同纵向汇总页的唯一不同是显示方向不同。

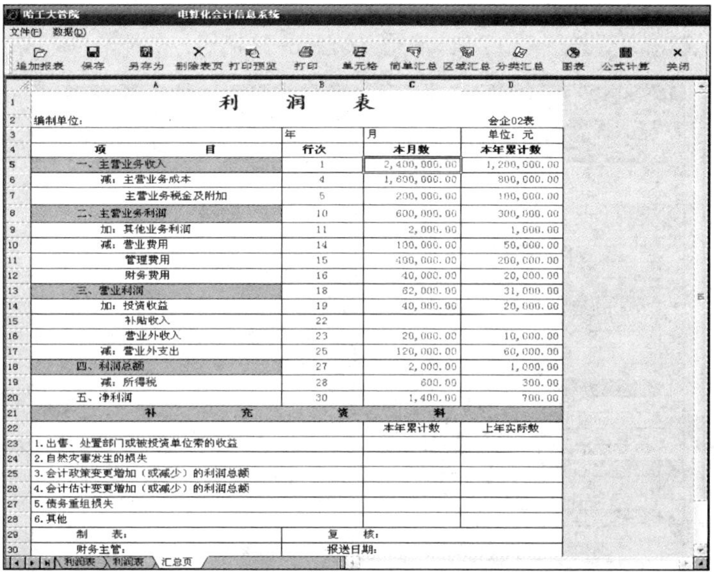

图 6-19　利润表求和结果

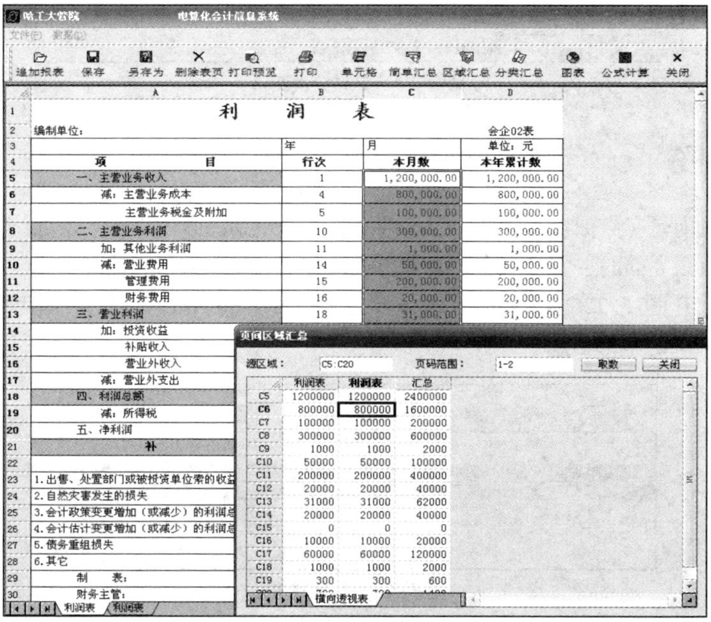

图 6-20　页间区域汇总

（三）区域分类汇总

区域分类汇总功能要求用户选择两行两列以上的数据区域，该功能对同一张表页的内部数据进行汇总，不涉及其他表页数据。该功能通过调用 Cell 组件的对话框方法实现。在图 6-18 中，选择利润表的 C5:D20 数据区域，区域分类汇总如图 6-21 所示。

（1）源区域编辑框中显示的是所选数据区域，也可以在该编辑框中输入连续的两行两列以上数据区域，系统用取数功能自动将当前表页相应区域的数据取到区域分类汇总窗口。

（2）关键值列下拉列表框中的值是所选区域所涉及的列标，此例中该下拉列表框中的数据为 C 和 D，因为所选的区域涉及的数据列标是 C 列和 D 列，关键值列所设定的值作为关键值是区域分类汇总的参数。

（3）汇总类型下拉列表框的可选值包括求和、记数、平均值、最大值、最小值等。区域分类汇总条件定义完成后，即可运行区域分类汇总，在区域分类汇总页中将得到按指定条件的汇总结果。例如，汇总类型选择"记数"，汇总页如图 6-21 所示，其他汇总方式功能与此类似。

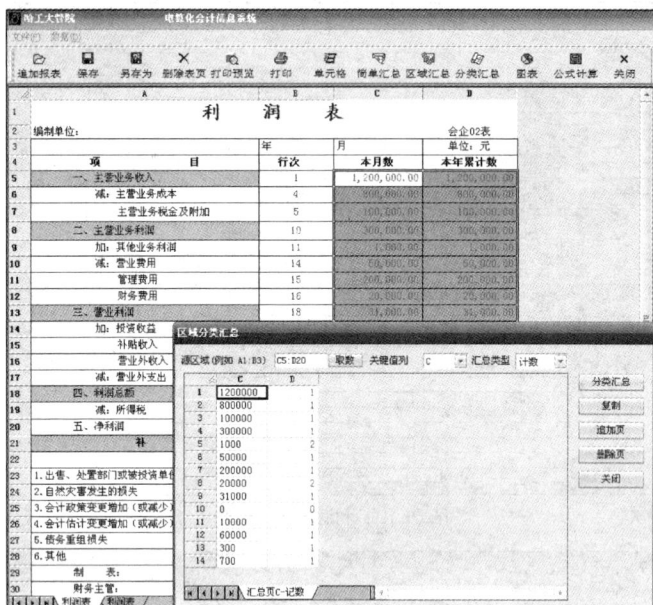

图 6-21　区域分类汇总

三、报表浏览

报表浏览功能是在数据窗口中浏览已经生成的报表，如图 6-22 所示。报表浏览功能通过编程工具实现。该界面的主要信息有账套号、表样名称、表样编号、报表生成日期、报表年月、操作员姓名等。在图 6-22 中，还应列示报表文件基表（Bbwjjb）中的其他相关信息，以便报表使用者掌握报表的全部信息。

图 6-22　报表浏览

在报表管理系统的主控界面选择报表浏览功能，即可进入报表浏览界面，其主要功能有报表浏览、删除报表、打开报表等。删除报表功能只有账套主管才能运行，不允许用户随意删除已经生成的报表文件。选择相应的报表之后，可以使用打开报表功能进入报表数据窗口，由报表浏览窗口进入报表数据窗口时，系统直接打开已生成的报表文件。

第六节 XBRL 财务报告

一、XBRL 概述

可扩展商业报告语言（eXtensible Business Reporting Language，XBRL）产生于 1998 年，由美国华盛顿州的注册会计师查尔斯·霍夫曼提出。XBRL 是基于互联网、跨平台操作，专门用于财务报告编制、披露和使用的计算机语言，基本实现数据的集成与最大化利用，会计信息共享，将会计准则与计算机语言相结合，是财务信息交换的最新公认标准和技术。通过对数据统一进行特定的识别和分类，可直接为使用者或其他软件所读取及进一步处理。目前我国的上海证券交易所和深圳证券交易所已经向上市公司、投资者以及社会大众提供了 XBRL 上市公司信息服务平台。

XBRL 是一种基于互联网生成和传输商业报告的语言，它借助可扩展标记语言（eXtensible Markup Language，XML）的相关技术，通过对商业报告中的数据增加特定的标签和分类，以支持数据信息的识别、处理与交流。XBRL 技术可用于财务信息的处理，通过给财务数据添加特定的分类标签，使得计算机能够"读懂"财务报告，并通过内置的验证机制，使计算机能够自动处理财务报告。XBRL 被誉为财务报告领域里的条形码，通过给财务报告数据添加特定的分类标签，加速计算机对财务报告的自动制作、存储、处理、分析、比较与交流。

XBRL 技术基础是 XML，要理解 XBRL 技术，必须先了解 XML 技术。XML 是一种人和计算机都可以阅读的可扩展标记语言，其以结构化的方式表示文档。XML 根据特定的标记方法对文档内容进行标记。XML 已成为一种通用的数据交换格式，它的平台无关性、语言无关性、系统无关性，给数据集成与交互带来了极大方便。它可以标记数据、定义数据类型，是一种允许用户对自己的标记语言进行定义的源语言。XML 文件实际上是一个文本文件。创建 XML 文件最普通的工具是文本编辑器。XML 文件必须按语法结构进行定义（其语法结构参见相关资料）。XML 文件如下。

```
〈?xml version="1.0" encoding="gb2312" ?〉
〈参考资料〉
  〈书籍1〉
    〈名称〉XML 入门精解〈/名称〉
    〈作者〉张三〈/作者〉
      〈价格 货币单位="人民币"〉20.00〈/价格〉
  〈/书籍1〉
  〈书籍2〉
    〈名称〉XML 语法〈/名称〉
      〈!--此书即将出版--〉
    〈作者〉李四〈/作者〉
      〈价格 货币单位="人民币"〉18.00〈/价格〉
  〈/书籍2〉
〈/参考资料〉
```

这是一个典型的 XML 文件，编辑好后保存为一个以.xml 为后缀的文件。可以将此文件分为"文件序言"和"文件主体"两部分。此文件的第一行是文件序言（必须声明，且位于第一行），其中 version 标明此 XML 文件所用标准的版本号、encoding 指明此 XML 文件中所使用的字符类型，此例是 GB2312 简体中文编码。文件的其余部分都属于文件主体，文件主体是由开始的

〈参考资料〉和结束的〈/参考资料〉控制标记组成，称为 XML 文件的"根元素"（XML 文件中有且只能有一个根元素）；〈书籍〉是根元素下的"子元素"；在〈书籍〉下又有〈名称〉、〈作者〉、〈价格〉等子元素。货币单位是〈价格〉元素中的一个"属性"，"人民币"则是"属性值"（属性值必须要用""括起来，如"1.0""gb2312"等）；〈!--此书即将出版--〉是注释，在 XML 文件中，注释放在"〈!--"与"--〉"标记之间；XML 文件的元素必须有开始标记和与之对应的结束标记，如〈名称〉标记必须有对应的〈/名称〉结束标记，标记之间不得交叉，标记必须按规则次序出现；在 XML 文件中若要原封不动地显示某信息，则需用 CDATA 标记，由"〈![CDATA["为开始标记，以"]]〉"为结束标记。XML 文件由一系列标记组成，XML 文件中的标记是自定义标记，具有明确含义，可以对标记的含义进行说明。

从以数据库基表存储的财务报表到 XML 格式文件的转换，可通过相应数据库管理系统提供的转换工具实现。在图 6-17 生成的利润表中，如果该利润表的各行、列数据是按数据库基表结构加以存储，那么该利润表经转换后即可得到 XML 格式的文档，此文档经过 XBRL 的标准与格式转换后，即可生成 XBRL 实例文档，然而，图 6-17 中生成的利润表却是以格式和数据为一体的二进制数据类型存储在报表文件基表（Bbwjjb）的"报表文件（Bbwj）"字段中，因此，无法实现直接转换。

在 XML 文件中，大部分都是自定义标记，但如果两个同行业的公司 A 和 B 要用 XML 文件相互交换数据，A 公司用〈价格〉标记表示其产品价格信息，而 B 公司可能用〈售价〉标记表示其产品价格信息。如果某应用程序读取各公司的 XML 文件信息时，如果它只识别〈价格〉标记里表示的价格信息，那么 B 公司的价格信息就不能被识别，则必将产生错误。显然，对于想利用 XML 文件来交换信息的实体来说，他们之间必须有一个约定，即编写 XML 文件可以用哪些标记，母元素中能够包括哪些子元素，各个元素出现的顺序，元素中的属性怎样定义等。如此在用 XML 交换数据时才能畅通无阻。这种约定被称为 XML Schema（XML 文档格式定义）。可以把 XML Schema 看作编写 XML 文件的模板。对于同行业之间的 XML 数据交换，有一个固定的 XML Schema 将会方便很多。

XML Schema 实际上可以被看作一个或多个 XML 文件的模板，这些模板中的元素、元素的属性、元素的排列方式（顺序）、元素包含的内容等，都必须符合 XML 的语法结构。XML 文件中的元素（即用户创建的标记），是根据应用的实际需求创建的，因为各行业都有其自身的行业特点，所以 XML Schema 通常是以某种应用领域为定义范围，如医学、建筑、工商、行政等。

XBRL 是 XML 在企业报告文件上应用的技术架构，XML 所支持的各种文件架构均适用于 XBRL，但 XBRL 必须进一步定义所有适用于企业财务报告的文件格式与分类标准。XBRL 对数据的处理是通过 Xml Schema 技术将数据附上不同的标签，利用 XML Schema 将财务报表中的每一个财务数据附上不同的标签，这些标签总称为分类标准，同时，分类标准还定义了数据的形式和属性，以及内容与附注之间的关联，或内容与表达形式之间的关联。如果某公司想用 XBRL 公开自己的财务报表，就可以使用分类标准预先规定好的标签，将本公司的财务数据放在相应的标签中，这些内容就组成了实例文档。再经由 XBRL 转换软件，就可以在浏览器中得到通常的财务报表。

XBRL 在使用与普及过程中，必须建立不同国家、不同行业的分类标准，目前，与这些相关分类技术和实例文档相关的编辑工具和会计软件越来越多地被开发使用。在这方面起主导作用的是 XBRL 国际组织以及各国的 XBRL 组织。XBRL 国际组织主要负责全球统一标准的制定，各国的 XBRL 组织则主要负责建立符合本国会计准则的 XBRL 分类标准。国际标准中的元素都用英文定义，因此，在此基础上建立的国家和行业分类标准一般也沿用英文定义（也可使用汉字拼音等），且应遵循"驼峰规则"，如"应收账款"的英文标准标签为"Account receivables"，其元素名称应为"AccountReceivables"，单词之间无空格且首字母大写，大小写的高矮排列如同骆驼的驼峰。

二、XBRL 技术构成

XBRL 技术由 4 个层面构成：技术规范、分类标准、实例文档、格式表单。

（一）XBRL 技术规范

XBRL 技术规范是 XBRL 技术的总纲，定义了各类专业术语，规范了 XBRL 文档的结构，说明了如何建立分类标准以及实例文档。它是由 XBRL 国际组织制定的技术说明书，是分类标准的制定和扩展、软件开发及相关应用均需遵循的共同技术标准。

XBRL 利用 XML 技术，将财务报告中的每个财务信息分解成不同的元素，并为这些元素建立与之相对应的标记。这些标记是唯一的、标准的，它赋予了数据特定的含义，从而使财务信息元素如同商品的条形码能被计算机识别。XBRL 创建了标准的术语和规则，让财务报告的编制趋向统一，如同将"一""壹""one"统一成"1"，XBRL 并没有建立新的会计准则，也不改变会计系统的数据，只是规范了数据的表达[4]。

XBRL 分类标准的制定与扩展、实例文档的生成都必须遵守基本的技术标准，XBRL 技术规范正是这一标准，是 XBRL 的技术基础，统一了 XBRL 文档的基本结构，规定了各种基本语法要素和专业术语。

XBRL 技术规范由国际、国家、行业等各级 XBRL 组织负责制定，XBRL 技术规范是整个 XBRL 体系的基础，它描述了 XBRL 的框架模型和相应的专门术语，规定 XBRL 分类标准和 XBRL 实例文档的语法和语义等应遵循的各种技术规范。XBRL 技术规范包括基础规范、维度规范、公式规范、注册规范、列报规范、一致性套件、具体链接规范等内容。另外，XBRL 技术规范还定义了在制定分类标准时所必须遵循的规则，如元素的定义方法、标签信息的定义方法等。中国标准化委员会 2010 年颁布的 XBRL 技术规范中，包括了基础、维度、公式和版本 4 部分系列国家标准，从企业会计准则中提取 XBRL 财务报告元素。

（1）基础部分。《可扩展商业报告语言（XBRL）技术规范第 1 部分：基础》（GB/T 25500.1—2010）。基础部分是 XBRL 技术的详细规范，描述了 XBRL 的技术架构，定义了 XBRL 分类标准和实例文档中使用的 XML 元素和属性。

（2）维度部分。《可扩展商业报告语言（XBRL）技术规范第 2 部分：维度》（GB/T 25500.2—2010）。维度部分提供了定义维度元素数据并且在 XBRL 实例文档中对其进行引用的通用机制。

（3）公式部分。《可扩展商业报告语言（XBRL）技术规范第 3 部分：公式》（GB/T 25500.3—2010）。公式部分定义了一套语法用于以公式的方式描述从 XBRL 实例文档中获得信息并产生 XBRL 报告数据的规则。

（4）版本部分。《可扩展商业报告语言（XBRL）技术规范第 4 部分：版本》（GB/T 25500.4—2010）。版本部分定义了 XBRL 分类标准版本管理报告的 XML 语法，提供了各版本之间分类标准集差异的结构化描述。

（二）XBRL 分类标准

XBRL 为每个财务信息建立了元素，定义了元素的属性和元素之间的关系，所有元素、属性和关系的集合就构成了分类标准。分类标准既是财务要素（元素）"词典"，也是信息交换"词典"，是编制实例文档的具体标准，是 XBRL 的核心。不同国家、行业和企业在遵循技术规范的基础上，可以制定符合自身实际情况的分类标准。我国财政部 2010 年发布了《企业会计准则通用分类标准》，该分类标准由 1 个核心模式文件和 6 个链接库文件组成。财务信息元素间的关系及元素与外部资源的关系是通过链接库界定的。通用分类标准运用了标签链接库、参考链接库、计算链接库、列报链接库、定义链接库和公式链接库。

模式文件定义了分类标准中的元素及其属性、类型等信息，是分类标准的核心，元素分为

"数据项"和"元组"两类。数据项元素描述的是单个元素，每个元素都可以单独地表达一个完整的财务含义，如"应收票据"的定义信息为："cn-pte_YingShouPiaoJu"（上交所分类标准cn-pte：中国--一般企业财务），此定义信息是"应收票据"的唯一标识符；元组元素描述的则是一组元素，这些元素必须组合起来才能完整地表达一个财务信息，任何一个都无法单独表达，如"存货"必须结合"原材料""在产品""库存商品"等才能完整地表达，元组元素可以表达复杂的财务信息[4]。

XBRL 分类标准中除了定义财务信息元素之外，还界定了财务信息元素的关系。这些关系分为两类，一类是元素之间的关系，另一类是元素与外部资源的关系，这些关系的表示都是通过链接库实现的[4]。

（1）标签链接库。为元素提供标签，给每个元素提供一个或多个可理解的名称，可以使用不同语言进行设置，同一个元素可以有多个标签。元素的所有标签都存储在标签链接库中。模式文件的信息是供计算机识别的，为了方便用户阅读，应为每个元素至少定义两个标准标签（在我国：中英文各一个）。在实际报告中显示具有高可读性的标签（元素的标示名称）。

（2）参考链接库。为元素提供参考信息。说明财务信息来自哪些权威陈述，如描述"利润总额"通常会引用准则的权威定义。

（3）计算链接库。定义元素与元素的加、减运算关系，如利润总额=营业利润+营业外收入-营业外支出。

（4）列报链接库。以父子关系的形式描述元素之间的层次关系。如营业收入包括主营业务收入和其他业务收入，因此，"营业收入"是"主营业务收入"和"其他业务收入"两个元素的父元素。

（5）定义链接库。定义一个元素与其他元素相关联的扩展链接，其主要作用是描述元素间的维度关系，对元素的其他表示方式和关系补充说明。如本名与别名，一般与特殊，一个元素的存在依赖于另一个元素存在的关系等，如坏账准备的存在依赖于应收账款的存在。

（6）公式链接库。原始 XBRL 分类标准不包含公式链接库，但由于计算链接库仅限于元素的加、减运算，为了弥补计算链接库的不足，通用分类标准创建了公式链接库，专门用来定义复杂的数值计算关系。

（三）XBRL 实例文档

实例文档是根据 XBRL 技术规范，基于分类标准建立的，包含企业完整财务报告信息的实例文件。案例文档实质上就是一个 XBRL 格式的企业财务报告文件。创建实例文档的过程，就是企业根据自己的真实情况，对已经定义好的模式文件中的财务信息元素进行赋值的过程。赋值后的实例文档还要在模式文件和链接库中进行验证，以保证定义的准确性，在模式文件中验证元素的属性，如"应收票据"是否和模式文件中对"应收票据"的定义一致；在链接库中验证数据是否满足所定义的关系，如"应收票据"为 200 万元是否满足和其他子元素的计算关系，合计后是否为 200 万元。实例文档类似于网页源代码，计算机可以识别但用户无法理解[4]。

实例文档是使用者基于 XBRL 技术规范和分类标准编制的财务报告文档。它是数据元素的集合，记录了公司披露财务报告的具体内容，且其元素严格符合分类标准模式文件中关于该元素的相关定义（包括元素名称、数据类型、元素类型等），同时实例文档的元素间关系也严格符合分类标准和链接库中关于元素间关系的定义（主要是链接库中定义的会计科目间的勾稽关系）。实例文档除了包含分类标准中规定的元素外，还包括关于单位定义和上下文定义的元素（扩展分类标准），这些元素在实例文档中都按与之相关联的分类标准加以定义。

（四）XBRL 格式表单

格式表单是一种可以将信息呈现为特定格式的应用程序，它可以帮助财务报告的使用者从互联网上获得 XBRL 财务报告信息，并将其转换为使用者所需要的格式。XBRL 自身不产生可以阅读的报告，实例文档仅仅是一些数据与可解释的标签集合，它没有向外界提供友好的界面。所以当打开 XBRL 数据文件时，显示的是该文件的源代码，即 XML 的标签。读者很难弄清楚其具体含义。

由于实例文档不是供使用者阅读的，所以需要转换实例文档，如同将网页源代码转换为网页，实例文档通过格式表单可以实现此功能。同一份 XBRL 实例文档，通过不同格式表单，就能转换成 PDF、Word、Excel、Web 等不同格式[4]。

XBRL 技术构成如图 6-23 所示。

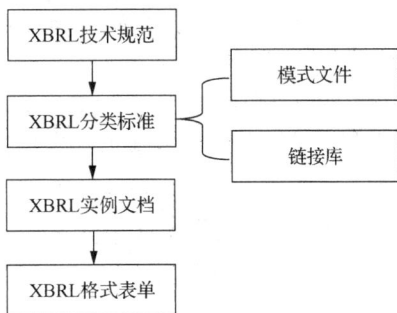

图 6-23　XBRL 技术构成

三、XBRL 财务报告处理流程

企业需要定期将财务报告转换为 XBRL 文件对外报送，企业务必高度重视 XBRL 文件的报送工作，不断提高 XBRL 文件的编制质量。企业 XBRL 文件必须与企业定期财务报告全文内容保持一致。自 2012 年开始，上市公司提交的 XBRL 文件直接上网发布，公司务必保证所提交 XBRL 文件的正确无误，证券交易所对 XBRL 文件实施核查，并在定期报告披露完毕后根据核查具体情况对 XBRL 文件编制出现错误的公司进行集中通报，公司应在定期报告提交当日通过信息披露系统报送 XBRL 文件。如果公司对已披露的定期报告进行更正和补充，应在提交更正和补充公告的同时，提交修订后的 XBRL 文件，若公司在提交日收到"XBRL 核查未通过"的反馈，应及时更正 XBRL 文件，并在第二个工作日重新提交，再次核查，并再次发送核查结果，直至通过为止。

XBRL 财务报告的处理流程如图 6-24 所示，具体处理步骤如下。

（1）了解 XML 与 XML Schema 等技术基础，通晓 XBRL 技术规范，掌握其模式文件和链接库的内容与作用。在此基础上，各级 XBRL 组织制定与之对应的 XBRL 分类标准，包括国际分类标准、国家分类标准、行业分类标准等。在国际分类标准基础上制定的国家级分类标准称为"通用分类标准"，某些行业在通用分类标准基础上制定"行业扩展分类标准"。分类标准包括"分类标准元素清单"和"链接库元素清单"两部分。这些分类标准不是一成不变的，而是根据需求不断扩展的。作为企业也应如此，在掌握各级分类标准（主要是本行业分类标准）的基础上，根据企业实际情况编制企业扩展分类标准，这是企业提供 XBRL 财务报告的基本前提。

（2）行业或企业应对其财务报告要素进行梳理，详尽分析通用分类标准（可通过《企业会计准则通用分类标准元素清单》了解通用分类标准），将财务报告所需要素与通用分类标准元素进行逐一匹配，若能满足需求则直接采用通用分类标准与企业财务报告要素进行映射，否则需建立本行业或企业的扩展分类标准。

（3）创建扩展分类标准。首先，通过财务报告要素与通用分类标准元素的逐一匹配，找出需要扩展的分类标准元素及其连接关系；其次，形成扩展分类标准所用的元素及关系清单；最后，用 XBRL 工具将其转换为行业或企业扩展分类标准（.xsd 文件，此文件与 XBRL 实例文档一同报送）。

（4）企业将完备的分类标准（包括通用分类标准和扩展分类标准）元素清单与企业财务报告要素列表进行一一对比分析，将企业财务报告各项要素逐一地映射到分类标准的对应元素上。充分分析分类标准与企业财务报告要素之间的关系，进而确定如何以分类标准为基础反映企业的财务报告内容，分析和映射的原则是逐一分析、映射企业财务报告要素和关系与分类标准元素、链接库和扩展链接之间的对应关系。名称相同并且含义一致的可以直接映射，名称不同但含义一致的，修改标签后也可以映射，但如果含义不一致，不管名称是否相同，都不能映射。

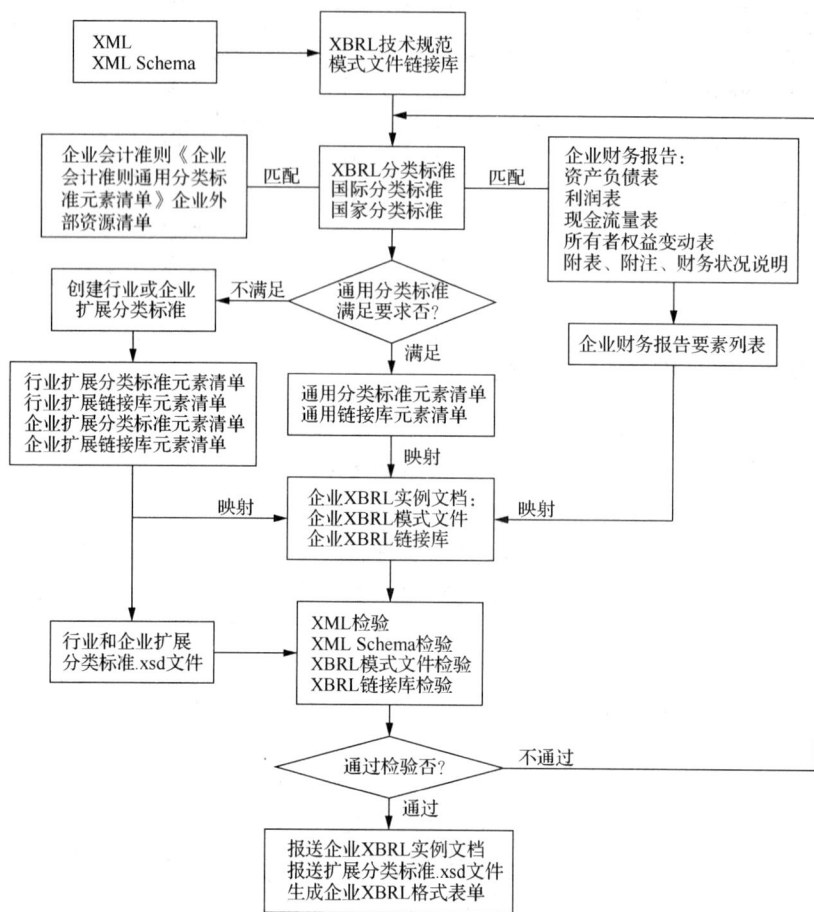

图 6-24　XBRL 财务报告处理流程

（5）将财务报告中的每个财务信息分解成不同的元素，并提取这些财务信息元素，如对资产负债表来说，需要提取资产、负债和所有者权益的相关信息。根据 XBRL 技术规范和分类标准，在企业实例文档的模式文件中定义这些财务信息元素。以 XBRL 分类标准为依据定义元素主体，生成企业 XBRL 模式文件，模式文件需定义财务报告的全部元素以及元素的各种属性，但模式文件不包含元素之间存在的勾稽关系、层级关系以及如何列报等信息。

（6）从财务报告中提取元素间的关系，如元素间的数值计算关系、层次关系以及存在的其他关系，同时提取元素与外部资源的关系，如引用准则的权威定义，元素与其显示名称的对应关系等。在企业 XBRL 链接库中定义这些关系，并建立模式文件与链接库的关联。

（7）生成企业 XBRL 实例文档（包括模式文件和链接库）后，需要对生成的扩展分类标准和企业 XBRL 实例文档进行检验，以此保证扩展分类标准和实例文档语法、语义的正确性。主要检验内容如下。

① XML 检验。保证扩展分类标准和实例文档具有正确的 XML 语法结构，这是最基础的验证，由 XML 解析器完成。

② XML Schema 检验。确保实例文档和定义的扩展分类标准具有良好的格式，以及元素定义的正确性，验证其是否符合 XML Schema 的技术标准。

③ XBRL 模式文件检验。除了满足上述两条基本要求以外，还应保证实例文档和定义的扩

展分类标准遵循 XBRL 技术规范，XML 解析器无法完成此项检验，只有 XBRL 处理器才能完成，保证定义的扩展分类标准和实例文档满足 XBRL 模式文件规范。

④ XBRL 链接库检验。确保实例文档和定义的扩展分类标准中所有计算关系和运算公式的正确性，验证其全部业务规则语义有效。将实例文档中表示的财务信息与其呈现形式比较，以确保实例文档中的事实值和呈现形式的事实值正确无误。检查实例文档和定义的扩展分类标准中层次关系、引用关联、依存关系定义等链接信息的有效性。

上述检验由实例文档和扩展分类标准接收方（如证券交易所）等 XBRL 组织利用 XBRL 验证软件完成，企业也可对报送的实例文档进行自检。若检验不通过，则最有可能的原因是映射错误，其次是扩展分类标准错误，一般情况下通用分类标准不会出错。必须更正所发现的错误，直至通过为止。

（8）生成企业 XBRL 实例文档，并通过检验后，将其与扩展分类标准文件整合为上报数据包进行报送。可用 XBRL 格式表单处理软件将企业 XBRL 实例文档转换成 PDF、Word、Excel、Web 等格式文件供读者使用，并向社会公众发布。

四、XBRL 财务报告生成实例

企业 XBRL 财务报告的生成可采用以下 3 种模式。

（1）手工录入模式。手工录入模式对企业的 ERP 系统不做任何变动，仅将生成的财务报表数据手工录入相应编辑软件中，再由编辑器按照分类标准和技术规范转换成基于 XBRL 形式的数据。这种模式的实施成本较低，但不能充分发挥 XBRL 技术的优势，而且数据重复录入容易产生误差，降低了数据的可靠性。

（2）嵌入 XBRL 格式转换器模式。由企业 ERP 报表系统+XBRL 分类标准编辑器+XBRL 转换器（含格式表单展示工具）构成。嵌入的 XBRL 格式转换器可以按照相应的分类标准，将企业 ERP 系统生成的财务报表转换为 XBRL 文档，不会造成数据丢失和出错，能保证 XBRL 财务报表的准确、一致性。不足之处是依赖企业 ERP 的报表系统进行格式转换，相关分析仅限于报表，无法追溯数据来源。但这是目前主流应用模式（财政部鼓励）。

（3）内嵌集成 XBRL 适配器模式。这是指在企业 ERP 系统中嵌入集成的 XBRL 适配器，在信息处理过程中直接按照 XBRL 规范进行报表处理，实时输出 XBRL 文档。这种模式需要企业的 ERP 系统软件开发商研发内嵌 XBRL 适配器软件，在业务处理各个环节对 XBRL 的元数据进行提取和转换，自动识别 XBRL 的相关属性，按照 XBRL 分类标准实时生成标准的 XBRL 实例文档，生成的 XBRL 实例文档可以进行数据源追溯。这种应用模式的实施成本较高，有时会给企业的会计处理带来不必要的麻烦，如同现金流量表处理，不能按现金流量表的要求来设置会计科目，更不能按其要求来生成记账凭证，因此，这种模式的实现目前还不成熟。

上述 3 种应用模式各有优缺点，企业应根据实际情况选择适用的模式。为推动 XBRL 应用的进程，软件公司应积极开发与 XBRL 相适应的软件，并在现有 ERP 软件中添加 XBRL 报告功能，以便适时生成 XBRL 财务报告实例文档。

XBRL 财务报告的生成应利用相应的软件工具完成，XBRL 财务报告软件工具是软件公司专门为企业编制 XBRL 财务报告而开发的，有能力的行业或企业也可自主研发。目前，市面上流行的主要有用友、金蝶、浪潮等，其主要功能包括通用分类标准展示、由 ERP 系统生成财务报告要素、财务报告要素与通用分类标准匹配、创建扩展分类标准、财务报告要素与分类标准映射、生成 XBRL 实例文档、扩展分类标准和实例文档检验、扩展分类标准和实例文档报送、XBRL 财务报告输出等。

下面以嵌入 XBRL 格式转换器模式和利润表为实例,阐述 XBRL 财务报告业务应用。XBRL 财务报告业务的应用流程主要分 6 个步骤，如图 6-25 所示。

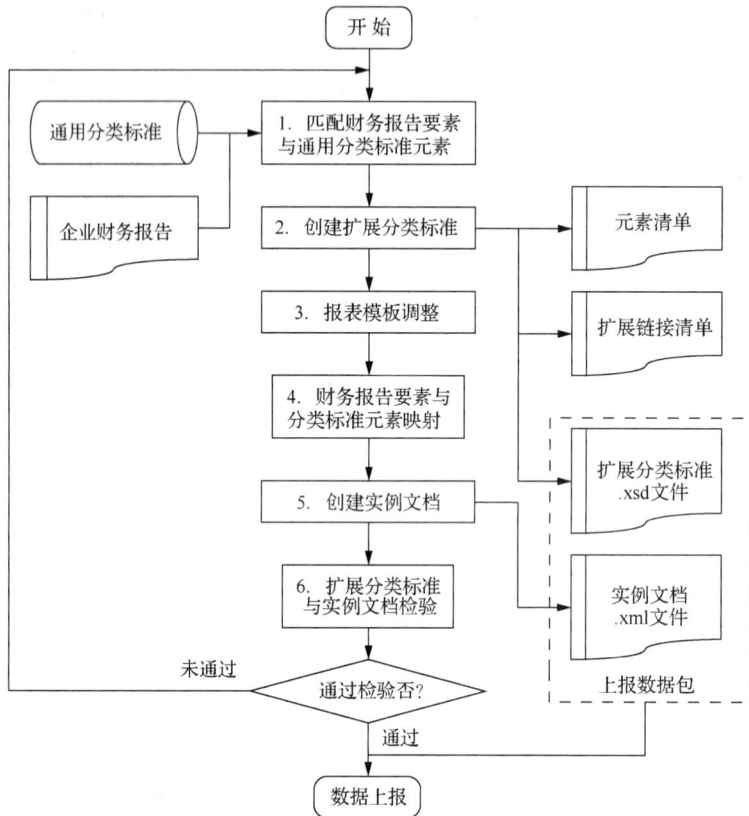

图 6-25　XBRL 财务报告业务应用流程

1. 匹配财务报告要素与通用分类标准元素

报告行业或企业应熟悉通用分类标准的使用方法，分析通用分类标准与企业会计准则之间的关系，进而将财务报告要素并与通用分类标准元素进行匹配。

通用分类标准元素的名称按照计算机能够识别的规则以英文或汉字全拼命名。为了便于广大财会人员和公众理解，元素清单中以通用分类标准元素的中文列报标签为展示基础，将元素按照所归属的企业会计准则顺序排列后形成列表，以更好地说明元素的含义和元素间的层次关系。元素清单按照企业会计准则的列报要求展示了通用分类标准的元素层级以及其中的元素，同时包含了元素的名称、类型信息和元素所依据的企业会计准则。利润表通用分类标准元素清单与企业会计准则及企业财务报告要素的匹配关系如表 6-5 所示。

表6-5　　　　　　　　　　　　　　利润表匹配关系

通用分类标准元素	类型	准则	企业财务报告要素
利润表[table]	table	CAS30，CAS33	利润表
营业收入	X	CAS30，CAS33	营业收入
营业成本	X	CAS30，CAS33	营业成本
税金及附加	X	CAS30，CAS33	税金及附加
销售费用	(X)	CAS30，CAS33	销售费用
管理费用	(X)	CAS30，CAS33	管理费用
财务费用	(X)	CAS30，CAS31，CAS33	财务费用
资产减值损失	(X)	CAS30，CAS33，CAS35	资产减值损失

通用分类标准元素	类型	准则	企业财务报告要素
公允价值变动收益	X	CAS30，CAS33	公允价值变动收益
投资收益	X	CAS30，CAS33	投资收益
营业利润	X	CAS30，CAS33	营业利润
营业外收入	X	CAS30，CAS33	营业外收入
营业外支出	(X)	CAS30，CAS33	营业外支出
利润总额	X	CAS18，CAS30，CAS33	利润总额
所得税费用	(X)	CAS18，CAS30，CAS33，CAS35	所得税费用
净利润	X	CAS30，CAS31，CAS33	净利润

表 6-5 中，左边两列是利润表通用分类标准元素清单，第三列是所依据的企业会计准则，最右边一列是企业利润表财务报告要素。table 代表维度化的表格；X 描述元素的数据类型（货币型）；（X）代表与 X 相反的方向；CAS30 代表《企业会计准则第 30 号——财务报表列报》；CAS31代表《企业会计准则第 31 号——现金流量表》；CAS33 代表《企业会计准则第 33 号——合并财务报表》；CAS35 代表《企业会计准则第 35 号——分部报告》；CAS18 代表《企业会计准则第 18 号——所得税》。

通用分类标准根据企业会计准则的列报规定，将财务报告信息内容分解成不同的数据元，再根据信息技术规则对数据元赋予唯一的数据标记。每个数据元可以单独提取和使用，增强了财务报表使用者从不同角度使用和分析财务数据的灵活性。

参照通用分类标准结构，行业或企业财会人员可对财务报告的结构进行拆解，形成准备引用或者创建的一系列扩展分类标准元素及其链接元素，从而确定引用及创建的具体方法。整个财务报告要素的梳理过程在软件工具提供的报表模板中，通过财务报告要素与通用分类标准匹配功能完成。梳理后形成行业或企业财务报告所需要的通用分类标准元素清单（如利润表通用分类标准元素清单，见表 6-5 左边两列）。

2. 创建扩展分类标准

通过匹配行业或企业财务报告要素与通用分类标准元素，生成行业或企业通用分类标准元素清单。在此基础上，根据行业或企业财务报告的特殊需求，遵循 XBRL 相关技术规范，识别行业或企业财务报告中，除通用分类标准元素之外的特殊需求元素，定义这些元素及其属性，确定元素标签及元素之间的关系（列报关系、层次关系、计算关系等），生成采用 XBRL 技术表述的财务报告元素及其关系清单，即扩展分类标准（.xsd 文件）。整个扩展分类标准创建过程都是用软件工具的分类标准扩展功能完成。

如对表 6-5 利润表通用分类标准：在"营业收入"项目下新建元素 A 公司营业收入和 B 公司营业收入，即可对营业收入进行维度扩展；除维度扩展外，还可进行层次结构扩展，如对公允价值变动收益进行层级扩展。创建的扩展分类如表 6-6 所示。

表 6-6　　　　　　　　　　　　　　　维度扩展分类标准

元素	元素类型
利润表[table]	table
营业收入	X
A 公司营业收入	X
B 公司营业收入	X
……	……
公允价值变动收益	X
公允价值收益变动原因	text

3. 报表模板调整

根据扩展分类标准调整行业或企业报表模板。按需求增、删、改报表模板项目。

4. 财务报告要素与分类标准元素映射

定义报告的单位名称、时间、金额单位等属性，将财务报告要素与分类标准元素进行映射。嵌入式 XBRL 实例文档生成过程中，必须完成 ERP 系统的财务报告要素与分类标准元素的映射，并保存映射结果（文本文件）。财务报告要素与分类标准元素的映射过程通过软件工具的映射功能完成，财务报告要素与分类标准元素可根据匹配后的行业或企业通用分类标准清单和扩展分类标准清单映射，并在行业或企业分类标准不变的情况下，可重复使用映射结果，每次提供 XBRL 财务报告时，直接引用映射结果生成 XBRL 实例文档。具体映射如图 6-26 所示。

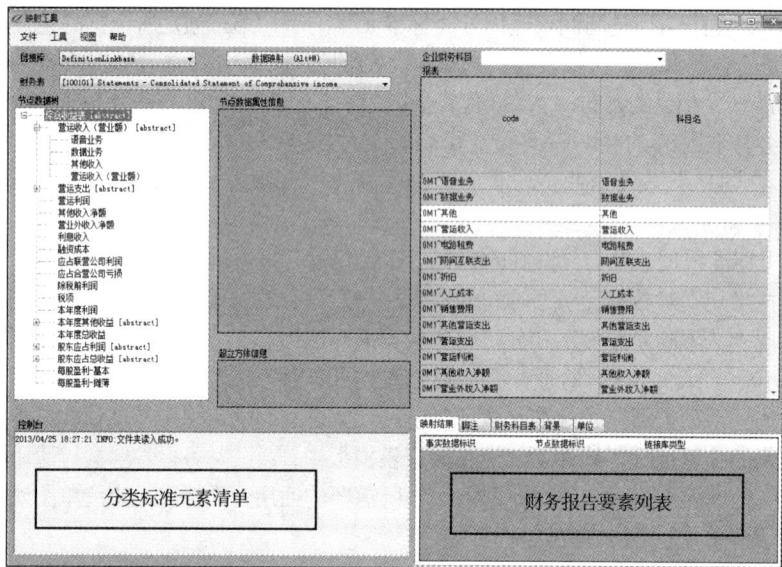

图 6-26　财务报告要素与分类标准映射

5. 创建实例文档

利用财务报告要素与分类标准元素的映射结果生成企业 XBRL 财务报告实例文档，映射结果一次性创建后可多次使用，通过软件工具提供的创建实例文档功能生成 XBRL 实例文档。其实质是根据映射关系定义，将企业财务报告要素按 XBRL 技术规范转换为 XML 格式文档。

6. 扩展分类标准与实例文档校验

按 XBRL 财务报告业务应用流程的第 6 步对生成的 XBRL 实例文档和扩展分类标准实施检验，若通过检验，则直接报送，否则，需重新开始应用流程，找出其错误所在，改正后重新实施检验直至通过检验。

◎ 本章习题

1. 报表处理具有两种方法，说明其各自的优缺点。
2. 简要说明"表样格式定义"的功能。
3. 简要说明"表样公式定义"的功能。
4. 简要说明"报表数据处理"的功能。
5. 说明表样基表的作用和主要存储内容。

6. 说明报表文件基表的作用和主要存储内容。

7. 说明表样基表和报表文件基表的主键有何不同，为什么如此设计。

8. 绘图说明报表处理流程。

9. 简要说明创建新表的处理步骤。

10. 说明"格式状态"和"数据状态"的概念。

11. 表样单元如何表示？

12. 表样单元具有哪些数据类型？各自的存储内容如何定义？

13. 何为组合单元？如何表示？

14. 说明表页和区域的定义。

15. 什么是多维表？

16. 说明区域如何定义。

17. 说明单元如何描述。

18. 说明区域如何描述。

19. 说明表页和报表如何表示。

20. 运算符包括哪些？

21. 说明"算术表达式"和"条件表达式"如何定义。

22. 简要说明表样参数设置的内容。

23. 简要说明表样格式设计中"文件"包括哪些功能。

24. 简要说明表样格式设计中"编辑和视图"包括哪些功能。

25. 简要说明表样格式设计中"行列和表页设置"包括哪些功能。

26. 简要说明表样格式设计中"格式"包括哪些功能。

27. 简要说明表样格式设计中"表样模板"包括哪些功能。

28. 说明数据库取数函数定义的概念和功能。

29. 报表管理系统所使用的数据库取数函数除第三章第五节（期末转账凭证处理）中的数据库取数函数外，还需要补充设计哪些函数？

30. 说明表页内部公式和表页间公式的用途，并举例说明其如何定义。

31. 一般常用函数包括哪些？如何定义？

32. 常用统计函数包括哪些？如何定义？

33. 常用表函数包括哪些？如何定义？

34. 说明利润表中"营业收入""营业成本""营业利润"公式如何定义。

35. 报表生成具有两种方式，简要说明其功能和区别。

36. 简要说明报表管理的报表生成功能，并说明"表样文件"与"报表文件"的区别与联系。

37. 简要说明报表汇总的"简单区域汇总"功能。

38. 简要说明报表汇总的"页间区域汇总"功能。

39. 简要说明报表汇总的"区域分类汇总"功能。

40. 简要说明报表浏览功能。

41. 说明XBRL的概念。

42. 绘图说明XBRL的技术构成。

43. 简要说明XBRL分类标准的概念和构成。

44. 绘图说明XBRL财务报告业务应用流程。

45. 简要说明XBRL财务报告生成的3种模式。

第七章
系统研发与运行

第一节　系统研发方法

在计算机技术发展过程中，一度出现重视硬件研发、忽视软件研发的现象。20 世纪 60 年代末至 70 年代初，曾出现过"软件危机"。由于软件发展滞后，硬件再先进，也难以发挥作用。此后，软件研发逐渐引起业界的重视，从而使软件研发技术快速发展，同时也总结出多种适用于软件研发的科学方法，如结构化方法、原型法、面向对象方法、混合研发方法、软件工程方法等。各种研发方法都有其不同的特点，都有各自的优点和不足。

一、结构化方法

结构化方法是普遍使用的信息系统研发方法，在系统研发中得到了广泛的应用和推广，尤其是在研发目标与功能都比较明确的系统时，显示出了较大的优越性。它将信息系统研发的全过程划分为 6 个阶段，即系统调查、系统分析、系统设计、程序设计、系统测试和系统实施。结构化方法要求系统研发工作分阶段、按步骤地逐步进行，每一阶段都有明确的任务、原则、方法，并形成相应的文档资料。这就保证了系统分析与设计人员能充分了解系统状况和用户需求，对系统研发工作进行有效的组织和控制。结构化方法各阶段的主要任务及产生的主要文档如表 7-1 所示。

结构化开发方法

表 7-1　　　　　　　　　结构化方法各阶段的主要任务及产生的主要文档

系统研发阶段	主要任务	主要文档
系统调查	了解用户需求，摸清现行系统情况，描述原系统的会计数据量和数据流，分析建立新系统的必要性和可行性，确定新系统的目标和规模	系统调查报告 可行性研究报告 系统研发计划
系统分析	对调查资料和用户需求进行深入分析，抓住本质，找出关键问题，改进现行系统，补充新的功能，从信息输出目标入手，提出计算机会计信息系统模型	系统需求报告 系统分析报告
系统设计	根据系统模型，建立包括数据库、基表数据结构和输出、存储、输入内容在内的系统结构，对系统目标进行逐层分解，绘制系统模块划分图，定义各模块的功能、算法、输入、输出、所用数据的来源和模块之间的数据传递关系等	系统设计报告 包括：总体设计 　　　详细设计 　　　各项系统研发任务书
程序设计	根据系统的详细设计报告和系统研发任务书，用指定的程序设计语言或研发工具予以实现，并进行反复调试，直至生成计算机可运行的高效源程序代码和可执行程序代码	系统研发任务完成情况报告 程序设计说明书 源程序清单（必须为每段程序和复杂的语句标注明确、详尽的注解）

系统研发阶段	主要任务	主要文档
系统测试	用模拟数据或系统前期数据对各项任务、各功能模块、各子系统以及整个系统进行单项调试和联调，测试系统的正确性，判别系统功能是否达到要求，并对系统能否正式使用做出判断。系统测试一定要细致、周到，若发现问题，要进行修改和完善	各项系统研发任务测试报告 功能模块测试报告 子系统测试报告 系统测试报告 系统使用说明书
系统实施	制订系统实施方案和计划；安装系统软硬件；设置各种系统启动参数；装载初始数据；完成所有系统初始化工作；使系统投入正常运行	系统实施报告 系统运行日志

结构化方法的优点是便于目标与功能都明确的大型系统（如操作系统、数据库管理系统、通用的商品化 ERP 系统等）研发，每一步都有明确的任务和详细的文档资料，对于系统中的每一个功能都以任务书的形式下达给程序员，程序员完成程序设计后，由测试人员进行测试检验，整个研发过程完全在计划的控制下有节奏、按步骤地进行，只要系统目标能够满足用户需求，其他任何研发条件变化都不会影响系统的研发进程。其不足是这种方法基于两个基本的假定：一是系统的目标能反映用户的要求；二是系统的运行环境相对稳定。但是随着企业环境的变化和时间的推移，用户会不断提出新的需求，用户需求的多变性和系统运行环境的不确定性，要求研发的系统必须具备可扩展性和环境适应性，因此，结构化方法对于研发企业专用的管理信息系统软件显现出不足[2]。

二、原型法

（一）原型法的概念

针对结构化方法的不足，人们提出了原型法的设计思想和方法。原型即雏形，表示某种产品的原始模型。原型法的基本思想是：在获得用户基本需求的基础上快速地构造系统业务模型，然后演示这个原型系统，在用户参与的情况下，按用户合理而又可行的要求，不断地修改这一原型系统。每次修改都使系统得到一个更加完善的新系统，直到用户满意为止。原型法下，系统随着用户和研发者对系统理解的加深而不断地按更明确、更高需求得到补充和完善。对系统的认知是在逐步加深的过程中完成的，而不是一开始就试图预见一切。作为一个会计信息系统原型，它应含有最终模型的某些主要特征。

原型法

（1）主要功能模块。

（2）会计信息系统的主要数据存储结构。

（3）反映系统概貌的主要用户界面。

（4）主要输入、输出内容。

（5）与其他系统的接口。

（二）原型法研发流程

原型法的应用是随着用户和研发人员对系统认识和理解的逐步深化，而不断地对系统进行修改和完善的过程。原型法适用于目标不能完全确定的、半结构化和非结构化的系统研发（如决策支持系统）。一般情况下，系统目标能够确定，起码对结构化问题能够确定，如果对于结构化程度比较高的系统（如数据处理系统），其研发目标都不能确定，那将意味着系统研发的失败。因此，在会计信息系统研发中，原型法适用面不大，但是原型法的思想是非常有用的，其原因在于即使系统目标确定，也会有设计和实现上的失误，或功能、数据结构、界面等具体目标的微调，这些都需要用原型法来实现。原型法的研发过程如图 7-1 所示。

（1）用户需求。根据用户的基本需求，对系统给出初步定义。用户的基本需求包括各种功能要求、操作方法、用户界面、账表内容和格式要求等。这些要求虽然是初始的，但是最基本的。

（2）研发原型系统。根据用户初步需求，研发可运行的原始系统，它必须满足用户的基本需求。

（3）使用与评价原型。通过使用引导用户提出更明确、更具体、更丰富的需求，作为系统修改和完善的依据。

（4）修改原型。根据使用情况和用户的修改意见对原型进行修改、完善，得到新的原型系统。然后再进行使用和评价，经过这样几次循环和迭代修改，逐步提高和完善，直到用户满意为止。

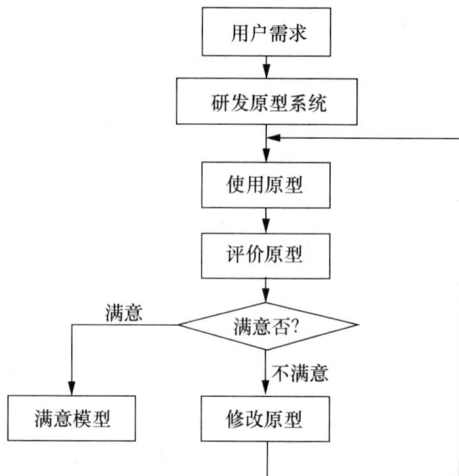

图 7-1　原型法的研发流程

（三）构造初始原型的原则

原型法的实质是尽快构造一个原型，以尽快与用户进行有针对性的交流，进一步明确用户需求。为此，构造系统原型时，应从以下 3 个方面加以考虑。

（1）尽可能利用现成软件和模型，采用堆积木式组合方法快速构造原型。

（2）按最小系统原则构造具有代表性的典型系统。这个典型的原型系统要能基本反映用户需求，经反复进行用户评价和迭代修改，逐步补充、完善系统其余各部分。原型系统并不要求面面俱到，而是要求能反映用户要求的主要特征。

（3）利用高效率软件工具研发原型。由于原型法不仅要求快速构造系统原型，而且还要快速地响应用户提出的修改要求，这就对研发工具提出了较高的要求。这些要求包括交互式研发环境、面向对象的软件研发工具、合理的数据存储结构以及先进的数据库管理系统等，并采用先进的设计方法，如建立各种数据字典、研发通用程序模块等，以此来快速地构建系统原型。

原型法具有明显的优点，它的研发周期短，见效快，可边研发、边使用、边完善，能适应多变的研发环境和用户需求。但是，系统研发采用原型法，需要交互式研发环境和先进的研发工具支持，其初始原型设计较为困难，如果初始原型设计不合理，则研发过程容易失控或陷入"头痛医头、脚痛医脚"的被动局面。

三、面向对象方法

面向对象方法是一种以对象为中心来认识客观世界的方法，它从结构组织角度模拟客观世界，认为世界是由许多不同种类的对象构成。每个对象都有自己的内部状态和运动规律，不同对象间的相互联系和相互作用构成了完整的客观世界。对象由属性集和作用于属性集之上的方法集组成，它把属性和方法封装在一起，是一个动态的概念，属性集反映了对象的当前状态。反映对象当前状态的方法有两类：一是通过返回对象当前的某个属性值来向外界反映对象当前的状态，二是通过改变对象的某些属性值来改变对象的当前状态。面向对象方法是一种新的软件研发方法，目前，在程序设计中已被广泛采用，并被逐渐应用于系统研发。面向对象方法具有以下基本特征。

（一）把对象看成数据和有关操作的封装体

面向对象方法突破了传统方法将数据和操作分离的模式，较好地实现了数据抽象。它把对象看成一个有组织的、含有信息的实体，它既可以表示一个抽象的概念，也可以表示一个具体的模块。对象的定义由以下 4 部分组成。

（1）对象的名称。

（2）数据。数据用来描述对象属性的存储或数据结构，它表明了对象的一个状态。

（3）操作。操作即对象的行为，分为两类：一类是对象自身承受的操作，即操作结果修改了对象自身原有的属性状态；另一类是施加于其他对象的操作，即将产生的输出结果作为消息发送的操作，对象内的操作通常称为方法。

（4）接口。接口主要指对外接口，是指对象受理外部消息所指定操作的名称集[2]。

（二）面向对象方法运用了类与继承的概念

面向对象方法将具有相同结构、操作并遵守相同约束规则的对象聚合在一起，称之为类。类是用来描述具有相同属性和方法的对象集合，它定义了该集合中每个对象所共有的属性和方法。对象是类的实例。

继承在类与类之间建立了这样一种关系：一个类可以定义为另一个类的扩充或受限。这样就可以通过继承关系用原有的类来构造新的类。原有的类称作父类，新的类称为子类。通过继承，软件设计人员可以从现实中抽取具有普遍意义的类，然后通过继承复用这些类，从而减轻工作量。另外，对于通过继承创建的子类可以进行修改，这符合软件设计人员在实际编程中逐步求精的思想方法。继承是父类和子类之间共享数据和方法的机制，子类不仅可以继承其父类的属性和行为，而且可以有自己的属性和行为，继承性是面向对象方法独有的特性。

类的定义包括以下 5 个方面。

（1）类名。类名用于定义类的名称。

（2）继承。继承指子类继承其父类的属性、结构和功能。

（3）数据结构。数据结构是对该类数据的组织结构的描述。

（4）操作。操作指该类通用功能的具体实现方法。

（5）接口。接口指面向其他类统一的外部通信协议[2]。

由于下层对象能继承上层对象的特征（属性和操作），因而面向对象方法便于软件的演变和增量式扩充。

（三）面向对象方法用消息将对象动态地链接在一起

与传统的模块调用不同，面向对象方法采用了灵活的消息传递方式，能够在概念上体现并行和分布式结构。消息是对象之间相互请求或相互协作的途径，发送消息的对象不需要知道接收消息的对象如何对请求予以响应。接收消息的对象可以根据自身的特点采取相应的操作。消息应包括方法名和变量。多态性是一个与类相关的概念，同一类的所有对象在接收到同一条消息时将采取同样的动作，不同类的对象在接收到同一条消息时可能采取不同的动作，这种现象称为多态性[2]。

（四）面向对象方法具有信息隐藏性

对象将其实现细节隐藏在它的内部，因此无论是对象功能的完善扩充，还是对象实现的修改，影响仅限于对象内部，而不会对外界产生影响，这就保证了系统的可构造性和易维护性。

面向对象=数据抽象+信息隐蔽+继承性+动态连接。面向对象方法之所以受到重视，是因为它具有许多良好的优点。

（1）模块性。对象是一个功能和数据独立的单元，相互之间只能通过对象认可的途径进行通信，相互可以较为自由地为各个不同的模块所使用。

（2）封装性。为信息隐蔽提供具体的实现手段，用户不必清楚对象的内部细节，只要了解其功能描述就可以使用。

（3）可重用性。继承性提供了代码的共享手段，可以避免重复的代码设计，使得面向对象的方法更加有效。

（4）灵活性。对象的功能执行是消息传递时确定的，支持对象的主体特征，使得对象可以根据自身的特点进行功能实现，提高了程序设计的灵活性。

（5）易维护性。对象实现了抽象和封装，使其中可能出现的错误限制在自身，不会向外传播，易于检错和修改。

（6）可扩充性。面向对象方法可以通过继承机制来不断地扩充系统功能，而不影响原有软件的运行。

四、混合研发方法

软件研发方法有很多，每种研发方法都有不同的特点，将各种不同的软件研发方法有机地结合起来，取各种研发方法的长处和优点，是进行技术攻关的可取路线。3 种方法相结合的技术路线如图 7-2 所示。

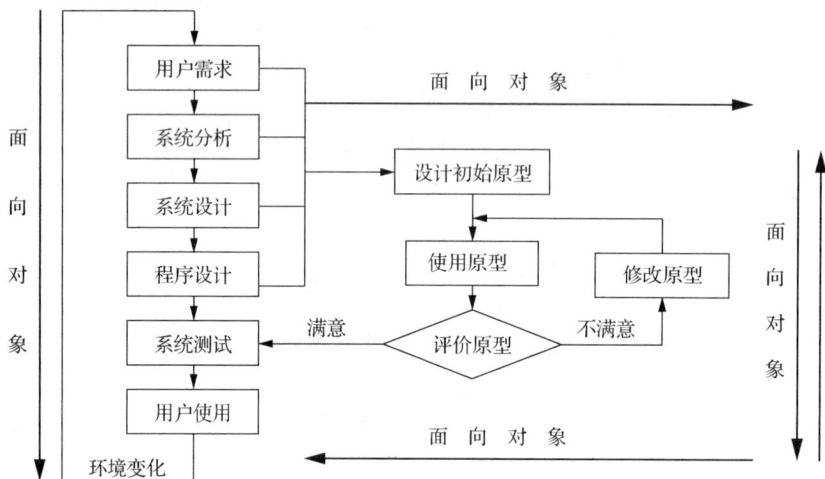

图 7-2　3 种方法相结合的技术路线

在图 7-2 中，以结构化研发方法为主线，在系统研发过程中运用原型法快速构造系统原型，研发原型系统直到满意为止，将满意原型经系统测试后交付用户使用。这里的原型是动态的，并且是不断扩充的，如同滚雪球不断循环壮大，直到完成全部系统的目标为止。在系统研发过程的每一步都采用面向对象的研发方法，特别是在程序设计中，充分利用面向对象方法的封装性、继承性、可重用性和易维护性等特点，快速研发系统原型。从而将这 3 种研发方法的优点有机地结合起来，相互取长补短，充分发挥整合后的优势。

五、软件工程方法

软件工程采用工程项目管理的概念、原理、技术和方法来研发与维护软件，把经过时间考验而证明正确的管理技术和当前能够得到的最好技术方法结合起来，包括方法、工具和过程 3 个方面。其中：方法为软件研发提供了"如何做"的技术，包括多项任务，如项目计划与估算、软件系统需求分析、数据结构、系统总体结构设计、算法设计、编码设计、测试以及维护等；工具为软件工程方法提供了"如何有效做"的支撑，由软件工具集成起来形成的软件研发支撑环境，即计算机辅助软件工程（CASE）成为软件研发的强大武器；过程则是软件研发的一系列框架组合，解决"采用什么途径"来研发和维护软件的问题，它是软件工程方法和工具的结合。软件工程的要点主要体现在 7 个方面：第一，采用项目管理的理念和方法来管理整个软件研发与实施的全过程；第二，采用按项目、分阶段的结构化方法进行计划和严格管理；第三，严格进行阶段评审；第四，实行严格的过程控制；第五，采用面向对象的现代化研发工具和管理工具；第六，构建最精干的软件研发队伍；第七，不断地改进软件工程实践。

（一）方法

方法包括"结构化软件工程方法"和"面向对象软件工程方法"两种。结构化软件工程方法就是将项目管理与结构化方法相结合，用项目管理的理念、方法和工具来管理系统研发的全过程，也称为面向功能的软件研发方法或面向数据流的软件研发方法。面向对象软件工程方法是将项目管理与面向对象方法相融合，是软件工程领域中的重要技术；这种方法将项目管理和面向对象两种理念、方法和工具融会贯通，尽最大可能采用先进技术来实施软件研发。这种方法已成为软件工程中的主流方法，其基本思想是从现实世界中客观存在的事物（即对象）出发，尽可能地运用人类的自然思维方式来构造软件系统，它更加强调运用人类在日常逻辑思维中经常采用的方法与原则，如抽象、分类、继承、聚合、封装等。

"结构化软件工程方法"和"面向对象软件工程方法"是相互联系、相辅相成、统一的整体，其实，软件工程方法的实质就是各种方法的有效集成。目前几乎所有的软件研发都采用软件工程方法来实现。

（二）工具

为支持软件研发、维护、模拟、移植、管理的软件系统称为"软件工程工具"，它是辅助和支持软件研发的工具，实现对软件研发全过程的管理，其作用是提高软件研发的效率，方便软件研发过程的管理和改进软件的质量，在一定程度上促进了软件研发的工程化。软件工程工具按不同的用途分为许多种类，目前市场上有许多种具有代表性的软件工程工具。例如：系统分析设计工具 Rational Rose，能满足所有建模环境需求和灵活性的可视化建模工具；测试工具Junit，是研发源代码的 Java 测试框架，用于编写和运行可重复的单元测试；配置管理工具ClearCase，是目前应用最广的企业级、跨平台配置管理工具之一，它实现了综合软件配置管理，包括版本控制、工作空间管理、过程控制等；项目管理工具 Microsoft Project，是国际流行的项目管理软件，能够全方位、全过程地对项目进行计划、优化、跟踪和控制，并有效地控制项目的进展和各项资源。

现有的软件工具覆盖了需求分析、系统建模、代码生成、程序调试和软件测试等多个方面，形成了集成化的软件工程研发环境，即计算机辅助软件工程（Computer Aided Software Engineering，CASE）。CASE 分为工具、工作台和环境 3 个层次，其中：CASE 工具支持单个过程的任务，如设计的一致性检查、文件编辑、程序编译等；CASE 工作台支持某一过程阶段的活动，如需求分析、设计、测试等，通常是一系列 CASE 工具的集成；CASE 环境支持整个软件研发过程的所有活动或大部分活动，通常是若干工作台的集成。

（三）过程

过程由软件研发的一系列框架组成，是软件工程方法和工具的结合。软件工程过程主要包括研发过程、运作过程、维护过程。它们覆盖了需求、设计、实现、确认以及维护等活动。需求活动包括问题分析和需求分析，问题分析获取需求定义，又称软件需求规约、需求分析生成功能规约；设计活动一般包括概要设计和详细设计，概要设计建立整个软件系统结构，包括子系统、模块以及相关层次说明、每一模块的接口定义等，详细设计产生程序员可用的模块说明，包括每一模块中数据结构说明及加工描述；实现活动把设计结果转换为可执行的程序代码；确认活动贯穿整个研发过程，实现完成后的确认，保证最终产品满足用户的要求；维护活动包括使用过程中的扩充、修改与完善。伴随以上过程，还有管理过程、支持过程、培训过程等。

（四）软件工程方法的优点与不足

软件工程方法的优点如下。

（1）采用工程化的方法和途径来研发与维护软件。把软件研发看成一个组织良好、管理严密、各类人员协同配合共同完成的工程项目，充分吸取和借鉴人类长期以来从事各种工程项目所积累的原理、概念、技术和方法，并且推广使用在实践中总结出来的软件研发成功的经验和技术。把软件研发作为工程项目来进行管理，按照计划、分析、设计、实现、测试、维护的周期来展开。

（2）运用最有效的软件研发工具。软件研发的每一个阶段都有许多烦琐、重复的工作，在适当的软件工具辅助下，研发人员可以把这类工作做得既快又好。软件工程把各个阶段的软件工具有机地集合成一个整体，支持软件研发的全过程，为软件工程提供了有利的支撑环境，提高了软件的研发效率。

（3）采取行之有效的工程项目管理措施。通过人员组织管理、项目计划管理、配置管理等为软件按时、高质量的完成提供了保证。

软件工程方法的不足如下。

（1）软件工程涉及计算机科学、管理科学、工程学等多个学科，对软件研发者的要求较高。

（2）软件工程的目标包括研发尽可能好的产品、提高软件研发效率、满足应用需要、降低软件研发成本等，但在实际的研发过程中，试图让这些目标都达到理想程度往往是困难的，有时目标之间甚至相互冲突。

第二节 系统运行平台与研发工具

一、系统的运行平台

会计信息系统的运行平台由硬件系统、系统软件、数据库管理系统 3 个主要部分组成，硬件系统由服务器、终端机、网络布线等组成，系统软件主要是操作系统（如 Windows 2000 Server、Unix 等），再加上数据库管理系统（Oracle、SQL Server 等）就构成了目前普遍采用的客户/服务器（Client / Server，C/S）体系结构。C/S 结构是面向企业内部局域网信息共享与交流的一种体系结构，在企业内部可共享数据和信息。企业管理者可以通过企业内部的局域网获得财务、成本、材料、生产、销售、服务等相关信息。但是基于 C/S 结构的信息系统只能提供内部信息，信息传输和获取受企业局域限制，很难满足企业管理者的需求。随着市场竞争的日益激烈，企业管理者对企业外部信息的需求也急剧增长，仅仅能提供内部信息的 C/S 结构已无力支持，这时浏览器/服务器（Brows / Server，B/S）结构脱颖而出。B/S 结构是面向企业外部信息收集、交流、共享的一种体系结构。利用 B/S 结构，企业管理者可通过 Internet 获得并共享丰富的企业内部及企业外部信息，如市场信息、技术信息、政策信息以及在外工作人员向总部报告的业务信息等。企业应结合 C/S 结构处理内部信息的优势和 B/S 结构获取外部信息，以及发布内部信息的优势，将二者结合起来，建立基于 C/S 和 B/S 结构的信息平台，其结构如图 7-3 所示。

从图 7-3 可见，企业信息平台是通过 C/S 结构进行企业内部的信息共享，通过 B/S 结构进行内、外部信息共享，而 C/S 结构与 B/S 结构的接口通过核心服务器接口部件集成，这样 C/S 结构与 B/S 结构就合成一个完整企业信息平台。企业内部人员通过局域网可以获取企业内部信息，同时可以通过核心服务器的转换

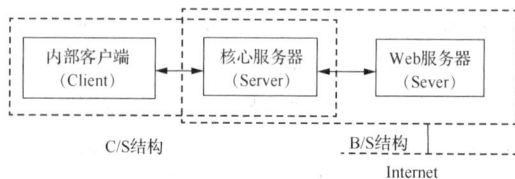

图 7-3 C/S 结构与 B/S 结构结合的信息平台

作用实现对企业外部信息的访问。企业外部人员可以通过 B/S 结构访问企业内部信息。处在不同地域的企业人员也可以通过 B/S 结构相互访问各自的信息。也就是说，无论企业管理者在企业内部还是在企业外部，都能获得其所需要的财务信息、生产经营信息、市场信息等。

二、系统研发工具

在会计信息系统中，会计数据被存储在数据库中，而会计软件的源程序是用研发工具设计的。在网络管理层，由系统管理员设置用户名、登录号、口令等网络管理参数；在数据库管理系统层，由数据库管理员完成会计信息系统所用数据库的创建、表空间分配、数据库访问权限设置等数据库级管理工作，一般会计信息系统与企业的其他管理信息系统共用同一数据库，由会计信息系统设计人员完成数据基表创建；编程人员根据任务书和数据基表结构，利用研发工具进行软件研发。研发工具通过专用数据库接口或通用数据库接口（ODBC）与数据库连接，专用数据库接口在数据传输速度、效率、性能等方面都要优于通用数据库接口，只有连接数据库成功之后，研发工具才能对数据库中的数据进行操作。数据操作有数据定义和数据维护两种类型：数据定义是定义数据基表及其结构，是对数据基表的列向（字段）进行定义，包括各字段的名称、数据类型、长度、小数位数（数值型）以及完整性约束等；数据维护是对数据基表中的数据进行增、删、改等操作，是对存储在数据基表中的数据进行行向（记录）维护。数据定义可用数据库管理工具或研发工具的专用模块实现，以交互方式实现。在程序中一部分研发工具不直接支持数据定义语句（SQL 中的 DDL 语句），但有一部分研发工具在嵌入的 SQL 语句中直接支持数据定义语句。而数据维护则不然，既可以交互完成，也可以编写在程序中由程序完成，所有的研发工具在程序中都支持数据维护语句（SQL 中的 DML 语句）。

需要说明的是，SQL（Structured Query Language）语句是用于查询、存取、更新数据库中数据的通用语言，也是数据库管理的标准语言，无论用什么研发工具研发信息系统，当需要存取数据库中的数据时，都必须用 SQL 语句来实现。

所有的会计软件都是用研发工具研发的，目前的主流研发工具包括 PB（PowerBuilder）、VB（Visual Basic）、Delphi、VF（Visual FoxPro）、 C 语言、Java 等。这些研发工具除了具有结构化程序设计、面向对象程序设计等共同点之外，还各有其不同的特点。

（一）PB

Sybase 公司产品，是研发会计软件的首选工具，在建立企业级商务应用工具市场中处于领先地位。PB 与大型数据库进行数据交换具有明显优势，有数据窗口专利技术支持，具有与 Oracle、SQL Server、Sybase 等数据库连接的专用数据库接口，可以使用 4GL 语言，已成为 C/S 结构应用研发标准，具有 Web 和基于组件的研发能力，能够高效地进行 Client/Server、分布式和 Web 应用研发。在程序中可以嵌入动态 SQL 语句以及 SQL 数据定义语句。

（二）VB

Microsoft 公司产品，是研发会计软件的较好工具，具有使用方便、灵活的特点。VB 具有良好的与大型数据库进行数据交换的能力，并提供与 Oracle、SQL Server 等数据库连接的专用数据库接口，可以使用 4GL 语言，具有 Web 和基于组件的研发能力，能够高效地进行 Client/Server、分布式和 Web 应用研发。当采用 VB 与 Access 数据库研发软件时，由于 VB 和 Access 采用相同的数据库引擎，所以在程序中可以直接嵌入数据定义语句，这为程序设计带来很大的灵活性，因此，有些会计软件采用此结构进行研发，但由于 Access 是小型数据库，其安全保密性很差，所以采用此结构的会计软件有被淘汰的趋势。当 VB 与其他数据库连接时，在程序中可以嵌入动态 SQL 语句以及 SQL 数据定义语句。

（三）Delphi

Borland 公司产品，是研发会计软件的工具之一，其程序结构沿用 Pascal 语言结构。Delphi 具有较好的与大型数据库进行数据交换的能力，并提供与数据库连接的 BDE 专用接口，BDE 将应用程序与数据库隔离开来，使应用程序不受数据库变化的影响，无论数据库平台怎样更替，都不用改动应用程序。Delphi 可以使用 4GL 语言，具有 Web 和基于组件的研发能力，能够高效地进行 Client/Server、分布式和 Web 应用研发。在程序中可以嵌入动态 SQL 语句以及 SQL 数据定义语句。

（四）VF

Microsoft 公司产品，是研发会计软件的工具之一，具有使用方便、灵活的特点。VF 是集数据库与研发工具为一身的集成体，它既可以采用本身的数据库，也可以与其他数据库连接，其本身作为研发工具使用。提供与 Oracle、SQL Server 等数据库连接的专用数据库接口，可以使用 4GL 语言，具有 Web 和基于组件的研发能力，能够高效地进行 Client/Server、分布式和 Web 应用研发。当采用 VF 本身的数据库研发软件时，在程序中可以直接使用数据定义语句，VF 中的宏（&）命令为程序设计带来很大的灵活性，可以说 VF 是程序设计最灵活的软件研发工具。但由于 VF 本身的数据库是小型数据库，类似普通数据文件，极易被删除和修改，其安全保密性很差，所以其数据库部分有被淘汰的趋势，微软公司已宣布不再继续扩展 VF 的功能。当 VF 与其他数据库连接时，在程序中可以嵌入动态 SQL 语句以及 SQL 数据定义语句。

（五）C 语言

由美国贝尔研究所研制，是研发系统软件的理想工具。目前计算机所应用的系统软件（如 Unix、Windows 等）和应用软件研发工具（如 PB、VB 等），几乎都是用 C 语言研发的，利用 C 语言可以研发很多软件，但由于 C 语言对数据库的数据处理能力较差，所以一般不用 C 语言作为会计软件研发的主要工具。C 语言可以与其他研发工具（PB、VB 等）配合使用，弥补这些软件研发工具的不足。在程序中需要完成某些特殊功能，但用一般研发工具又无法完成时，可通过调用 C 语言程序模块来实现。当然仅就数据定义功能的实现完全可以用数据库的存储过程来实现，但采用 C 语言未尝不是一个可取的方法。用 C 语言研发应用软件的最大优点是稳定性高，可移植性强，但不足是编程工作量太大。

（六）Java

Sun 公司产品，是研发基于 B/S 结构信息系统的有效工具，Java 程序可以在 Internet 环境下实现跨平台运行。Java 技术使用编程语言编写类，再以编写的类来封装产生动态网页，网页可以访问服务端的资源。Java 将网页逻辑与网页设计和显示分离，支持可重用的基于组件的设计，使基于 Web 的应用程序研发变得迅速、容易。Java 采用解释机制，在程序执行时直接调用 Java 源程序代码，生成网页界面。

第三节　系统数据权限和运行日志管理

一、系统数据权限管理

关于数据权限设置已在"账套设置"中有所说明，为了加快系统运行速度，提高系统的运行效率，在会计信息系统中，竭力反对进行数据授权，数据授权不仅降低系统的运行质量，而且还可能影响企业内部控制的效果。但对于通用软件而言，出于特殊企业对数据控制与保密的需求，系统应具有数据权限控制功能。若账套设置中没有设置数据权限控制（即账套字典的"数据授权标志"为空），则系统忽略数据权限设置功能，且系统运行时，不检验用户的数据权限。

数据权限设置由账套主管完成，数据权限设置包括数据权限控制设置、记录权限设置、字段权限设置和额度权限设置。通过这些设置可以实现对系统中所有基表的数据权限进行控制，包括每个基表的记录、字段和数据额度。记录和字段控制包括两个方面：一是数据的访问权限控制，包括数据引用、查询等；二是数据改写权限控制，包括录入、修改、删除等。而数据额度控制是指对基表中某一指定数据项的发生额进行控制。数据权限设置属于明细权限设置范畴，系统授权主要是指功能授权，如制证权、审核权、记账权、账表输出权等，这些授权基本上能够满足系统的运行要求，对于某些特殊需求，确实需要进行数据权限控制时，则可通过数据权限设置来实现。值得指出的是，在数据权限控制中，访问权限控制应从宽，而改写权限控制应从严。

（一）基表结构字典（Jbjgzd）的作用及其数据结构

会计信息系统是 ERP 系统的一个子系统，在研发 ERP 系统时基表结构是核心技术，是除源程序之外的、最关键的核心机密，但迫于广大用户的信息集成需求，有些软件公司已经公布了部分对外接口的基表结构，如用友公司等，而有些公司则采用中间件技术，如 SAP 系统等，其他应用软件系统通过中间件实现与 SAP 系统的对接。

本教材不追求三范式，采用大基表结构设计思想，因此，涉及的基表不多，而某些 ERP 系统则涉及众多的数据基表，少则近百个，多则几百个，在进行系统研发，特别是编程时，基表结构的每个细节都非常重要，完全有必要设计基表结构字典，将系统中的所有基表结构都统一存储在这个字典中，这样会给系统研发带来极大的便利。虽然在采用软件工程方法研发系统时，会有诸多软件研发工具支持系统研发，完全可以提供诸如系统基表拓扑结构图等资料，但在系统中仍然有必要建立基表结构字典。另外，在进行数据权限设置时也要用该字典进行数据权限设置。基表结构字典（Jbjgzd）的数据结构如表 7-2 所示。在进行基表结构设计时，为了编程方便，一般不用汉字作为基表名和字段名，而用其含义的汉字拼音缩写来作为基表名和字段名。

表7-2　　　　　　　　　　　　基表结构字典（Jbjgzd）的数据结构

列名	含义	数据类型	长度	主键	完整性约束
Jbm	基表名	字符型	12	组合主键	非空，唯一
Zdm	字段名	字符型	12	组合主键	非空，唯一
Jbhy	基表含义	字符型	30		非空
Zdhy	字段含义	字符型	30		非空
Zdsjlx	字段数据类型	字符型	20		非空
Zdsjcd	字段数据长度	数值型	3		
Sfzj	是否主键	字符型	2		
Wzxys	完整性约束	字符型	12		
Jlsjkz	记录数据控制标志	字符型	2		
Zdsjkz	字段数据控制标志	字符型	2		
Zdxs	字段显示标志	字符型	2		
Bz	备注	字符型	40		

对基表结构字典需设计其数据管理功能，对系统中的每个基表，必须一个不漏地将其数据结构的完整信息存入该基表。其数据管理功能与其他字典的数据管理功能类同。在进行数据管理时，各基表的名称、含义及其数据结构按定义依样录入即可。对于需要进行行向（记录）控制的基表，将其"记录数据控制标志"设置为"√"，对于需要进行列向（字段）控制的基表，将其"字段数据控制标志"设置为"√"。"字段显示标志"是为记录权限设置而设计的，将记录权限设置时需要列示的字段赋值为"√"，在进行记录权限设置时，系统将该数据项为"√"的字段列出。备注字段用来说明基表或字段的某些特性，如基表与基表之间的联系信息（主从表），字段与字段之间的联系信息（主键与外键）等。

（二）数据权限字典（Sjqxzd）的作用及其数据结构

数据权限字典存储用户的数据权限设置，包括对会计数据的访问权、改写权，以及发生额度控制权等。数据权限字典应与功能权限字典分开，其数据结构如表 7-3 所示。

表7-3 数据权限字典（Sjqxzd）的数据结构

列名	含义	数据类型	长度	主键	完整性约束
Zth	账套号	字符型	3	组合主键	非空
Yhbh	用户编号	字符型	12	组合主键	非空
Jlh	记录号	数值型	10	组合主键	非空
Jbm	基表名	字符型	12		非空
Zj	主键	字符型	60		
Zdm	字段名	字符型	12		
Fwqx	访问权限	字符型	2		
Gxqx	改写权限	字符型	2		
Kzed	控制额度	数值型	15.2		

在表 7-3 中，因各项数据不能构成唯一，而设计"记录号"为组合主键（其值由系统计数产生）。"主键"为记录授权而设计，"字段名"为字段授权而设计。

（三）数据权限控制设置

在进行数据权限控制设置之前，首先要进行基表结构字典（Jbjgzd）维护，其数据结构见表 7-2。数据权限控制设置如图 7-4 所示。

在图 7-4 中，系统首先列示全部数据基表（业务对象），然后分别按记录级和字段级进行数据权限控制设置，其实质是对表 7-2 中的"记录数据控制标志"和"字段数据控制标志"两个字段进行赋值，在记录级设置时，将图 7-4 中标有"√"标记基表的"记录数据控制标志"设置为"√"，同样，在字段级设置时，将图 7-4 中标有"√"标记基表的"字段数据控制标志"设置为"√"。在记录权限控制设置时，应列示所选基表的全部字段，并在每个字段前设计复选框，以便设置显示字段（即设置表 7-2 中的"字段显示标志"）。

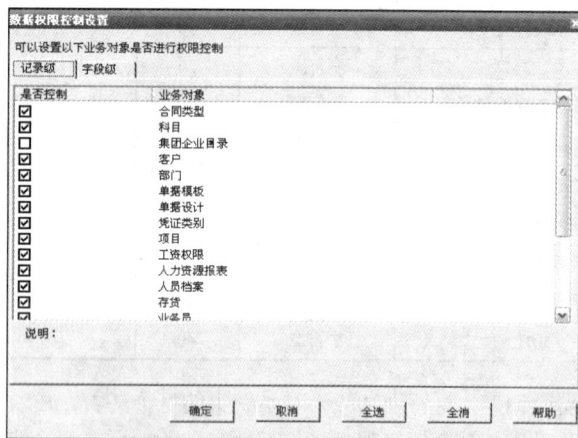

图7-4　数据权限控制设置

在系统中并不需要对所有的数据基表进行数据权限控制，因此，在数据权限控制设置中，只需选择需要进行控制的基表即可。在数据权限设置时，通常禁用的设置较少，因此可采用反向设置方法，即只对禁止或限制的权限进行设置，而对非禁止或限制的权限不进行设置，这样可以简化数据权限的设置程序，且可减少数据权限字典（Sjqxzd）的数据存储量，以便用户在进行数据处理时简化其权限验证过程，从而提高系统的运行速度和效率。

（四）记录权限设置

记录权限设置如图 7-5 所示，系统将所有用户和角色全部列出，选择某个用户或角色后即可进行授权。授权时首先要选定基表（业务对象），系统将基表结构字典中"记录数据控制标志"为"√"的基表全部列出以供选择，选定基表后，系统将该基表中"字段显示标志"为"√"的字段内容列出。用">"">>""<""<<"选择记录，实现记录级 "访问权限"和"改写权限"的设置。应该说明的是，在进行数据权限设置时，所有基表只需对统一的"访问权限"和"改写权限"进行设置即可，不要因基表不同而权限各异（图7-5中的"查账""制单"权限等），从而导致系统数据权限设置的复杂化。

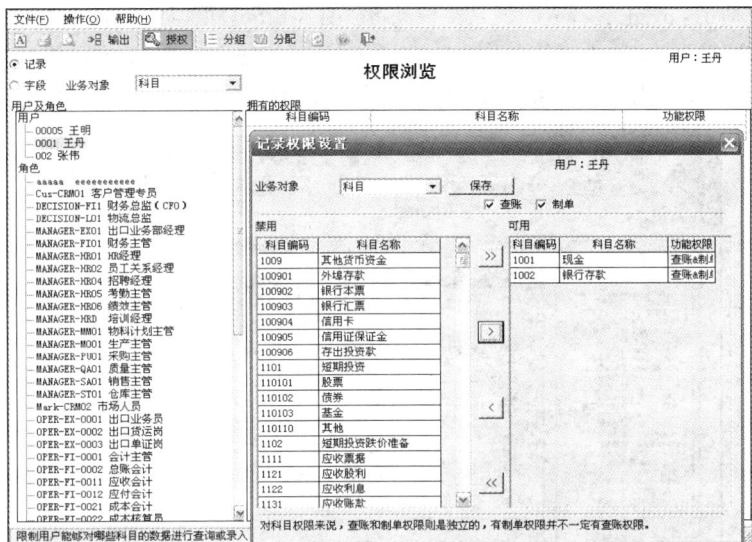

图7-5 记录权限设置

以科目字典的记录权限设置为例，通过访问权限设置可以实现制单科目权限控制、账簿查询科目权限控制等，通过改写权限设置可以实现科目字典维护的权限控制等，当然科目字典维护的权限控制可以通过功能授权来实现，在此只是为了说明记录权限设置可以实现的功能而已。记录权限设置的结果存储在数据权限字典（Sjqxzd）。存入时，系统自动将所有的角色数据授权全部转换为用户数据授权加以存储，根据用户角色字典中用户与角色的对应关系实施转换。值得说明的是，在进行数据授权时，不得对用户（包括用户对应的角色）进行重复数据授权，可通过检查数据权限字典（Sjqxzd）的账套号、用户编号、基表名、主键是否重复实现。

（1）账套号。系统根据账套主管登录时选择的账套自动赋值。

（2）用户编号。根据选择的用户或角色自动赋值（若为角色则根据用户角色字典中用户与角色的对应关系确定）。

（3）记录号。由系统根据数据生成的记录数自动计数产生。

（4）基表名。根据选择的基表由系统自动赋值。

（5）主键。由系统根据选定基表的主键自动赋值，若为组合主键，则将其按先后顺序连接，中间用","分开。

（6）字段名。与记录权限设置无关。

（7）访问权限。选定为"可用"且其值为"√"，表示对该记录主键所涉及的内容可以引用或查询。反向授权设置时，选定为"禁用"且其值为"×"，表示对该记录主键所涉及的内容不可以引用或查询。

（8）改写权限。选定为"可用"且其值为"√"，表示对该记录主键所涉及的内容可以录入、修改和删除。反向授权设置时，选定为"禁用"且其值为"×"，表示对该记录主键所涉及的内容不可以录入、修改和删除。

（9）控制额度。与记录权限设置无关。

（五）字段权限设置

字段权限设置如图 7-6 所示，系统将所有用户和角色全部列出，选择某个用户或角色后即可进行授权。授权时首先要选定基表（业务对象），系统将基表结构字典中"字段数据控制标志"为"√"的基表全部列出以供选择，选定基表后，系统将列示该基表的所有字段。用">"">>" "<""<<"选择字段，实现字段级"访问权限"和"改写权限"的设置。字段权限设置的结果存入数据权限字典（Sjqxzd），存入时，系统自动将所有的角色数据授权全部转换为用户数据授权加以存储，根据用户角色字典中用户与角色的对应关系实施转换。同样，字段权限设置也不能重复，可通过检查数据权限字典（Sjqxzd）的账套号、用户编号、基表名、字段名是否重复实现。

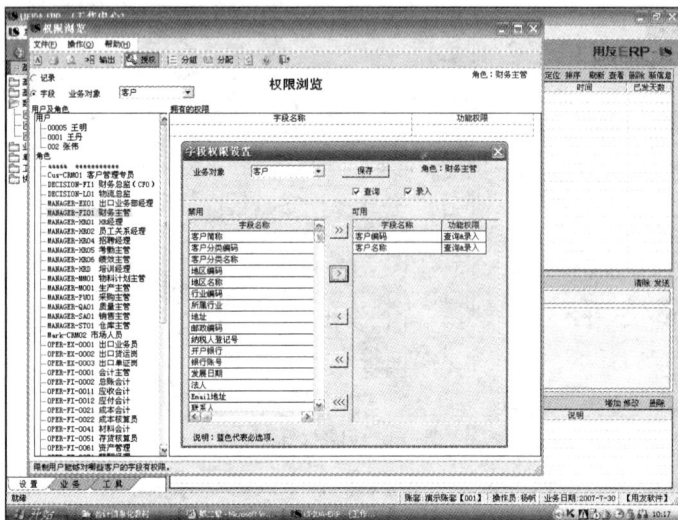

图 7-6　字段权限设置

（1）账套号、用户编号、记录号。与记录权限设置相同。

（2）基表名。根据选择的基表由系统自动赋值。

（3）主键。与字段权限设置无关。

（4）字段名。由系统根据选定的字段名自动赋值。

（5）访问权限。选定为"可用"且其值为"√"，表示对该字段所涉及的内容可以引用或查询。反向授权设置时，选定为"禁用"且其值为"×"，表示对该字段所涉及的内容不可以引用或查询。

（6）改写权限。选定为"可用"且其值为"√"，表示对该字段所涉及的内容可以录入、修改和删除。反向授权设置时，选定为"禁用"且其值为"×"，表示对该字段所涉及的内容不可以录入、修改和删除。

（7）控制额度。与字段权限设置无关。

（六）额度权限设置

额度权限设置有多种方式，图 7-7 所示是其中一种，这种方式的局限性表现在以下两个方面：第一，只能对金额进行控制，不能对数量进行控制；第二，只能对会计科目和采购订单进行控制，不能对其他数据额度进行控制。而按本教材的设计思想，则可以实现对任何有控制意义的数值型数据进

图 7-7　额度权限设置

行控制。按照数据权限字典（表7-3）的数据结构，首先选定用户或角色，然后再选定基表（业务对象），在此基础上，按记录权限设置（图7-5）和字段权限设置（图7-6）分别选定记录和字段（可以只选定记录，也可以只选定字段，或者两者都选定），最后直接录入控制额度，并将其存入数据权限字典的"控制额度"字段。在进行用户权限验证时，按"控制额度"字段的值实行控制。

二、数据权限验证

系统根据用户登录的账套，判断账套字典中"数据授权标志"是否为空，若为空则系统忽略数据权限检验，否则在用户进行数据处理时需进行数据权限验证。数据权限控制不能体现在界面中，只能体现在具体业务处理中。某一用户登录系统并进行相关的业务处理，当其处理涉及数据库中的数据时，系统就要进行数据权限验证。

系统按用户登录的账套号、用户编号以及操作所涉及的数据基表名在数据权限字典（Sjqxzd）中查询该用户所拥有或禁止（反向授权）的数据权限，包括记录权限、字段权限、额度权限。其中所有数据权限都涉及账套号、用户编号、基表名，除此之外，记录权限还涉及主键，字段权限涉及字段名，而额度权限既可能涉及主键和字段名之一（特殊情况），也可能两者全部涉及（一般情况）。对于禁用的数据，系统会给出相应的提示信息。

三、系统运行日志管理

查询各用户使用系统的情况，包括用户使用系统的日期、时间、使用的功能模块、对数据的修改和删除等。该功能由系统管理员运行。

（一）系统日志基表（Xtrz）的作用及其数据结构

为了保证系统的安全运行，系统应随时对用户上下机时间、使用的功能、数据的修改与删除等情况进行登记，形成上机日志，以便对数据的删改操作有所记录，做到有迹可循。系统日志基表（Xtrz）的数据结构如表7-4所示。

表7-4 系统日志基表（Xtrz）的数据结构

列名	含义	数据类型	长度	主键	完整性约束
Zth	账套号	字符型	3	组合主键	非空
Jlh	记录号	数值型	20	组合主键	非空
Rq	日期	日期型			非空
Sj	时间	时间型			非空
Yhmc	用户名称	字符型	12		非空
Zxgn	执行功能	字符型	30		非空
Ssxt	所属系统	字符型	20		非空
Xgyscbz	修改与删除标志	字符型	4		"修改"或"删除"
Sjyz	数据原值	字符型	40		非空
Sjxz	数据新值	字符型	40		

系统日志基表（Xtrz）的数据由系统根据用户登录的账套、使用的功能、运行时间和所进行的操作等自动进行记录，系统只对用户删除数据或修改数据进行登记，对增加、查询等操作不进行登记（因其不会对数据造成破坏）。尽管如此，该基表的数据量也会随系统运行时间的推移而不断增大，因此，系统管理员应对该基表中的数据进行定期清理，以便提高系统的运行速度和效率。

（二）系统运行日志查询

查询时先要定义查询条件，查询条件定义可参考图 7-8（用友运行日志查询）设计，但与实际设计具有较大差异，其查询条件定义应设计以下内容。

（1）账套选择。用值列表方式在账套字典中选取，可选值除所有账套外还有"全部"，选"全部"可查询所有账套的运行情况。

（2）用户名称。用值列表方式从用户字典中选取，选"全部"可查询所有用户的运行情况。

（3）子系统、功能模块。用值列表方式从功能字典的所有子系统、功能模块中选取，选"全部"可查询所有子系统和功能模块的运行情况。

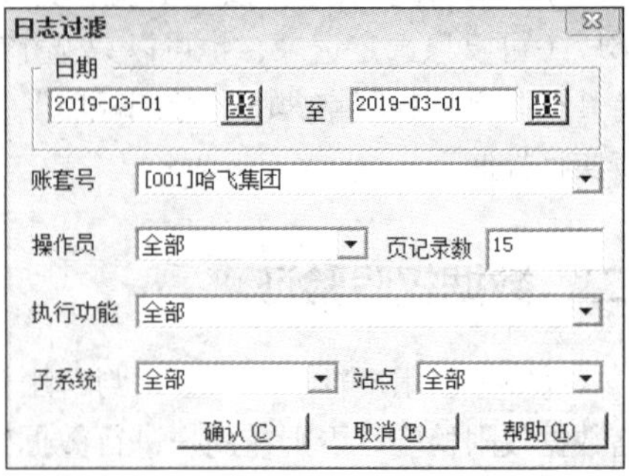

图 7-8 系统运行日志查询条件定义

（4）日期、时间。按输入的查询日期区间和查询时间段进行查询。

（5）修改数据、删除数据。复选框，可不选，按修改或删除数据进行查询。

系统按各项查询条件定义（各项查询条件之间为逻辑"与"关系）将满足条件的系统运行情况从系统日志基表输出，输出的数据项见表 7-4。图 7-9 是用友运行日志，可供参考。

日期	时间	操作员	执行功能	子系统	账套号	年度	工作站	退出时间	退出状态
2019-03-01	2019-03-01 15:33:47	[001]李明	[reg]系统注册	企业门户	001	2019	G001-100	2019-03-05 16:47:15	正常
2019-03-01	2019-03-01 15:33:57	[001]李明	[reg]系统注册	总账	001	2019	G001-100	2019-03-05 16:47:15	正常
2019-03-01	2019-03-01 15:35:01	[001]李明	[GL0305]查询明细账	总账	001	2019	G001-100	2019-03-01 15:35:12	正常
2019-03-01	2019-03-01 15:35:31	[001]李明	[GL0305]查询明细账	总账	001	2019	G001-100	2019-03-01 15:35:36	正常
2019-03-01	2019-03-01 15:36:05	[001]李明	[GL030801]查询序时账	总账	001	2019	G001-100	2019-03-01 15:41:06	正常
2019-03-01	2019-03-01 15:41:37	[001]李明	[GL0305]查询明细账	总账	001	2019	G001-100	2019-03-01 15:41:43	正常
2019-03-01	2019-03-01 15:42:35	[001]李明	[GL0305]查询明细账	总账	001	2019	G001-100	2019-03-01 15:42:36	正常
2019-03-01	2019-03-01 15:43:40	[001]李明	[GL0305]查询明细账	总账	001	2019	G001-100	2019-03-01 15:43:41	正常
2019-03-01	2019-03-01 16:34:25	[001]李明	[GL030301]查询余额表	总账	001	2019	G001-100	2019-03-01 16:39:17	正常
2019-03-01	2019-03-01 16:39:23	[001]李明	[GL0201]填制凭证	总账	001	2019	G001-100	2019-03-05 16:46:58	正常

图 7-9 用友 ERP 系统运行日志

第四节 系统实施

系统实施主要是指软件系统的实际应用。随着计算机和现代信息技术的飞速发展，改造企业管理手段和实现企业管理信息化已成为提升企业竞争力的重要手段。会计信息系统是企业 ERP 系统的重要组成部分，其实施情况直接影响企业信息化建设。会计信息系统的应用效果关键在于系统实施，企业信息化建设的经验使人们充分认识到了"三分软件，七分实施"的重要性。会计信息系统实施是一个复杂的系统工程，必须重视以下 5 点。

（1）系统实施难度大，需要有方法论的指导，需要建设一支职业化、专门从事软件实施的队伍，需要针对实施编制标准化的培训教材。

（2）系统实施不仅是对用户进行软件操作培训，更重要的是应对企业进行业务流程重组，理顺和规范管理流程，这是系统实施的重要步骤。

（3）系统实施不仅是指导用户如何使用，而且要协助用户进行信息的标准化和规范化建设，使企业员工理解系统的管理思想和理念。

（4）系统实施不仅要求企业适应系统所提供的规范化管理模式，还要求在实施过程中能根据用户的特殊需求对软件进行客户化改造。

（5）系统实施需要以规范化的专业咨询公司为后盾，为企业信息化建设提供强有力的技术与管理咨询服务。

会计信息系统的实施除了配备计算机等硬件设备、操作系统、数据库、会计软件之外，还需要进行组织规划、建立信息化工作机制、完善管理制度、进行人员培训、加强基础和规范化工作等。现代化管理必须以科学管理为基础。

一、系统实施的组织与规划

设置企业信息化机构，调整原有财会部门的内部组织。系统实施的组织工作涉及企业内部管理的各个方面，需要人力、物力、财力等多项资源。因此，必须由单位领导或总会计师亲自抓这项工作，制定系统实施规划和管理机制，组织系统构建和财会人员培训。

在系统的具体实施过程中，必须制订一个详细的实施计划，对在一定时期内要完成的工作有一个具体安排。企业的财会部门是信息化工作的主要承担者，负责制订本部门系统实施的具体计划和方案。在制订本部门系统实施计划时，应从本部门的具体情况出发，按照循序渐进、分步实施的原则进行，有计划、有步骤地安排相关资源配置、计算机等硬件设备的购置、软件购置及研发，以及相关费用的预算安排等，使企业能从整体上合理安排人力、物力和财力。

二、软件选型

会计软件是专门用于会计核算和财务管理的计算机应用软件，包括用各种计算机语言编制的，用于会计核算和财务管理的计算机程序和有关技术文档资料。借助会计软件可以运用计算机强大的运算、存储和逻辑判断功能对原始会计数据进行加工、储存等处理，输出各种有用的会计信息，从而实现会计信息处理的自动化。

一般而言，企业的会计软件选型都与整个企业的 ERP 系统选型同步进行。企业信息化要有完备的统筹规划，切记不可各部门各自规划、出现短期行为，各部门各自购买或研发自己的管理软件，到后来致使系统无法集成，这是造成信息孤岛的最主要原因。

配备软件的方式主要有购买通用商品化软件、定点研发、选择通用商品化软件与定点研发（二次研发）相结合 3 种。商品化软件是指专门对外销售的软件。通用商品化软件一般具有成本低、见效快、质量高、维护有保证等优点，所以适合管理业务比较简单的中小型企业，大型企业的管理业务一般有其特殊需求，可根据本企业的实际需要，选择定点研发的模式，以满足本单位的特殊需求。对于通用软件不能完全满足企业特殊需求的情况，则可在通用软件的基本功能和框架下，定点研发或完善部分配套功能（如生产计划管理、成本管理等），选择通用商品化软件与定点研发相结合的方式。软件市场上有许多软件，用户必须根据企业的现状与未来的发展需求，对软件做出正确的选择。在选择软件时，一般应考虑以下因素。

（一）软件功能是否满足本企业的业务管理需求

软件的功能应符合行业的特点，满足本企业的具体核算与管理要求，尤其要看软件是否对外提供接口、接口是否符合要求，同时，还要考虑软件功能的完整性问题，是否满足企业分阶段建立信息化的需求。特别是在企业实施 ERP 系统时，不仅要考虑会计软件的功能，还要考虑其他业务管理系统的功能，如生产计划、物料需求、成本管理、供应链管理等。

（二）软件的灵活性、开放性和可扩展性

会计信息化建设实际上是在现代管理理论的指导下，用现代技术加强、改造、完善或建立全新的信息管理系统。因此，在软件系统运行后，还必须考虑由于信息技术飞速发展所引起商业活动方式的变化对企业经营管理方式提出的要求。需考虑的内容包括机构变革和业务流程重

组，以及随着经营活动范围的扩大和方式的多样化，产生了许多新的市场机会，企业抓住这些机会的必要条件之一就是进一步调整、增强和完善信息系统的功能，如电子商务、网络营销、客户关系管理等。这就要求软件系统设置具有一定的灵活性，以便调整软件操作规程来适应新业务处理流程的变化。同时，会计信息系统能否与其他信息系统进行有效的数据交换与整合，以及二次研发的功能是否适应企业不断变化的管理需求也非常重要。

（三）根据企业业务量和规模选择软件的网络体系结构

企业当日凭证量以及业务票据的多少对于选择特定结构体系的网络软件非常重要。如果企业规模比较大，业务量和凭证量也比较大，则应考虑选择基于大型数据库研发的软件和 C/S 体系结构的网络版软件。对于跨地域经营的集团型企业，为了实现企业信息的实时处理，在选择软件时还要考虑软件系统是否支持 Internet 技术，应选用基于广域网 B/S 体系结构的软件。而基于小型数据库或采用文件/服务器结构体系的软件则只适用于规模小、业务量少的企业。

（四）软件的稳定性和易用性

软件的稳定性是软件质量和技术水平的体现，如果软件在运行时系统经常出现死机或意外中断等现象，势必会影响系统的运行效果和数据的安全性。一般软件研发需要一年以上的时间才能形成产品；而在软件推向市场时，还需要一年时间的磨合，经过众多用户的实际运行考验才能趋于稳定；再需要半年至一年时间才能趋于成熟。用户可以从软件研发与投放市场的时间长短初步判断软件的稳定性，再通过一些实际操作或试运行进一步确定其稳定性。软件的易学易用对人员培训以及软件系统的应用效果也有直接影响，也是企业在选购软件时应该考虑的因素。

（五）选择稳定的研发商和服务商

软件研发商的技术实力和发展前景是企业在选择会计软件时应该考虑的重要因素。如果软件研发商的技术实力有限，或者根本没有稳定的研发队伍，则今后软件版本的升级和软件功能的改进都将存在问题，用户后续服务支持将无从保证。软件产品品牌、研发公司的知名度与诚信、二次研发的能力等也是影响软件选择的重要因素。

此外，某一软件的售后服务体系是否健全、服务水平高低以及服务态度如何都将影响到软件能否顺利投入使用，今后软件在运行过程中出现问题能否得到及时解决是至关重要的。需要特别注意的是，选用的软件最好在企业所在城市或地区设立了售后服务机构，这是软件长期稳定运行的重要保障。

三、系统平台建设

系统平台建设主要包括操作系统及数据库系统的选择等。

（一）选择操作系统

在信息化建设中所涉及的操作系统分为服务器操作系统和终端机操作系统两部分。随着分布式网络技术的发展，计算机网络服务器一般可分为数据服务器、Web 服务器、应用服务器、通信服务器等。在企业信息化建设中，应根据企业管理的需要和 ERP 系统的体系结构（如二层、三层或多层 C/S 结构、B/S 结构等）购置网络服务器和选择网络操作系统，一般选用 Windows 系列操作系统或 Unix 操作系统。终端机操作系统主要根据软件对运行平台的要求来确定，一般选用 Windows 系列操作系统。

（二）选择数据库系统

数据库系统主要分为服务器数据库系统和桌面数据库系统，服务器数据库系统主要适用于大型企业，代表性数据库系统有 Oracle、Sybase、unify、Informix、SQL Server 和 DB2 等。服务器数据库系统处理的数据量大，数据容错性和一致性控制好，但服务器数据库系统的操作与数据维护难度大，对用户水平要求高，而且投资大；桌面数据库系统主要适用于数据处理量不大的中小型企业，主要产品有 Access、FoxPro 等，桌面数据库系统在数据安全性与一致性控制方面的性能要差一些，但易于使用和进行数据管理，且投资较小。

四、人员培训

人才是信息系统实施成败的最关键因素。信息化建设不仅需要企业管理和计算机技术方面的专门人才，更需要既懂业务管理又懂计算机技术的复合型人才。人才的培养既要避免人才匮乏，又要避免人才浪费，要求合理地进行多层次、多渠道、多形式的培养。特别是各级财政及主管部门应组织培养大批信息化建设的复合型人才，对本地区、本行业、本部门的信息化建设进行统一协调、组织、管理和指导，避免盲目开展、各自为政。

五、基础工作规范化

在企业信息化建设中，基础工作至关重要。系统实施的基础工作主要包括以下 3 个方面。

（一）必须遵循国家法律法规

《中华人民共和国会计法》（以下简称《会计法》）作为会计工作的根本法，是所有企业必须严格遵守的第一层次的会计规范。《会计法》科学地概括了会计工作的职能和基本任务，要求一切发生会计事务的企业都必须依法进行会计核算、会计监督，这有利于保证各企业的会计工作在统一法律规范下，加强会计基础工作，建立健全企业内部管理制度，解决当前会计工作普遍存在的监督乏力和信息失真问题。依法进行会计核算和会计监督，是《会计法》对各企业会计工作的基本要求，也是各企业强化管理、提高效益的内在要求。

《企业会计准则》和相关行业会计制度，是会计工作应遵守的第二层次规范。信息系统必须为多层次信息使用者服务。这些使用者包括国家及政府各部门、企业所有者和债权人、企业的经营管理者和与企业有经济往来的其他单位。企业的会计核算方法和会计信息牵扯到与企业有关的各集团或个人的经济利益，为了使各有关利益集团能够取得其决策所需要的信息，必须对企业的会计工作进行约束，以保证企业提供的会计信息符合社会标准。由于经济活动的复杂性，存在着大量的不确定因素和主观因素，使得企业提供会计信息的真实性和精确性受到了限制，因此，需要制定一系列指导会计工作的制度规范。《企业会计准则》和行业会计制度对会计核算的一般原则和会计基本业务，以及特殊行业的会计核算做出了具体规定，因此，这是指导会计工作的根本制度规范。

（二）会计基础工作规范化要满足企业管理需要

会计信息系统不仅要完成基本核算工作，而且要为加强财务管理、提高经济效益服务。为了满足管理需要，在规范会计基础工作时，不能只把原有手工会计工作固化在先进的工具和平台上，而应在准则和制度规定的各种核算方法中，选择最科学、最准确、最能为管理服务的核算方法。例如：发出存货的计量采用移动加权平均法比采用全月一次加权平均法更为准确；计提折旧时，采用个别折旧率比综合折旧率更科学，可根据固定资产使用情况每天计提折旧等。通过优化核算方法，提高核算的精度、深度和广度，从而提供高质量的会计信息。

（三）会计基础工作规范化应适合计算机的数据处理特点

计算机数据处理有其自身的特点，这些特点对会计基础工作提出了一定的规范化要求。

（1）具备规范化的数据处理流程和科学的核算方法，以便充分发挥软件的管理功能。

（2）通用的商品化软件，一般都有大量的初始设置要求。通过系统初始化，将一个通用软件改造为适合本企业特点的软件，因此，必须根据软件的要求对会计基础工作，包括科目体系、编码方案、各种设置等一系列内容进行规范化处理。

（3）重视数据输入。为了保证输入数据的正确性，应设置严格的检验措施，如数据完整性约束、借贷平衡检验、试算平衡检验、数据审核机制等。数据录入的归口管理也很重要，通常企业的各项业务是交叉的，在不同部门、不同系统中存在着大量的重复数据，对这些数据一定要进行统筹规划、归口管理，同一数据只能由一处录入，杜绝同一数据多处录入现象出现，从而避免数据的不一致和多义性。为了方便，软件应设有标准的数据输入格式，并允许用户存储大量的标准数据，如标准摘要、常用凭证等，以提高输入速度。

六、数据规范化

会计数据的规范化主要包括会计数据收集规范化、基础数据规范化和历史数据规范化。

（一）数据收集规范化

会计对经济活动的反映和监督，第一步就是对经济活动发生时各种原始数据的收集。为了满足不同管理层的信息需求，对数据收集必须制定明确的制度，对原始数据收集的渠道、内容等做出规定，并设计制作符合需要的各种单、证、表，以保证收集数据的真实、系统和完整。

1. 分析企业管理对信息的具体要求

企业的类型、规模、经营性质不同，对信息的具体要求也不同。为了满足各方面的信息需求，必须对这些需求的具体内容进行深入分析。从企业参与竞争、强化经营管理、提高经济效益的根本需求出发，充分利用现有数据进行财务分析，使最终输出的会计信息满足宏观管理和微观管理的各方面要求。

2. 分析现有业务数据收集、存储和流转情况

对现有业务数据收集、存储和流转的情况进行分析的主要目的是发现数据存储冗余的原因并加以改进。由于现行管理体制和历史原因，数据在企业内部多以部门内的纵向流动为主，部门间的横向流动较少。同一经济活动数据在不同部门归口、收集、汇总、使用，数据重复多，而其他部门又往往难以得到必要的相关数据，造成各部门提供的数据遗漏、脱节、重复、交叉现象严重，产生较大的差异，各部门无法提供完整的信息。因此，必须搞清楚数据冗余、遗漏和脱节的原因，采取措施理顺数据收集方式、传递渠道和存储的责任部门，以保证数据的完整、系统与及时。

3. 设计科学合理的凭证单据

原始数据的基本载体是各种凭证。科学、合理的凭证是数据收集质量的基本保证，因此，应对企业原有的凭证类别进行规范，对凭证上应有的内容（如数量、单价、银行结算方式、结算单据号、币种、汇率、外币额及凭证的时效性等）进行梳理，对原有不规范的做法进行纠正，必要时重新设计所使用的凭证。

由于企业的原始数据不仅来源于企业内部，对大量来自企业外部的凭证，虽然在内容和结构上无法要求，但也有规范化的问题。这种规范化主要是加强对原始凭证的审核，凭证上应有的内容必须完整。尤其是对凭证上不具备，但又是企业管理所必需的内容，应采取必要的措施补充记录。为保证数据的系统性和完整性，对这些需要补充的内容应制定必要的制度来加以规范。

（二）基础数据规范化

基础数据主要有两类：一类是进行财务管理和会计监督所必需的能源、工时、材料等耗用定额、内部价格目录、费用开支标准和各种预算数据等；另一类是会计信息系统必不可少的各

种数据字典,如科目字典、部门字典、职员字典、客户字典、供应商字典、项目字典等。对于第一类基础数据,要结合制度制定出科学、合理、完整的标准,并规定相应的审核、批准权限。第二类基础数据是计算机进行数据处理的基本要求,也是系统高效运行的基本保证,必须对原有数据做通盘的认真整理。

(1)整理手工系统的会计科目,明确每一个会计科目的经济意义,对不再使用的会计科目应予以清除,对需要细化的会计科目应明确划分。总之,应从本单位具体情况出发,遵照国家的统一规定,并充分考虑到本企业的变化和发展,建立全面的、系统的、规范的管理和辅助核算科目体系。

(2)完善各项定额。定额是进行预测、计划、核算、分析的依据,是评价经济效益的标准,定额包括原材料、辅助材料、燃料与动力、修理用备件等消耗定额、管理费用定额、工程项目预算定额等,这些是系统中设置控制的依据之一。

(3)制定企业内部价格。企业内部价格是进行核算的必要条件之一,也是实现责任核算的基础。企业内部价格的确定,要结合责任单位的成本水平,确保内部价格的公平、公正、合理。

(4)完善各项编码,如科目编码、部门编码、职员编码、客户编码、供应商编码、项目编码等,编码必须统一、科学、合理,应尽量采用国家有关部门的统一规定。

(三)历史数据规范化

为了保证系统正常投入使用,需要对历史数据进行必要的规范。

1. 往来账户清理

由于企业经营情况变化等原因,可能产生一些坏账、呆账和难账,对于这些账户应组织清理。如果不对往来账户进行清理,企业名称和个人姓名使用不规范,将会发生记账的错记、串记等情况。同时,还要对往来账户的有关资料,如企业名称、个人姓名、地址、电话、邮政编码等资料进行认真的清理,做到名称使用规范、相关资料齐全。

2. 银行账清理

银行账清理就是将单位银行账与银行对账单进行核对,并查清形成未达账项的原因。许多软件中都提供了银行对账功能。在正式使用软件之前,有必要对银行账进行清理,以保证会计信息系统中银行账初始数据的准确性。

3. 准备期初数据

会计信息系统的期初数据有:各科目的年初数、累计发生数、期末数;若账务处理系统提供了辅助账处理功能,还需准备辅助账的期初数据,如往来账、部门账、项目账、数量账、外币账等的期初数据。期初数据准备完毕后,应进行正确性检验,以确保会计信息系统中期初数据的正确性。

七、会计业务流程和处理方法规范化

会计业务流程和处理方法规范化是整个会计工作规范化的核心。只有严格按照事先确定的会计业务流程和处理方法来研发和使用软件,才能输出预期的会计信息。

(一)会计科目体系的规范化

会计科目是对会计对象的具体内容进行分类核算的指标体系。会计科目体系的设置直接影响系统提供会计信息的科学性、系统性和完整性,从而决定管理的科学性。因此,建设会计信息系统时,必须保证会计科目设置的规范化、精细化。会计科目体系规范化首先是对原有手工系统的科目体系进行整理,找出其中不规范、不适用、不精细之处;其次是对科目体系进行优化,使其适合会计信息输出的需要,提高会计信息的深度和广度。

（二）会计处理方法的规范化

会计业务的具体核算方法在《企业会计准则》和有关的会计制度中都有原则性规定，会计处理方法规范化主要是指在会计制度允许的各种核算方法中，确定企业选用的具体会计核算方法和工作程序，并使之相对稳定。会计处理方法的规范化主要包括以下内容。

1. 分析企业原有的会计处理方法

首先，看其是否满足现行会计制度和其他财经法规的规定，不符合规定的必须坚决纠正；其次，分析原有的会计处理方法是否满足企业管理的需要。在会计制度中，往往对一些会计业务核算提供几种可选方法，因此，要找出最适合企业管理需要的会计处理方法。

2. 确定信息化环境下的会计处理方法

在分析企业原有会计处理方法的基础上，根据企业管理需要选择尽量精确的核算方法。考虑计算机会计处理的特点，确定相应的核算方法，并对各种核算之间的关系和次序做出明确规定，只有会计业务流程处于连续而有序的标准化之中，才能使会计信息化顺利开展。

（三）会计信息输出的规范化

会计信息输出主要是指各种账表输出，其中报表又分为对外报送的财务报表和企业内部的管理报表。会计信息输出的规范化主要包括账簿体系的规范化、财务报表的规范化和管理报表的规范化。由于账簿和报表中的绝大部分数据都是根据凭证生成的，因此，账簿和报表数据的规范化，主要应依靠数据收集和数据处理的规范化来保证。

1. 账簿体系的规范化

《企业会计准则》和有关行业会计制度对账簿体系的格式和内容都有详尽和严格的规定。必须严格遵照有关制度的规定来进行设计，使输出账簿的内容、格式等满足制度的要求。需要注意的是，由于目前有关会计制度基本是基于手工方式建立的，尤其是有关格式问题的规定，在计算机处理时有一定困难，最具代表性的例子是多栏账处理。随着管理的精细化，有关科目的栏目越来越多，目前使用的多数商品化软件对多栏账都有一些变通的处理方法，这些处理方法是为了适应中国财会人员的习惯而设计。在信息化环境下，为了适应计算机的数据处理特点，是否应该取消多栏账、多栏账格式是否需要改进、什么情况下应该设置多栏账等都有待探讨。

2. 财务报表的规范化

财务报表的格式和内容在现行会计制度中也有严格的规定，因此，财务报表的规范化也应严格遵守会计制度的规定。由于大多数商品化软件的报表管理系统都要求用户自己定义报表格式和数据计算公式，所以应该根据软件对生成报表的要求，结合本企业的具体情况，确定报表要素的数据来源、取值范围和运算关系。在确定报表生成方法时，应与确定科目体系和核算方法一起综合考虑，确定合理方案，尤其是对一些报表要求明细反映，而科目往往又不按明细设置的地方，需要确定具体的生成途径。

3. 管理报表的规范化

管理报表的格式和内容在会计制度上未做特别规定，其规范化主要是依据企业各管理层对会计信息的要求而定，具体内容如下。

（1）分析企业原有管理报表体系是否满足需要。

主要分析所提供会计信息的深度、广度、时效性和准确性：是否满足企业及时、准确进行预测和决策的需要；能否满足及时实施控制和加强管理的需要；能否满足提高经济效益的需要，并应了解不能满足的原因，找出解决的办法。

（2）确定会计信息化环境下管理报表的种类、格式和内容。

对需要定时编制、定范围报送的常规管理报表，在以上分析的基础上，确定这些报表的构成要素、时效要求和格式，并制定相应的编报制度。对报表体系无法提供的管理信息，尤其是实施控制和加强管理的非常规信息，应结合数据收集、业务流程和处理方法的规范化来制定解决办法。

八、会计信息系统管理

为了对会计信息系统进行全面管理，保证会计信息系统的安全、正常运行，在企业中应切实做好会计信息系统内部控制、操作管理、系统维护等工作。

（一）建立内部控制制度

内部控制制度是一系列具有控制职能的方法、措施和程序。内部控制制度基本作用是保证系统安全，提高数据的正确性。其基本目标是健全机构、明确分工、落实责任、严格操作规程。其具体目标是：合法性，保证处理的经济业务及有关数据符合有关规章制度；合理性，保证处理的经济业务及有关数据有利于提高经济效益和工作效率；适应性，适应管理需求和环境变化；安全性，确保系统和数据的安全，具有严格的操作权限、保密功能、恢复功能和防止非法操作功能；正确性，保证输入、处理、输出数据的正确无误；及时性，保证数据处理及时，为管理提供信息。会计信息系统建设应从人员培训、经费使用、工作规划等方面加强管理。

（二）建立岗位责任制

会计信息化建设应建立健全会计工作岗位责任制，要明确每个人工作岗位的职责范围，切实做到事事有人管、人人有专职、办事有要求、工作有检查。按照会计信息系统的特点，在系统实施过程中，可根据内部控制制度和实际工作需要，对会计岗位的划分进行调整，其岗位可分为基本会计岗位和会计信息化岗位。

基本会计岗位可分为：会计主管、出纳、会计核算、稽核、会计档案管理等岗位。基本会计岗位可以一人一岗、一人多岗或一岗多人，但应符合内部控制制度的要求。基本会计岗位的会计人员还应有计划地进行轮换。

会计信息化岗位是指直接管理、操作、维护计算机及软件系统的岗位，实施会计信息化的企业要根据系统维护和研发的特点，结合会计工作要求划分岗位。企业的会计信息化岗位设置如下。

（1）信息系统主管。负责信息系统实施的全面工作。要求具备会计和计算机技术两方面知识，并具有丰富的信息化组织与管理经验。信息系统主管可由会计主管兼任。

（2）核算员。使用软件系统完成制证和会计核算，输出会计账簿和报表。要求具备丰富的会计知识和一定的软件使用能力。

（3）稽核员。负责凭证审核，包括审核记账凭证和原始凭证，以保证记账凭证的真实性和准确性。要求具备完备的会计知识和一定的软件使用能力。小单位可由会计主管兼任。

（4）数据分析与财务管理。负责对系统内的数据进行分析；制定财务预算；执行内部控制与监督；进行绩效考评等。要求具备完备的会计知识、财务管理知识、计算机技术和数据库管理技能。此岗位一般由会计主管兼任，也可由稽核员、核算员共同担任，各有分工，由会计主管统一协调和管理。

（5）系统管理与维护。负责保证计算机硬件、软件的正常运行，管理机内会计数据。此岗位要求具备丰富的计算机知识和数据库管理能力，也要具备一定的会计知识。

（6）档案管理。负责磁盘或光盘等数据、软件系统源程序、各种技术研发与实施资料等的保管，以及对打印输出的凭证和账表等各种会计档案的保管，做好数据及资料的安全保密工作。

（7）软件研发。负责本单位软件的研发与维护。要求具备完备的计算机技术和数据库管理技能，具有丰富的软件研发经验和系统设计能力，并具备娴熟的编程技能，还需要有一定会计知识和财务管理知识。自行研发软件的单位需设立此岗位。

在系统实施过程中，各单位可根据内部控制制度的要求和本单位的实际工作需要，参照上述岗位进行设置。基本会计岗位和会计信息化岗位，可在保证会计数据安全的前提下交叉设置，各岗位人员应保持相对稳定。小单位应根据实际需要对上述岗位进行适当的合并。

（三）操作管理

信息系统正常、安全、有效运行的关键是操作管理，主要体现在建立并严格执行各项操作管理制度。如果操作管理制度不健全或执行不力，就会给各种非法舞弊行为以可乘之机。如果操作不正确，就会造成系统内数据的破坏或丢失，也会造成输入数据的不正确，从而影响系统的正常运行。操作管理的任务是建立系统的运行环境，按规定输入数据，并进行有关的数据处理，输出各类信息。操作管理制度主要包括以下内容。

1. 规定操作人员的使用权限

通常由系统管理员或会计主管为各类操作人员设置使用权限，规定每个人可以使用的功能和可以查询的信息范围，未经授权，不得随便使用。在授权时应注意：系统研发和维护人员不得担任基本会计岗位工作；出纳人员不得担任除出纳管理以外的其他工作；对不同的操作人员规定不同的操作权限；对企业的重要会计数据要采取相应的保护措施；未经授权的人员一律不得上机。

2. 操作人员上机必须记录

记录内容包括姓名、上机时间、操作内容、故障情况和处理结果等，上机记录一般由系统自动登记，上机操作记录一般由系统管理员查阅和管理。

3. 操作人员必须严格按照会计业务流程进行操作

要防止对未经审核的凭证做记账处理，对已输入的错误数据应根据不同情况进行留有痕迹的修改。为确保会计数据的安全保密，防止对数据的非法修改和删除，操作人员应及时做好数据备份，对磁性介质存放的数据要双备份，以防发生意外。

（四）维护管理

系统维护包括硬件维护和软件维护两部分。软件维护主要包括正确性维护、适应性维护、完善性维护3种：正确性维护是指诊断和清除错误的过程；适应性维护是指当会计业务发生变化时，为了适应会计业务变化而进行的软件修改活动；完善性维护是指为了满足用户增加或改进功能而进行的软件修补活动。软件维护还可分为操作性维护与程序性维护两种：操作性维护主要是利用软件的各种自定义功能来修改软件，以适应其变化；程序性维护主要是指需要补充和修改源程序的各项编程工作。

硬件维护一般由硬件销售厂家完成，使用单位可不配备专职的硬件维护人员。软硬件维护工作可以合并，一般由系统管理员担任。

（五）机房管理

保证计算机机房设备（主要是数据服务器和网络服务器等）的安全和正常运行是实现会计信息化的前提。设立机房有两个目的：一是给计算机设备创造一个良好的运行环境，保护计算机设备；二是防止各种非法人员进入机房，保护机房内的设备、机内的程序与数据的安全。机房管理是通过制定与贯彻执行机房管理制度实现的，主要包括机房人员的资格审查，机房内各种环境、设备要求，机房中禁止的活动和行为，设备和材料进出机房的管理要求等。

（六）病毒预防

计算机病毒是危害信息系统的一种手段，轻则中断或干扰信息系统的正常工作，重则破坏机内数据，造成系统重大甚至是无可挽回的损失。因此，在信息系统的运行过程中，必须对计算机病毒问题给予充分的重视。防范计算机病毒的主要措施有以下3种。

（1）建立网络防火墙以抵御外来病毒或"黑客"对网络系统的非法侵入。

（2）使用防病毒软件经常对计算机系统进行检查以防止病毒对计算机系统的破坏。

（3）不断改进数据备份技术并严格执行备份制度，从而将病毒可能造成的损失降低到最低程度。

本章习题

1. 结构化研发方法分哪些阶段？系统设计阶段应形成哪些文档？

2. 说明原型法研发流程。

3. 在面向对象方法中，对象由哪些要素构成？

4. 以程序设计为例（如VB程序设计），说明面向对象方法中的继承性。

5. 简要说明软件工程方法的要点，这些要点如何体现？

6. 简要说明会计信息系统运行平台的构成。

7. 分别说明SQL语句、SQL中的DDL语句、SQL中的DML语句的用途。

8. 对于大型企业，财务软件可能具有C/S和B/S两种模式，在软件设计时是否应加以区分？两种模式是否可以采用相同的研发工具？如果两种模式采用不同的研发工具，那么就目前的研发工具而言，各自应采用什么研发工具较为合理？

9. 系统授权分哪些级别？各自的职责是什么？

10. 系统数据权限控制应如何设计？你对此如何认识？

11. 数据权限设置包括哪些功能？

12. 说明基表结构字典的作用和主要存储内容。

13. 在基表结构字典中，说明"记录数据控制标志""字段数据控制标志""字段显示标志"的作用。

14. 说明数据权限字典的作用和主要存储内容。

15. 在进行记录权限设置时，需要列示哪些数据？这些数据如何产生？

16. 记录权限设置的结果数据存入数据权限字典，其数据如何生成？

17. 在进行字段权限设置时，需要列示哪些数据？这些数据如何产生？

18. 字段权限设置的结果数据存入数据权限字典，其数据如何生成？

19. 额度权限如何设置？

20. 说明数据权限验证功能。

21. 说明系统日志基表的作用和主要存储内容。

22. 会计信息系统实施应重视哪些主要问题？

23. 配备软件主要有哪些方式？说明各种方式的优缺点。

24. 软件选型主要应考虑哪些因素？

25. 计算机的数据处理特点对会计基础工作规范化提出了哪些要求？

26. 数据收集规范化主要包括哪些内容？

27. 基础数据规范化主要包括哪些内容？

28. 说明会计科目体系规范化的主要内容。

29. 说明账簿体系规范化的主要内容。你对此如何认识？

30. 说明会计信息系统管理的主要内容。

第八章
会计信息化发展

第一节　国外会计信息化发展

在 Internet 技术和电子商务迅速发展的环境下，网络会计软件的出现和发展已成为会计信息化的必然趋势。网络会计软件是基于 Internet 技术，以反映、核算和监督企业内部的财务资源为出发点，以充分实现企业内部全面、及时、动态的核算、监督、预测和管理为目标，通过对企业提供网络环境下的财会工作方式和财务管理模式，从而使企业实现信息管理的现代化。网络会计软件的实质是一个完全网络化的计算机信息处理系统，对内是一个与经营管理及各种业务活动紧密联系的内部网络信息系统，对外是与各种对外业务处理及特定目的相联系，通过与内部系统和外部公共系统连接，融入整个社会网络的信息系统。网络会计软件的信息提供更加方便、及时和全面，实现了信息资源的充分共享，为管理者提供更为可靠的决策依据。

一、欧美会计信息化概况

欧美会计软件的应用非常普及，已融入 ERP 系统中，甚至已整合在计算机集成制造系统（Computer Intergrated Manufactaring System，CIMS）中，据估计有百余种商品化 ERP 软件在市场上流通。概括起来，欧美 ERP 软件有以下特点。

国外发达国家会计信息化的概况

（1）专用软件和通用软件并存，相互补充。专用软件是结合使用单位具体情况定点开发的软件，它能很好地适应使用单位的实际情况，但开发周期长，开发成本高。大型企业和特殊行业一般都应用定点开发的专用软件；而通用软件投入使用较快，价格较低，主要应用于中小型企业。

（2）软件市场竞争激烈。除了专门从事 ERP 软件开发的公司（如 SAP、Oracle 等）之外，欧美许多大型企业集团都有自己的软件公司或计算中心，主要为本公司内部各部门和分公司服务，同时承接其他同行业企业的软件开发项目。ERP 软件交流以商品化形式进行。商品化软件销售已从软件开发单位直接销售，变为软件开发单位为一级批发商、代理单位为二级批发商，有些公司已建立了全球性或区域性销售与服务网络。

（3）软件的开放性不断增强。一般通用软件都可以应用于不同的软硬件环境，不仅可以在微机和局域网上使用，而且可在 Unix 或 Windows 操作系统环境下运行，在大型、中小型计算机上均可使用。

（4）软件规范引起重视。世界各国对软件的标准化和规范化都比较重视。国际会计师联合会分别公布了多项有关会计信息系统的"国际审计准则"。

（5）财务与业务一体化管理（事件驱动）。传统会计流程下的数据处理方式是功能驱动的，对各项会计核算业务按照账务处理的功能模块顺序完成。在业务活动发生后，在人工干预下，遵循一般会计处理准则，采用相应的会计方法进行事后处理，并输出最终结果，属于事后核算，从中看不到每项经济活动发生、执行与完成的全过程，不利于管控。事件驱动的会计信息系统则按照多种可供选择的会计处理程序和方法，在执行业务事件的同时，实时触发事件驱动程序，从共享数据库中实时采集相关数据形成原始凭证，通过账务处理自动生成会计凭证、账簿、报表等，使物流、资金流、信息流同步，有利于对业务和信息的管控。

二、日本会计信息化概况

在引进欧美 ERP 软件的基础上，日本的会计信息化形成了自己的风格，其主要特点是由于企业生产高度自动化而形成的计算机集成制造环境，从生产线上的数据自动采集，到中间的业务处理，再到管理层面的 ERP 系统，各环节实现了高度数据集成与共享，构成了完备的 CIMS。日本的专用 ERP 软件较为普及，日本的大公司技术力量雄厚，计算机设备先进，有足够的开发与应用 ERP 软件的能力，使得日本各大公司通常都自己开发本公司的 ERP 软件，以适应本公司不断变化的业务和管理流程。另外，在日本，自动数据采集技术（如条形码技术）应用非常普遍，其技术的应用使会计数据实现现场采集、实时处理，实现事件会计驱动流程，充分实现财务与业务（实际上是业务—财务：财务是为业务服务的，没有业务就没有财务，企业的经营目标是为了赚钱，但企业的主营业务是获利的主体，主营业务经营的好坏，直接决定企业财务绩效，所以，在企业中，业务是主体，而财务是服务和反映）一体化管理，大大提高了会计信息系统的运行效率。

三、国外发达国家 ERP 软件的特点

国外发达国家 ERP 软件经历了几十年的发展。软件在内部控制、法律法规、行业规范与标准、审计监督、系统集成性等方面都表现得较为完善。

国外发达国家会计信息化的特点

（一）国外 ERP 软件重视内部控制功能

一个好的企业管理软件，有利于相互牵制、互相监督，有利于加强管理、堵塞漏洞。

因此，高品质软件的内涵，并不体现在漂亮的界面上，而是体现在实实在在的功能上，体现在系统清晰的控制思想上。

国外发达国家 ERP 软件的特点是重视内部控制功能的实现，无论是在系统安全控制、数据安全控制等层面，还是在资源计划、风险防范、各种消耗与支出等层面，都采取相应的措施和手段来予以实现。在整个 ERP 系统中，将能够设置控制点的环节全部设计控制功能，企业根据具体情况进行选择和设置的前提下，实施强制性控制。这也是国内企业抱怨国外 ERP 软件死板、不够灵活的原因之一。

1. ERP（Enterprise Resource Planning）的概念

第一，E（企业：主体）强调 ERP 系统是以经营过程中的相互关联的各方（如分销商、制造企业、供应商等）集合而成的供应链为载体。

第二，R（资源：对象）突出 ERP 系统管理的对象是供应链上的所有资源。

第三，P（计划：核心）是 ERP 系统的核心，也是 ERP 系统进行资源管理和实施内部控制的标准和目标。ERP 系统的计划管控模型如图 8-1 所示。

2. ERP 系统的计划管控流程

在整个供应链上，制造企业通过业务计划实现与分销商和供应商在信息流上的同步共享，又以与业务计划同步实时生成的资源计划对企业资源进行管控，体现了标准化的管理理念和事先计划与事前控制的思想。在 ERP 系统中，企业必须把计划作为最重要的标准来对企业的资源进行有效的控制，没有计划就不能动用企业的任何资源。制造企业 ERP 系统的计划管控流程如

图 8-2 所示。

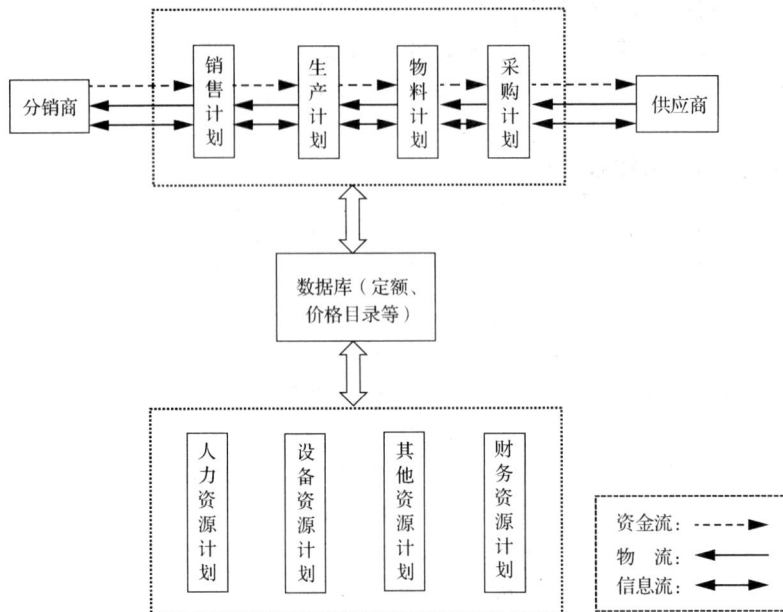

图 8-1 ERP 系统的计划管控模型

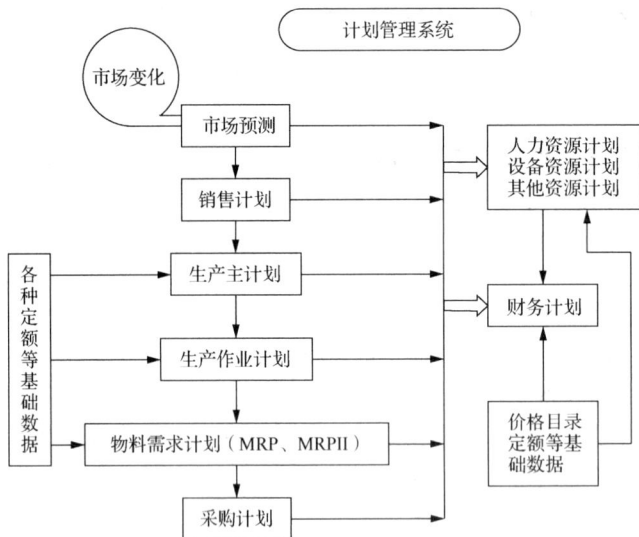

图 8-2 制造企业 ERP 系统的计划管控流程

在图 8-2 中可以看出，企业的财务计划来源于业务计划，打破了运用预计利润表、预计资产负债表传统、粗放的财务预算（财务计划）编制方法。在以销定产企业的 ERP 系统中，财务计划的制订步骤是：首先，必须确定科学且准确的定额、价格目录等基础数据；其次，据此按图 8-2 的业务流程制订企业经营的业务计划；第三，因企业的每一项业务经营活动都需要花钱，所以，企业的财务计划必须根据每一项业务经营活动和与之对应的定额或价格目录来制订。然而，ERP 系统计划管控的起点是市场预测，市场的变化会引起整个 ERP 系统计划管控每一个细节的变更，这恰恰是 ERP 系统的优势所在。利用手工系统制订这样一整套完整的计划（预算）需要几个月（甚至更长）的时间，致使没有实际实施的可能性（因时间的延迟，市场会再度发生变化，若要调整已来不及），而利用 ERP 系统则可在很短的时间（几分钟甚至更短时间）内完成，因此，ERP 系统的计划与控制功能得以有效实施。

在企业中，虽然绝大多数活动都与财务有关，都会以价值的形式在财务部门进行综合反映，但是这种反映大部分具有滞后性，因此，企业的内部控制内容和控制点绝大部分设计在 ERP 系统的业务管理系统中（如成本管理系统、供应管理系统、销售管理系统、资产管理系统、人力资源管理系统等），而在会计信息系统中实施的企业内部控制内容和控制点并不是很多，可以实现的有效控制主要包括资金控制、科目预算与计划控制、期间费用控制、部门费用控制和项目费用控制等。

（二）国外 ERP 软件更能适应审计需求

国外 ERP 软件具有充分的保留和提供审计线索的功能。目前，几乎所有的 ERP 软件都能实现从"凭证"到"报表"的双向贯通查询功能，如果原始凭证实现电子化，那么软件即可实现"原始凭证—记账凭证—日记账—明细账—总账—报表"连续贯通的双向查询。虽然这些查询功能能够给审计带来方便，但问题的关键并不是软件查询功能的强弱，而是软件所提供信息的真实性。有些软件，特别是国内软件，提供过分的业务重构功能，表面上是为用户提供充分的纠错和挽回余地，但实质上是为用户提供构造虚假信息的空间，其中典型的例子就是"重记账"功能，有些软件甚至提供可从任何时点进行重记账（财会〔2013〕20 号《企业会计信息化工作规范》已明文禁止提供此项功能，但有些软件还是暗开"后门"），这无疑会为会计造假和财务舞弊提供方便之门。而国外软件（如 SAP、Oracle 等）则会杜绝提供类似功能。

（三）国外 ERP 软件集成化程度高

国外企业管理软件以销售为龙头，以计划、生产为中心，以物料需求计划（MRP）为基础，发展到制造资源计划和企业资源规划（ERP）。财务是这个大系统的一个子系统。财务子系统虽然不同于中国企业管理软件占有整个系统的很大比例，但它与其他子系统（业务管理系统）却是高度集成的，真正实现了物流、资金流和信息流的统一。国外财务软件都作为企业管理系统的一个有机组成部分，软件都是对整个企业而言的，所有数据都是从销售、生产等业务开始，财务部分与生产、成本、采购、库存等环节紧密相连，环环紧扣。而且有的软件能够单独运行，组合自如。如 SAP 是从销售订单开始，在实际开出销售发票和提供货物出库时，系统都自动进行账务处理，自动生成记账凭证传到财会部门进行审核、记账，但不允许修改，数量、金额等数据必须与销售部门一致，这样就保障了销售与账务处理的一致性，二者同一数据源；同时，系统中财务子系统和销售子系统又是相互独立的，可分开运行，从逻辑结构到功能结构都比较清晰。

第二节　中国会计信息化发展历程

中国会计信息化起步较晚，大致开始于 20 世纪 70 年代。改革开放 40 多年，我国会计信息化大体经历了萌芽、产生、初步应用、推进与发展 4 个阶段，每一个阶段内又包括试验探索、理论发展、应用推广等若干阶段。我国会计信息化的发展历程呈现出了"前长后短"的特征，这就意味着我国会计信息化的变革越来越快。

一、会计信息化的萌芽——会计电算化（1978—1999 年）

（一）会计电算化的试验探索阶段（1978—1983 年）

1978 年，财政部拨款 500 万元给长春第一汽车制造厂，进行计算机辅助会计核算工作试点。1981 年 8 月，在财政部、一机部、中国会计学会的支持下，由中国人民大学和第一汽车制造厂联合召开了"财务、会计、成本应用计算机问题研讨会"，在会上提出了"会计电算化"的概念。

20 世纪 70 年代末期，中国一些有识之士意识到会计信息化的趋势，积极开展理论研究和实践探索，少数企业开始尝试用计算机处理部分会计业务，如进行工资计算、材料收发核算等。这一阶段的主要特点如下。

（1）处理内容。用于工作量大、简单重复的会计业务。

（2）工作方式。手工处理和计算机处理相结合。

（3）应用范围。限于极少数企业、单位。

（4）人员素质。既懂会计业务又懂计算机技术的复合型人才奇缺。

（5）软硬件平台。硬件主要是中小型计算机，价格昂贵、体积大、使用不便；软件没有中文操作系统，不具备中文处理能力，程序设计语言以 COBOL 等高级语言为主。

总之，这一阶段的会计信息化具有明显的科学研究的色彩，由于受当时技术、人才、资金等条件的限制，所开发的软件系统水平较低。

（二）会计电算化的无序发展阶段（1983—1987 年）

20 世纪 80 年代微机出现于国内市场，为信息化提供了物质基础。我国掀起了计算机应用的热潮，计算机在会计领域的应用也得到了迅速发展。这一时期以应用单位自行开发为主，低水平重复开发现象严重，会计软件开发多为专用定点开发，几乎没有通用化和商品化的会计软件。各行业主管部门组织研制适合本行业特点的通用会计软件，并加以大力推广。总体看来，这一阶段呈现出自发、无序的发展态势。中国会计学会于 1987 年 11 月成立了会计电算化研究组，理论研究得到重视。这一阶段的主要特点如下。

（1）处理内容。从工资、材料等单项核算扩展到账务处理、固定资产管理、成本核算等大部分会计业务，逐渐形成较完善的会计信息系统。

（2）应用范围。开展信息化的企业迅速增加。

（3）人员素质。出现了一批既懂会计又懂计算机的复合型人才。

（4）软硬件平台。硬件以微机为主，软件使用了汉字操作系统，程序设计语言以数据库语言 DBASE Ⅱ、Ⅲ为主。

（5）应用软件。以应用单位开发为主，各级行业主管部门积极组织研制适合本行业特点的通用会计软件。

在此阶段，企业会计信息化也存在一些问题。

（1）各单位自行组织软件开发，各自为政，低水平重复开发现象严重；定点开发的专用软件多，通用性强、适用范围广的会计软件少。

（2）盲目购置设备，重视硬件投资，忽视软件研发投资，处于无序开发的发展阶段。

（三）会计电算化的有序发展阶段（1987—1999 年）

随着会计电算化的深入开展，各地区、各部门也逐步开始对会计电算化工作的组织和管理。同时，财政部也从 1988 年开始对会计电算化进行宏观管理，制定并颁布了一系列的管理制度，如《会计电算化管理办法》《会计电算化工作规范》等。1989 年至 1996 年，用友公司提供商品化的会计软件。至 1998 年 3 月，先后有 38 种会计软件通过了财政部评审。至此中国形成了会计软件产业，并开始向通用化、规范化、专业化和商品化发展，并将竞争机制引进会计软件市场。这一时期，会计软件处理的内容仍以核算为主，分析、管理、预测、决策的功能较弱。这一阶段的突出特点如下。

（1）从单机应用向多用户系统、网络系统扩展。

（2）一大批单位甩掉了手工账，实现了由手工核算向计算机核算的转化。

（3）出现了一系列商品化、通用化会计软件。

（4）涌现出一大批专门从事会计软件开发、研制、推广、销售的专业软件公司。

（5）会计信息系统的支撑环境不断提高，新型数据库 Oracle、SQL Server、Sybase、FoxPro 等，被越来越多的单位采用。由于系统支撑环境技术水平提高，开发的会计软件界面清晰、画面美观、快速灵活、操作方便、功能强大。

（6）会计信息化工作引起各级主管部门的广泛重视。

二、会计信息化的产生（1999—2000 年）

随着市场经济的高度发展，企业已不再是单纯的生产经营单位，投融资和资本运作，提出了企业集团财务管理的协同管理模式，"会计信息化"这一概念也孕育而生。1999 年 4 月，深圳市财政局与金蝶公司在深圳联合举办了"会计信息化理论专家座谈会"，提出了从会计电算化走向会计信息化的观点。

三、会计信息化的初步应用（2000—2002 年）

以计算机网络为载体的信息高度共享、处理高度自动化、报告高度实时性的特点，在企业管理中迅速风靡。上海大众汽车有限公司于 1999 年 8 月实施了 SAP 的 ERP 系统，并根据中国会计和报表的实际情况，对财务系统进行了二次开发，使得财务系统在一定程度上符合"中国国情"。金融企业信息系统的快速发展有效带动了整个行业的会计信息化，尤其是银行业信息系统所实现的实时性、自动性等功能在所有行业中名列前茅。同时，以用友、金蝶为代表的软件公司，也开始了真正的"网络财务"和 ERP 转型之路。然而，这一时期的各行业会计信息化普遍存在以下问题。

（1）重硬件投入，轻软件投入。

（2）会计信息化还没有完全普及。

（3）会计软件处理的内容仍以核算为主，管理功能较弱。

（4）人才仍然缺乏，开发和使用 ERP 系统需要大批既懂业务又懂计算机专业知识的复合型人才。虽然近些年涌现出一大批这方面的人才，但距离社会需求还相差甚远。

（5）会计信息化发展尚不平衡，大型企业与中小型企业，沿海企业与内陆企业，金融企业、工业企业与其他行业企业之间，在应用水平、深度和广度上都存在十分明显的差距。

四、会计信息化的推进与发展（2002 年至今）

（一）会计信息化的理论研究及政策规范

随着会计信息化的发展，我国会计理论界也开始对会计信息化的理论进行深入研究。从 2002 年起，中国会计学会每年都定期召开会计信息化年会，对会计信息化理论进行深入的研究与探讨。同时，政府也积极颁布法律和政策来推进会计信息化及软件产业的发展。2002 年以来，财政部门允许地方对各单位"甩账"实行备案制，不再组织验收。有关部委委托用友公司组织编写了《企业信息化基本知识系列讲座》，成为中国企业开展信息化工作的普及读本。国家标准化委员会发布了《信息技术会计核算软件数据接口规范》，从而建立了会计信息化的标准体系。

（二）会计信息化的推广应用

进入了 21 世纪，随着用友、金蝶等软件公司以会计信息化为核心的商业化软件更加规范化、成型化、实用化，会计信息化进入了推广应用的繁荣时期。用友公司先后推出了 ERP-U8、NC 等系列基于 B/S 结构的企业管理软件。2008 年 4 月，用友公司正式向外界发布了 UFIDA U9。同时，金蝶公司也推出了面向小微企业的 KIS 和面向网络集团企业的 K/3。烟草行业根据其自身的企业特点和业务要求，很好地运用了网络会计，先后涌现出了安徽烟草、上海烟草等一批会计信息化应用成功的企业。

总之，我国会计信息化发展较快，特别是金融企业会计信息化已比较成熟，且网络化程度也较高。我国许多 ERP 系统就是在会计软件的基础上开发的（如用友、金蝶等）。作为会计软件，国产 ERP 系统（如用友、金蝶等）是最好的软件系统，更加符合国人的财务管理理念和使用习惯，具有运用灵活、界面清晰、功能明确等特点。

然而，国产通用 ERP 系统也存在较多缺陷和不足：各功能模块的数据仍以财务数据为主，而业务系统的非财务数据记录需要转换为财务凭证后再传递给财务系统，在及时性和完整性方面不能满足企业管理的需要，没有体现财务与业务一体化管理的理念；在 ERP 系统中，过度强调财务信息的重要性而忽视业务管理的必要性，导致 ERP 系统的实施应用局限于财务部门，这就造成了财务系统仅能满足编制财务报表的需要，却不能完全满足管理整个企业业务活动的需要。因此，以功能驱动为导向开发出的国产 ERP 系统在集成性、实时性、信息的多维度采集等方面都存在明显不足。国产通用 ERP 系统与 SAP、Oracle 等发达国家的软件产品比较还存在较大差距，这方面工作还需进一步加强。

第三节　会计信息化未来发展

一、会计信息化的纵向延伸

（一）由核算型向管理型发展

管理型会计软件不仅要满足日常业务核算的要求，更重要的是满足管理者对企业生产经营活动进行管理和决策的需求。从某种意义上讲，管理就是决策，决策贯穿整个管理过程。企业的管理活动分为两类：一类是例行活动，即一些重复出现的工作，有关这类活动的决策不仅是经常出现的，而且具有一定的结构，因此，可建立一定的处理程序，每当出现这类业务或问题时，就可利用既定的程序来解决，这类问题被称为结构化问题；另一类是非例行的、不重复出现的活动，这类问题因过去尚未发生过，或因其性质和结构极其复杂，或因其没有确定的解决措施和方法，这类问题被称为非结构化问题。处于结构化和非结构化之间的问题为半结构化问题。

企业管理本身就是一个完整的决策过程，而在会计核算基础上添加一些查询功能、报表分析功能，虽然对管理人员进行企业管理能够起到一定的辅助决策支持作用，但只是对管理者提供了一些制定决策所需的信息。接下来怎样辅助管理者构建、制定出可行的方案，并对被选方案进行分析，保证决策的顺利执行，对决策正确与否，怎样进行评价等重要的方法却没有涉及。管理人员更多的还是凭主观经验制定决策方案，直到最后核算层提供有关反馈信息才知道决策方案的执行效果。企业的财务管理仍旧是原来的事后核算，无法进行有效的事前预算和事中控制。因此，开发管理型会计软件就显得尤为重要。随着我国企业从着重内部管理、以提高生产效率和降低成本为核心的生产管理时代，向市场、建立全面竞争优势为核心的新管理时代迈进，会计软件将从核算型向管理型发展，从而实现企业内部物流、资金流与信息流的一体化管理，实现管理与决策的有机统一。

目前，许多会计学者提出"管理会计信息化"的概念，显然这个概念是从会计视角提出的，或者说是会计学者（或财政部官员）为"信息系统"所框定的概念。所谓"财务会计信息化""成本会计信息化"等，都是将"信息化"视为工具的观点所提出的，"会计电算化"和"会计信息化"也是如此，其概念都不够确切。其实比较恰当的概念就是"会计信息系统"（Accounting Information System），是 ERP 系统的子系统。在 ERP 系统中，计划管理和业务管理是核心，而财务管理是辅助，业务管理内容决定财务管理内容，没有业务管理就没有财务管理，而业务管理和财务管理必须按计划管理目标加以实施。真正的"管理型"财务软件是建立在业务事件驱动基础上的，以业务计划产生的财务预算为控制目标的，财务与业务一体化管控模式。总之，无论概念如何界定，其基本意图都倡导财务软件由核算型向管理型发展。

（二）向开放式网络型发展

目前，市场上销售或自行开发的会计软件多数属于封闭型，局限于本企业、本部门的资源，即使网络化，也只是一个孤立的、对外封闭的局域网络。这种状况已落后于信息社会对信息的需求。会计软件必将由封闭走向网络，由企业内部（局域网，Intranet）走向企业外部（互联网，Internet），通过网络浏览器与财税部门、上级单位、会计师事务所、投资者、银行等建立互联。值得指出的是，在会计信息系统中，一般是输入和输出数据需要支持网络化传输和处理，如电子凭证（包括原始凭证和记账凭证）、银行对账单、客户和供应商的往来单证、各种输出账簿和报表等，以便分布在各地的企业人员和企业外部主体能够及时与企业联系，进行会计处理，同时，也为随时查阅企业的各种账表和财务报告提供便利，而中间处理过程则不需要网络化，这有利于确保企业财务数据的安全。

此外，企业的财务信息将与企业的其他信息进行集成，集成后的企业信息通过 Internet 对外发布。随着电子商务的普及，网上采购、网上订单、网上交易将得到普遍应用。企业只有将其供、产、销通过 Internet 形成一体化信息对外开放，才能在激烈的市场竞争中获得商机。

随着网络技术的发展，以及会计软件不断向管理型、开放型、网络型发展，会计软件将逐渐演变为网络会计软件。以整合实现企业的电子商务为目标，能够提供互联网环境下的财务模式和财务工作方式。网络会计软件是以全面会计核算和企业级财务管理为基础，实现购销存业务处理、会计核算和财务监控的一体化管理，为企业经营决策提供预测、控制和分析的手段，并能有效控制企业的成本和经营风险。目前，计算机网络正在改变着企业的业务形态和运营模式，也必然会影响和改变财务管理模式以及财会工作方式，一个全新的网络财务时代即将到来。

网络会计软件使财务管理从空间、时间和效率 3 个方面发生了根本性的改变。在空间上，使财务管理从企业财务部门走向企业全部部门，从企业内部走向企业外部；在时间上，使会计核算从事后达到实时，财务管理从静态走向动态；在效率上，由于采用网络核算、协同业务、远程处理，极大地提高了企业财务管理的效率。网络财务使财务数据从传统的纸张页面数据、磁盘数据发展到网页数据，真正实现财务工作的实时处理。网络会计软件不仅增强了财务管理功能，而且实现了对物流过程中各种业务的在线实时管理。在电子商务时代，企业可以利用它来控制市场和供应资源，建立资金周转新模式。

网络会计软件面向企业的经营管理，它从财务部门延伸到业务部门，并实现财务与业务一体化管理。打破了传统会计软件局限于财务部门的界限，从根本上解决将割裂的财务数据与业务数据统一起来的问题，使资金流与物流同步，并相互制约。这样，随着资金流和物流而产生的信息流自然也就真实可靠，并且有良好的流动性和全面性，加快了企业对市场的反应速度，提高了决策的有效性。网络会计软件从事后分析延伸到事前计划、事中控制。

（三）建立 ASP 商务服务

应用服务提供商（Application Service Provider，ASP）是透过 Internet 提供企业所需的各种应用软件服务。ASP 强调以网络软件服务为核心，为企业提供主机服务及管理和维护应用软件。企业使用这些服务，只需要终端计算机或手机，极大地方便了小微企业开展电子商务活动。ASP 向企业提供新的应用环境，无须企业对服务器、软件开发以及其他资源进行先期投资。ASP 以租赁方式与软件商达成契约性协议，获得对软件的使用许可，根据服务合同向企业销售应用许可证，企业只需支付少量成本（租金）就可进行信息化管理。

ASP 的实质在于 Internet 的发展，将应用功能和实体剥离开来，使小微企业有条件在不购买实体的前提下，享受各种应用服务。对小微企业来说，ASP 是壮大其自身实力的最佳途径，其原因是：其一，小微企业网络状况不尽人意，无论在带宽、基础设施等各方面都不利于企业自身建设网络化；其二，小微企业信息化程度偏低，他们迫切需要有一种手段使他们能够达到大企业才能够做到的信息化管理方式，使他们在网络上形成能够与大企业竞争的优势；其三，小微企业无论在资金还是在人才方面，都无法与大企业相比。ASP 的兴起为小微企业加强信息化、提升自身的管理和运营素质提供了契机，因而被认为是小微企业在新经济时代参与竞争的最佳途径。目前，ASP 运营还存在一些问题：其一，网络故障和网络速度还不能满足要求，网络技术和网络安全措施还有待提高；其二，ASP 只对小微企业实用，而对大企业和特殊行业则不可行。

（四）向决策支持型发展

会计信息化的发展一般可分为 3 个层次：会计核算层、财务管理层、财务决策支持层，分属于事后核算、事中控制、事前预测与决策，如图 8-3 所示。

从目前会计信息系统的实际应用情况来看，会计核算系统已逐步普及，发展势头良好，财务管理系统也已逐步为用户理解和接受，而财务决策支持系统的发展尚处于初级阶段，鲜见成功实例。事实上，从计算机处理数据的特点来看，前两者的数据属于当前的结构化数据，财务决策支持系统则涉及大量的历史数据和半结构化以及非结构化问题，这是传统数据库管理系统难以支持的，从而影响了系统的推广应用。20 世纪 90 年代出现了数据仓库技术，但建立数据仓库的难度很大。目前，世界财富 500 强企业绝大多数都建立了数据仓库系统，中国民航总局信息中心、中国证券登记结算公司、部分金融企业等也都建立了数据仓库系统。

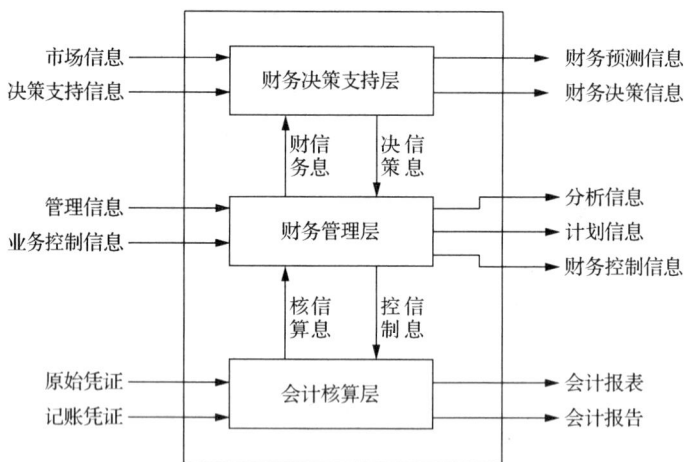

图 8-3　会计信息化的发展层次

二、会计信息化的横向拓展

（一）融入 ERP 系统

随着信息技术的发展，信息和信息技术已成为社会经济发展的决定性因素，信息在企业管理中已经成为一种重要的资源。面对动荡不安、复杂性和不确定性日益增强的市场环境，谁能更多地创造信息、拥有信息和及时地应用信息，谁就会抢得先机，在市场竞争中处于优势地位。因此，ERP 系统的开发与应用必将引起企业和社会的关注。目前，国内外已研发的 ERP 系统很多，其中比较有代表性的有 SAP、Oracle、用友 ERP 等。经过对多家 ERP 系统的应用调查表明：国外的 ERP 系统不适合中国国情；国内的 ERP 系统缺乏成熟性，应用效果不佳，用友

ERP 系统虽然财务管理功能强大，但其他（如计划、生产制造、成本管理等）功能较弱，因此，急需研制出适合中国国情的、实用性和可操作性强的 ERP 系统。ERP 系统是一个以销售管理为龙头，以生产和计划系统为核心，整合供应链系统和物料需求计划系统为一体的综合企业管理系统。在整个 ERP 系统中，各子系统之间是融会贯通的统一整体，会计信息系统将逐步融入其他业务管理系统中，实现会计与业务一体化，特别是凭证处理环节将可能完全被整合到其他业务管理系统中去，其原因是会计数据来源于业务管理系统，因此，业务管理系统能够产生几乎所有会计凭证。企业的财会人员也不仅仅是算账、查账，而是参与企业各方面的管理工作，真正实现企业资金流、物流、信息流的统一与同步。国内 ERP 软件提供商多数是从开发财务软件起家的（如用友、金蝶等），后来开发了其他业务管理系统，因此，其提供的 ERP 系统最大的不足是财务管理系统与其他业务管理系统整合功能不强。而国外 ERP 系统这方面功能都很强，将会计处理真正纳入业务处理系统中，实现会计与业务的有机整合，然而，这恰恰是国内企业不愿使用国外 ERP 软件的重要原因之一，这说明了国内企业的管理水平还需要进一步提高。典型的 ERP 系统功能划分如图 8-4 所示。

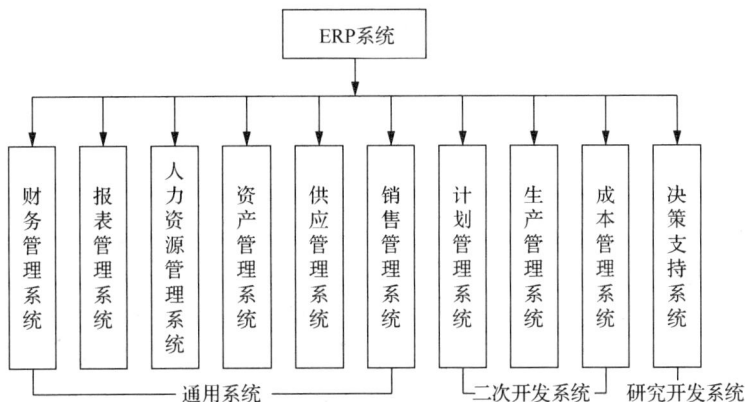

图 8-4 ERP 系统功能

（二）ERP 系统发展

目前，企业可基本实现信息化管理，企业信息化建设也不断向横向拓展和纵向延伸，其功能扩充非常迅速，在 ERP 功能的基础上，正在与供应链管理（SCM）和客户关系管理（CRM）整合，应用于 SCM 和 CRM 中的电子商务也必将随之融入 ERP 系统，ERP 系统已成为从供应链、企业资源计划到客户关系管理的企业全方位管理信息系统，有人将其称为 ERP Ⅱ。另外，ERP Ⅱ不仅从横向上向 SCM 和 CRM 方面拓展，而且还从纵向上向上延伸，即由 MIS 向 DSS 层面延伸。其结构如图 8-5 所示。

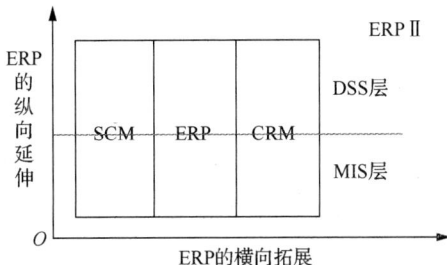

图 8-5 ERP 系统发展

（三）计算机集成制造系统

随着企业规模和效益的发展，在大型企业集团中，绝大多数不采用通用软件，包括 ERP、

247

CRM、SCM 等，而是结合本企业的特点，将生产工艺（生产线）上实时产生的数据立即传送到企业管理层，再转入企业决策支持层，从而使企业构成一个实用的信息集成系统。在一个成功的大型企业集团信息资源管理中，从生产工艺的数据采集，到数据的加工处理，再到企业 ERP、CRM、SCM 等管理信息系统，最后到企业决策支持系统，全部是自行设计、自行研发、自行实施与应用。只有在企业技术力量不足的环节，或有必要借助技术力量雄厚的高校、科研机构等外援时，才可适当地与确信可靠的单位联合研发，在利用外援的基础上，不断壮大企业集团的技术力量，最终实现企业信息资源管理的独立化、个性化和专用化。计算机集成制造 CIMS 是数控系统（Data Control System，DCS）与 ERP II 集成的产物，如图 8-6 所示。

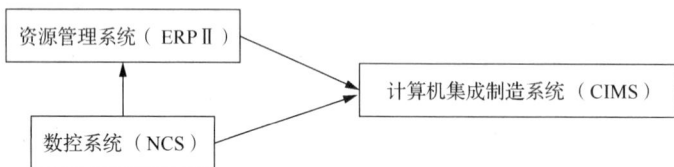

图 8-6　计算机集成创造系统

随着大型企业集团计算机集成制造系统的发展，企业管理信息系统（包括 ERP、CRM、SCM）将日趋专用化。然而与之不同的是，中小型企业由于资金和技术力量的不足，往往倾向于购买通用软件，其有利之处在于应用迅速、局部效益显著、成本低廉。

总之，管理软件的发展趋势如下。

（1）通用软件市场将萎缩。在技术不断成熟的基础上，通用软件开发者的核心机密正在被研究者不断公布，因此，被迫不得不将其核心技术公开化，而只对其源程序代码进行保密，然而这种保密已意义不大，企业完全可以根据自身的特点自行研发符合本企业特点、能与其他系统实现顺利连接、并能与本企业生产工艺实行有效集成的计算机管理信息系统。

（2）自行研发的专用软件将日趋兴起。其原因是通用系统的核心技术已随手可得，而专用系统是根据企业自身的特点研发的，具有高度的系统集成性和充分的数据共享性。

（3）软件集成性将日趋加强。随着管理软件的自行开发和对程序源代码核心技术的掌握，企业管理软件各子系统之间，以及管理软件与生产工艺控制软件之间必将趋于紧密的集成化。

（4）软件将日趋网络化。无论企业大小，即使是最小的企业也面临市场竞争和产品推销问题，假设其生产和管理场地集中，而原材料采购和产品销售网点一般是分散的，所以企业管理软件必将日趋网络化。

（5）企业决策支持系统软件研发将逐渐开展。随着企业经营信息资源管理的日趋成熟和软件开发平台的技术进步，如数据仓库技术（DW）、联机分析处理技术（OLAP）、数据挖掘技术（DM）等，企业为了适应激烈的市场竞争，并在竞争中谋求生存和发展，已不仅仅满足于对企业经营信息资源的管理，而是对企业目前状况的分析、对企业未来发展的预测、对企业战略和具体目标的制定与决策提出需求，因此，企业决策支持系统软件研发将逐渐开展。然而，企业决策支持系统软件的研发应以本企业的经营信息资源管理为基础，只有在经营信息资源管理比较完善的企业才能考虑研发决策支持系统。无论如何，决策支持系统是面向决策主题的，企业不同，其决策主题也各有差异，就同一企业的相同决策主题而言，其决策环境、决策模型、决策变量等都可能会发生变化，因此，决策支持系统应以专用软件为宜。

三、会计信息化发展对会计理论与实务的影响

（一）提出了会计理论的新课题

随着会计信息化的普及和网络化，传统会计理论将面临严峻的挑战。

1. 持续经营

持续经营以不破产清算为前提，于是，固定资产以历史成本入账，要计提折旧；引入了权责发生制核算应收、应付项目等。然而目前已经出现了虚拟公司，它们为了完成既定目标而组建起来，任务结束，公司解散。这类公司持续时间可能很短，解散不是因为破产，这类公司的固定资产要不要以历史成本入账、要不要计提折旧、要不要采用权责发生制？这些问题都有待进一步探讨。虽然虚拟公司的出现可能与网络会计软件没有直接关系，但与信息技术和网络化发展息息相关。尽管虚拟公司可以用项目管理的方法进行管理，但毕竟对持续经营会产生一定影响。

2. 会计分期

会计分期的前提是假设企业经营活动是可以间断的，可以划分为各个会计期间。会计分期对会计的要求就是定期结账和形成会计报告。由于持续经营的观念被虚拟公司的出现而动摇，随着网络会计软件的发展，可以做到随时结账和输出财务报告，会计分期是否必要？到底有什么实际意义？期限应如何划分更为合理等都有待进一步探讨。

3. 权责发生制

权责发生制原则也称应计制原则，是指凡当期已经实现的收入和已经发生或应承担的费用，不论款项是否收付，都应列作当期的收入和费用，凡不属于当期的收入和费用，即使款项已经收付，也不能作为当期的收入和费用。由于虚拟公司一般只有一个会计期间(即交易期间)，所以不存在多个期间问题，公司的收支均在同一交易期间内完成，显然此时权责发生制已失去其基础，采用收付实现制更加合理。这必将引起权责发生制的适用范围和基础发生变化。

4. 会计要素的确认与计量

传统财务会计理论把会计要素分为六大类：资产、负债、所有者权益、收入、费用、利润。而在知识经济时代，信息、知识、人力资源等为企业带来的未来经济利益将远远超过实物资产带来的经济利益，如果不对此加以确认和计量，将会导致会计报表所反映的信息严重失真，误导现在和潜在投资者的决策。由于网络技术的发展，电子货币的存在，经营周期的缩短，结算方式的改变，知识成本比重的增大，信息已成为一种资源，那么对"知识"和"信息"如何进行定价和确认？这些情况和问题的出现，必将引起会计要素的确认和计量发生变化。

(二)账簿形式的变革

1. 账簿载体形式的改造

传统账簿载体是纸，会计信息化之后是磁性介质，会计信息化发展到今天，应该确立电子账簿的主导地位。

2. 账簿格式的改造

账簿是凭证分类汇总的结果，用传统的账簿格式来要求会计软件，会计软件不仅不能发展，而且将永远落后于传统方法。传统账簿格式有三栏式、多栏式、数量金额式、外币式等，并且要求在明细账中列示各期期末合计数和累计数，目前会计软件已经做到了。有相当一部分财会人员只习惯用传统的账簿格式来查账。其实计算机可以对任何数据进行分组、组合，远远超出了传统的账簿格式，传统账簿格式中的一行无非是某一张凭证的一笔分录(即一条记录)，用计算机按任意组合条件定义来查询凭证，不是比查账更方便吗？如果要查某一账户的发生额及余额，用计算机按条件定义直接查询该账户的发生额及余额，不是比查某一账户的全部内容更清楚吗？因此，只要财会人员从传统的账簿格式的观念中解放出来，灵活地使用会计软件，而会计软件如果能够突破传统业务处理流程的束缚，那么传统的账簿格式将被无格式但能进行任意分类、组合、汇总的形式替代。

（三）取消不必要的中间数据存储

中间数据是指"科目汇总表""汇总记账凭证""科目试算平衡表"等手工操作中的数据。其实，在手工处理环境下，编制并存储这些中间数据无非是为了试算平衡、登记总账和编制报表方便。分析会计信息系统中登账与报表生成的思路，完全可以根据记账凭证或科目发生额与余额来登记总账或生成报表，根本不用考虑平衡与否的问题，因为在凭证输入时，借贷不平的凭证是无法存储的。取消中间过程的存储，不仅可以减轻操作人员的负担，而且可以使会计软件更简洁明了。将我国会计软件与国外的一些管理软件相比，也许会受到莫大的启示：应当追求内容上的完整与实用，减少画面上的美观因与因格式输出形式繁杂所花的费用和精力。哲学上有这样一条规律：事物的发展总是由简单到复杂，再由复杂到简单，这一简单是由复杂升华而来，是复杂的高级阶段。中国的会计软件是否到了该升华的阶段呢？

（四）建立系统运行制度

传统的内部会计控制制度强调账证相符、账账相符、账表相符、账实相符，即 4 符。会计信息化之后，前 3 者相符已不用担心。但是由于计算机中的数据很容易被修改、被窃取，而且不留痕迹，计算机犯罪的可能性大大提高，预防计算机犯罪是会计信息化的一项重要任务，也是减少差错的有利保障。因此，应当建立"职权控制""运行控制""保密控制""硬件控制"等新的控制制度。同时，会计软件本身也应设计完善的安全机制，包括网络安全机制、系统安全机制、角色控制机制、功能控制机制、数据控制机制等。

（五）建立国家会计数据中心

1. 建立发票集中管理平台

随着全国联网金税工程的逐步推行，一般纳税人必须通过增值税防伪税控开票系统开具增值税专用发票。一些省市（如广东省等）也实行了普通发票的网络开票系统，自 2013 年 4 月《网络发票管理办法》正式实施，全国各地的网络发票推进速度明显加快。电子发票经过防伪税控系统鉴别真伪后自动进入企业 ERP 系统生成记账凭证，并将电子发票传递给国家会计数据中心，作为审计线索发送给公共信息平台，有助于国家对企业业务的验证和监控，披露真实的会计信息。

2. 建立公共会计信息平台

XBRL 解决了财务报告的两大难题：第一，提供了标准化数据格式；第二，为报告的内容提供了标准框架，有助于信息的比较。建立会计资源数据仓库，进行数据挖掘和分析，可对覆盖全国各区域、各行业的资产、负债、所有者权益、收入、利润、纳税、成本与费用、现金流量等进行区域分析、行业分析、比较分析、综合分析等，从而发现经济的近期和远期规律，以控制行业风险、挖掘市场潜力，提升行业竞争力，为各级政府制定发展规划和政策提供依据。

（六）促进审计工作的现代化

会计信息化后，审计制度与方法必将随之变革。审计信息化一直落后于会计信息化，这种状况不利于会计信息化的发展。审计信息化的发展不但能促进会计信息化的发展，而且能促进审计理论与实践向现代化迈进。审计信息化包括两个方面的含义：一是对会计信息化后的财会业务予以审计；二是借助审计软件对财会业务予以审计。

（七）会计教学变革

1. 实现会计信息化"工具观"向"环境观"的重新定位

"工具观"认为会计信息化只不过是为账务处理和报表编制提供工具，是对手工会计业务的模拟。会计信息化教学与其他会计专业课教学相互独立。会计信息化对于会计理论和实务的影响最重要的是改变了会计工作的背景与环境，会计教学也应该基于会计信息化背景与环境展开，让学生掌握会计信息化环境下的会计理论和方法。

2. 基于信息化背景的会计课程体系变革

将会计信息化思想与传统会计教学内容进行融合，将会计信息化背景与环境作为会计课程体系的灵魂和主线，打破课程之间的传统界限，重新进行课程体系的设计和重组。可以尝试不将"会计信息系统"作为一门独立的课程而存在，而将其融入其他会计类核心课程之中。

本章习题

1. 查阅资料，阐述你对ERP概念的理解。

2. 说明ERP系统中计划管控的作用和流程。

3. 简要说明通用财务软件和专用财务软件的优缺点。

4. 查阅资料，评述国内外通用财务软件的差异和特点。

5. 说明你对会计信息化由"核算型"向"管理型"发展的理解。

6. 在会计信息系统中，你认为哪些信息适宜于在广域网（Internet）上传输和发布。

7. 说明ASP（应用服务提供商）的运营模式及其主要服务对象。

8. 会计信息化发展分为几个层次？并说明各层次的输入、输出信息。

9. 典型的ERP系统包括哪些子系统？

10. 你认为企业管理软件的发展趋势如何？

11. 你认为会计信息化发展会对会计理论有何影响？

12. 如何理解会计信息化的账簿格式变革？

13. 在会计信息系统中，中间数据包括哪些？对这些数据是否需要存储？各种账簿数据（包括总账和明细账）是否是中间数据？账簿数据是否需要存储？

14. 你对建立国家会计数据中心如何认识？

15. 建立国家发票集中管理平台有何意义？对审计工作有何影响？如何防范虚假会计信息披露？

16. 建立国家公共会计信息平台有何意义？

17. 你认为会计信息化发展将会对传统财会专业教学产生哪些影响？

参考文献

[1] 邹志仁. 信息学概论[M]. 南京：南京大学出版社，2007.

[2] 黄梯云，李一军，叶强. 管理信息系统. 7 版. 北京：高等教育出版社，2019.

[3] 陈福军，孙芳，刘俊. 会计信息系统实务教程. 2 版. 北京：清华大学出版社，2010.

[4] 马菁. XBRL 网络财务报告的应用研究：以石油行业为例. 西南财经大学. 2013.